珲春国际合作示范区蓝皮书

BLUE BOOK OF HUNCHUN INTERNATIONAL
COOPERATIVE DEMONSTRATION ZONE

中国图们江区域（珲春）
国际合作示范区发展报告
（2012~2013）

ANNUAL REPORT ON CHINA TUMEN RIVER REGION（HUNCHUN）
INTERNATIONAL COOPERATIVE DEMONSTRATION ZONE
（2012~2013）

主　编／李　铁
副主编／朱显平
　　　　吴成章

吉林人民出版社

图书在版编目(CIP)数据

中国图们江区域(珲春)国际合作示范区蓝皮书 / 李铁主编.
长春:吉林人民出版社,2013.12
ISBN 978-7-206-10240-0

Ⅰ.①中…

Ⅱ.①李…

Ⅲ.①区域经济发展—白皮书—吉林省

Ⅳ.①F127.34

中国版本图书馆CIP数据核字(2013)第314078号

中国图们江区域(珲春)国际合作示范区蓝皮书

主 编:李 铁
责任编辑:赵洪涛
吉林人民出版社出版发行(长春市人民大街7548号 邮政编码:130022)
印 刷:长春博世恒印刷有限责任公司
开 本:787mm×1092mm 1/16
印 张:21.25 字 数:300千字
标准书号:ISBN 978-7-206-10240-0
版 次:2014年2月第1版 印 次:2014年2月第1次印刷
定 价:65.00元

如发现印装质量问题,影响阅读,请与出版社联系调换。

本蓝皮书已被批准确立为

2013年度吉林省社会科学基金项目

（重点委托项目，项目编号2013WT03）

《中国图们江区域（珲春）国际合作示范区蓝皮书》编委会

主　任： 李　铁

副主任： 朱显平　　吴成章　　李虎男

编委会成员： 于　潇　　周昇夫　　赵儒煜　　王维娜

　　　　　　　　窦　博　　吴　昊　　庞德良　　张慧智

　　　　　　　　张熙夭　　李天籽　　尚咏梅　　崔　文

　　　　　　　　刘天娇　　沈　悦　　金美花　　吕　鉴

　　　　　　　　尹建华　　刘可心　　王　月　　于　洋

　　　　　　　　柳晓东　　吴可亮　　任维彤　　孙　猛

　　　　　　　　谢　颖　　崔明旭　　李美琪

主编简介

李　铁　现任吉林省人民政府参事、中国国际贸易学会副会长、吉林省图们江国际合作学会会长。吉林大学东北亚研究院、外国语学院（兼职）教授，为硕士研究生进行《国际区域经贸合作实务》教学。有近四十年经济工作和国际经贸工作经历，长于经济研究。曾任舒兰市委书记，吉林省商务厅副厅长，吉林省发展研究中心主任、吉林省经济技术合作局局长等职，主编《吉林区域经济合作实务》等著作，现兼任《图们江合作》刊物主编。组织编撰了《中国东北地区面向东北亚区域合作开放战略研究》等图们江国际合作系列丛书。

副主编简介

朱显平　我国区域经济和国际问题领域专家。1954年10月24日生于吉林省长春市。1982年毕业于吉林大学。曾任吉林大学东北亚研究院院长。现任国家"985工程"项目吉林大学东北亚研究与东北振兴哲学社会科学创新基地主任、区域经济学学科学术带头人、吉林大学校级重点研究基地中俄区域合作研究中心主任,经济学博士,教授,博士生导师。享受国务院特殊津贴,系吉林省高级专家,吉林省有突出贡献的中青年专业技术人才,吉林省首批拔尖创新人才,吉林省劳模。

出版专著6部,发表论文(研究报告)近百篇,获省部级奖10余项,其中包括一等奖一项。主要代表著作有《转轨时期的俄罗斯金融市场研究——区域经济干预理论的实践》(2006)、《东北亚区域能源合作研究》(2010)等。

兼任吉林省俄罗斯东欧中亚学会会长、中国东北三省中国经济史学会副理事长、图们江国际合作学会副会长。

吴成章　男,汉族,1972年6月生,1995年10月参加工作,中共党员,研究生学历,毕业于吉林大学情报专业,现任珲春市委副书记。曾任吉林省政府发展研究中心副处长、处长,安图县副县长,珲春市纪委书记。

摘　要

在2013年10月召开的我国周边外交工作座谈会上,习近平主席指示,要加快沿边地区开放,深化沿边省区同周边国家的互利合作。日前国务院正式下发《关于加快沿边地区开发开放的若干意见》,全面推进和提高我国沿边开放水平、完善全方位对外开放格局。

珲春是长吉图国家战略实施的开放窗口和"门户",2012年4月,国务院正式批准设立中国图们江区域(珲春)国际合作示范区。目前,国家批准的国际合作区均为试验区,只有珲春是国家批准的唯一国际合作示范区,足见国家对长吉图先导区建设和珲春沿边开发开放的高度重视。

开发带动改革,合作促进发展。《中国图们江区域(珲春)国际合作示范区蓝皮书》全面记录了珲春国际合作示范区的发展历程,深入研究和探讨珲春作为长吉图开发开放的窗口以及图们江区域合作的重要节点城市的发展状况、独特地位和未来趋势。

本蓝皮书主要内容有:(1)中国图们江区域(珲春)国际合作示范区发展报告;(2)周边国家、地区开放发展对珲春国际合作示范区的作用和影响;(3)珲春国际合作示范区重点合作区域;(4)大图们江区域国际合作专题报告;(5)珲春市对外开放发展以及珲春国际合作示范区大事记。

本书是我国第一部国际合作示范区蓝皮书,以珲春国际合作示范区发展进程以及珲春对外开放和发展实践为分析对象,以科学、翔实的经济社会发展数据为研究基础,及时系统地总结珲春国际合作示范区建设发展以及珲春对外开发开放的经验,助推长吉图战略深入实施和珲春国际合作示范区跨越发展,提升吉林省沿边开发开放层次和水平。

Abstract

At the symposium on China's neighboring diplomacy held in October, 2013, President Xi Jinping made the instruction to accelerate the opening-up of border areas and deepen mutual beneficial cooperation between border provinces and neighboring countries. A few days ago, the State Council officially issued "Some Key Points on Accelerating the Development and Opening-up of Border Areas" to comprehensively push forward and improve the opening-up of China's border areas and prefect the overall national opening-up plan.

Hunchun is a portal and window to implement Chang-ji-tu national strategy. In April,2012, the State Council officially approved to establish Tumen River Region (Hunchun) International Cooperative Demonstration Area of China. At present, all the international cooperation areas approved by the State Council are pilot sites. The fact that Hunchun is the only demonstration area approved shows that the construction of Chang-ji-tu Pilot zone and the development of Hunchun are highly valued by the state.

Development puts reform in motion and cooperation boosts development. "Blue Book 2013 of Tumen River Region(Hunchun) International Cooperative Demonstration Area of China" (abbreviated as the Blue Book 2013) has thoroughly documented the growth and development process of Hunchun International Cooperative Demonstration Area and made an in-depth study on the development, the unique status and the future trend of Hunchun as the opening-up window of Chang-ji-tu area and the key city of Tumen River regional cooperation.

The main contents of the Blue Book include: a. the development report of Tumen River Region (Hunchun) International Cooperative Demonstration Area of China; b. the effects and influences of neighboring countries and regions on Hunchun International Cooperative Demonstration Area; c. key cooperation regions of Hunchun International Cooperative Demonstration Area; d. keynote reports of international cooperation in Greater Tumen River area. e. the chronicle of events about the opening-up and development of Hunchun and Hunchun International Cooperative Demonstration Area.

This is the first blue book about international cooperative demonstration areas in China. Taking the development process of Hunchun International Cooperative Demonstration Area and the opening-up and development of Hunchun as the subject, based on scientific and accurate data of economic and social development, the book has systematically summarized the successful experience of the development of Hunchun International Cooperative Demonstration Area . It is a boost to the further implementation of Chang-ji-tu national strategy and the leap-forward development of Hunchun International Cooperative Demonstration Area. And it is constructive to improve the development and opening-up of Jilin province border areas.

序　言

张安顺 *

　　《中国图们江区域（珲春）国际合作示范区蓝皮书》是我国第一个专题研究示范区的蓝皮书，也是全国唯一的县域蓝皮书。该书的出版发行，对于深化区域经济发展研究，推动延边乃至吉林省的开发、开放具有重要意义。

　　图们江区域位于东北亚几何中心，区位独特，优势明显，积极参与图们江区域国际合作开发，是吉林省推进开放发展的希望所在，潜力和活力所在。作为图们江区域国际合作开发的核心区，珲春拥有独特的地缘优势和巨大的发展潜力，周边国家和地区经济互补，合作意愿强烈，发展前景广阔，是东北亚开发投资的热土，是我国面向东北亚开发开放的前沿和桥头堡。2012年4月，国务院正式批准建设"中国图们江区域（珲春）国际合作示范区"，珲春担负着国际合作和沿边开发开放的双重示范使命。当前，珲春正牢牢抓住示范区这一"国字号"战略，乘着党的十八届三中全会的东风，全力加快基础设施建设，着力增强承载能力，充分释放发展活力，加快建设我国面向东北亚合作的重要平台、东北亚地区综合交通枢纽和商贸物流中心，珲春正以崭新的姿态走向世界。

　　蓝皮书作为社会科学文献，是某一领域的综合研究报告。由图们江国际合作学会发起，组织省内外专家学者编撰的《中国图们江区域（珲春）国际合作示范区蓝皮书》，全面客观、实事求是地对珲春国际合作示范区的建设进行了深入分析、理性思考和科学研判，为延边乃至全省的开放发展，提供了科学、翔实的经济社会发展数据，具有很强的历史纪实性和现实意义，是一本融科

---

　　* 张安顺，中共吉林省委常委、延边州委书记。

学性、针对性和可读性于一体的好书。特别是通过对珲春国际合作示范区发展历程和成长路径的分析，在梳理现象中查找问题症结，在总结经验中摸索内在规律，在提炼概括中探寻方法路径，是全省实施长吉图战略与东北亚区域国际合作的重要文献，必将进一步提升和扩大珲春国际合作示范区的影响力和知名度。

希望图们江国际合作学会能够坚持把《中国图们江区域（珲春）国际合作示范区蓝皮书》办下去，形成特色品牌，发挥更大影响，成为展示珲春开发开放成就的重要窗口，成为研究图们江区域国际合作的重要工具书。

2014 年 2 月

目　录

▓ I　主报告

1

Ⅱ　外部环境篇

Ⅱ.2　周边国家、地区开放发展

CONTENTS

〖 I   Main Report

Ⅲ II   External Environment

III Cooperation Regions

IV International Cooperation

V Chronicle of Events

总　论

朱显平 / 刘天娇 *

一、图们江区域合作开发进程与珲春国际合作示范区建设

区域经济一体化系当今世界发展的一个重要趋势，开展与周边国家的区域合作和不断扩大对外开放水平是我国经济社会发展战略的重要组成部分。图们江地区是东北亚的核心区域，从 20 世纪 90 年代以来一直被认为是全球最具增长潜力的经济区域之一。图们江区域合作开发项目，1992 年，由联合国开发计划署（UNDP）倡导，相关各国政府积极参与，是东北亚地区政府间多边经济合作的理想平台。该项目的初始设计是在中国珲春、朝鲜罗先地区和俄罗斯滨海地区的相邻区域建立跨三国的自由经济区。随着形势的发展变化，图们江区域合作的内容和范围有进一步调整，扩大了中朝俄区域，增加了东北亚其他国家的相关地区，即蒙古的东部省份、韩国的东部沿海地区，但珲春市在图们江区域合作中的重要地位始终没有改变。中国政府十分重视发挥珲春市的作用，2009 年 11 月，中国国务院批准了国家发改委制定的《中国图们江区域合作开发规划纲要》，提出以长吉图为开发开放先导区的国家战略。珲春市成为长吉图开发开放先导区的门户和窗口。2012 年 4 月，国务院批准在珲春市设立"中国图们江区域（珲春）国际合作示范区"，这是迄今中国沿边地区的唯一的国际合作示范区。

（一）图们江区域合作开发的进程

图们江地区合作开发是在联合国开发计划署（UNDP）倡导下，我国政府与周边国家政府共同推进的国际合作项目。1991 年 8 月，联合国开发计划署在提出的报告中分析认为，从全球贸易结构上来看，由于独特的战略地位图

---

* 刘天娇，吉林省经济技术合作局党委研究室主任，吉林大学在读博士。

们江地区具有巨大的发展潜力，这里靠近中国的重要工业省份——吉林省和黑龙江省，俄罗斯、朝鲜、蒙古有着丰富的自然资源，日本和韩国有雄厚的资金和技术，因此，通过这个区域的合作开发，可以实现优势互补、合作共赢，并可以构建一条通往欧洲的便捷通道。

1991年10月24日，联合国正式提出图们江地区建设类似中国香港、新加坡的国际化港口，拟筹措300亿元资金进行开发建设。中国政府对图们江地区的开放开发给予了高度重视，1992年、1999年、2009年先后出台相关规划和意见，包括《图们江下游珲春地区综合开发规划大纲》、《中国图们江地区开发规划》、《中国图们江区域合作开发规划纲要——以长吉图为开发开放先导区》《关于支持中国图们江区域（珲春）国际合作示范区建设的若干意见》，大力推动这一区域的国际合作开发。特别是2009年8月30日，国务院正式批复的《中国图们江区域合作开发规划纲要——以长吉图为开发开放先导区》，确定了"长吉图"战略以珲春为窗口、延吉—龙井—图们为前沿、长春—吉林为腹地支撑的总体布局，并明确提出，要在"沿边地区与内陆腹地优势互补和联动发展"、"开拓陆海联运国际运输新通道"、"探索沿边地区跨境经济合作模式"三个方面进行"先行先试"，并围绕八区建设谋求发展——图们江地区国际自由贸易区、长吉国际陆港区、科技创新区、省际国际合作产业区、现代物流区、生态旅游区、高端服务业集中区、现代农业示范区。

2012年4月13日，国务院办公厅正式批准在吉林省珲春市设立"中国图们江区域（珲春）国际合作示范区"，并印发了《关于支持中国图们江区域（珲春）国际合作示范区建设的若干意见》。这是东北振兴"十二五"规划的一个重要组成部分，是我国深入推进图们江区域合作开发的重大举措，有利于促进我国与周边国家特别是与朝鲜、俄罗斯的经贸合作，实现优势互补和互利共赢；有利于探索我国扩大沿边开发开放的新路径，加快东北老工业基地振兴步伐；有利于提升我国边疆民族地区经济社会发展水平，促进民族团结和边疆稳定。从规划范围上看，1992年批准的发展规划是以珲春市为核心，1999年批准的规划是以延边州为核心，而2009年批准的规划则是以长吉图为核心，这是一个逐渐递进的过程，体现了政策的连贯性，以及国家对图们江地区开发开放的重视。

（二）长吉图战略取得的显著成效

长吉图开发开放先导区战略实施两年多来，在党中央、国务院的高度重视和亲切关怀下，在国家发改委等有关部委的大力支持下，吉林省坚持科学发展，统筹推进"三化"（工业化、城镇化、农业现代化），实施"三动"战略（投资拉动、项目带动、创新驱动）和富民工程，经济社会发展迈出新步伐，长吉图开发开放先导区建设取得了显著成效，概括起来有以下几个方面：

第一，长吉一体化建设稳步推进。充分利用国家赋予的"先行先试"政策，编制实施区域一体化发展规划，使重点产业、重大项目、基础设施等进一步融合。一是推进了功能布局的一体化。长春和吉林两市以"突出（长春）中心城市辐射功能，做大（吉林）综合性特大城市"为定位，逐步优化完善了的两个市区、周边以及两城连接带的发展空间，全面推进九台、双阳、岔路河和永吉四个节点，以及长东北开放开发先导区、长春西新经济技术开发区、长春轨道交通装备产业开发区、长春净月经济开发区、长春莲花山生态旅游度假区、吉林北部工业新区、中新吉林食品区、吉林北大湖冰雪旅游区等八大功能区建设，使长吉区域的综合承载能力与辐射带动功能进一步增强。二是推进了产业布局的产业基础和具有完整产业链条的产业聚集区和产业集群建设。正在努力建设（长春市）汽车及零部件制造、（吉林市）石油化工、（吉林市）现代农业、（长春市）轨道客车四大"国际级"产业基地，打造长吉北线城市经济产业带、南线绿色休闲和现代农业产业带、南部生态旅游产业带，形成"两核"集聚辐射、"三带"协调发展的区域产业一体化格局。三是推进了城市设施和公共服务的一体化。长吉两市"四纵四横一联"公路网升级改造全面启动；长春地铁 1 号线、西客站换乘中心、吉林市铁路换乘中心等城市交通枢纽工程即将竣工；"气化吉林"、"数字吉林"、"中部城市引松供水"等工程正有序开展；长、吉两市户籍制度改革初见成效，人口互认互通管理体系已经建立；两市人口社会保险和社会福利的无障转移正在积极推进。

延龙图"一体化"得到全力推进。建设城际快速公路，整合金融、电信、教育、医疗等公共服务资源，大力发展食品、能源、人参和 IT 产业园以及模具机械加工园等园区。

第二，通道建设得到明显加强。长春至珲春 488 千米高速公路建成通车，行车时间由原来 10 个小时缩短至 5 个小时。东北地区第一条高速铁路——长春至吉林 111 千米城际铁路建成通车。吉林至珲春铁路客运专线正在加快建设，建成后，长春至珲春两个小时就可以到达。长春和延吉机场实施扩建改造，旅客吞吐能力显著提升。坚持以珲春市为节点，构建连接边境与海港、辐射东北亚区域的国际贸易大通道。中俄珲卡铁路恢复运营。成功开通经俄罗斯扎鲁比诺港至韩国釜山和日本新潟的陆海联运通道，到釜山由过去的 5 天以上缩短至一天半，到新潟由过去的三天半缩短至 22 个小时。朝鲜元汀口岸至罗津港二级公路改造主体工程基本完工，珲春经朝鲜罗津港至上海（宁波）

港的内贸货物跨境运输成功启动，开辟了我国东北地区经济、便捷的出海运输新通道。

第三，国际合作取得突破性进展。中朝两国共同开发和管理的罗先经济贸易区在2011年6月正式启动，首批合作项目中，高效农业示范区、长春亚泰集团年产100万吨水泥、中国公民赴朝鲜罗先市跨境自驾游等项目已成功实施。2011年12月份，中国第19个、吉林省首个国家级综合保税区——长春兴隆综合保税区获批，目前正在加紧建设中，2013年年底正式通关运营。中国与新加坡两国政府推动建设的中新吉林食品区，是国际农业和食品领域战略合作的重点项目，目前各项规划编制基本完成，一批重大项目加快推进，将打造国际一流的安全健康食品生产示范区。长吉图开发开放先导区规划实施以来，吉林省又有8个省级开发区晋升为国家级开发区。作为长吉图开发开放先导区"窗口"的珲春市，是地处中、俄、朝三国交界的边境城市，也是我国唯一集边境经济合作区、出口加工区和中俄互市贸易区为一体的区域。珲春市先后设立俄罗斯、日本、韩国和吉港工业园，为发展外向型经济打下良好基础。

二、创新沿边开放理念，深化共赢格局，建设好珲春国际合作示范区

（一）图们江区域国际合作的优势进一步凸显

随着区域经济一体化的发展，图们江地区的经济功能在迅速提升。沿边地区的对内、对外联系广泛，有利于引进各种创新要素，从而启动自身的增长。"外国的"观念、产品和方法，即使对于先进国家的发展，也是大有裨益的。而沿边地区，正是吸收和转化这些要素的重要通道。通过吸收和转化，有利于巩固和提高自身的区位优势。近年来，在国际范围内，出现了人口、产业和资金向国际性边境地区迁移的趋势，形成了一些沿边境地区跨国的一体化地区。沿边区域已逐渐融合到全球政治、经济体系当中，沿边地区日益成为国家经济生活的重要部分。珲春国际合作示范区与俄、朝接壤，且具有跨境合作的优越的经济基础、资源和人才储备。近几年，这一地区的发展取得明显进展，并显示出各国经济互补的明显优势和良好的合作潜力，图们江地区各国均提出了各自的区域发展战略，并且正在切实落实。

中国国务院批准制定的《中国图们江区域合作开发规划纲要》，提出了以长吉图为开发开放先导区的战略理念。确定长春市、吉林市的部分区域和延

边州（简称长吉图）为中国参与图们江区域国际合作的率先发展地区，同时辐射整个东北。中国已经进入重化工业加速发展、产业结构迅速升级的关键时期，确保重要资源进口、拓展国际市场的重要性日益突出，急需发展与周边国家的区域合作。国家对外开放政策由梯度开放转向全面开放，地区发展政策由沿海优先转向区域协调发展。以长吉图为开发开放先导区的图们江区域合作开发战略应运而生，以长春和吉林市为主体，将珲春作为开放的门户，把延边作为开放的前沿，形成一个面向东北亚新的开放格局，并实现从沿边开放城市战略到地区中心城市战略的转变。将充分利用沿边省区中心城市的增长级职能和国际影响职能，注重发挥同内陆沿海发达地区的联动作用、促进互动发展，开拓陆海联运国际运输新通道，把长吉图建设成为我国沿边开发开放的重要区域、面向东北亚开放的重要门户，以及东北亚经济技术合作的重要平台，成为东北地区新的重要增长极。

俄罗斯远东（东部）开发战略稳步推进。俄罗斯面向亚太的发展战略日渐清晰。2009 年，俄罗斯政府批准了"2025 年前远东及贝加尔地区经济社会发展战略"。位于图们江地区的俄滨海地区是俄罗斯东部开发开放的重要窗口和基地。在俄罗斯东部的油气、煤炭等重要资源的开发利用和外运方面，发挥着重要作用。2012 年，普京任总统后，俄罗斯务实推进远东发展，成立远东发展部，设立远东开发基金、筹建开发远东的国家集团。滨海边疆区政府提出了建设符拉迪沃斯托克自由港的设想，俄罗斯政府明确表示支持。目前，已经将符拉迪沃斯托克的大俄罗斯岛确定为国际旅游岛（类似中国的三亚）。随着俄罗斯的东部发展战略和对外开放战略的推进，图们江区域国际合作开发将形成崭新的局面。

中朝罗先经济贸易区建设进展顺利。2010 年，朝鲜实施罗先地区的自由贸易区战略。中、朝两国领导人达成共识，共同开发、共同管理罗先经济贸易区。2011 年 6 月 9 日，中国与朝鲜举行罗先经济贸易区启动仪式。中国吉林省和朝鲜罗先特别市同时设有省一级的开发合作联合指导委员会。罗先经济贸易区的首批 5 个开发项目已经启动。7 月 29 日，吉林省与罗先市共同签署了《关于中朝罗先经贸区（2011 年—2020 年）规划框架的协议》。目前，罗先经贸区的建设进展顺利，多个项目已经相继落地。

中俄朝的国际合作有了实质性进展。2009 年 11 月，中俄两国元首批准了《中国东北地区与俄罗斯远东及东西伯利亚地区合作规划纲要（2009 年—2018 年）》，标志着中、俄两国的区域合作成为两国的国家战略。充分考虑两国的地缘优势、各自的地区发展规划、双方地区建设和发展的实际，纲要共提出二百多个合作项目，涉及基础设施建设和改造、旅游、科技、人文等领域。2011 年，又确定了五十多个项目作为优先和重点建设项目，两国政府有关部门和地方政府正在加紧落实，进一步完善各自的投资和经商环境，加快实施条件成熟的项目。2013 年 12 月，中俄第三条国际铁路——珲（春）马（哈林诺）铁路实现常态化运营。珲春成为名副其实的、继满洲里和绥芬河之后的第三个铁路口岸城市。

在中朝合作开发项目启动的同时，朝俄经济合作不断发展。双方已经在朝鲜罗先地区开展合作项目。俄罗斯目前已长期租用了罗津港第三号码头，维修了从罗津到哈桑的铁路，在罗津港建设了集装箱终点站，并正式启用。2013 年 11 月，俄罗斯总统普京访韩期间，提出建设铁路丝绸之路的建议，要将西伯利亚铁路延长至朝鲜境内，并经由朝鲜与韩国的铁路系统相连。俄罗斯还提出修建经朝鲜到达韩国的天然气管道，以及通往朝鲜半岛的高压电力输送线，向朝鲜和韩国出口电力。待条件成熟，俄、朝、韩三方还可能修建海底隧道通往日本。

2013 年召开的十八届三中全会在系统总结三十多年改革开放的经验的基础上，明确提出了今后要放宽投资准入、加快自由贸易区建设和扩大内陆沿边开放的新的开放战略理念。为我们开展同图们江区域周边国家的区域合作提出了新的要求，要用创新思维，积极构建"双轮驱动"的新模式，在加快中日韩自贸区建设的同时，落实和扩大同俄朝毗邻地区的开放合作，努力完善基础设施的互联互通，建设好图们江地区的丝绸之路经济带。这些将为珲春国际合作示范区提供了新的动力和保障。

开展好图们江国际合作的关键是利用好比较优势，发掘互利合作的战略契合点，积极推动区域经济合作。为此，要彻底改变以我为用的传统观念，把不断发展和创新互利共赢的格局放在首位。

（二）把命运共同体意识根植于中俄区域合作中，发挥示范作用

珲春国际合作示范区要顺应周边合作发展的新形势，必须创新思维，明确长远务实的战略发展思路，把命运共同体意识根植于中俄区域合作中，实现长期互惠发展，并且在若干领域发挥示范作用。

在开展互利双赢的合作方面发挥示范作用。互利共赢是中俄区域合作的基础，也是确保合作持续发展的前提。由于中俄毗邻地区的资源禀赋和产业结构存在差异，开展区域合作对双方产生的影响不尽相同，在确定合作项目时，不仅要依据两国的资源禀赋和现有的产业结构、考虑合作项目在经济上的合理性，而且也要顾及合作双方当前利益的对等和长远利益的"均衡"。

双方长远利益的"均衡",不仅体现在经济效益方面,而且也体现在资源环境等其他方面。经济发展与生态环境是相互依存、相互制约的关系。俄罗斯十分重视环保问题,《俄罗斯联邦环境保护法》的保护对象十分广泛,不仅包括土地、矿产、地表水和地下水、大气、动植物等自然环境与资源,而且还包括人文环境等诸多方面。因此,国际合作一定要注意保护俄罗斯的生态与人文环境。要在规划合理、确有保障的前提下开展合作,并注意合作过程中不会造成新的问题。

在高新技术产业合作、促进产业结构升级转换方面发挥示范作用。近年来,俄罗斯反复强调要发展创新经济,将经济"过渡到创新发展道路上去"。发展高新科技产业已成为俄罗斯的主流趋势。俄罗斯东部地区的科技力量雄厚,科技潜力巨大。仅俄科学院西伯利亚分院拥有专利就达一千五百余项,几乎占俄罗斯科学院现有专利的一半。中国有巨大的市场需求和良好的市场机制保障,在引进、消化和吸收俄罗斯高新技术的基础上进行创新合作,能够培育新的产业优势。开展高技术含量的资源深加工、农副产品深加工等领域的合作,前景广阔。同时,共同发展高科技引领的新兴产业,加强机械制造业的全面合作,以产业合作为龙头带动中俄地区之间的贸易,与高层次、规范化的国际规则接轨。

高新技术合作有利于国内的产业转移。俄罗斯的一些加工业和制造业生产部门设备陈旧、技术落后、缺乏竞争力。因此,对进口的商品和技术的依赖性增强。俄对华出口的机电产品在中俄贸易中的比例由2001年的24.9%,降到目前的1%弱。中国东北地区的轻纺工业、农牧业、食品工业等发展迅速,与俄东部相比具有明显比较优势,汽车、化工、机械制造、医疗机械及医药保健等产业优势明显,因此大力推动国内具有高新技术的产业转移,符合俄罗斯的发展利益。

在推动对内对外开放相互促进方面发挥示范作用。要把引进来和走出去更好地结合起来,扩大贸易、投资合作的空间,构建区域经济一体化新格局。中俄领土接壤,陆路相连,为在这一地区构建区域经济一体化新格局提供了极为有利的条件。目前,中、俄双方都把建设的重点放在交通基础设施、口岸建设以及大型目的合作开发方面,这无疑将为扩大双方在区域合作领域赢得更大的扩展空间。要利用这些有利条件,扩大沿边地区的开放,把沿边地区打造为既是出口基地,又是跨国采购的服务基地,既是接受国际投资的基地,又是对外投资的服务基地。俄罗斯东部地区具有明显的资源优势、现实以及潜在的市场优势,有利于中国的发达沿海地区、港澳台地区以及发达国家企业的积极参与。珲春国际合作示范区要进一步发挥和利用区位优势，打造对俄合作的"合作"平台，引导国内外的优秀企业来区内落户。

在深化区域金融合作方面发挥示范作用。中俄两国沿边地区在金融机构融资、金融服务、扩大本币结算等方面的合作空间巨大。加强金融合作，可以更好地促进两国实体经济的发展。

在发挥人力资源的合作潜力方面发挥示范作用。中俄人力资源的利用是双向互补的，中国的人力资源可以为俄罗斯毗邻地区开发解决许多战略性问题，对扩大俄罗斯原料开采和加工规模、改造传统农业、改进资源利用、加强出口专业化等发挥重要作用；同时俄罗斯远东拥有巨大的加工能力、熟练的劳动力资源和强大的科技基地和现代化的技术，能够为中国沿边地区提供人力资源支持。

为了建设好珲春国际合作示范区，要充分利用现有的国际合作机制。目前，俄罗斯政府同东北亚各国政府已经签署了关于图们江地区国际合作的各项政府间协议。通过加强制度建设，这个机制可以在有效推动经济合作方面发挥更加积极的作用。同时，建立中俄两国政府之间的专门协调机构，妥善解决中俄区域合作中遇到的难题，十分必要。

要加快实施自由贸易区战略。俄罗斯入世后，进口商品的关税成本降低，利润空间增大，如入世后俄罗斯家电和电子产品进口关税从15%降至7%至9%。中国商品的主要对手是世界发达国家的商品。与欧美和日韩相比，中国的商品技术含量低、附加值低，竞争优势不明显，并且缺乏发达国家企业的成熟的市场营销经验。利用现有的中俄边境合作区、出口加工区、保税区以及互市贸易区，培育区域性的对俄出口加工贸易中心、高科技产品研发制造中心、中俄国际物流中心，增强竞争优势。要用自贸区规则和规范建设"跨国工业区"、"边境经济合作区"等高层次的开放合作平台。利用当前良好的国际国内环境和已有的合作基础，以双方合作项目为依托，升级互市贸易区，发展出口加工区，加快实施自由贸易区战略。

（三）深化中朝友好合作，实现沿边毗邻地区的互利共赢

应该毫不动摇地巩固和发展中朝毗邻地区的友好往来，深化图们江区域国际合作中同朝鲜的互利合作。

应该看到朝鲜对外合作的环境有所改善。韩国朴槿惠新政府提出的"朝鲜半岛信任进程"，对朝政策表现出更为灵活的和解意向。俄朝跨境铁路改造后开通，为俄朝经贸合作奠定了基础，也为推动朝鲜加入图们江区域经济合作创造了条件。普京总统访韩时提出，将俄朝的跨国铁路系统延伸到韩国釜

山港，实现整个朝鲜半岛的铁路系统同俄罗斯的跨西伯利亚铁路系统对接，打造"铁道丝绸之路"。

当前形势下，利用珲春国际合作示范区发展中朝的友好往来，深化同朝鲜的互利合作，符合两国人民的根本利益。朝鲜经济长期处于困难境地，改善人民生活、缓解粮食危机和能源紧张、建设强盛国家成为现今朝鲜主要的奋斗目标，而加强中朝经贸合作将成为实现这一目标的重要手段。朝鲜有丰富的自然资源和人力资源，为互利合作提供了比较优势，也为珲春扩大对外开放提供了先机。

中国坚持实现朝鲜半岛无核化，通过对话谈判以和平方式解决朝鲜半岛核问题，维护朝鲜半岛和东北亚的和平稳定。经济合作可以促进相互理解，为政治解决提供更友好的氛围，有利于问题的解决。

珲春国际合作示范区建设，特别要重视发挥政策的作用。中朝经贸合作长期以边境小规模跨境投资合作为主，近年来，吉林省对朝鲜经贸合作才出现规范化的趋势，需要针对对朝合作中的实际问题制定具体的政策。如针对出口退税、适度放宽粮食、煤炭等商品的配额限制、简化边境贸易手续和贸易结算方式等方面提供便利政策。同时加大对相关项目的资金扶持。如设立促进中朝贸易发展专项资金，为对朝投资企业提供贷款优惠，对重点项目、特色企业、前沿口岸提供专项财政支持等。

加强基础设施建设，是发展双方经贸合作的重要条件。只有在中朝基础设施完备，交通畅通的情况下，才能够更好地实现"借港出海"，"内贸外运"及相关合作项目的不断推进。随着双方合作的深入，应该努力发掘比较优势，在保持传统领域合作的同时不断拓展双方能够接受的合作的广度与深度，跨境旅游及劳动力资源等都可以成为双方合作的领域。

主报告

Ⅲ.1

中国图们江区域（珲春）

国际合作示范区发展报告

加快改革开放　建设美丽珲春
在率先建成全面小康社会征程上阔步前行

高玉龙

党的十八届三中全会具有划时代、里程碑式的重大意义。会议《决定》对全面深化改革做出了战略部署，决心之大，力度之强，范围之广，前所未有，新一轮波澜壮阔的改革大潮奔涌而来。省、州十届三次全会结合吉林、延边实际，对落实中央决定做出了具体安排。作为国家战略前沿阵地，今后一段时期，珲春市将深入贯彻十八届三中全会和省、州十届三次全会精神，围绕加快改革开放，建设美丽珲春，充分发挥生态、资源、区位、政策优势，全力打造进口资源转化、出口产品加工、商贸物流、旅游休闲养生四大基地，调结构、扩总量、强基础、惠民生、兴产业、促和谐，把珲春建设成为山青水秀的生态宜居城市、东北亚著名休闲旅游城市、通达开放的国际合作示范城市、图们江区域交通枢纽城市，力争三到五年实现经济总量翻番，在全省率先建成全面小康社会。

一、着力推动深化改革，争做全省改革试验田

改革是当前的主旋律。珲春市将勇于先行先试，不断解放思想、开拓创新，打破一切束缚改革的桎梏，加快示范区、乡镇等方面改革，充分释放改革红利。

（一）加快示范区改革，全面理顺管理体制机制。争取示范区总规尽快获批。按照"市区合一"模式创新行政管理体制，科学制订"三定方案"，精简"三区"机构，市直各部门加挂示范区牌子。按照省、州要求创新示范区工作考评机制和体制，深化行政审批制度改革；坚持社会化、市场化方向，出台和实施"三公"经费改革方案；争取调整东北虎保护区区划和管理机制。

（二）加快经济社会改革，全力推动超常规发展。以加快建立公共文化服务体系建设协调机制，促进城乡公共文化均等化为目标，实施文化体制改革；

以健全完善城乡基层医疗卫生服务网络，加快农村卫生室建设，提高农村医疗保障水平为目标，推进医疗卫生体制改革；推进财税体制改革，科学理顺市财政、合作区财政、乡镇财政的权责界限和运行机制；依托互市贸易区和出口加工区，积极申报设立自由贸易园区，推动对俄、对朝跨境经济合作区建设；加强金融创新，推进金融体系建设，鼓励和支持各类商业银行进驻珲春，支持各类小贷公司、担保公司、股权基金发展，争取卢布试点市政策；争取长吉图区域富余电力消纳综合改革试点，力求实现示范区对大唐电厂"区对点"直购电。

（三）加快乡镇改革，不断夯实农村发展基础。深入实施《支持乡镇建设和经济发展意见》。在全面清理债权、债务的基础上，各乡镇设立独立一级财政，实现收支自主化。探索市乡两级分税制，实行招商引资成果和土地出让收益分成。以抓经济、促发展、惠民生为导向重组乡镇机构，赋予业绩突出的乡镇更大管理权限。实施乡镇干部和教师工作补贴制度。试行村干部跨村任职机制，逐步将村支书纳入组织管理和财政开支，对工作优秀的干部破格提拔任用。探索建立土地、水体等预期收益抵押贷款制度。探索切合珲春实际的农村经营性建设用地入市、宅基地流转和农民承包地用益物权经营等具体办法。

二、着力推动扩大开放，打造全省开放窗口和长吉图桥头堡

党的十八届三中全会要求"加快沿边开放步伐，允许边境城市在人员往来、加工物流、旅游等方面实行特殊方式和政策。加快同周边国家基础设施互联互通，推进海上丝绸之路建设"。珲春市将切实发挥全省开放窗口的龙头带动作用，举全市之力打造长吉图桥头堡。

（一）加快互联互通，打造图们江区域交通枢纽。重点抓好"两桥、四路、六线"建设。"两桥"就是推进新圈河桥尽快开工，做好新沙坨子桥前期工作；"四路"就是确保珲马铁路实质性常态化运营，争取修建中朝甩湾子铁路、珲春至东宁铁路和高等级公路；"六线"就是培育和开辟珲春经罗津至长三角（珠三角、海南），经扎鲁比诺至束草、浦项（釜山）、新泻，经符拉迪沃斯托克（海参崴）至罗津，经斯拉夫扬卡至欧美的航线。积极争取省、州加大对航线的补贴和培育。着力做好辟建中朝甩湾子铁路口岸、中俄朝防川口岸、中俄分水岭口岸和珲春至符拉迪沃斯托克（海参崴）、珲春至罗津高速公路的谋划和推进工作。加快通关体制机制创新，整合"一关两检"资源，促进通关便利化，推动人流、物流稳步提升。尽快实现中俄小型公务车辆互通。继续推进图们江出海。

（二）加快国际合作，构建全方位开放格局。强化国际合作示范区、边境经济合作区、互市贸易区、出口加工区等开放载体建设。与俄、朝、韩、日

等国的重点城市缔结友好关系。谋划设立驻符拉迪沃斯托克（海参崴）、罗津、平壤、首尔等联络处。组建对俄、对朝地方合作委员会。完善和拓展外来人员服务机构。争取举办和参与中俄边境市长会议、东北亚旅游论坛、渔博会、东博会等国际性交流活动。筹划建设对俄果蔬出口加工基地。积极参与共同开发管理罗先经贸区，为其选派干部，提供多方面支持和服务，加快推进对朝输电等重点项目。充分利用境外加工复进境政策，鼓励更多企业"走出去"开展加工业务，辟建境外工业园区。

（三）加快对内开放，蓄积示范区发展后劲。加紧建设吉珲铁路客运专线，进一步强化示范区与腹地经济联系。以"四区"为主战场和主平台，大力引进劳动密集型企业，形成承接产业转移集聚区和对外出口加工贸易区。抓住国务院每年拨款 8 亿元支持图们江区域对俄、对朝通道建设契机，认真做好项目包装，全力以赴争取。变"冬闲"为"冬忙"，主动走出去，有目的、有重点地开展招商活动，加快引进国内外 500 强、央企和知名民营企业等重要战略投资者。突出抓好 160 个投资 3 000 万元以上的重点项目，总投资 728 亿元，当年到位 124 亿元。其中，10 亿元以上项目 18 个，亿元以上项目 90 个。全年力争完成固定资产投资 172 亿元，同比增长 25%；实现招商引资 180 亿元，同比增长 20%；争取专项资金 27.6 亿元，同比增长 15%。

三、着力推动科学发展，争做全省经济发展排头兵

国际合作示范区承载着国家、省、州领导和各族人民的厚望与重托。珲春市将毫不动摇地坚持发展这个第一要务，凝聚起巨大的前进动力，全力打造全省第三增长极。

（一）加快转型发展，实现产业结构优化升级。珲春经济的突出问题是结构不合理、支撑点单一，加快转型升级是当前的首要任务。我们将围绕四大基地建设，培育五大百亿级产业，通过整合利用境内外煤炭资源，延伸产业链条，增加科技含量，向加工转化要效益，早日建成产值百亿级的能源矿产业；加快建设紫金多金属回收、曙光金铜矿等项目，谋划铜深加工项目，打造百亿级有色金属产业；大力发展医药、保健品和海产品加工业，打造百亿级健康产业；积极利用境外劳动力，引进舒朗、雅戈尔等知名品牌，扶持特来纺织、小岛制衣等企业做大做强，打造百亿级纺织服装产业；全力推进中国城、长德国际城、浦项现代物流园等项目，打造百亿级商贸物流产业。围绕培育支柱产业和旅游休闲等优势产业群体，谋划建设煤化工、多金属、海产品、木材、纺织服装、新型建材、温州工业、航空、健康产业、国际物流"十大产业园

区"。全面加快桦鑫矿业整装勘查、舒朗服装一期、恒源粉煤灰再利用、兴阳食品、佰山木业、深南旅游岛等项目建设，认真谋划推进中石油乙二醇、韩国现代汽车配件、通勤机场等重大项目，争取尽早落地开工。强化调度和服务，着力培育税收超百万、超千万的"小巨人"企业。设立1 000万元科技创新发展基金，扶持国遥博诚、派高生物等企业发展壮大。积极研究总部经济，争取更多企业总部落户珲春。

（二）加强统筹发展，切实激发城乡活力。统筹"四化"发展。推动信息化和工业化深度融合、工业化和城镇化良性互动、城镇化和农业现代化相互协调。统筹城乡发展。乡镇工作以抓集体经济实力增强和农民增收为核心，以抓工业、抓产业、抓环境、抓改革为重点，全面推进特色乡镇建设。结合建设省级示范镇，加紧实施工矿棚改工程，完善各项基础设施，规划建设工业园，着力将英安打造成工业重镇；与长白山景区遥相呼应，加快防川国际旅游合作区建设，通过完善设施、跨国合作、热线培育、人文展现、优质服务，着力将敬信打造成旅游名镇；发挥生态、资源、区位优势，加大基础设施投入，培育特色产业，提高辐射承载能力，着力将春化打造成国境、省境线上的中心镇。整合其他乡镇资源，突出特色，建园区、上项目、兴产业、转市民，推进与市区的产城一体化，形成以工促农、以城带乡、工农互惠、城乡一体的发展新格局。每年列支1 000万元专项资金，加快推进乡村产业振兴。统筹多种所有制经济发展。在坚定发展公有经济的同时，加快发展民营经济。坚持扶小扶优，消除各种隐性壁垒，放宽市场准入条件。鼓励干部离岗领办创办企业，掀起全民创业热潮。选派干部对重点企业和重点项目全方位服务，帮助民营企业解决融资难、用地难、用工难等实际问题。

（三）坚持绿色发展，不断促进人与自然和谐相处。优良的生态环境、丰富的生态资源，是珲春最大的特色、最宝贵的财富、最突出的优势、最重要的品牌。既要金山银山，更要绿水青山。牢固树立绿色发展理念，把绿色发展深刻融入到经济社会的各个领域，制订绿色生态珲春的总体规划，加快建设"美丽珲春"。全力加强保护。积极落实长白山林区生态系统修复工程，加大退耕还林、还草、还湖力度，扩展湿地面积。健全生态保护机制，严厉打击非法垦荒、采煤、采金、采砂等活动。加强对各类污染源的综合治理，守住生态底线，让珲春的天更蓝、山更绿、水更清。确保合理开发。通过地理标志认证、特色园区建设、龙头企业带动、产业链条延伸等方式，重点发展绿色稻米、含硒苹果、延边黄牛、中药材、食用菌、花卉等绿色产业。坚决摒弃高耗能、高污染、牺牲环境、破坏生态的项目。大力发展循环经济，提高资源利用效率。切实加快建设。对山水林田路进行统一确权登记和规划管理，全面推进江河治理、灌区改造、乡村公路等基础设施建设，大力整治村屯环境，着力解决农村"五乱"问题，抓好美化乡村工作，积极参加全州"十佳魅力乡村"评比，争创全国生态城市。

四、着力推动城市建设，打造现代化国际城市

独特的区位决定了珲春必须建设现代化国际城市。我们将在规划、建设、管理等方面借鉴先进地区经验，尽快把珲春建成山青水秀的生态宜居城市。

（一）坚持规划先行原则，优化城市空间布局。立足当前，放眼长远，以珲春河为轴对城市进行整体规划，按照主城区、高铁城市功能区、河岸景观区、南部产业区、西部物流区、生态农业区和英安工业区等，形成南北一体、摆放合理的城市布局。城市风格将体现俄、韩、日、蒙等异域风情，凸显朝、满等少数民族传统和特色。在争取总规尽快获批的基础上，加快编制控制性详规及配套专项规划。严格规划执法工作，合理有序推进城市房地产开发。留出足够空间造林、栽花、种草，打造独具魅力的绿色景观带。

（二）打造一流基础设施，增强发展承载能力。投资30亿元左右全面加快城市基础设施十大工程建设。实施珲春河与车大人沟河综合治理工程，构筑贯通市区的"休闲带"。在珲春河上开工建设三座大桥，将两岸城区连为一体。按照8纵13横的城市道路骨架设计，全力完善示范区交通网络，开工建设绕城公路。推进220千伏变电所项目。加快城市引水工程建设，改造污水管网39.2千米，铺设给水管线17.7千米。抓紧实施高铁站场建设和东北亚铁路设施提升工程。以公路、铁路、河道"三线"绿化为重点，按照"春有花、夏有荫、秋有果、冬有绿"要求，全面实施城乡绿化美化工程，营造"山在城中、城在景中、人在绿中"的优美环境。

（三）不断提升管理水平，塑造崭新城市形象。城市三分建、七分管。我们将理顺城市管理体制机制，动员全社会参与城市管理，积极倡导城市文明新风。大力推进管理创新，扩大常态化保洁覆盖面，彻底整治户外市场，依法打击私搭乱建，规范公共区域秩序。加强城市车辆管理，取缔非法营运。完善数字城市基础设施，提升管理信息化水平，全面推进智慧城市建设。

五、着力推动社会进步，加速建设全面小康社会

分享改革成果、增进人民福祉是一切工作的出发点和落脚点。我们将以

政府"十件民生实事"为载体，加快解决群众最关心、最直接、最现实的利益问题，真正把好事办好、实事办实，早日实现全面小康社会目标。

（一）全面改善群众居住条件。把各类棚户区改造摆在市委、市政府民生工作的首位，确保两年内完成近2万户共150万平方米棚户区及危房改造任务，基本消灭"城中村"和近郊平房。完成剩余87.7万平方米老旧楼房暖房子工程。逐步解决弃管楼群的物业管理和小区中平房拆迁问题。

（二）强力推动社会事业蓬勃发展。投资1亿元完成五中、六小等6个续建教育工程，新建二中、三中等7所校舍。投入7 000万元建设职业教育中心。投资12亿元开建大学城。投入2 100万元扩建中医院，新建近海、新安社区卫生服务中心。投入1.05亿元确保"三馆一中心"建成使用。建设珲春市人民体育场和东北亚会展中心。积极发挥国际技术转移中心作用，筹建科技孵化园区。

（三）切实提升民生保障水平。投入2.1亿元新建4座集中供热换热站，铺设20千米供热管线、10千米燃气管道。投入1亿元完成城市福利院、殡仪服务中心建设。加快推进村村通自来水工程，解决1.2万农村人口安全饮水问题。投入9 200万元完成白石阳光村、杨泡残疾人养老中心项目建设。支持社保抓好各项社会统筹工作，积极推行失地农民养老保险。建立创业市场和孵化基地，着力促进创业就业。按州直机关标准提高全市职工工资待遇。

习近平总书记强调："工作一分部署，九分落实"。省委书记王儒林指出：不落实是干部作风中的一大顽症，不克服就会使我们丧失机遇，耽误发展。加快改革开放、建设美丽珲春的大业比以往任何时候更加需要工作落实。我们将引导全市各级干部把思想和行动统一到中央和省、州的重大决策部署上来，充分发扬"上下一心勇于拼搏，开拓创新甘于奉献，攻坚克难力争上游"的"珲春精神"，切实形成抓落实的整体合力，全力开创珲春更加幸福美好的明天！

作者简介：高玉龙，男，汉族，1963年9月出生，1986年7月参加工作，中共党员，大学学历，毕业于延边大学数学专业，现任珲春市委书记、中国图们江区域（珲春）国际合作示范区党工委书记、管委会主任。曾任梅河口市委常委、宣传部部长、副市长，通化市二道江委副书记、副区长、区长、区委书记，吉林省经济技术合作局（省政府图们江区域合作开发领导小组办公室）副局长（副主任）、党组成员、中国图们江区域（珲春）国际合作示范区党工委副书记、珲春市委副书记。

全面打响国际合作牌

开创图们江区域开发开放新局面

随着全球经济一体化进程的加快，区域合作已经成为当今世界的时代潮流。东北亚地区以其优越的位置、丰富的资源、多层次的经济结构和巨大的开发潜力正逐渐成为全球瞩目的焦点。珲春作为国家长吉图开发开放的窗口和桥头堡，以及全国唯一以中国冠名的国际合作示范区，在东北亚区域国际合作中具有牵一发而动全身的重要作用。

近年来，珲春市始终坚持高举图们江区域开发合作大旗，不断加强与周边国家经贸、科技、文化等领域的合作，对外开放水平得到显著提高。

（一）把握中俄合作机遇，对俄合作迈出新步伐

中俄铁路通道全面恢复。中俄珲春—马哈林诺国际铁路是联合国开发计划署倡导的图们江地区国际合作开发的重点项目，也是构筑从日本海—俄罗斯—中国—蒙古国图们江区域国际陆海联运大通道的重要组成部分，更是促进这一地区中俄经贸往来的"黄金通道"。2004年5月，由于多种原因，这条国际铁路被迫关闭。2013年8月2日，中俄珲马铁路停运9年后实现常态化运营。已累计运进俄罗斯煤炭5万余吨。三峡集团等一批物流企业落户珲春市。**公路通道运力增强。**俄罗斯克拉斯基诺口岸新联检楼即将投入使用。该联检楼设计5条查验通道，其中2条客检通道，设计验放2000人/天；2条货检通道，可验放150辆货车/天；1条小型车辆通道，可验放50辆客车/天。该楼建成后，与之对应的珲春口岸小型车辆通道也将投入使用。珲春至符拉迪沃斯托克（海参崴）的中俄邮路开通。**政府间合作不断加强。**

创新中俄合作平台。珲春国际合作示范区要实现国家赋予的"建成东北亚地区国际合作开发以及我国沿边开发开放示范区"的战略意图，必须建立

起针对性强、特色突出的常设国际合作会议平台和机制，加强与东北亚国家的交流合作，特别是大力促进与俄罗斯、朝鲜毗邻区域的合作。

2013年10月24日，由图们江国际合作学会、延边州政府、珲春市政府共同策划组织的"中国吉林延边·俄罗斯远东边境市长合作会议"在珲春举行，为珲春搭建起了一个对俄合作的常态化会议平台。

此次会议以"构建中俄毗邻区域城市间合作框架，促进共同发展"为主题，采取高层论坛与学术交流相结合、经贸对接与实地考察相结合的方式，具有"立意新、层次高、规模大、效果好"的特点。

一是立意新。地方合作是中俄务实合作的重要方向，珲春市如何与俄毗邻区域开展合作，是关系"长吉图"战略实施、图们江区域合作开发、吉林省"开放发展"的关键，也是珲春国际合作示范区在建设发展中亟待解决的课题。

由于对俄合作领域多涉及基础设施建设、能源、投资，需要加强城市间、政府间的日常联系，另外，中俄合作关键在实质性经贸合作，经贸合作的关键又在企业。因此，既要考虑建立政府间的日常沟通机制，又要着眼于中俄两国企业合作。"中国吉林延边·俄罗斯远东边境市长合作会议"正好契合了这一需求，以地方市级政府为主导，为企业开展投资、贸易、旅游等提供支持和服务，从而推动对俄合作向经济活动中最为关键和最为活跃的企业个体转变。

商协会在俄罗斯经济合作活动中的作用十分重要。因此，此次会议以"经贸与学术相互促进"，充分发挥商协会的先导作用，邀请俄罗斯俄中友好协会、俄罗斯机电商会、俄罗斯建筑商协会以及学术机构参会，立意深远。

二是层次高。应邀出席会议并发言的全国人大常委会原副委员长、中国图们江区域合作开发专家组组长蒋正华，俄中友好协会主席、俄罗斯科学院远东研究所所长季塔连科，中俄友好协会副会长、中国社科院原副院长朱佳木，俄罗斯建筑家协会主席科什曼，中俄机电商会俄方秘书长萨纳科耶夫，中国社会科学院俄罗斯著名研究专家陆南泉等，在中俄两国有很大影响力，从而大大提升了会议层次。

三是规模大。出席会议的主讲嘉宾中既有俄罗斯地方政府官员——俄罗斯符拉迪沃斯托克市、乌苏里斯克市、纳霍德卡市市长和代表、俄罗斯哈巴罗夫斯克州代表、俄罗斯哈桑区行政长官，还包括俄方知名专家学者——俄罗斯科学院《远东杂志》副主编达维多夫，俄罗斯第二大报纸《俄罗斯报》远东分社社长巴谢列夫等，中方嘉宾既有延边州委州政府领导、珲春市委市政府领导，也有吉林大学、延边大学、吉林省社科院等科研院所的专家学者，共计 100 多名长期活跃在中俄合作领域的政界官员、专家学者、企业家参会。许多专家从不同角度表达了当前和今后推动中俄两国地方政府合作的极端重要性，希望吉林省延边州特别是珲春市，加强与俄罗斯远东地区城市间进一步密切合作关系。参会人数和参会界别，体现了"规模大"的特点。

四是效果好。会议不仅进行了政府间、学术间的充分交流沟通，在合作方向、合作项目上达成了许多共识，并且在具体经贸对接活动中，有 20 家中俄企业分别结成商贸合作伙伴，还有部分企业达成合作意向，除此之外，地方媒体间也签署了合作协议。由于此次会议主题鲜明，活动丰富，参会人员层次较高，新华社、中央电视台、中新社、《吉林日报》等众多媒体对此次会议进行全方位大篇幅报道，因而在国内外产生了积极反响。

目前，珲春已经形成了专门对俄的建材、物流、商贸、餐饮、旅游服务等企业群体，上述产业的形成为吸引俄罗斯企业和俄罗斯客商奠定了坚实基础。2013 年，珲春国际合作示范区对俄贸易占全省 72%。

（二）支持中朝罗先经贸合作区建设，对朝合作稳妥推进

2012 年，中朝罗先经贸合作区建设逐步启动。珲春紧邻朝鲜罗先市。国际合作示范区将对朝经贸作为国际合作主要内容。一是配合建设公路通道。多方筹措资金，共同修建了 53 千米公路，使珲春和罗先公路物流畅通。圈河口岸至朝鲜罗津港二级公路全面竣工通车，极大改善了两国在该区域的交通环境。二是强化口岸建设，投资 1 800 余万元，先后完成了中朝沙坨子口岸新联检楼建设和中朝圈河口岸维修改造工程。三是选派干部支持经贸区建设，珲春海关和图们江报社两名同志赴朝鲜罗先经贸区管委会任职，对经贸区中方企业提供政策和法律保障，并为朝方提供业务上的技术支持。四是加快实施内贸货物跨境运输。经朝鲜罗津港至长三角、珠三角地区的内贸货物跨境运输航线日益发挥重要作用，目的港由上海、宁波扩展到广东黄埔、汕头、福建泉州、海南洋浦等港口，运货种类由煤炭扩大到粮食、木材和黄铜，中国东北地区第二条出海大通道逐步形成，目前累计运送货物超过 10 万吨。积极支持罗先经贸区建设。吉林珲春—敬信 66 千伏输变电工程开工建设，目前，完成塔基 94 座。出境加工业务有效开展。珲春特来纺织、小岛衣料、运达针织、弘丰制衣 4 户企业成为首批利用出境加工复进境政策开展境外加工业务试点，珲春市积极筹备海关总署出境加工试点工作现场会。五是为罗先经贸区提供后勤保障。在人员通关、提供生活物资、为赴朝企业服务，发挥了独特作用。成为中朝罗先经贸区管委会的后勤基地。

（三）畅通陆海联运通道，多边合作不断深化

中俄日联运航线实现常态化运营。经珲春市不懈努力，珲春—俄罗斯扎鲁比诺—日本新泻航线自 2011 年 8 月开通后，运营机制不断完善，逐步实现了常态化运行。中俄韩联运航线全面复航。珲春—俄罗斯扎鲁比诺—韩国束草航线曾连续运营近 10 年，为图们江区域国际合作做出了突出贡献。2010 年 10 月该航线停航以来，珲春市一直不遗余力地推动复航工作。经过积极努力，2013 年 3 月 30 日，中韩"新蓝海"航线停运 2 年后实现全面复航。为确保航线稳定运营，珲春市对航线给予补贴，总额达 500 余万元。截至目前，该航线已累计运行 52 个航次，运送旅客 7 393 人次，其中入境 1 880 人，出境 5 513 人；运输各类集装箱共计 731TEU（20 英尺标准集装箱），其中进口 283 TEU，出口 448 TEU。航线的稳定运营，进一步带动了韩国小商品涌入我国东北市场和俄罗斯远东市场，东北地区的农副产品和土特产品进入韩国市场。同时，也促进了环日本海地区的跨国旅游，为珲春国际合作示范区建设注入了活力。除以上航线外，珲春市正在积极培育和开辟珲春经罗津至长三角（珠三角、海南），经扎鲁比诺至浦项（釜山），经符拉迪沃斯托克（海参崴）至罗津，经斯拉夫扬卡至欧美的航线，力求出海航线多元化。

（四）提升国际旅游产业层次，打造旅游核心品牌

为发挥东北亚地区旅游发展潜能，增强"大图们倡议"成员国在旅游领域合作互信，共同抓住发展机遇，促进"图们江区域"旅游业繁荣，发挥珲春在东北亚区域合作中对外开发开放的窗口作用，经吉林省人民政府向联合国大图们倡议秘书处提议，2013 年 9 月 8 日，在珲春市举办了第二届"大图们倡议"东北亚旅游论坛。本次论坛，以东北亚多目的地旅游中心的成立为契机，进一步促进了东北亚各省之间的旅游合作、信息交流和能力建设；完善了重点跨境旅游路线推广方案，进一步磋商了营运中的问题；讨论研究了构建图们江三角洲国际旅游自由区相关事宜。参加范围包括大图们倡议四个成员国以及朝鲜、日本旅游部高级官员、旅游企业，东北亚地方省级政府旅游局局长，东北亚地方重要节点城市的市级政府领导以及旅游局局长，"大图们倡议"秘书处、联合国开发计划署、联合国世界旅游组织、世界旅游理事会、亚太旅游协会等国际组织，东北亚六国以及其他国家和地区的旅游学术研究机构及国内外新闻媒体、特约嘉宾。第二届"大图们倡议"东北亚旅游论坛，

围绕"东北亚，一个让世界游客梦萦的地方"这一主题，共同分享了一年来东北亚旅游合作的最新成果，共同研讨了旅游界关注的重要问题，共同展望了旅游业美好的发展前景，进一步促进了东北亚各省份之间的旅游交流，为东北亚旅游创造了更为广阔的合作空间。

国际合作是示范区立区之本，也是图们江开发的核心动力，更是珲春独具的重大优势。今后一段时期，我们将从公路、铁路、港口、航线、旅游等几个方面全线发力，努力实现人流、物流、资金流、信息流的大进大出。同时，切实加强与东北亚各国在产业经济、文化体育、教育卫生、旅游服务等领域的交流与合作，努力构建全方位、多层次、宽领域的国际合作新格局，不断开创图们江区域国际合作崭新局面。

吉林省、延边州助推珲春国际合作示范区发展

2012 年 4 月，国务院正式批准在珲春设立全国首个冠名中国的国际合作示范区，并下发《支持示范区建设的若干意见》。

一、明确工作思路，为示范区跨越发展指明方向

2013 年 2 月 16 日，吉林省长吉图领导小组第一次全体会议召开，省委王儒林书记指出：要把珲春建设成为发达的边境城市、全省经济发展第三增长极和长吉图开发开放桥头堡。吉林省委十届三次全会指出：要着力推动开放发展，加快推动长吉图开发开放，在通道建设、平台建设、产业发展、境外资源转化、发展对外贸易、先行先试上实现新突破。延边州委十届三次全会提出：要全力以赴推进珲春国际合作示范区建设，积极争取示范区总体规划尽快获批，完善示范区基础设施，提升综合承载能力；着力打造跨境合作平台，抓好中朝共同开发和管理的罗先经济贸易区建设，加快推进港口设施、对朝输电、生态农业等重点项目，使之成为中朝经贸合作开发的示范区；推动珲春—哈桑跨境经济合作区建设，进一步扩大中俄互市贸易，打造多功能边境自由贸易区；认真办好延边与俄罗斯远东边境市长合作会议，加强沟通，增进互信，推动国际合作开发和经贸往来深入开展；要加快互联互通步伐，做好先行先试文章。省、州全会站在全局高度，进一步明确了示范区发展方向。

二、突出发力重点，为示范区跨越腾飞奠定坚实基础

2013 年 5 月 16 日，吉林省政府省长巴音朝鲁莅临珲春调研指导，并做出重要指示：长吉图这三个字关键在"图"，核心在"珲春"。珲春示范区的发展，要着力做好"六个字"。第一个字是"放"，重点要做好对外开放。第二字就是"活"，重点要做好商贸物流。第三个字是"通"，重点要做好通道建设。第四个字是"提"，重点要做好提升。第五个字是"聚"，重点要做好人才、人口、产业的集聚。第六个字是"干"，重点是实干。10 月 14 日，延

边州委、州政府在珲春市召开 500 余人参加的加快推进中国图们江区域（珲春）国际合作示范区建设工作会议，省委常委、延边州委张安顺书记指出：珲春国际合作示范区是珲春开发开放的"金字招牌"，必须擦亮叫响。2014 年 2 月 8 日，延边州委张安顺书记到珲春看项目现场，调研开发开放工作，明确指出：珲春国际合作示范区作为全省长吉图先导区战略的桥头堡，牵动着全州发展的大局，担负着全省开发开放的带动、示范和引领作用，第一，要在示范区建设上取得新成效；第二，要在通道建设上取得新成效；第三，要在产业发展上取得新成效；第四，要在旅游产业上取得新成效；第五，要在解放思想上取得新成效。

三、优化政策环境，为示范区跨越发展注入动力

示范区获批后，为进一步加快示范区的开发建设，推动示范区持续稳步发展，州委、州政府列出《拟协调国家部委争取的各项优惠政策》，对任务进行分解，州直各部门与珲春市心往一处想，劲往一处使，争取了众多优惠政策，实现了及时对接落实。截至目前，珲春市已争取到国家海关总署、质检总局、财政部、公安部，吉林省政府、省发改、财政、住建、工信、环保、经合、国土、质监、检验检疫、人防、教育、交通、水利、农业、林业、牧业、粮食、商务、旅游、物价、科协、长吉图办，延边州委、州政府，州人民银行、建行等国、省、州三十多个部门出台的近 300 项支持政策。争取到的这些支持政策具有很强的指导性、操作性和针对性，必将为珲春示范区加快发展、跨越发展起到积极的推动作用。

珲春国际合作示范区发展情况

作为吉林省开发开放的桥头堡和长吉图开发开放先导区窗口的珲春市，是我国唯一地处中俄朝三国交界的边境城市，也是我国唯一集边境经济合作区、出口加工区和中俄互市贸易区为一体的区域。在长吉图开发开放先导区建设取得积极进展的形势下，国务院批准设立珲春国际合作示范区，这是我国首个以"中国"字样冠名的经济区，充分体现了国家对图们江区域合作开发的高度重视、对沿边开发开放事业的大力支持，标志着长吉图开发开放取得了实质进展。在长吉图开发开放先导区战略的引领下，开发建设珲春国际合作示范区，更有利于加快东北老工业基地振兴步伐，提升我国沿边开发开放水平，促进我国与周边国家的经贸合作，实现优势互补和互利共赢。

一、示范区建设情况

2012 年 4 月 13 日，国务院批复了《关于支持中国图们江区域（珲春）国际合作示范区建设的若干意见》（国办发〔2012〕19 号），正式设立中国图们江区域（珲春）国际合作示范区。同年 5 月 29 日，珲春国际合作示范区启动建设。

示范区批设以来，珲春在国家、吉林省和延边州的高度重视和大力支持下，牢牢把握历史机遇，坚定不移地实施"开放带动、项目拉动、创新驱动"战略，开拓创新，攻坚克难，各项工作取得了良好成效，经济社会快速健康发展。2013 年实现地区生产总值 140 亿元，同比增长 11%；规模以上工业总产值 276 亿元，同比增长 20.4%；全口径财政收入 17.7 亿元，同比增长 9.1%；地方级财政收入 13.4 亿元，同比增长 24.2%；财政支出达 32.9 亿元，同比增长 27.3%。社会消费品零售总额 43.6 亿元，同比增长 14.3%；进出口总额 17 亿美元，同比增长 36.8%。荣获全省县域发展进步奖，发展指数延边州第二，实现了"两年有突破"目标。支持政策全面出台。示范区党工委、管委会组建并正式运行。延边州加快示范区建设大会在珲春召开。国家海关总署、质检总局、国土部、财政部、公安部，吉林省政府，省发改、财政、住建、工信、环保、经合、国土、质监、检验检疫、人防、教育、交通、水利、农业、林业、牧业、粮食、商务、旅游、物价、科协等部门，延边州委、州政府，州人民银行、建行等出台300余项具体支持政策。中央财政连续5年下拨1亿元资金支持示范区建设，争取长吉图集合债券和省开行软贷进入核准阶段。农村商业银行正式成立。

规划编制完成。目前，《珲春国际合作示范区总体规划》已通过专家论证，报吉林省政府待批，相关专项规划编制工作正在进行。高标准制定城市详规，高品位摆放城市布局，先后编制了《统筹推进城镇化发展规划》、《城市总体规划（2010—2030）》、《边境经济合作区规划》、《生态新城建设总体规划》，着力提升城市品位和发展承载能力。

对外开放实质突破。赴俄、朝异地办证问题有效解决。中俄珲马铁路恢复运营，千万吨国际换装站建设稳步推进。新圈河国境桥前期工作进展顺利。对朝输电项目开工建设。对俄邮路正式开通。中韩新蓝海航线成功复航。外来人员服务机构成功组建。防川景区晋级国家4A级旅游景区，启动建设国际旅游合作区启动建设。

项目建设长足发展。2013年实施重点项目130个，总投资775亿元，当年到位128亿元，其中10亿元以上项目26个。珲春欧亚商城、大宸水产、天道物流等项目建成。开元酒店、盛通国际建材等项目进入装修阶段。北京居然之家、林晟通讯电子、国际商品交易市场、万和报废汽车拆解等项目主体完工。吉珲铁路客运专线、循环经济产业园、紫金多金属回收、边贸物流集散配送中心、浦项现代国际物流园、长德国际城等项目强势推进。预计全年招商引资到位150亿元，同比增长25%。

示范区发展取得了一定成绩，但还存在一些不容忽视的问题。一是经济结构不合理，可持续发展能力不足，经济总量小、实力弱的市情没有从根本上改变，对周边地区辐射带动作用不强。二是周边合作环境不优，对外通道通而不畅，制约开发开放。三是项目制约因素较多，项目建设用地紧张、征地拆迁阻力大等问题影响项目落地。四是示范区建设起点低，财政收支矛盾突出，快速发展难度大，需要更多政策和资金支持。

二、珲春国际合作示范区发展机遇和展望

当前，随着周边国家形势日益向好，内外通道加快畅通，支持政策逐步落实，发展基础不断夯实，珲春国际合作示范区迎来了率先发展、率先突破的重要机遇。

从国际形势看，当前，图们江区域步入加速升温和合作转型的关键时期。

东北亚各国经济联系日益深化，日本、韩国对图们江区域开发和加强东北亚经贸合作表现出极大热情。俄罗斯加入世贸组织，实施远东开发战略，推出远东和外贝加尔地区发展规划，中俄两国连续互办"国家年"活动。朝鲜国内抓经济搞开放的呼声日益迫切，制定"经济开发区法"，中朝共同开发共同管理的罗先经济贸易区正在加紧建设。蒙古对建设东方大通道一直抱有浓厚兴趣，希望通过图们江出海。

从国内形势看，珲春国际合作示范区是第一个冠以"中国"字头的国际合作示范区，是全国实施沿边开发开放战略的六个重要节点之一，国务院在《若干意见》中明确提出"将珲春发展成为东北地区重要的经济增长极和图们江区域合作开发桥头堡"。国家深入实施沿边开放战略，必将有力推动珲春国际合作示范区的加快建设。国家、吉林省、延边州支持力度不断加大，吉林省提出"把珲春建设成为发达的边境城市和吉林省经济发展的第三增长极"，延边州委、州政府出台关于支持珲春国际合作示范区的 20 条具体支持意见。

从自身基础看，经过二十多年的开发建设，珲春基础设施齐全完备，城市功能日臻完善，特色产业蓬勃发展，社会安定和谐，人心思进、共谋发展的氛围日益浓厚。这些都为示范区加快开发开放、肩负更大历史使命奠定了坚实基础。

珲春国际合作示范区将紧紧抓住难得的历史机遇，全面落实长吉图开放开发战略，围绕"三年见成效，五年大跨越"目标，充分发挥生态、资源、区位、政策等优势，全力打造进口资源转化、出口产品加工、商贸物流、旅游休闲养生四大基地，着力培育新兴百亿级支柱产业，早日建成百亿级的能源矿产业，培育打造百亿级有色金属产业、百亿级健康产业、百亿级纺织服装产业、百亿级商贸物流产业，调结构、扩总量、强基础、惠民生、兴产业、促和谐，把珲春建设成为山青水秀的生态宜居城市、东北亚著名休闲旅游城市、通达开放的国际合作示范城市、图们江区域交通枢纽城市，力争三到五年实现经济总量翻番，在全省率先建成全面小康社会。到 2020 年，建成布局合理、功能齐全、服务完善、商贸繁荣的重要经济功能区，体制机制创新取得新突破，对外开放平台比较完善，跨境合作成效显著，区域综合交通运输枢纽功能充分发挥，商贸物流和跨境旅游日益繁荣，人居环境和生态环境进一步改善，开放型经济发展格局全面形成。

（珲春边境经济合作区管委会办公室）

经济运行情况

作为长吉图地区的"窗口"，地处中、俄、朝三国交界地带的珲春市，近年来以国际化窗口城市和特殊经济功能区建设为目标，深入实施开放带动、项目拉动、创新驱动战略，狠抓对外合作平台建设，实现了经济社会快速发展。2013 年，珲春市紧紧抓住国家系列"稳增长"政策机遇，倾力打造珲春国际合作示范区项目建设和政策落实"双引擎"，坚定不移地实施"项目立市、项目强市、项目富民"的发展战略，珲春市经济保持了持续、快速的发展态势。

一、经济运行基本情况

1. 地区生产总值运行平稳。2013 年珲春市地区生产总值完成 140 亿元，同比增长 11%。一产完成 5.6 亿元，同比增长 4.7%；二产完成 100.6 亿元，同比增长 12.5%；三产完成 33.9 亿元，同比增长 7.9%。三次产业结构比为 4：71.8：24.2，与同期相比二产上升 0.5 个百分点，三产下降 0.4 个百分点。

2. 农业经济发展平稳，综合生产能力进一步提高，种植结构不断调整优化，经济作物种植规模扩大，畜牧业发展态势良好。珲春市农林牧渔业实现总产值 10.6 亿元，同比增长 6.7%。

3. 工业经济规模扩大，总量跃上新台阶，运行质量不断提高。工业企业的竞争力增强，民营企业发展迅速。珲春市全口径工业总产值实现 276 亿元，同比增长 20.4%。

4. 投资持续增长。珲春市固定资产投资总额实现 107.5 亿元。

5. 合作示范区的建立为珲春市经济发展带来机遇，与周边国家地区的多边合作和深入交流促进了珲春市旅游、进出口贸易、社会消费的发展。旅游收入完成 15 亿元，同比增长 30.5%；贸易进出口总额完成 17 亿美元，同比增长 36.8%；社会消费品零售业总额预计完成 43.6 亿元，同比增长 14.3%。

6. 人民生活水平逐步提高。城镇居民人均可支配收入预计实现 19 010 元，同比增长 12%；农民人均纯收入预计实现 9 881 元，同比增长 12%。

二、经济运行中面临的问题

1. 珲春市三次产业结构比例失衡，二产比重过高，三产比重偏低。调整产业结构，优化产业升级对经济、社会发展至关重要。

2. 农业基础设施薄弱，农业生产缺乏科技支持，农业产业化、专业化、机械化水平不高等现状，制约珲春市农业的发展，农业发展增速放缓。

3. 工业投资项目过少，特别是缺少规模大、辐射带动力强的重大工业项目。工业产业技术创新匮乏，资金短缺，用工难、劳动力素质不高等问题也成为珲春市工业持续发展的短板。

三、针对经济运行存在问题的建议

1. 加快产业结构调整进程。产业结构升级的关键是技术进步，应加大资金投入和政策支持发展高附加值、低能耗、低污染、集约型产业。提高工业的发展质量，扩大第三产业的比重，充分发挥第三产业的经济带动作用和促进就业功能。

2. 加大政府对农业生产的引导力度，从思想、组织、规划、技术、信息等方面展开。坚持以人为本，尊重农民意愿，尊重客观规律，引导农民理性规划，有选择地发展产业。鼓励农民积极发展涉农产业，将工作重点落实到农业产业化、规模化生产，促进农业增产增效、农民增收，实现农村经济社会的大发展、大繁荣。

3. 以经济合作示范区为契机，寻求工业发展新的增长点。加大工业生产的资金投入、科技支持、政策支持，引进高附加值、低能耗低污染的工业生产项目。提高企业人力资源素质，引进高科技人才，提升企业的国际竞争力。全面落实工业产业的安全生产工作，促进工业产业健康有序发展。

4. 继续加大对三产的资金、政策扶持力度，充分利用与周边国家和地区合作发展机会，促进珲春市旅游、进出口贸易、社会消费的持续增长，提高三产的产业结构比重。

工业经济运行情况

2013 年，在加快建设国际化窗口城市和国际合作示范区的背景下，在大建设、大开放、大发展的关键时期，在千帆竞发的新一轮发展热潮中，珲春市抓住设立中国图们江区域（珲春）国际合作示范区和国际大通道全面畅通的有利时机，毫不动摇地坚持工业强市战略，进一步强化工业核心和主导地位，形成全市抓经济、重点抓工业的强大合力，加快国际化窗口城市和国际合作示范区建设。目前，能源矿产业、木产品加工业、轻工纺织业、海产品加工业、新型建材业、农副产品加工业、医药保健业、信息电子业八大产业在珲春大地排兵布阵、蓄势发力，产业"蛙跳效应"正逐步形成。

一、珲春市工业经济运行总体情况

工业生产持续增长。截至 2013 年末，全市 105 户规模以上企业完成总产值 276.08 亿元，同比增长 20.36%；工业增加值完成 102.67 亿元，可比价增速达到 12.8%。

工业效益水平有所下降。截至 2013 年末，全市 105 户规模以上企业完成主营业务收入 259.12 亿元，同比增长 15.10%；实现利润 8.57 亿元，同比下降 41.89%。

二、珲春市工业经济运行主要特点

一是工业增速平稳，支撑动力增强。今年以来，在通胀压力和市场需求有所好转的形势下，珲春市工业企业克服了节假日、季节性减产、注销企业以及同期基数高等不利因素影响，通过加强工业生产组织调度，释放企业最大生产负荷，强化要素保障等系列措施，工业生产总体保持了平稳较快的增长态势。年初 4 个月，产值增幅始终保持在 24.9% 左右。特别是 3 月份，随着市场需求进一步好转，季节性生产企业逐步开始生产，工业经济呈现出生产加快、走势上升的良好态势，3 月份增加值实现 8.9 亿元，创环比新高，增速达到了 15.9%。进入 4 月份，受白山市八宝煤矿及和龙庆兴煤矿生产事故影响，珲春市地方级煤矿企业全部停产，直接造成 4 月增加值回落到 7.75 亿元，增速回落至 14.6%，直至 8 月份，增加值完成 64.33 亿元，增速回落至 11.5%。年末，地方级煤矿仍然处于停产整合状态，因供热取暖期，大唐发电厂双机组运行，全市工业增加值增速略有回升，截至到 12 月末，全市规模以上工业增加值完成了 102.67 亿元，增速达到了 12.8%。

二是支柱产业支撑拉动明显。截至 12 月份，全市九大行业共实现产值 276.08 亿元。其中，三大支柱产业能源矿产、纺织服装、木材加工业共实现产值 176.76 亿元，占全市工业总产值的 64%。纺织服装业实现产值 42.5 亿元，同比增长 28.94%；木材加工业实现产值 68.13 亿元，同比增长 35.66%；能源矿产业实现产值 66.7 亿元，因受安全生产等客观因素影响，同比下降 12.66%。

三是工业用电量逐步回升。12 月份，规模以上工业企业用电量达到 10 091.14 万千瓦时，全年累计用电量达到 11.04 亿千瓦时，同比增长 2.75%，充分体现了在当前产业结构下的工业经济呈现健康发展的良好态势。

四是工业产销衔接平稳。截至 12 月份，规模以上工业销售产值达到 267.73 亿元，同比增长 20.96%；产销率达到 96.98%；出口交货值累计完成 79.32 亿元，同比增长 28.98%。

三、工业运行中值得关注的问题

2013 年，珲春市工业经济总体保持了平稳较快的增长态势，但是一些制约工业经济发展的矛盾和问题仍然不容忽视。

（一）经济发展外部环境仍然严峻。一是当前国内经济仍然处于弱复苏态势，部分经济数据表现低于市场预期；二是受大环境影响，部分初级工业产品价格有所下滑，金精粉、铜、木制品价格仍在低位徘徊，导致部分企业生产经营面临困境；三是全年工业产值增速达到 20.36%，较去年同期下降了 5.76 个百分点。说明珲春市工业经济在外部推力不足的情况下，依靠自身保增长仍然乏力。

（二）企业生产成本持续上升，企业利润下滑。2013 年，珲春市工业生产原料、燃料价格持续上升，用工成本、运输成本和利息支出等各种费用增加导致企业生产成本仍居高不下。受安全生产影响，地方级煤矿全部停产，呈亏损状态。珲矿集团、紫金矿业、大唐发电厂等重点支柱企业利润同比全部下降，直接导致工业企业利润同比下降了近 40%。

（三）工业企业资金短缺状况加剧。据初步调查，珲春市 105 户规模以上工业企业资金缺口大约在四亿元左右，资金需求用途包括正常的资金流转、技术改造及固定资产投入等。

从全年看，第一季度珲春市工业经济整体保持了健康平稳发展，第二季度后经济运行中不稳定和不确定因素居多，由于国内外经济形势复杂严峻、市场因素、成本上升、产业结构调整、要素制约以及统计数据下调、生产事故影响等问题和压力，珲春市工业经济发展面临一定的下行压力。

四、产业发展情况

（一）能源矿产业

2013 年珲春市能源矿产行业规模以上企业 19 户。分别为：大唐（珲春）发电有限责任公司、珲春矿业集团有限责任公司、珲春市农电局、金山矿业有限公司、紫金矿业有限公司、珲春耀天新能源有限公司、珲春吉兴新能源有限公司、合作区热力资源有限公司、珲春吉春矿业有限公司、英明煤矿、金田矿业、板石新春煤矿、恒达矿业、东源煤矿、市供水公司、珲春森林山供热有限公司、珲春市金龙达冶金有限公司、珲春天宝耐磨合金制造公司、恒进型煤制造有限责任公司。

2013 年全行业累计完成工业产值 66.695 2 亿元，同比下降 12.66%，占总量比重为 24.16%；全年实现销售收入 57.699 4 亿元，同比下降 24.41%；实现利润 2.864 6 亿元；上缴税金 3.658 4 亿元，同比下降 13%。该行业从业人员总数 13 735 人。

（二）木产品加工业

珲春市木制品加工规模以上企业达到 19 户。分别为：吉林省珲春林业局、珲春森林山木业有限公司、兴业胶合板有限责任公司、森林王木业有限公司、兴家地板有限公司、元宝山木业有限公司、精诚木业有限公司、坤朋木业有限公司、欧耐特家具制造有限公司、万通木业有限公司、蓝宝石木业有限公司、珲春毅德木业有限公司、珲春森林狼木业有限公司、珲春森林山木制品有限公司、珲春金鹰实业有限公司、珲春市攀达木制品有限公司、珲春市金塔木业有限公司、珲春万丰木业有限公司、珲春市莲发贸易有限公司。主要以生产实木地板、木制生活用品、中档家具为主。

2013 年全行业累计完成工业产值 68.127 2 亿元，同比增长 35.66%，占总量比重为 24.68%；实现销售收入 66.092 7 亿元，同比增长 37.87%；实现利润 0.560 4 亿元；上缴税金 421 万元，同比下降 32%；该行业从业人员总数 3 662 人。

（三）轻工纺织业

珲春市轻工纺织业共有企业 15 户。其中纺织服装规模以上企业 13 户，分别为：吉林特来纺织有限公司、风华制衣有限公司、合作区宏超制衣有限公司、小岛衣料（珲春）服装有限公司、珲春弘丰制衣有限公司、珲春新元针织有限公司、珲春宇一印染有限公司、珲春旭唐科技有限公司、珲民制衣有限公司、运达针织服装有限公司、华汇针织有限公司、佳诚制衣有限公司、三利制衣有限公司。主要产品有针织内衣、休闲服装、高档女装以及牛仔系列服装等。

珲春市纺织服装业属于外向型的产业，销售市场主要面向韩国、日本、欧美、中东等国。大部分服装企业主要是为特来、小岛进行配套加工。运达与雅戈尔服装进行合作，主要为其加工品牌衬衫；弘丰制衣主要是为阿迪达斯贴牌加工。特来、运达、弘丰、风华等企业积极开展境外产业协作和劳动力资源的引进，与朝鲜的罗津市、先锋市、豆满江市等有合作、经营关系的境外加工企业近 14 家。目前纺织服装行业共引进朝鲜劳动力近 700 人。2013 年纺织服装业累计完成工业产值 42.500 9 亿元，同比增长 28.94%，占总量比重为 15.39%；实现销售收入 42.255 7 亿元，同比增长 31.53%；实现利润 0.252 5 亿元；上缴税金 4 894 万元，同比增长 43%；从业人员总数为 2 581 人。两户造纸企业，珲春市永和纸业有限公司和珲春市汇鑫工贸有限公司。2013 年两户企业共完成产值 17 972 万元。

（四）海产品加工业

珲春市海产品加工行业主要以俄罗斯及朝鲜捕捞的海洋水产品为原料，以鱼类综合加工、海洋保健食品等海产品深加工项目为主，目前规模以上海产品加工企业为 9 户，分别为：比比爱农副产品加工、五星水产品有限公司、烟台大宸珲春水产有限公司、珲春洪昊食品工贸有限公司、延边盛海商贸有限公司、珲春东扬实业有限公司、龙鲜食品有限公司、珲春市水妍经贸有限公司、飞天绿色食品工贸有限公司。进入 2013 年，珲春市水产品加工行业发展较快，烟台大宸、洪昊食品、东扬水产等项目相继投产达产，逐步成为珲春市保持经济平稳增长的优势产业。

2013 年全行业累计完成工业产值 22.429 5 亿元，同比增长 98.26%，占总量比重为 8.12%；实现销售收入 22.428 6 亿元，同比增长 98.59%；实现利润 0.196 4 亿元；上缴税金 98 万元；从业人员总数为 2 581 人。

（五）新型建材业

珲春市新型建材业以非金属矿产资源为基础，以科技进步为依托，紧紧围绕节地、节能、利废原则，充分利用大唐珲春电厂和珲春矿业集团的粉煤灰和煤矸石资源。目前珲春市新型建材行业规模以上25户，分别为：珲春三元彩钢有限公司、珲春钢构建材有限责任公司、珲春美易得水暖器材有限公司、珲春恩高彩板有限公司、珲春正兴磨料有限公司、珲春华都钢管有限公司、珲春泰成实业有限公司、珲春创一实业有限公司、吉林省万事达实业有限公司、海洋新型建筑材料有限公司、珲春市顺峰水泥厂、天盛墙体材料有限责任公司、森林山新型建材有限公司、珲春城西墙体材料有限公司、珲春航旭门窗制造有限公司、珲春东北石材有限公司、珲春大禹节能建材有限公司、珲春信德砼业有限公司、珲春吕佳建材有限公司、珲春飞鹤建材制造有限公司、吉林志华新型建材有限公司、珲春三元节能建筑板材有限公司、珲春筑诚建材有限公司、珲春市永诚塑料制品有限公司、珲春市虹光包装彩印有限公司。

2013年全行业累计完成工业产值40.195 8亿元，同比增长21.1%，占总量比重为14.56%；实现销售收入40.148 9亿元，同比增长23.75%；实现利润1.819亿元；上缴税金6 500万元，从业人员总数为920人。

（六）农副产品加工业

2013年着重抓好农副产品加工行业新技术、新工艺研究开发，积极创建国家、省级名牌商标，提高企业的社会知名度，加快培植龙头企业，促进企业形成规模，使该行业得到稳步发展。主要是果蔬、大米、食用菌为原料的绿色食品加工。目前，珲春市农副产品加工行业规模以上企业13户，分别为珲春旵顺现代农业开发公司、珲春市新农村工贸有限公司、珲春金成蛋业有限公司、珲春太品酒业有限公司、美鑫高句丽饮品有限公司、珲春春晖实业有限公司、延边图们江酒业有限公司、神怡食用菌开发有限公司、珲春田野粮米加工有限公司、珲春雪岱山米业有限公司、珲春绿色米业有限公司、珲春无迪商贸有限公司、珲春市加财实业有限公司。

2013年全行业累计完成工业产值21.710 2亿元，同比增长40.07%，占总量比重为7.86%；实现销售收入22.564 1亿元，同比增长44.37%；实现利润1.329 0亿元；上缴税金6 416万元，同比增长25%；从业人员总数为883人。

（七）医药保健业

依托长白山、朝鲜等地丰富的原生态生物资源优势，主要产品为人参、灵芝、林蛙油等地方系列保健制品。目前，珲春市医药保健行业规模以上企业3户，分别为：华瑞参业生物工程有限公司、派诺松籽、珲春闻晓堂参业有限公司。

2013年全行业累计完成工业产值5.986 0亿元，同比增长43.09%，占总量比重为 2.17%；实现销售收入 5.788 2 亿元，同比增长 38.53%；实现利润 0.429 9 亿元；上缴税金 1 万元；从业人员总数为 883 人。

（八）信息电子业

珲春市信息电子业主要以生产电子白板、影像数据处理、车载调谐器为主。目前，信息电子行业规模以上企业 2 户，分别为：珲春国遥博诚科技有限公司、珲春信通电子有限公司。

2013 年全行业累计完成工业产值 6.640 5 亿元，同比增长 43.34%，占总量比重为 2.41%；实现销售收入 6.447 4 亿元，同比增长 43.24%；实现利润 1.049 0 亿元；上缴税金 1 215 万元，同比增长 103%；从业人员总数为 94 人。

五、珲春市工业产业发展前景展望

珲春工业的快速崛起，是未雨绸缪、厚积薄发、攻略超常的结果。珲春市牢牢抓住国家宏观产业政策调整的战略机遇，强力实施"园区兴工、产业兴工"的非常战略，坚持把产业作为调结构、促转型的战略支撑。2014 年，预计全市全年规模以上工业总产值实现 315 亿元，同比增长 15%。

（一）能源矿产业：能源矿产业在珲春市经济中占有十分重要的位置，要着眼"创新、低碳、高端"，充分利用好国内国外两种资源、两个市场，扩大总量，优化结构，提高产业关联度，延伸产业链，以石油、煤炭、金、铜、钨、煤层气、红柱石、粉煤灰、煤矸石及周边国家资源的勘探、开发、深加工和水力、火力发电项目为主谋划一批大项目。重点建设煤化工项目、俄罗斯油气资源合作开发项目、境外煤炭资源开发项目、境外金铜铁合作开发项目、钨矿开发及钨深加工项目、粉煤灰综合利用项目、煤矸石综合利用项目、桦鑫矿业、循环经济产业园、紫金矿业铜冶炼及铜产品深加工项目等项目。

（二）林产品加工业：依托本地及俄罗斯、朝鲜丰富的木材资源，形成上、中、下游产品相互衔接的产业链和资源循环利用的产品结构，并逐步由高耗材、低附加值产品向低耗材、高附加值产品过渡，进而带动和拉动相关产业的发展。通过技术改造巩固地板制造企业的比较优势地位，增强市场竞争能力，通过提高设计能力和引进消化吸收先进技术，发展家具制造及其他木制品业。继续培育壮大兴业地板、森林山木业、森林王木业等为代表的地板生产龙头企业，推进新型装饰材料、办公用品、中高档家具等系列产品开发，重点建设俄罗斯朝鲜木材综合开发项目、林产品深加工项目、餐具厨具项目、新实木地板扩能项目、佰山木业项目、国际木材进出口加工园区项目。

（三）轻工纺织业：在继续培育壮大特来、小岛、运达、风华、弘丰等为代表的纺织服装加工企业的基础上，依托本地和境外劳动力资源和日本、韩国先进的纺织服装加工技术，重点引进并建设高档服装、内衣、裘皮制品、箱包、鞋、帽、皮革加工项目、高档服装加工出口基地等项目，注重培育并创造自主品牌。依托有辐射能力的大企业和一定规模的特色产品，集中力量培育发展纺织工业园区。同时加大技术改造，淘汰落后生产设备和工艺，促进纺织品升级换代，减少现有企业对大企业的依附力。重点引进舒朗、雅戈尔等知名品牌，建设高档羊绒衫、高档西服、舒朗服装一期等项目。

（四）海产品加工业：以俄罗斯及朝鲜捕捞的海洋水产品为原料，重点建设以鱼类综合加工、海洋保健食品等海产品深加工项目，要组织企业走出去，向日本、韩国同类企业学习，提高科技含量，增加产品附加值，实现产品加工由初加工向深加工，由粗加工向精加工转变，增强企业发展的内在动力。重点建设东扬水产品项目、洪昊水产项目、东鹏水产项目、大宸水产项目、盛海水产品加工项目、兴阳水产项目、朝阳食品、浙江名捷海产品等项目。

（五）新型建材业：以珲春市非金属矿产资源为基础，以科技进步为依托，加快传统产业的调整改造和新型建材的发展，不断把建材行业培育成为土地资源有效保护、工业废渣得以有效利用、能源消耗得以有效降低的新型产业。紧紧围绕节地、节能、利废原则，充分利用大唐珲春电厂和珲春矿业集团的粉煤灰和煤矸石资源，着力发展新型墙体材料的生产，加快建设新型建材产业园项目。

（六）农副产品加工业：以珲春和周边地区现代生态农业为基础，依托龙头企业，面向东北亚市场，重点建设以果蔬、大米、食用菌为主的绿色食品加工项目。切实抓好新技术、新工艺研究开发，积极创建国家、省级名牌商标，提高企业的社会知名度，加快培植龙头企业，促进企业形成规模，集约发展。

（七）医药保健业：依托长白山、朝鲜等地丰富的原生态生物资源优势，切实抓好新技术、新工艺研究开发，积极创建国家、省级名牌商标，提高企业的社会知名度，加快培植龙头企业，促进企业形成规模。在吉林派高生物制药有限公司已开发的紫杉醇和克罗拉滨制剂等抗肿瘤药品，以及华瑞参业等公司研制的人参、灵芝、林蛙油等地方系列保健制品的基础上，吸引更多的生物制药及保健品加工企业集聚珲春，建立面向东北亚的集原料基地建设、研发、生产、康复为一体的生物医药和保健品加工基地。

（八）信息电子业：加快信息产业发展，是促进珲春市经济社会可持续发展、实现经济跨越战略目标的重要手段。一是实施"走出去"战略，加大招商引资力度。发展电子信息产业单靠现有技术、人才、资金还远远不够，必须有效地实施"走出去"战略，借梯登高，借才引资，加大项目、科技、人才的引进力度。鼓励企业与国内外企业的合资合作，吸引科技含量高的信息电子企业来珲春投资兴业，同时引进高科技技术人才，增强信息电子业自主创新和研发能力。二是立足珲春市传统产业发展信息电子业，借助于信息化来提升产业水平，推动传统优势产业做大做强，通过与传统工业的融合，带动相关信息产业的发展，实现互惠双赢。三是完善政策激励机制，优化发展环境。要制定扶持电子信息产业发展的各项激励政策。不断增加电子信息产业在珲春市高新技术企业的比例。重点建设珲春国际示范区智慧城市信息平台项目、空间信息处理中心项目以及国际物流园区信息化项目。

（珲春市工信局）

重点产业建设情况

珲春作为我国参与图们江区域国际合作开发的"窗口"和"桥头堡"，肩负着为我国沿边开发开放城市提供经验和示范的使命，肩负着打造吉林省第三经济增长极的重任。随着"中国图们江区域（珲春）国际合作示范区"的批准设立，国、省、州相继出台政策支持珲春国际合作示范区发展，珲春正迎来前所未有的发展机遇。今后珲春将紧紧围绕项目建设和国际合作两条主线，加快培育新型战略产业，积极开发外向型经济的新引擎，大力拓展服务业，努力推动珲春国际合作示范区实现跨越发展。

一、重点产业建设情况

2013 年，能源矿产业达到 19 户，累计实现产值 63.92 亿元，同比减少 8.9%；实现利润 3.29 亿元，同比减少 6.6%。林产加工业达到 19 户，累计实现 43.16 亿元，同比增长 43.56%；实现利润 4761 万元，同比增长 57.45%。纺织服装业户数达到了 13 户，累计实现 35.07 亿元，同比增长 29.38%；实现利润 396.5 万元，同比减少 26.41%。医药保健品户数达到了 3 户，累计实现 6.39 亿元，同比增长 40.23%；实现利润 9542 万元，同比增长 286%。

二、工作目标及重点项目

主要预期目标是：预计全年实现地区生产总值 140 亿元，同比增长 11.6%；规模以上工业总产值 274 亿元，同比增长 19.5%。

1. 矿业集团千万吨煤炭基地扩能工程

该项目总投资 12 亿元，生产能力可由 605 万吨/年扩能达到 1 035 万吨/年，其中八连城煤矿由年产 180 万吨扩建至年产达 400 万吨；板石煤矿由年产 240 万吨扩建至年产达 300 万吨；城西煤矿重建并将建设规模扩大到年产 150 万吨；英安煤矿年产 185 万吨。项目达产后产值 12 亿元，上缴税金 2 亿元。目前，该项目已竣工投产。

2. 珲春矿业集团富强煤矿选煤厂项目

该项目位于珲春市英安镇，总投资 1.2 亿元。建设规模为年处理原煤 150 万吨，主要建设主厂房、浓缩车间、干燥车间等。项目达产后预计产值 26 973 万元、上缴税金 1 000 万元。该项目已于 2013 年 9 月份竣工投产。

3. 珲春紫金矿业有限公司多金属复杂金精矿综合回收扩能改造项目

该项目位于珲春市边境经济合作区，总投资 4.89 亿元，建设规模日处理矿石 600 吨，年产金 4.9 吨、铜 2.4 万吨，主要建设内容为建设原料车间、冶炼车间、制酸车间、电解车间、贵金属回收车间、余热发电车间等。新增旋流电解装置、活性焦脱硫装置、污酸污水电化学深度处理装置等设备共计 1300 多台（套）。项目达产后预计产值 246 979.94 万元，税金 8626 万元。该项目 2012 年开工建设，预计 2015 年竣工投产。

4. 珲春紫金矿业有限公司曙光金铜矿 10 000 吨/日含金铜废石综合利用项目

该项目位于珲春市春化镇小西南岔，总投资 3.6 亿元，建设规模为日处理 10 000 吨废石，年综合利用废石 330 万吨，年产铜金精矿粉 24 636 吨。主要建设内容为浮选车间设备；尾矿一级、二级加压输送泵房配电室、粉矿仓、选矿车间配电室主体结构；筛分车间主体结构；生产回水池结构工程；尾矿二级加压泵输送泵房结构工程；中细碎主体结构；粗碎车间主体结构。项目达产后预计产值 6 亿元，税金 6 768 万元。该项目于 2013 年开工建设，预计 2014 年竣工投产。

5. 大唐珲春发电厂三期扩建工程

该项目位于珲春市英安镇，总投资 29 亿元，建设规模及主要建设 1×60 万千瓦超临界机组，规划建设 2×60 万千瓦机组。建设起止年限为 2013 年—2014 年，项目建成后，预计产值 120 000 万元，利润 10 000 万元，税金 15 000 万元。该项目已报国家发改委，待核准。

6. 吉林派高生物制药有限公司年产 200 万支抗肿瘤新药—克罗拉滨针剂建设项目

该项目位于珲春边境经济合作区，总投资 7 824.96 万元。建设新增年产 200 万支抗肿瘤新药—克罗拉滨针剂生产线一条，新增克罗拉滨原料药年产 20 千克生产线一条，新增建设面积 10 840 平方米，其中生产建设面积 3 000 平方米，辅助及研发中心面积 4560 平方米，公用工程面积 3 280 平方米，购置全自动灌装机等设备共 274 台（套）。建设起止年限为 2010 年至 2014 年，项目达产后预计产值 37 000 万元、上缴税金 4 211 万元。目前该项目正在临床试验阶段，临床试验结束后，将申请批准药号投入生产。

7. 珲春国遥博诚科技有限公司无人机研制及产业化项目

该项目位于珲春边境经济合作区 9 号小区，总投资 7 824.96 万元，研发生产各种不同型号的无人机平台，包括微型智能化无人机、中型长航时无人机；研发生产无人机相关配套系统，包括"机—机—地"实时传输系统、无人机图像快视处理与传输系统、无人机语音转发系统等。建设起止年限为 2012 年至 2014 年，项目达产后预计产值 14 200 万元、税金 1 300.56 万元。该项目正在组织申请环评批复。

8. 吉林省珲春兴业木业有限责任公司刨切表板实木复合地板建设项目

该项目位于珲春边境经济合作区，总投资 5 800 万元。建设规模为年产刨切表板实木复合地板 200 万平方米。建设内容为复合地板车间、干燥车间、成品库、平衡库、化工原料库、锅炉房、配电室等，建筑面积 12 400 平方米，新购生产设备 35 台（套）。项目达产后预计产值 3.1 亿元，上缴税金 324 万元。目前该项目已经试生产。

9. 珲春森林山木业地板加工项目

该项目位于珲春边境经济合作区出口加工区 5 号小区，总投资 5 500 万元。建设规模为年产实木复合板 100 万平方米，主要建设烘干窑、车间、厂房。项目达产后预计产值 17 421 万元，上缴税金 657 万元。该项目已经搬迁完毕，并试生产。

10. 珲春东扬实业有限公司欧标低温冷库二期鱼类深加工项目

项目位于珲春边境经济合作区，总投资 4 亿元，建设内容为低温冷库及 6 个附属的金枪鱼加工车间约 2.5 万平方米。预计销售收入 1.5 亿元，利润 3 500 万元，税金 700 万元。该项目 2012 年开工建设，预计 2014 年竣工投产。

11. 林晟通讯电子产品生产项目

项目位于珲春边境经济合作区，总投资 1.5 亿元，建设规模及主要建设内容为生产电缆、光缆头盒、光缆交接箱、光线活动连接器等通讯设备和器材。项目建成后预计年销售收入 1.15 亿元，利润 1 800 万元。该项目于 2012 年开工建设，预计 2014 年竣工投产。

12. 珲春华瑞参业生物工程有限公司人参系列食品提升项目

项目位于珲春边境经济合作区，总投资 3 360 万元，新建生产车间 4 000 平方米，综合实验楼 2 000 平方米，建设人参米、人参咖啡、人参茶和人参糖生产线各一条，购置相关生产设备 134 台（套）。建成后年实现销售收入 4 200 万元，利润 700 万元，税金 120 万元。该项目于 2012 年开工建设，预计 2014 年竣工投产。

13. 吉林志华新型建材有限公司年产 50 万立方米蒸压粉煤灰加气混凝土砌块综合利用项目

项目位于珲春边境经济合作区，总投资 1.5 亿元，建设规模为年产 50 万立方米蒸压粉煤灰加气混凝土砌块，建设内容为生产车间、办公楼、锅炉房、综合楼等设施。预计销售收入 12 750 万元，利润 4 825 万元，税金 3 750 万元。该项目 2012 年开工建设，预计 2014 年竣工投产。

14. 珲春洪昊物流有限公司海产品物流配送项目

项目位于珲春边境经济合作区，总投资 1 200.10 万元，建设内容为低温储藏库 2 890 平方米、配送管理中心 1 410 平方米、物流集装箱安全系统、运营管理系统、电子信息系统、停车场、道路及购置大型冷压缩机、冷却塔、分离器、物流配送车辆等设备。预计年均营业收入 851.66 万元，所得税 75.22 万元，年均利润总额 300.88 万元。目前，该项目正处于试运营阶段。

三、面临的课题

一是经济发展外部环境仍然严峻。当前，国内经济仍然处于弱复苏态势，部分经济数据表现低于市场预期。受大环境影响，部分初级工业产品价格有所下滑，金精粉、铜、木制品价格仍在低位徘徊，导致部分企业生产经营面临困境。

二是生产成本持续上涨，企业利润下滑。工业生产原料、燃料价格持续上升，用工成本、运输成本和利息支出等各种费用增加导致企业生产成本仍居高不下。珲矿集团、紫金矿业、大唐发电厂等重点支柱企业利润同比全部下降。

三是资金短缺不足问题困扰企业发展。据不完全统计，规模以上工业企业资金缺口 4 亿元左右，资金需求用途包括正常的资金流转、技术改造及固定资产投入等。2013 年，珲春积极开展银企对接工作，先后推动了民生银行、邮储银行、九台银行、信用联社与企业对接，促成 20 户企业达成合作意向，涉及金额 9 000 万元。下一步，珲春市将组织其他银行继续开展对接活动，寻求多种融资渠道，帮助企业解决资金短缺问题。

四是企业用工缺口较大。纵观当前形势，珲春整体劳动力总量逐年下降，受劳务输出、适龄劳动力转移、季节性行业用工竞争、工资上涨、工业企业特殊的工作环境等因素影响，工业企业工人缺额逐步增多，招工难这一问题在短期内仍然无法解决。尽管政府各职能部门采取了多种方式进行招工，但大部分企业都反映效果不理想，仅纺织、水产业用工短缺就在 3 500 人左右。

四、重点产业建设的前景展望

一是依托优势加快重点产业发展。

今后珲春将充分利用临近周边国家优良港口的区位优势，深入落实《长吉图规划纲要》和国、省《支持示范区发展建设的若干意见》，全面实施"项目立市、项目强市、项目富民"战略，倾力打造珲春国际合作示范区项目建设和政策落实双引擎。广泛开展国际合作，积极培育新型战略产业，进一步增强加快发展的责任感和使命感，采取更加有力的措施，着力抓好重点产业建设，促进重点项目早日建成投产。

二是抓好产业基地建设。

发挥口岸通道和出口加工区优势，依托境外铁矿资源建设 1 000 万吨的精品钢加工出口基地、汽车零部件与新能源汽车及装备制造业基地、电子信息产业加工出口基地、高档木制品精深加工出口基地和境外战略性优质木材生产基地、绿色食品及高档纺织服装、现代生物制药保健品等轻型制造业产品加工出口基地。

（珲春市发展和改革局）

固定资产投资情况

2013 年，吉林省委、省政府提出了"以深圳模式构思珲春发展，把珲春建设成为吉林省经济发展的第三增长极"总体目标。对珲春而言，加快发展仍是第一要务，投资拉动仍是主要动力，项目建设仍是重要抓手，必须长期不懈地抓项目、抢项目、上项目。今后一个时期，珲春将坚定不移地实施"项目立市、项目强市、项目富民"的发展战略，一切目标要围绕经济发展，一切工作要为发展服务，一切条件要为项目创造，把珲春建设成为山青水秀的生态宜居城市、东北亚著名休闲旅游城市、通达开放的国际合作示范城市、图们江区域交通枢纽城市，力争三到五年实现经济总量翻番，在全省率先建成全面小康社会。

一、2013 年珲春市固定资产投资运行基本情况

截至 2013 年 12 月底，珲春市累计完成全社会固定资产投资 110 亿元，同比增长 27%。

（一）固定资产投资月度完成情况。1 月—12 月，全市固定资产投资稳定增长，累计完成投资比去年同期增加了 23.39 亿元；从 3 月开始，月度完成均保持在两位数，月均完成 11 亿元；月度投资基本呈现出稳定增长态势，幅度不大，其中增速最高值为 4 月达到 31.7%，7 月增速呈现反弹，9 月比 6 月提高了 2 个百分点。

（二）固定资产投资结构日趋合理。2013 年第二产业完成固定资产投资 45.37 亿元，第三产业完成固定资产投资 62.14 亿元，房地产开发完成 21.56 亿元，商品房销售面积 574 939 平方米，同比增长 3.7%。

（三）重点项目建设进展顺利。2013 年实施 3 000 万元以上项目（含亿元以上项目）105 个，完成投资 83.09 亿元，占完成投资的 75.54%。其中，亿元以上项目 42 个（不包括房地产项目），完成投资 47.53 亿元，占完成投资的 43.2%。按行业类别分：农村农户完成投资 2.49 亿元；工业项目完成投资 45.37 亿元；商贸物流项目完成投资 10.957 亿元；交通项目 15.515 4 亿元；房

地产项目完成投资 21.559 9 亿元；基础设施项目完成投资 8.281 4 亿元；社会事业项目完成投资 5.826 3 亿元。

（四）固定资产投资环境不断优化。以服务促环境的区位优势明显加强，各职能部门及时沟通项目审批、备案和建设情况，目标明确、责任清楚、分工具体、措施到位。加之珲春市连续多次召开项目推进会，市领导多次亲自解决项目建设中出现的问题，确保了重点项目的顺利推进。

二、保障措施

为确保完成州下达给珲春市的任务，按照"在建项目推进度、竣工项目抓投产、新上项目促开工、后备项目重前期"的要求，多措并举促投资，合力攻坚抓项目，主要采取以下几项措施：

（一）明确目标任务，抓好固定资产投资推进工作。为确保完成全年固定资产投资任务，年初已经把固定资产投资目标任务分解到各相关部门、各乡镇，发改局每月按时收集固定资产投资完成情况、当前形象进度等，及时、全面、准确地掌握珲春市固定资产投资项目的基本情况，确保项目稳步推进。

（二）狠抓前期工作，力促一批新上项目尽快开工。牢固树立"今天的前期就是明天的投资"思想，认真研究、准确把握国家和省资金安排的重点和产业导向，抓住珲春国际合作示范区建设的发展机遇，高度重视、扎实推进项目策划、储备、筛选、上报、审批和核准等前期工作，积极争取国家和省州更大的支持、更多的补助，抓紧完善项目开工条件，力促一批新上项目尽快开工，尽快形成新的投资实物量，增强投资对经济增长的拉动力。积极促成珲春市集中供热二期工程、珲春国际合作示范区国有工矿棚户区、2013 年保障性安居工程配套基础设施建设、珲春市河南街工程、中朝边境圈河口岸大桥、国际货运枢纽站等项目尽快开工建设。

（三）加大投入力度，为完成全年任务打下扎实的基础。为了掌握珲春市固定资产投资项目的基本情况，发改局主动深入一线开展调查研究，进入企业、单位和施工现场了解项目建设情况。经过调研，了解项目建设的不足，及时予以帮扶，为完成全年任务打下扎实的基础。

（四）发挥牵头作用，促进固定资产投资持续增长。市发改局充分发挥牵头作用，强化综合协调职能，加强与各部门、项目业主之间的沟通联系，互换信息，互相配合，互相交流。同时，及时做好全市固定资产投资运行情况分析工作，找准实现固定资产投资任务目标的困难和办法措施，增强实现全年目标任务的信心和决心。

三、面临的课题

从目前情况看，珲春市在项目推进中遇到的困难和问题主要有以下几方面：一是项目前期工作相对滞后。个别项目还存在手续不完备等问题，同时项目建设用地紧张的问题凸显，特别是城市内新建项目土地供需矛盾突出，直接制约着新建项目的开工建设。二是珲春市劳动力匮乏现象尤为突出，已经严重影响项目落地。人才和人力资源匮乏是制约珲春市企业发展的主要因素。由于劳动用工不足，企业发展规模和市场份额受到巨大影响。三是珲春市产业结构不优。支柱型产业主要以能源矿产、木制品加工、纺织服装为主，高新技术产业、商贸旅游等产业项目比较少，影响产业结构的优化升级、产业竞争和城市综合经济实力的提升。四是融资难题依然存在。当前，珲春市正处于政策利好期，与以往年份相比资金来源状况较好，但与要完成的艰巨任务目标相比，要继续保持大规模投资面临的资金约束日趋强化，资金"瓶颈"问题依然突出。五是政府性投资项目配套资金落实困难。目前，在投资管理体制下，中央补助投资项目大多需要地方进行资金配套，在珲春市财政困难、财政自给率较低的情况下，资金配套能力严重不足，难以按国家要求足额匹配到位。

四、2014 年展望

当前的投资稳步增长，在一定程度上为实现示范区经济平稳运行打下了基础，特别是交通、能源、市政基础设施建设等重大项目带动作用和各企事业单位投资的竞相发展，促进了示范区基础产业发展，也改善了基础设施面貌。同时，由产业园区与招商引资项目、保障性安居工程建设与房地产开发、老城区改造和新城区建设带动的项目投资增长，形成了珲春市 2013 年固定资产投资稳步增长的基本走势。

"稳增长"必须首先"稳投资"。当前国内外经济形势复杂严峻，国内宏观经济运行一方面显现了宏观调控效果，另一方面也暴露经济周期性调整的内在性和东北亚国际经济环境对珲春市经济的负面影响，"稳增长"紧迫性进一步显现，稳定投资增长仍将是当前及今后较长时间保持经济平稳增长的关键环节。根据 2013 年全市固定资产投资增长情况，综合分析 2014 年珲春市面临的内外发展环境，2014 年珲春市固定资产投资仍将保持平稳增长势头，预计完成 134 亿元，增速达到 20% 左右。任务还很艰巨，为此，要从以下几个方面采取必要措施，取得突破：

今后一个时期，珲春市在切实做好抓在建、促开工、保投资等常规投资工作的同时，着眼于示范区经济发展需要，仍将以项目建设为重心，大力招商引资，激活民间资本，不断优化投资环境，继续促进固定资产投资快速增长。

（一）强力推进重点项目。强化项目服务，集中力量解决审批、征拆、资金、劳力等问题，抓好施工黄金期，保障在建项目形象进度，确保拟新开工项目按期开工。深入实施项目推动战略，以重点带全局、以项目催生产业，努力推动多上快上事关珲春市经济社会发展的重点基础设施项目。

（二）高度重视项目谋划。在抓好重大基础设施建设的同时，科学规划、合理谋划、着力承接一批市场前景好、科技含量高、辐射能力强的重点产业项目；继续做好重点项目储备，做深做实项目前期工作，强化资金、土地、环保等要素保障；创造开工条件，争取尽快落地实施，不断提高投资经济水平及社会效益，确保全市经济持续、稳定、快速发展。

（三）认真抓好投资运行。加强沟通协调，及时准确掌握投资进度和项目建设信息，科学分析投资走势，及时、全面、准确地反映投资动态，确保重大项目有序推进，保证年内圆满完成州里下达的各项投资任务指标。

（四）全力破解融资难题。一是积极落实国家补助投资，更多争取中央预算内补助投资。二是在积极争取中央资金、加大地方财政投资的同时，努力增加信贷规模。三是进一步完善和落实好鼓励民间投资发展的各项政策措施，促进民间资金向民间资本转化。四是充分发挥财政资金的引导作用，通过政府购买服务、税收优惠、财政贴息等方式引导社会资本进入基础设施、公共事业、保障性住房等领域。五是改善中小企业融资环境。

（五）不断优化投资环境。重点项目顺利推进，关键是做到上下思想的高度统一，得到各级领导的大力支持，在全社会形成关心和支持重点项目建设的良好氛围。各职能部门提高服务质量，切实转变工作作风，牢固树立服务重点项目建设大局的意识，在对重点项目的立项、规划、征地报批、设计、环境、水土、消防评估、报建、供水、供电、工商登记、生产许可证等各项手续办理过程中，不断简化办事程序，提高办事效率，严格实行限时办结制、努力为重点项目建设提供优质、高效的服务。

（珲春市发展和改革局）

项目建设情况

项目是投资的载体，是经济增长的引擎。多年来，珲春市明确了项目建设对扩大经济总量、促进产业结构优化升级、增强经济发展后劲的重要性，全力优化投资环境、拓展城市发展空间，大力推进项目建设，并取得丰硕成果。

近年来，伴随着《中国图们江区域国际合作开发规划纲要——以长吉图为开发开放先导区》的正式批复和中国图们江区域（珲春）国际合作示范区的批设，珲春这个地处中、俄、朝三国陆路相连，中、俄、朝、韩、日五国水路相通的东北亚几何中心，依托区位、政策、资源等优势，以经济建设为中心，狠抓项目建设、壮大经济规模，实现了经济总量的跨越发展。2014年珲春基本建设项目总投资规模将达百亿元，全社会固定资产投资将完成172亿元。数字背后是一批事关全局、事关民生、事关长远的重点项目在珲春国际合作示范区陆续启动，2014年将开工一批项目、建成一批项目、储备一批项目，继续做大做强项目文章，让项目建设成为示范区发展的内在驱动，珲春国际合作示范区的全速、跨越建设也将就此拉开。

一、项目建设现状

2013年，珲春市实施重点项目130个，总投资达775亿元，当年到位资金128亿元，其中10亿元以上项目26个，工业项目55个，项目数量增幅明显。

2013年，珲春市新落实招商项目96个，计划总投资124亿元，实际到位资金60.5亿元。其中亿元以上重点项目有：总投资5.9亿元的珲春市城区河道综合治理项目、总投资2.4亿元的曙光金铜矿1万吨/日含金铜废石综合回收利用项目、总投资4亿元的欧标低温冷库二期鱼类深加工项目、总投资1亿元的万和报废汽车拆解项目、总投资30亿元的中国城项目等。

2013年以来，珲春市续建投资类项目共计96个，计划总投资178亿元，其中亿元以上重点项目有：总投资15亿元的600T/d多金属复杂金精矿多金属综合回收项目、总投资1.5亿元的林晟通讯电子产品生产项目、总投资10亿元的欧亚珲春国际购物中心项目、总投资5.5亿元的珲春国际大酒店项目、总投资 33.5 亿元的吉图珲客运专线（珲春段）建设项目等。

全年新洽谈推进重点项目 32 个，这其中包括：计划总投资 2 亿元的通钢建材物流基地、计划总投资 2 亿元的吉林化纤系列产品加工、计划总投资 3.5亿元的金矿整装勘查、计划总投资 1.5 亿元的金帝公馆、计划总投资 2.8 亿元的意大利保罗珠宝加工、计划总投资 1.5 亿元的珲春（国际）总部经济服务大厦等项目。山东舒朗、朝阳食品、龙泉包装、浙江名捷海产品、广东江湾和佰山木业等工业项目也将陆续签约落地。

1. 深入谋划包装招商项目，为投资合作提供项目储备。根据珲春市"十二五"规划产业发展定位和图们江区域国际合作示范区的建设要求，珲春市各相关部门广泛征集项目，筛选 50 个重点招商合作项目编印成册，谋划包装了建材物流园区、总部经济服务大厦、重油加工、汽车零部件加工基地、海产品深加工、农产品综合开发、冷链物流等四十余个招商项目。

2. 研究制定了支持和鼓励发展总部经济政策。在坚持项目带动、投资拉动"双轮"驱动战略的引领下，珲春市研究出台了《关于支持和鼓励总部经济发展的实施意见》，提出针对总部经济企业在提供土地、奖励等方面的扶持政策。

3. 深入开展投资服务。为强化对企业服务的组织领导，珲春市成立了以各相关部门负责人为组长的工作领导小组，并制定了投资服务工作分工制，形成了为外商服务的一系列服务体系。2013 年以来，珲春市先后为林晟通讯、河南保税、永旭贸易、宝晟管业、中煤集团、香港旺福特公司等 18 家企业领办、代办了注册手续；发挥调控能力，协调土地、环保、建设、消防、水利等部门，先后协助万和汽车拆解、德仁药业、林晟通信、盛通国际建材市场、天盛墙体建材、恒源建材等十余个项目办理了开工之前的相关手续，并及时解决了各项目建设过程中遇到的用水、用电、通信及招工等相关问题，举全市之力推进各项目的顺利实施。

4. 积极争取示范区相关政策的落实。珲春市主动与省经合局相关部门沟通协调，提出在招商引资、引进朝鲜劳动力、示范区基础建设、引进重大项目和产业发展等六个方面的支持意见。省经合局根据珲春市政府的请示文件于 2013 年 6 月 9 日下发了《吉林省经济技术合作局相关促进中国图们区域（珲春）国际合作示范区发展的若干意见》。该意见从省经合局职能和实际出发，在提升边境合作水平、加强招商引资和项目建设、完善基础设施建设、切实加强组织领导四大块及协调对朝对俄贸易、引进外国劳务、争取将珲春纳入中日朝自由贸易示范城、推动中俄经济合作区；定期在珲举办各种洽谈会，打造国际交流平台、借助国内外重大经贸活动推介示范区、引入国内外500企业、积极协调中外知名商协对接示范区项目、协调金融机构对示范区基础设施建设企业给予金融支持；争取国家重要预算资金支持、地方经济发展专项资金；省经合局有关处室加大对口支持力度、互派干部骨干挂职等12小项全面翔实地提出了支持意见。

二、项目建设未来发展前景

珲春市作为长吉图规划中的先行者、长吉图开发开放的"窗口"城市，吉林省乃至国家都对珲春寄予了较高的期望，要求珲春充分认识珲春国际合作示范区经济发展在全州、全省的地位，抢抓机遇，先行先试，努力实现经济社会的跨越式发展。珲春市也将以此为契机，2014年，做大做强项目文章，优化产业结构升级，构筑财税收入新支撑，切实壮大经济总量，集聚珲春国际合作示范区快速发展的强大动力。

1. 明确目标、抓住重点。未来珲春市将深入贯彻十八届三中全会和省、州十届三次全会精神，围绕加快改革开放，建设美丽珲春，充分发挥生态、资源、区位、政策优势，坚定不移地实施"项目立市、项目强市、项目富民"的发展战略。

2. 围绕"四大基地"，深入推进产业结构合理化。未来几年，珲春将全力打造进口资源转化、出口产品加工、商贸物流、旅游休闲养生四大基地，培育能源、有色金属、医药食品、纺织服装等百亿级产业以及木制品加工、电子信息、商贸物流、旅游服务等优势产业群体，调结构、扩总量、强基础、兴产业，围绕培育支柱产业和旅游休闲等优势产业群体，谋划建设煤化工、多金属、海产品、木材、纺织服装、新型建材、温州工业、航空、健康产业、国际物流等"十大产业园区"。全面加快桦鑫矿业整装勘查、舒朗服装一期、恒源粉煤灰再利用、兴阳食品、佰山木业、深南旅游岛等项目建设，认真谋划推进中石油乙二醇、韩国现代汽车配件、通勤机场等重大项目，争取尽早落地开工。强化调度和服务，着力培育税收超百万、超千万的"小巨人"企业。设立1 000万元科技创新发展基金，积极研究总部经济。

3.2014年，珲春市计划实施规模以上项目175个，其中续建项目65个，新建项目45个，推进项目65个。

（珲春市经济技术合作局）

附表1

3 000 万元以上重点推进项目情况一览表

单位：亿元

序号	项目名称	建设单位	总 体 概 况	总投资	进展情况
1	煤化工综合利用项目	北京昊华集团	分三期建设，一期投资40亿元，年产120万吨半焦。二期投资30亿元，年产乙二醇20万吨，汽柴油8万吨。三期投资20亿元，用于扩大煤化工生产规模。	90	4月州政府与昊华集团签订了《战略合作框架协议》。项目拟建地点在板石镇湖龙村。昊华集团正在对珲春市提供的煤样进行煤质分析。
2	明牌珠宝加工及矿产开发	浙江日月集团	珠宝加工及矿产开发。	5	正在洽谈。
3	玻璃厂建设项目	河北金鼎矿业集团朝鲜牡丹峰贸易总会社	在珲春市建设玻璃厂。	0.8	正在洽谈。
4	朝阳海产品加工项目	烟台市朝阳水产有限公司	占地面积2公顷，年加工海产品8 000吨。	1.2	正在洽谈。
5	现代汽车零配件物流中心	韩国现代汽车集团	在物流园区建设汽车零部件、仓储配送、加工、进出口基地。	15	项目前期论证。
6	海产品加工工业园项目	广信江湾新城集团	占地面积约10公顷，引进多条国外流水线加工形式作业，年精深加工海产品600吨以上。	5	2013年第九届图洽会签约。
7	欧瑞（中国）光电项目	欧瑞（中国）光电技术有限公司	在珲春市建设为中兴和华为配套产品生产基地，引进日本陶瓷插芯生产技术。	5	光彩事业行期间签约，正在选址，企业正在做前期工作。

序号	项目名称	建设单位	总 体 概 况	总投资	进展情况
8	龙泉塑胶制品加工项目	烟台龙泉塑胶制品有限公司	占地面积2公顷，主要生产食品级 LDPE、PP、BOPP 塑料包装袋和卷膜产品及各种复合袋子。	1	正在洽谈。
9	珲春市红豆杉生态园项目	上海阿奇顿投资管理有限公司	占地面积20公顷，建设红豆杉种苗及园艺繁育基地，最终建设成集科研、旅游观光于一体的综合性生态园。	2	正在洽谈，项目论证。
10	珲春三元新型建筑节能板材项目	珲春三元彩钢有限公司	占地面积3.1公顷，建设聚氨酯夹芯保温板、岩棉夹芯保温板生产线和玻璃纤维砂浆夹聚氨酯外墙节能防火保温板生产线。	1.12	已签订项目投资协议，正在办理征地手续。
11	佰山木业出口木屋项目	吉林佰山木业集团	占地面积20公顷，一期计划租用盛名实业厂房，来年自建新厂房。	6	项目已签约，正在筹备办理公司注册及规划选址、购置土地等前期准备工作。
12	人参提取液项目	珲春晟齐参业有限公司	占地面积0.3公顷，主要建设厂房、仓库及办公楼等基础设施。	0.3	公司已购买土地，正在进行施工图纸设计，已经订购部分设备。
13	红豆杉培植基地项目	吉林派高生物制药有限公司 珲春林业局	计划租用250公顷土地，种植药用红豆杉。	0.6	目前种植用地选址已确定（哈达门林区100公顷、哈达门苗圃200公顷），企业正在进行实地考察和项目洽谈。

序号	项目名称	建设单位	总体概况	总投资	进展情况
14	华阳粮食现代物流项目	珲春华阳物流有限公司	主要生产设施、生产辅助设施和生活设施等。总建筑面积1.3万平方米。	5.34	本项目已完成可研、设计等前期准备工作，目前正在解决铁路专用连线不能准确定点定位问题。
15	珲春至东宁铁路项目	国投	全长198千米，珲春境内线路长度约115.9千米，东宁境内线路长度约82.7千米。建设工期4年。	44	项目建议书已报到国家发改委待批，现已进入预可行性研究报告编制阶段。
16	珲春市外环路项目	交通局	建设环城公路。	25	正在编制可研。
17	珲春甩湾子—朝鲜训戎里铁路及口岸联检设施	国投	占地面积220 000平方米，建筑面积5 000平方米，现已完成项目可研。	4.6	项目建议书已完成。
18	中储股份珲春现代物流产业园项目	中储股份东北公司	建设各类物流分拨中心、展销中心、商务中心、信息中心、办公楼及公用配套设施，建设时限为3年。	10	2013年第九东博会签约。
19	珲春新绎东北亚国际文化旅游港	新奥文化产业发展有限公司	建设东北亚跨境旅游基地、珲春国际旅游邮轮母港、具有东北亚文化特色的国际文化旅游目的地和集散中心。	50	正在做前期工作。
20	珲春国际旅游综合开发项目	深南投资集团	开发建设防川旅游景区，参与珲春市生态新城区的开发建设，以多种合作模式运作进行新城区以及土地整理开发、基础设施建设等项目。	30	2013年第九届东博会签约。
21	长春市智盛高尔夫中等职业学校教学实训基地项目	长春市智盛高尔夫中等职业学校	总占地面积200公顷，位于珲春河沿岸，两年内在珲春市建立高尔夫中等职业学校的教学实训基地，培养更多专业高尔夫人才。	1.8	长春市智盛高尔夫中等职业学校正在编制项目可研报告及设计图。

序号	项目名称	建设单位	总体概况	总投资	进展情况
22	大防川国际旅游合作示范项目		在图们江下游，距离日本海15千米处，中、俄、朝三国边境交界地带，由三国分别划出一个区域（具体为中国防川、俄罗斯哈桑镇、朝鲜豆满江里各划出16平方千米，总面积48平方千米），共同开发、共同管理区域内旅游资源和旅游产业。	30	编制项目建议书和区域规划
23	图鲁新村建设项目	中讯实业总公司	其中拆迁户数485户，征地面积4.5公顷，新村团购房面积10 000平方米，改造范围土地面积13万平方米。回迁楼建设地块面积与商业开发地块面积原则上为15万平方米。	1.6	正在与开发商洽谈。
24	国际合作示范区医院建设工程	卫生局	占地面积约10公顷，建筑面积7万平方米。	2.5	正在申报。
25	珲春总部经济服务中心项目	国投	占地面积19.7公顷，建筑面积3.6万平方米，位于珲春市新城区。	5	正在推进。
26	珲春市养老服务示范中心老年养护楼建设项目	民政局	居住用房：包括"三无"和优抚套房200套及活动用房，"三无"和优抚套房单人间50套，2人间150套，容纳"三无"和优抚对象350人，包括配电室、换热站、厨房等。	0.5	项目已正式发公告，已招投标。
27	殡仪服务中心项目	民政局	占地7公顷，建筑面积8 000平方米，包括火化、殡仪服务、骨灰寄存。	0.5	正在进行规划、图纸设计。
28	矿山机械及路桥建设项目	北京昆泰龙国际能源投资有限公司	建设矿山机械加工、珲春森林山大桥、五星级酒店及现代生态居住小区等综合项目。	10	2013年第九届图洽会签约。

序号	项目名称	建设单位	总 体 概 况	总投资	进展情况
29	珲春市二高中、市委党校、职业高中异地改建项目	珲春市誉鹏房地产开发有限公司、珲春龙达房地产开发公司	二高中由珲春市誉鹏房地产开发有限公司在珲春市环亚山城开发建设，置换原二高中，占地面积约5公顷，建筑面积约1.95万平方米。党校、职高由珲春龙达房地产开发公司建设党校、职业高中项目，占地面积10公顷，建筑面积4万平方米。	0.39	正在做规划设计。
30	服装生产建设项目	珲鸿服装制衣有限公司	珲春珲鸿服装制衣有限公司为台湾独资企业，总部设在台湾，在厦门、安徽设有分厂，在珲春市计划投资建设，经营范围包括服装加工生产及销售。	0.5	已完成企业注册、税务登记、承租厂房等生产前期准备工作。
31	矿泉水、饮品及塑料制品加工项目	延边宿元堂饮品有限公司	占地面积1.7公顷，年生产矿泉水6 000吨。	0.3	已完成前期审批、注册工作。目前，等待安装施工用电。
32	珲春市图们江界河治理二期工程项目	水利局	修建图们江界河防护工程70千米。	2.35	规划已编制完成并上报，目前正在等待批复。
33	珲春市珲春河防洪工程	水利局	新建、加固堤防长38 130米，护岸长3 240米，新建、改建排水涵洞6座.	2.25	正在编制项目可研报告。
34	河南进口物资总部经济项目	河南省进口物资公共保税中心	在珲春市注册公司，实行总部经济。	0.3	目前企业已注册，正在验资中。
35	珲春至江密峰高速公路延长线西炮台至长岭子（口岸）段	交通局	路线全长13.088千米。其中：西炮台至太阳段5.329千米，珲春至长岭子口岸段7.759千米，设计标准为80千米/小时的双向四车道一级公路，路基宽度24.5米。	6.1	环评报告及水资源评估报告已获批。
36	圈河口岸基础设施项目	国投	占地面积18公顷，新建货检查验通道、旅检查验通道、货物监管区、综合服务区和货物查验处理场。	2.9	已完成规划和可研前期，正在办理征地工作。

序号	项目名称	建设单位	总 体 概 况	总投资	进展情况
37	扩能改造珲春铁路口岸换装站项目	东北亚铁路集团公司珲春分公司	占地面积 50 公顷，近期宽轨卸车能力 350 万吨／年，准轨装车能力 350 万吨／年；远期宽轨卸车能力 660 万吨／年，准轨装车能力 610 万吨／年。	3	完成铁路口岸现场倒车线的设计开工；完善货物查验、换装现场的监管、监控设施；完善边境监控点配套设施。
38	中朝边境圈河口岸大桥项目	交通局	新建全长 637 米跨境桥，采用 37+74+37 米混凝土连续箱梁，桥宽 23 米，工程采用灌注群柱基础。	1.5	已完成工程可行性报告。
39	长春大学光华学院珲春校区	长春大学光华学院	占地面积 70 公顷，建筑面积 40 万平方米。其中教学楼、实验楼、食堂、学生公寓等 24 万平方米，专家公寓、教师住宅楼 16 万平方米，办学规模达到 1 万人。	15	已完成选址，正在进行征地拆迁及前期报件工作。
40	珲春市集中供热二期工程项目	森林山供热公司	新建供热调峰锅炉房 1 座及附属工程，设 6 台 56 兆瓦（80 吨）燃煤高温热水锅炉，铺设供热管网（管沟长度）13 千米，新建热力站 8 座。	3.03	项目选址、项目可研已完成。
41	珲春市给水工程净水厂项目	珲春市供水公司	日供水 10 万吨，厂区工艺管道、道路、泵房、净化间及所有设备的安装。	0.88	可研、环评已批复，初步设计专家评审已报省发改委，初步设计勘探招投标已完成，输水工程临时用地手续和建设项目选址意见书已批准。
42	老城区污水管网改造工程	珲春市污水处理厂	污水管网 DN300~DN600 改造 39.223 千米。	0.86	完成可研编制、环评、能评，可研已批复。

序号	项目名称	建设单位	总体概况	总投资	进展情况
43	城市塌陷区危房改造项目	建设局	改造城市危房 748 户，3.7万平方米；改造塌陷区危房 2 332 户，15.4 万平方米。	5.5	正在做前期工作。
44	珲春河景观工程	水利局	绿化、亮化、美化设施，休闲广场、水幕电影、水上乐园等设施。	2.5	正在进行施工图设计。
45	珲春国际合作示范区通用机场	珲春市机场建设有限责任公司	机场基础设施建设。	1	省发改委已将该项目补充列入全省通用机场建设"十二五"规划。编制完成珲春国际合作示范区通用机场项目工作方案。

附表2

3 000 万元以上新开工项目情况一览表

单位：亿元

序号	项目名称	建设单位	建设规模及主要建设内容	总投资	进展情况
1	金矿整装勘查项目	珲春华鑫矿业有限公司 延边德全矿业有限公司 珲春金达莱矿业有限公司 605 地质队 中国黄金集团	华鑫矿业投资 2 亿元，对北土门子 125 平方千米金矿普查；德全矿业投资 0.5 亿元，对白虎山至四道沟 69 平方千米金矿普查；金达莱矿业投资 0.5 亿元，对春化镇羊金沟以西区域 76 平方千米金矿普查；605 地质勘查队、中国黄金集团投资 0.5 亿元，对杜北山区 75 平方千米金钨矿普查。	3.5	正在勘查。
2	曙光金铜矿 1 万吨／日含金铜废石综合回收利用项目	珲春紫金矿业有限公司	建设规模为日处理 10 000 吨废石，年综合利用废石 330 万吨，年产铜金精矿粉 24 636 吨。主要建设：露天采场移动变电站；选矿系统；尾矿系统及配套的公用工程及总图运输等。	2.4	新厂房正在施工。
3	欧标低温冷库二期鱼类深加工项目	珲春东扬实业有限公司	位于 13 号小区，占地面积 6.6 公顷，建设 2 万吨低温冷库及 6 个附属的欧盟标准加工车间约 2.5 万平方米。	4	完成三层厂房主体。
4	珲春市天道物流中心建设项目	珲春天道物流有限公司	总占地面积 10 公顷，分两期建设，其中一期占地面积 6.16 公顷，建筑面积 1.9 万平方米，建设普通仓库、冷冻冷藏库、货物堆场等设施。	3.5	综合配套楼主体完工，冷藏库框架结构正在施工。

序号	项目名称	建设单位	建设规模及主要建设内容	总投资	进展情况
5	选煤厂改造扩建项目	珲春金山矿业贸易有限公司	占地面积5公顷，其中新建原煤存储场1万平方米，新建选后精煤存储库房用地1万平方米，新建型煤生产车间用地1万平方米，建设进出口贸易大厦用地1万平方米。	1.05	股份转让完成，正在改造洗煤厂。
6	万和报废汽车拆解项目	吉林万和再生资源有限公司	占地面积2公顷，一期建设规模为年回收与拆解报废汽车500辆；二期规模为年回收与拆解报废汽车3000辆，回收与拆解报废家电10万台（件）。	1	已完成办公楼主体，正在建设厂房框架结构。
7	粉煤灰再利用项目	山东华通路桥工程有限公司	生产以粉煤灰为主要原料的轻质保温砖。	1	正在建设主体工程。
8	珲春至敬信66千伏输变电工程	对朝输电建设办公室（供电公司农电局）	拟建珲春至罗先双回路66KV线路97.8千米，在朝鲜罗先市建设66KV变电站一座，主变容量为40 000KVA。	0.7	正在建设。
9	煤矸石煤结多孔、空心砖项目	珲春吕佳建材有限公司	建设生生产车间、轮转窑、办公室等建筑面积1.26万平方米，购置破碎机、细碎辊机等设备。	0.65	正在进行地面平整。
10	矿山机械及配件加工项目	珲春跻荣机械制造有限公司	占地面积13 911.24平方米，总建筑面积13 979平方米，年加工运输机60台（套），配件10万件。	0.55	厂房主体完工，正在进行楼体封闭。
11	新型建筑材料项目	华宇集团	占地面积2.5万平方米，建筑面积8 000平方米，年生产新型建筑材料1 500万块，产值1 000万元，利润300万元，解决就业岗位300人。	0.5	正在建设阶段。
12	农业生产服务平台扩建项目	珲春绿色米业有限公司	占地面积2.6公顷，建筑面积为1万平方米。建设内容包括仓储平台、加工平台、销售信息服务平台、远程水稻基地种植监控平台及附属设施。	0.30	正在改造原厂房。

序号	项目名称	建设单位	建设规模及主要建设内容	总投资	进展情况
13	服装境外加工项目	运达针织 弘丰制衣 吉林特来纺织 小岛制衣	在朝鲜罗先、清津等地区建设服装加工工厂。在沙陀子口岸对面朝鲜庆源郡建设服装针织加工厂。	0.3	已完成海关备案等相关手续，现已建设完成18个分厂，部分投产。
14	中国城项目	吉林省洋帆置业有限公司	总占地面积33.48公顷，总建筑面积29.58万平方米，主要建筑酒店、学校、超市、商业一条街及商住楼。	30	6号楼二层完工，5、4、3、2号楼基础完工，大商业基础挖方15万立方米，7~12号楼基础完工，13~16号楼开始打桩。现已开工面积达30万平方米。
15	国际货运枢纽站项目	国投珲春宇别尔集团	把珲春定位为国家级物流节点城市，占地面积40公顷，位于国际物流园区内，建设物流集散中心。	3	正在打基础。
16	珲春市城区河道综合治理项目	珲春市水利工程建设管理处	修建右岸堤防总长度13 558米，护岸31 470米，河道清淤12 700米；修建1座拦河坝、4座交通桥、2座排水涵洞、3座渡槽。一期工程批复投资1.02亿，疏浚河道4.6千米，稳住两股左右岸河道7.3千米滩地及新明大桥上下游江心岛，修建护岸1万米。	5.9	完成土方300万立方米（包括：清基、基槽开挖、河道疏浚等）、砼1.4万立方米、钢筋制安455吨。
17	保障性安居工程	珲春市廉租住房和经济适用房管理中心	新建廉租住房200套；新建公租房1 000套（合作区）。	3.9	正在建设。
18	省道珲春至荒沟段公路（国边防公路）项目	交通局	该路线全长62.419千米，水泥混凝土路面，设计速度30千米/小时的三级公路标准，路基宽7.5米，路面宽6.5米。	1.6	路基处理已完成70%，构造物完成70%，路面完成10%。

序号	项目名称	建设单位	建设规模及主要建设内容	总投资	进展情况
19	珲春城市综合馆（三馆一中心）项目	国投	位于新城区林北街以南，站前街以北，双新路以东。占地面积4公顷，建筑面积1.6万平方米，建设博物馆、规划馆、档案馆、青少年中心及附属设施。	1.5	已完成基础工程，正在施工。
20	暖房子工程	珲春市住建局	既有居住建筑供热计量及节能改造建筑面积100万平方米。	1.5	省厅指标已批复。
21	珲春市给水输水项目	珲春市供水公司	输水规模为10万吨/日，铺设DN1600mm管线342米，DN1200mm管线17.68千米，配水管线DN1200、1100mm管线6.38千米。	1.3	前期工作已完成，已争取到位资金3 815万元，招投标已结束，已征地2 000平方米。
22	土地收储项目	国土局	对珲春市的土地进行收储整理，做好各重大项目的土地征收工作，同时将闲置土地纳入土地储备库。	0.3	正在收储。
23	天盛墙体材料项目	天盛墙体材料有限公司	占地面积2.2公顷，建筑面积1.3万平方米。建设年产1.2亿块煤矸石烧结砖生产线及利用余热建设特种种植项目。	1.5	正在建设厂房基础工程。
24	玻璃钢管生产项目	辽宁鑫丰集团	该项目需厂房4 000平方米，安装两条生产线。	0.3	已完成安装电路和厂房改造，部分设备已安装，矿山通风管设备将于近期到位。
25	正泉海产品冷冻物流配送中心项目	正泉工贸有限公司	占地面积1万平方米，分两期建设，一期占地0.5公顷，建设冷库水产品加工生产线。	0.3	正在建设基础工程。
26	宝晟商砼项目	珲春宝晟投资有限公司	占地面积约0.5公顷，建设为国际物流园区基础设施项目配套的商品混凝土搅拌站。	0.3	完成设备安装，进入最后试水阶段。

序号	项目名称	建设单位	建设规模及主要建设内容	总投资	进展情况
27	大宸水产交易中心及国际冷链物流项目	烟台大宸食品有限公司	新建4 000平方米办公楼。	0.30	办公楼进入收尾工程
28	盛海公司鳕鱼加工项目	延边盛海工贸有限公司	新建厂房2 000平方米，购置设备20台（套），形成年加工鳕鱼2 000吨能力。	0.3	正在建设基础工程。
29	洪昊水产二期冷库项目	珲春洪昊食品工贸有限公司	新建冷库5 000平方米，建成后形成5 000吨冷库容量。	0.3	冷库已完工投入使用，办公楼、门卫室、厂区水泥地面完工。
30	佰汇宾馆改造项目	珲春佰汇有限公司	宾馆共10层，三星级，营业面积8 600平方米，大厦由客房、酒店和洗浴中心组成。现对原有楼体进行改造。	0.6	正在进行改造。
31	旅游商务宾馆改造项目	佳宜商务酒店梓豪宾馆金佰利酒店金凯悦酒店	佳宜商务酒店建筑面积1 800平方米，投资0.2亿元；梓豪宾馆建筑面积5 000平方米，投资0.25亿元；金佰利假日酒店建筑面积约8 000平方米，投资0.22亿元；金凯悦假日酒店建筑面积2 008平方米，投资0.2亿元。	0.87	正在内部装修及购买相关设备。
32	防川国家重点风景名胜区防川景区旅游基础设施建设项目	珲春市旅游开发公司	新建机动车道2.8万平方米；步行道2.4万平方米；绿化带4 730平方米；3座停车场5 500平方米；截洪沟1 200平方米；洋馆坪服务区11 939平方米。	0.5	正在建设。
33	金帝公馆项目	延边韩兴房地产开发有限公司珲春分公司	占地面积0.47公顷，建筑面积10 014平方米，其中商业建筑面积6 720平方米，住宅建筑面积3 294平方米。	0.31	在原有建筑基础上继续加盖，正在施工。

序号	项目名称	建设单位	建设规模及主要建设内容	总投资	进展情况
34	建安工程项目	珲春华宇建筑安装有限公司 吉林华业建筑安装有限公司	主要从事基础工程、主体工程、装饰装修工程、电梯、中央空调等大型设备的安装作业。	0.3	完成注册，近期开展正常业务。
35	朝鲜东大银行项目	香港旺福特有限公司	在朝鲜罗先市设立银行，从事外汇存款、贷款等业务。	0.9	完成注册，注册资金1000万美元，正在办理办公楼租赁工作。
36	河南街东段新建工程	延边泰达路桥有限公司	总长度4.77千米，建设河南街延伸至哈达门乡骆驼河子。	3.2	施工单位已进场，正在施工。
37	农村危房改造项目	国投	改造农村危房1 500户，总投资4 969万元。	0.49	建设中。
38	老城区供水管网改造、项目	国投	改造管网29.45千米，扩建泵站10座，总投资4 987万元。	0.49	可研、专项规划通过专家评审，新建1座泵站开工建设
39	珲春市生态新城区排水管网工程	珲春市新城投资开发有限公司	珲春市新城区敷设11.2平方千米内的排水管网，施行双向排水，雨污分流。	1.07	完成排水管线22 707延长米。
40	春景新村建设项目	春景村	建设A区B区D区。	5	正在建设
41	吉林边防总队培训中心	公安边防大队	占地0.3公顷，建设官兵训练场、办公楼、宿舍、食堂等边防大队综合楼设施。	0.3	指挥中心主体已封顶，窗体安装完成，正在内部装修。
42	302国道改造（珲春段）建设项目	交通局	修复全长25.23千米，采用二级公路标准。	1.3	正在改造。

序号	项目名称	建设单位	建设规模及主要建设内容	总投资	进展情况
43	红旗（森林山）大桥项目	交通局	建设全长 550 米的斜拉桥，桥梁全宽 68 米，中间 14 米为景观造型。	3	正在开展基础工程。
44	珲春大桥建设项目	交通局	位于原珲春大桥下游 333.65 米处，桥宽 48 米，长 300 米。	0.8	正在进行外业基础工程。
45	图鲁新村建设项目	中讯实业总公司	其中拆迁户数 485 户，征地面积 4.5 公顷，新村团购房面积 10 000 平方米，改造范围土地面积 13 万平方米。回迁楼建设地块面积与商业开发地块面积原则上为 15 万平方米。	1.6	正在建设。

附表3

3 000万元以上续建项目情况一览表

单位：亿元

序号	项目名称	建设单位	建设规模及主要建设内容	总投资	进展情况
1	年产50万立方米蒸压粉煤灰加气混凝土砌块综合利用项目	吉林志华新型建材有限公司	新上蒸压粉煤灰加气混凝土砌块生产线2条，主要购置原料处理、计量搅拌、浇注发气、静停切割、蒸压等设备193台（套）。	2.5	投入试生产。
2	誉鹏民族木制品加工项目	珲春环亚实业有限公司	占地面积11.08万平方米，项目建成达产后可年生产组合木屋100套。	2.	投入试生产。
3	富强选煤厂项目	珲春矿业集团有限公司	年洗煤150万吨，主要建设主厂房、浓缩车间、压缩车间、产品仓等。	1	投入试生产。
4	森林山木业地板加工项目	珲春森林山木业有限公司	在森林狼公司预留地上建设烘干窑、车间、厂房，项目达产后年产实木复合板100万平方米。	0.6	投入试生产。
5	众鑫牧业扩建项目	众鑫牧业有限责任公司	建设牛舍1.2万平方米，厂房4 000平方米，办公室、宿舍、研发中心1 000平方米，规模达到年出栏3 000头育肥牛。	0.5	厂房投入使用。
6	欧亚珲春国际购物中心项目	长春欧亚集团珲春欧亚置业有限公司	占地面积10公顷，建设精品商场、品牌连锁、现代时尚百货、超市连锁等综合性购物商场。	10	商场投入使用，住宅部分正在建设。
7	盛通建材批发市场项目	珲春市盛通国际物流有限公司	综合批发市场占地面积3.7公顷，建筑面积3.5万平方米。	1.2	主体完工，正在建设厂配套设施。
8	珲春联合汽贸项目	珲春联合汽贸有限公司	公司于2012年7月正式运营，经营地点位于中俄互市贸易区查验厅，二期占地1.5公顷，建设2万平方米展示厅、售后服务厅、二手车交易厅等建筑。	0.55	一期投入运营。

序号	项目名称	建设单位	建设规模及主要建设内容	总投资	进展情况
9	博海国际商贸城项目	珲春博海汽车销售服务有限公司	占地面积1.8公顷，建筑面积1.9万平方米。主要是汽车销售、售后、进出口贸易、综合服务于一体的综合性汽车服务项目。	0.5	展示厅及汽车维修中心完工，正在内部装修。
10	珲春—扎鲁比诺—束草"新蓝海"航线项目	斯捷纳—大亚航运股份有限公司	航线始发于韩国束草港，经俄罗斯扎鲁比诺港抵达珲春，投入万吨级客货滚装船，改造束草港旅客通道，并在中、俄各设立两个办事机构。	0.8	3月19日已正式运营，每周1个航次。
11	龙虎阁项目	珲春市旅游开发公司	占地面积0.5公顷，建筑面积0.87万平方米，塔高64.8米，高13层。观光塔（龙虎阁）一楼为珲春数字展览馆，二楼为防川历史馆，三至十二楼为主要观光区、建设龙虎广场。	0.45	已投入使用。
12	合作区三期基础设施项目（10平方千米）	珲春边境经济合作区基础设施投资有限公司	开发区域面积10平方千米，计划4年内完成道路、给水、排水、通讯、电力等基础设施工程。	15	完成三横三纵建设。
13	煤炭棚改工程	珲春市煤炭棚改管理办公室	改造面积28.84万平方米，3 568户。	5.76	全部进入装饰工程施工阶段。
14	珲春国际物流园区基础设施建设项目	吉林省宝晟投资有限公司	建设物流园区内的市政道路、原水管网、自来水管网、污水收集管网、污水外排管道、雨水收集管网、企业专用电网、燃气管网、路灯、通讯、宽带等基础设施。	1.8	完成共1.7千米道路施工，并同步完成等距雨（污）水、自来水、电力等管线铺设。
15	合作区保障房建设项目	合作区保障性住房管理中心	占地面积4.17公顷，建筑面积5.5万平方米，项目已全部列入吉林省公共租赁住房建设计划。	2.2	已竣工达到入住标准。
16	珲春市河南新区区域集中供热项目	珲春边境经济合作区基础设施投资有限公司	安装3台70MW高温水热水锅炉，换热站18座，热源至各换热站范围内的一次管网12.184千米。	2	投入已试运行。

序号	项目名称	建设单位	建设规模及主要建设内容	总投资	进展情况
17	国税局办公楼、法院审判法庭项目	市国税局法院	国税办公楼占地面积1.3公顷，建筑面积9 000平方米；法院审判法庭占地面积1.9万平方米，建筑面积0.9万平方米。	0.5	办公楼主体均已完工，预计明年年初投入使用。
18	珲春市公安局技术业务用房项目	珲春市公安局	总建筑规模15 459平方米，包括公安业务技术用房及其他附属配套设施。	0.36	主体已封闭。
19	600T/d多金属复杂金精矿综合回收项目	珲春紫金矿业有限公司	占地面积39公顷，设计规模为日处理金精矿600吨，达产后年产黄金6吨~8吨、铜10万吨、白银40吨、硫酸40万吨、铁精粉14.3万吨。	40	已完成办公楼主体，正在建设厂房框架结构。
20	珲春煤田八连城——板石Ⅰ区煤层气开发利用项目	珲春市耀天新能源开发利用有限责任公司	地面钻井131口，煤矿井下瓦斯抽放立眼井一口，深度440m。瓦斯抽放泵站一座，煤层气干式2万m3储气柜一座，煤层气加压泵站一座，混气站一座，燃气发电站一座，煤层气输配系统管网建设及CNG煤层气压缩站一座。	5.5	已完成井下抽放立眼井一口，抽放泵站一座，输气管线52725米，4000KWh发电站一座，地面抽采井4口。
21	林晟通讯电子产品生产项目	吉林省林晟通讯有限公司	占地面积2.5公顷，主要生产电缆、光缆头盒、光缆交接箱、光线活动连接器等通讯设备和器材。	1.5	厂区主体工程已完工，正在安装设备。
22	马滴达农坪金矿项目	珲春市华天矿业有限公司	在马滴达农坪建设金选矿厂，建设规模400吨／日。	1.5	正在安装设备。
23	参茸集贸交易市场及深加工项目	珲春华瑞生物工程有限公司	占地1.3公顷，建筑面积18 464平方米。年产活性人参胶囊320万盒、人参花茶1.6吨、人参糖320吨、人参米2 000吨等系列产品。	1.2	厂房主体工程已经基本完工，正在引进设备。
24	小水电开发项目	辽宁东电茂霖水能发电有限公司	开发红旗河、图鲁等小水电工程。	1	正在进行基础建设，完成总工程量的20%左右。

序号	项目名称	建设单位	建设规模及主要建设内容	总投资	进展情况
25	东鹏海产品加工项目	珲春东鹏工贸有限公司	占地面积1.5公顷，建筑面积1.3万平方米。年加工海产品5 000吨，年进口原材料8 000吨。	0.95	冷库主体完工，正在建设办公楼。
26	集成材项目	吉林森林王木业有限公司	位于森林王木业南侧，占地1.3万平方米，生产原料为：柞木、色木、桦木、曲柳、松木等，年生产4 000立方米集成材。	0.3	厂房主体及地面硬化完工，已订购设备，同时与其他企业洽谈订单事项。
27	康庄农业科技生态园项目	吉林康庄农业有限公司	培育红豆杉，占地面积221公顷。新建温室大棚1 000栋，单座大棚面积700平方米，总建筑面积70万平方米。	1	已完成90栋温室大棚，用于培育红豆杉幼苗。
28	中国东北亚珲春国际边贸物流集散配送中心项目	珲春绿都置业有限公司	占地面积36.1公顷，分三期实施，其中一期占地面积12万平方米，主要建设边贸市场、办公楼。	30	一期主体完工，正在外部装修。
29	长德国际城项目	珲春长德国际商贸物流开发有限公司	占地面积46公顷，分两期建设，一期占地面积13公顷。设有物流配送中心、物流信息平台等为一体的大型商贸物流园区。	30	一期工程土地征收基本完成，正在推进拆迁工作。
30	浦项现代国际物流园区项目	韩国浦项集团	占地1.5平方千米建筑面积25万平方米。露天堆货场建筑面积为21.5万平方米；仓库建筑面积5.24万平方米；管理及配套设施建筑面积3.8万平方米；车库建筑面积7.7万平方米；冷冻仓库建设面积1.6万平方米。	12	办公楼、仓储库房等工程正在建设；园区的区内道路、水电管网等工程已进入尾声。

序号	项目名称	建设单位	建设规模及主要建设内容	总投资	进展情况
31	珲春国际大酒店项目	珲春世代实业有限公司	规划用地面积3.75万平方米。建设集休闲、住宿餐饮、娱乐为一体的五星级酒店。	5.5	酒店A座已完成主体工程，B座正在建设，预计年底完工，酒店已进入装修准备阶段。
32	沿河街人防地下商城项目	黑龙江省鑫宜达房地产开发有限公司	占地面积28 940平方米，总长约1 100米。该工程采取盖挖逆作法施工，防护等级为乙级类防常规武器六级，防化为丙级和丁级，平时作为综合服务场所和过街通道。	2	一期已竣工营业；二期已开工，正在下挖降水井。
33	北京居然之家家居城	北京居然之家投资控股集团有限公司	建设一座综合性家居商场，总用地面积5 361平方米，总建筑面积20 500平方米。其中地下一层3 300平方米，地上五层17 200平方米。	1.5	商场主体工程已完工，正在内部装修。
34	珲春国际商品交易市场	亿亨国际贸易有限公司	占地面积13公顷，建筑面积6万平方米，一期开发土地4万平方米，建筑面积1.2万平方米，主要建设海产品冷库、仓储库房、海产品交易市场、汽车维修中心、办公中心。	1.4	办公楼主体、冷库、汽车维修车间主体完工，正在外部装修。
35	吉图珲客运专线（珲春段）建设项目	长吉城际铁路有限责任公司	全长360千米，其中延边境内全长243千米。珲春段32千米。	33.5	正在施工，预计2015年底通车。
36	珲春东北亚文化产业创意园项目	吉林动漫集团珲春舟悦文化旅游发展有限公司	工程占地面积35 000平方米，建筑总面积17 946.12平方米，附属用房1 000平方米，主体建筑五层。建设有动漫假日酒店、展馆综合楼、动漫体验综合楼、停车场、附属用房等。	1.2	完成一层主体工程。

序号	项目名称	建设单位	建设规模及主要建设内容	总投资	进展情况
37	珲春循环经济产业园基础设施项目	珲春天成循环产业有限公司	总占地面积322公顷，建筑面积128万平方米。全部建成后将达到年处理和综合利用可再生资源300万吨的规模。分二期建设，一期开发面积135公顷，其中，起步区开发面积50公顷。	53.00	永兴路、森林山南路正在建设，排水工程正在施工。
38	环亚山城	珲春市誉鹏房地产开发公司	总建筑面积约100万平方米，总栋数为238栋。	16.43	已竣工37栋；主体工程已封闭60栋，建筑面积约为22万平方米。
39	生态新城区基础设施建设项目	城市投资开发有限公司	年内完成一期13.2平方千米站前街及迎宾路等基础设施工程，其中站前街项目投资3.23亿元，道路全长5 605.933米，路线呈东西走向，起点东关路北路以西，终点至中兴路东侧规划为城市主干道标准，双向六车道，红线宽度为70米。河南大街全长4.77千米。	15	已完成工程总量的70%，预计11月全部结束。
40	龙源华府	珲春市吉兴房地产开发公司	占地面积26.58万平方米，建筑面积43万平方米。共建设商住楼83栋。	10	开工73栋，竣工60栋，主体已封闭的55栋。

口岸通道建设情况

如果把长吉图区域比喻成一条口袋，那么地处最东端的珲春无疑就是"口岸底"，如今随着口岸通道建设步伐的加快，特别是中朝共同开发共同管理罗先地区的全面启动和珲春国际合作示范区的获批，珲春已经从昔日的"口岸底"迅速地变成"先导区的门户"，并逐渐成为吉林省对外开放和国际合作的金字招牌，这也是国家对珲春市加大政策扶持和投资力度的重要原因之一。经过多年努力，目前珲春市已形成路接俄朝、海通日韩，公路、铁路和海上运输相互衔接、互相依托的口岸对外通道。但是，未来珲春市作为长吉图开发开放的窗口和国际合作示范区的门户，我们更应该大胆探求口岸和对外通道建设新突破，将珲春打造成为通往东北亚各国的重要门户和最便捷的国际大通道。

一、对俄、朝的通道建设情况

2013 年 1 月—12 月，珲春市各口岸实现进出口货物 344 201 吨，同比增长 15.4%；实现出入境人员 716 524 人次，同比增长 6.1%；出入境车辆 138 951 台次，同比增长 14.9%。

（一）对俄方面

1. 克拉斯基诺口岸建设

2011 年 2 月 10 日，俄罗斯联邦投资 1 亿卢布（约 2 000 万元人民币）新建该口岸。新建口岸共设有 5 条出入境查检通道，其中货检通道 2 条、旅检通道 2 条、小型车辆专用通道 1 条。新口岸设计查验能力为货车 150 辆 / 天，客车 50 辆 / 天，小型车辆 50 辆 / 天，人员 2 000 人次 / 天。年过客能力为 72 万人次，年验放车辆能力为 9 万辆次（货车 5 万辆次、客车 2 万辆次、小型车辆 2 万辆次）。据俄方通报，新口岸计划将于 2014 年投入使用。

2. 珲春—马哈林诺铁路（简称珲马铁路）恢复运营

2012 年 6 月 29 日，俄轨道车成功试运行。2013 年春节前，中俄双方在珲春举行了 2013 年第一轮铁路工作组会议，双方确定了珲马铁路的推进计划和工作任务。2013 年 5 月 21 日至 22 日，俄罗斯国铁代表团一行 13 人，乘坐轨道车经珲春铁路口岸出入境，其间与吉林省，就恢复珲马铁路国际联运问题进行会晤。经双方商定，确定了恢复联运的路线图和时间表。2013 年 8 月 2 日，一列满载 2 000 吨煤炭的货运列车，从俄罗斯卡梅绍娃亚驶入珲春铁路国际换装站，这标志着关闭了 9 年的中俄珲春—马哈林诺铁路口岸正式恢复，珲马铁路得以重启国际联运。从 2013 年 8 月 2 日至 2013 年底，经珲春铁路口岸累计 178 车皮，运输 1.1 万吨煤炭。

3. 珲春口岸小型车辆过境

口岸办积极组织珲春边防检查站、珲春海关、珲春出入境检验检疫局、珲春市公安局等部门，研究制定了《中俄珲春—克拉斯基诺口岸互通小型车辆管理办法（试行）》，已上报至省、州口岸办，并向国家口岸办做了专题汇报。国家口岸办高度重视此项工作，将此议题列入第十六次中俄总理定期会晤委员会交通合作分委会口岸工作组会议。

目前，珲春口岸小型车辆查验通道建设已全面启动，计划在俄新建克拉斯基诺口岸竣工前，投入使用。

4. 珲春铁路口岸换装站扩能改造

2012 年以来，口岸办积极督促东北亚铁路公司推进珲春铁路口岸换装站扩能改造项目。东北亚铁路公司已投资 2 000 余万元，进行了场地规划、设计等前期工作，改造了 1.8 千米铁路线和附属设施，铺设硬质地面 1.3 万平方米。目前，我们正积极督促东北亚铁路公司开展后续工作，为珲—马铁路恢复煤炭单向运输提供保证。

（二）对朝方面

1. 元汀口岸至罗津港公路建设

为了确保元汀—罗津港公路改造项目按期竣工，同时确保口岸正常通关，一方面我们安排专人为道路施工企业机械设备、施工人员、施工原材料等办理出入境相关手续，并协调联检单位开通专用通道快速通关。同时，积极组织联检单位与朝鲜元汀口岸通力合作，有针对性地实行了夏季 24 小时通关、秋季车辆上午入境、下午出境，冬季限车限重通行等一系列举措，为施工顺利进行创造了必要的条件和全方位支持。2012 年 10 月 26 日举行了通车仪式，改建后的公路大大提高了中朝双方人员和车辆的通行条件，为实现借港出海战略提供了坚实的对外通道保障。

2. 元汀口岸新建联检楼

元汀口岸的通行能力一直是通关的重要瓶颈，为此我们结合圈河口岸通行实际，时常与罗先市人民委员会和元汀口岸联检部门协调、沟通元汀口岸通行事宜，经过多次协商和沟通，朝方同意在现口岸的一侧新建联检楼。目前，新联检楼主体工程基本完工。

3. 新建圈河口岸

2013 年初，口岸办请吉林省建筑设计院负责编制《新建圈河口岸联检楼及附属设施建设项目可行性研究报告》。该项目，总投资 2.9 亿元，占地面积18 万平方米，建筑面积 1.7 万平方米。新联检楼旅检、货检通道分设，设计年过客、过货能力为 200 万人次、165 万吨。圈河口岸新联检楼投入使用后，现有联检楼将作为边民互市贸易和旅游观光通道继续使用。目前，口岸办正准备将《新建圈河口岸联检楼及附属设施建设项目可行性研究报告》上报市委，并提交市政府常务会议研究审议。

4. 沙坨子口岸报请国家验收

2012 年以来，就沙坨子口岸通过国家验收口岸办做了大量的工作。包括联检楼及附属设施建设，后期边防提出的国境桥上下区域封闭、海关提出的货物监管仓库建设等。2013 年 7 月 15 日，国家口岸调研组莅临该口岸，调研组一行对口岸办的工作给予了较高的评价。目前，等待国家验收组的意见。

5. 对朝合作项目

2011 年 6 月 9 日，中朝共同开发、共同管理罗先经贸区项目启动以来，口岸办积极保障省经合局对朝办人员、物资顺利通关，保障元汀口岸至罗津港公路改造工程顺利竣工、保障黑龙江农垦在朝农业合作项目所需柴油、种子、农药、化肥等生产资料第一时间通关。同时为开发利用罗津港、内贸货物跨境运输和赴朝自驾游等多个项目提供了全面支持。2012 年，赴朝自驾游全年共发 63 个团，车辆 264 辆次，共计 1 004 人次。目前，赴朝旅游暂时停止，但口岸办积极开展中朝圈河口岸互市贸易，1 月—6 月共有 13 174 人参与互市贸易，保持了珲春市对朝贸易的正常发展。

6. 开辟甩湾子铁路口岸

开辟甩湾子铁路口岸是将来对朝合作，特别是充分利用罗津港形成国际大物流的对朝主运输通道。近年来，我们一直没有放松对该口岸的报批工作，一方面我们积极完善已委托吉林铁路勘察设计院完成的《中朝甩湾子铁路改造建设预可研报告》，另一方面，积极呼吁省州要重视开辟甩湾子铁路口岸事宜。经过多方努力，目前已得到国家口岸办的认可，同意列入国家"十二五"口岸发展规划。2012 年 8 月，口岸办受市委委托专门给李肇星部长呈报了《关于加快建设中朝珲春甩湾子—训戎里铁路口岸》的报告，得到了李肇星部长的高度认可。

二、2013 年工作目标及重点工作

口岸运行：全年实现进出口货物 40 万吨，争取实现 50 万吨，实现出入境人员 90 万人次，争取实现 100 万人次。

固定资产投资：必保完成 5 000 万元。

争取专项资金：必保完成 3 400 万元。

招商引资：必保完成 1.5 亿元。

实施长吉图开发开放重点工作 50 项，其中，口岸办牵头的重点工作 9 项，配合工作 7 项，共 16 项。

1. 将珲春铁路口岸纳入从俄进口煤炭口岸计划，支持珲春龙鑫经贸公司和长吉图国际物流集团等煤炭经营企业利用珲春—马哈林诺铁路从事煤炭进口业务。（全年）

2. 扶持发展内贸货物跨境运输通道，扩大内贸货物跨境运输，增加新的港口为复运进境港。（全年）

3. 对珲春铁路换装站及铁路口岸、珲春口岸、圈河口岸进行扩能改造，争取国家资金支持。谋划推进中朝甩湾子铁路口岸、中俄分水岭口岸。（全年）

4. 珲春口岸、圈河口岸实行无午休无假日通关，通关时间与俄、朝对应口岸实行无缝对接。

5. 加快建设珲春铁路口岸千万吨国际换装站，推动珲马铁路年内尽快恢复运营。

6. 协调购物网站物流公司，加强对俄邮路建设。

7. 加大各口岸基础设施建设力度，谋划建设电子口岸，进一步增强通关过货能力。

（1）珲春口岸建设

（2）圈河口岸新建

（3）圈河互市场地建设、养殖池建设

8. 将朝鲜纳入中国互联互通工程的国别范围，支持示范区与朝鲜相连的境外港口、公路、铁路、桥梁等基础设施项目建设。

9. 配合交通局解决新建圈河口岸至元汀口岸跨境桥境内工程资金。

10. 配合组织部加强对朝合作。选派精干力量加入中朝共同开发共同管理罗先经贸区管委会。

11. 配合航务局进一步完善新泻航线运行机制，增加运输货物品种、数量

和轮船班次，确保束草航线 3 月份复航。继续引进大型航运企业，谋划开辟通往日本敦贺、韩国釜山的新航线。

12. 配合交通局确保圈河口岸跨境桥开工建设，推进珲春至圈河高等级公路项目建设，实施珲春市区至口岸高等级公路建设。

13. 配合省、州做好对朝输电、通信项目等准备工作。

14. 配合旅游和住建局在珲春防川至敬信区域建设国际旅游区，争取享受海南国际旅游岛的优惠政策。加快规划建设防川国际旅游区，逐步实行"一线放开、二线管住"。

15. 配合公安局全力做好公安部批准的省公安厅出入境管理局珲春办事处筹建工作，迎接公安部异地办证业务检查验收。

三、2013 年基础设施建设情况

珲春口岸：新建了货物查验楼及海关监管仓库；新建了口岸综合服务楼；拆除了口岸旧联检楼和临道门市，并对拆除的口岸区域地面进行了硬化；重新制作了口岸通道标志牌；改建了珲春边防检查站指挥中心；协调市住建局对监护中队营房进行了保暖工程；对监护中队区域进行了封闭；对监护中队猪舍进行了改造；维修了口岸供电、供水和供暖设施。

圈河口岸：完成了互市贸易场区建设；整修了联检楼棚顶，并对联检楼墙体进行了粉刷；新装修了贵宾接待室和会议室；新建了口岸办事处职工休息室；维修和改造了监护中队宿舍及供暖设施；对口岸区进行了绿化；维修了口岸供电、供水和供暖设施。

沙坨子口岸：新建了口岸大门；对口岸区域进行了封闭并安装了监控设施；扩建了海关货物监管库；对国境桥上下 100 米区域进行了封闭；新建了监护中队食堂；补充和完善了联检楼办公设施和贵宾接待室；对口岸区进行了绿化。

铁路口岸：维修改造了货物查验楼和监护中队营房；扩建了口岸综合服务楼 1000 平方米作为珲春最大的鲜活海产品检疫隔离场，全国有近 80% 以上的帝王蟹和朝鲜产的贝类经该隔离场销往全国各地。

四、港口的利用

俄罗斯扎鲁比诺港利用：长吉图国际物流集团与 AS 集团达成就改造扎港的合作协议，由合资公司负责实施扎港改造工程。一是 4 号码头场地及道路混凝土浇灌；二是购置轮式集装箱叉车；三是冷冻库房维修改造；四是 1、2

号码头集装箱场地升级改造，建成年吞吐 90 万个集装箱的能力；五是大型集装箱装载机的购置；六是港口至苏哈诺夫卡车站铁路线升级改造。目前，双方合作的第一阶段工程已经完成，可以满足陆海联运航线倒装转运各种集装箱要求。待珲—马铁路联运稳定后，将实施大宗货物经扎港到韩、日以及亚太地区的铁海联运航线。

朝鲜罗津港利用：朝鲜罗津港为不冻港，总面积为 38 万平方米，有 3 个码头，10 个泊位，吞吐能力为 300 万吨；露天货场面积 20.3 万平方米，库房 2.6 万平方米。港口有简易 5 吨—30 吨的塔吊 15 个，有 2 个船坞，可以修 2 万吨级的船只。港口还有宽轨和标准轨的铁路专用线，有海员俱乐部、海上救护队。该港口距我国国境线公路运距 52 千米。

中国东北地区以往通过火车将货物运到丹东港或大连港，再海运到日本，总共需要三四天时间，现在从罗津港到日本的新泻港口只有 500 多海里，十几个小时就可以到达。由于受船只数量限制，以前东北有很多货物不能及时运出，延误了运输时间，如果通过罗津港，则能快速地运出。珲春市创力海运物流有限公司通过与朝鲜罗先市经济合作会社合作，获取了朝鲜罗津港部分码头经营使用权，并投资建设朝鲜境内口岸到港口的公路。

五、存在的问题

对朝方面：一是朝鲜口岸不对称；二是对朝口岸类型单一，没有铁路口岸；三是俄方改造利用了朝鲜罗津码头，中方所租用的码头没有发展空间。

对俄方面：一是克拉斯金诺口岸尚未投入使用；二是亟待解决经扎鲁比诺港 72 小时免签；三是铁路口岸恢复国际联运后常态化运营；四是将分水岭口岸纳入国家口岸建设规划；五是与俄方建立地方协调机制。

六、口岸和通道建设的前景展望

经过多年的开发建设，珲春已经具备了较为完善的发展基础，按照建设（珲春）国际合作示范区的发展要求，必将对中国、朝鲜、俄罗斯、韩国、日本、蒙古国乃至亚太地区的经贸往来，产生巨大的吸引力和凝聚力，并成为未来图们江地区发展的核心区域、东北亚地区的交通枢纽和新的经济增长极。

发展阶段和目标。未来口岸及通道建设应与（珲春）国际合作示范区建设同步，分 3 个发展阶段：

第一阶段（2012 年—2015 年）：初始阶段。预计实现进出口货物 100 万吨—

200 万吨 / 年、出入境人员 150 万人次；

第二阶段（2016 年—2020 年）：发展阶段。预计实现进出口货物 1 000 万吨 / 年、出入境人员 500 万人次；

第三阶段（2021 年—2030 年）：形成阶段。预计实现进出口货物 2 000 万吨 / 年、出入境人员 1 000 万人次以上。

口岸数量。未来珲春市的口岸通道总体数量应为 8 个口岸通道：中俄珲春公路口岸、中俄珲春铁路口岸、中朝沙坨子公路口岸、在现有中朝圈河公路口岸基础上重新投资新建，另外计划辟建中朝甩湾子铁路口岸、中俄分水岭公路口岸、珲春国际航空口岸和图们江河运口岸。

联接纽带。未来珲春的交通格局应为 5 条纽带相互支撑和依托、联接东北腹地与朝鲜半岛和俄罗斯远东地区的重要交通枢纽。公路网络四通八达、铁路内联外接货运主力、航运依托图们江畅通日本海、航空联接腹地辐射亚太、陆海联运航线稳定发展。届时珲春将拥有全方位、立体化的交通运输体系，成为图们江地区的门户。

（珲春市口岸办）

航线运行情况

随着改革开放的不断深入，珲春已成为东北亚这个举世瞩目的经济发展热点地区的焦点。2000 年 4 月 28 日，经过 8 年与俄、韩等国的反复磋商，国际化海陆联运航线在这里开通。十几年间，这条海陆联运航线几经波折，历经负债、停航，于 2013 年 3 月 19 日正式恢复通航，至此，中国珲春—俄罗斯扎鲁比诺—韩国束草的"新蓝海号"接力曾经的"东春号"重开三国海陆联运的"黄金水道"，标志着图们江区域国际大通道建设进入崭新阶段，也预示着有关各国的国际合作迈上了一个全新的台阶。

近一年来，中国珲春—俄罗斯扎鲁比诺—韩国束草航线从复航到稳定运行，进一步带动了东北亚地区间的经济合作和贸易往来，对促进环日本海地区的跨国旅游，对实现珲春多边合作机制的创新和发展，为珲春发挥国际合作示范功能、参与图们江区域开发建设注入了强大的动力。

一、航线运行情况

1. 中国珲春—俄罗斯扎鲁比诺—韩国束草"新蓝海"航线诞生始末。

珲春—扎鲁比诺—束草航线于 2000 年 4 月开通，冬季每周运行 2 个航次，夏季每周运行 3 个航次。运营船舶为 12 000 吨级"东春号"客货滚装船，2006 年更换为 16 500 吨级的"新东春号"。2010 年 10 月，因船舶维修及船公司债务等因素致使航线停航。

束草航线停航后，省、州对航线复航工作表示了明确的支持和密切的关注，珲春市与韩国束草市积极开展了大量的复航推进工作。2013 年 3 月 19 日，束草航线正式复航，由斯捷纳—大亚航运股份有限公司经营。该航线运营船舶为"NEW BLUE OCEAN"（新蓝海号）客货滚装船，船舶吨位为 16 485 吨级，每周运营 3 个航次（扎鲁比诺 2 班、符拉迪沃斯托克（海参崴）1 班）。

在吉林省、延边州及联检部门的大力支持下，目前，航线运行状态良好，航线客货量逐步增加。特别是珲春市对航线旅客给予俄罗斯过境签证补贴开始，航线旅客量激增，从之前的每航次十几人上升到目前的每航次上百人。截至到 2013 年 12 月 31 日，珲春—扎鲁比诺—束草"新蓝海"航线已累计运行 52 个航次，累计运送旅客 7 393 人次，其中入境 1 880 人，出境 5 513 人；运输各类集装箱共计 735TEU，其中进口 283TEU，出口 452TEU；进口货物主要包括厨房用具、纺织面料、电导线等；出口货物主要包括服装、明太鱼等。

2. 内贸货物跨境运输航线。

2007 年，珲春市针对东北东部大宗货物运输瓶颈问题，启动了利用朝鲜罗津港内贸货物跨境运输项目。经过大量前期工作及多次协商，珲春市创力公司与朝鲜罗先强盛贸易会社签订了改造利用罗津港 1 号码头的合同，租期为 10 年。此合同于 2008 年 10 月 16 日得到了朝鲜中央最高领导人的批准。当年 12 月开始，创力公司着手对其煤炭仓储库、传送系统、发电机组等设施进行了全面的改造和购置。

2011 年 1 月 11 日，珲春市开始运营内贸货物跨境运输项目，截至 2012 年 5 月 8 日，共运输 7 个航次，先后向上海、宁波、常州地区运送了 104 531 吨煤炭。

2012 年下半年，煤炭内贸货物跨境运输继续推进，但由于煤炭价格持续下滑以及获批货物品种单一、内贸港口有限、仅限单向运输等因素制约，内贸航线暂时停运。珲春市航务局会同珲春海关、国检等部门，经过市场调研，起草了数据详尽的申报材料，争取在货物种类上增加一般货物和粮食、木材等涉证货物；在上海、宁波等港口基础上积极争取增加江浙、福建、广东、海南等港口；在单向运输基础上实现往返双向运输。目前，有关材料已上报至国家海关总署和质检总局，珲春内贸货物跨境运输航线有望在获批后重新启动。

二、今后展望

航线的发展需要广阔的经济腹地来提供货源，需要完善的集疏运条件以及相配套的软硬件设施。

珲春市作为长吉图开发开放的"窗口"城市，近年来在产业发展、交通运输环境改善、物流场站建设等方面都有极大的提升。就珲春市周边而言，吉林省及黑龙江省东部地区在货源集聚上有着巨大的潜力，木制品加工、服装纺织品出口、矿产资源输出、农副产品及水产品深加工等领域，市场前景十分广阔。而长春市、吉林市以及通化市等腹地经济较发达地区，是全国重要的工业、粮食及医药生产基地，汽车、石化、钢铁、农产品加工、医药、电子等优势产业集中，一汽集团、中石油吉化集团公司、中国北车长客公司、通化钢铁、修正药业等国内大型工业企业影响面及覆盖面巨大。为此，珲春市将瞄准以上地区及产业，广泛开发航线市场，让上述地区及产业成为珲春市航线发展的货源地和输出地。

集疏运能力在航线运行过程中至关重要，货物从仓储、堆放，到公路、铁路运输，直至运抵码头堆场、装船，必须有相应的配套服务作为保障。近年来，珲春市大力发展公路运输，成立了多家大型物流公司、货物场站和集装箱堆场，已具备了完善的货物仓储、集装箱堆放、装卸运输等功能。今后珲春东边道铁路开通后，还可以实现公路运输和铁路运输并举，进一步提升珲春市物流集疏运的能力。

随着对外航线的逐步发展，珲春市将真正实现与环日本海经济圈、环渤海经济圈、长三角经济圈、珠三角经济圈等国内外经济发达地区的海上联运，运输腹地也将逐年放大。作为城市功能物流平台，珲春市的通道效应和口岸效应将更加突出，这些对整合珲春的优势资源、发展优势产业、降低企业经营成本、提升产品市场竞争力、带动沿边经济带具有积极作用，对全面实施长吉图开发开放，及中国图们江区域（珲春）建设也将起到极大的推动作用。

（珲春市航务局）

农业产业化发展情况

转变经营理念和经营方式，推进传统农业向现代农业迈进，既是农村改革与发展的目标，也是建设现代特色农业基地的要求。近年来，珲春市坚持把发展壮大绿色有机产业作为发展现代农业、推进社会主义新农村建设的根本切入点和突破口来抓，围绕"精品农业、效益农业、生态休闲农业名市"的战略目标，大力推进农业产业结构战略性调整，编制实施新农村示范提升、黄牛产业示范园等系列发展规划，打造了富硒苹果、富硒大米、延边黄牛等特色农业品，全力推动珲春国际合作示范区现代农业发展。

一、发展情况

（一）现状分析

"十二五"期间珲春农产品加工增加值以平均 25% 的增幅增长，农业产业化发展迅速。一是龙头企业队伍不断壮大，省级龙头企业 8 家、州级龙头企业 37 家。全市已初步形成水稻、人参、食用菌、黄牛等一批特色主导产业。二是农产品品牌不断增多。近年来，全市农产品加工企业加大品牌培育力度，已拥有 1 个中国名牌产品、1 个中国著名商标、4 个省级著名商标。三是标准化基地不断扩大，全市建立了大米农业标准化生产示范基地。全市无公害农产品产地认定面积 1.5 万亩，"三品"认证 12 个，其中，无公害农产品 1 个、绿色食品 7 个、有机食品 4 个。四是组织化程度不断提高。全市龙头企业参与组建农民专业合作组织 338 个，带动辐射受益农户 8 万多户。在龙头企业和专业合作社的带动下，订单农业面积不断增多。农产品加工企业、专业农场、合作社带动农户 10 000 多户，年户均增收 3 400 元；从业人数 5 万余人，人均年收入达到 9 100 元以上。

（二）农业优势

珲春市发展现代农业有得天独厚的优势。

第一，有良好的政策环境。目前，我国宏观经济政策由财政货币紧缩，转为积极的财政政策和适度宽松的货币政策，将有效缓解农产品加工融资难题；强农惠农政策对粮食、生猪、延边黄牛等主产区予以倾斜。同时，国家《关于进一步实施东北地区等老工业基地振兴战略的若干意见》和《关于深入实施西部大开发战略的若干意见》，对东北地区振兴和深入推进西部大开发做出了新一轮战略部署，特别是国务院办公厅《关于支持中国图们江区域（珲春）国际合作示范区建设的若干意见》对珲春农业产业化发展将给予更大的政策支持，产业发展升级导致资金流、人才流加速，将为珲春农产品加工业聚集各类生产要素带来更多机会。

第二，有丰富的原料资源。以绿色食品基地、中药材基地、食用菌基地和林果基地为主的四大基地，正在向规模化、标准化、特色化、品牌化方向迈进。绿色无公害水稻订单达 6 000 公顷，无公害蔬菜 1 000 多公顷，30 多个品种，绿色食品达到 7 个，有机转换食品发展到 4 个。中药材产业总面积 2 712 公顷，总产值达 8 633 万元，食用菌产业总产量达 2 166 万袋(椴)，总产值 12 852 万元，林果面积发展到 1 756 公顷。

第三，有优越的区位条件。珲春市周围分布着纳霍德卡、符拉迪沃斯托克（海参崴）、斯拉夫扬卡、波谢特、扎鲁比诺等俄罗斯港口和清津、罗津、先锋等朝鲜港口，形成了中、朝、俄三国间的口岸链，以及国家"西部大开发"战略、"长吉图"战略的实施和"国际合作示范区"的批设，为农产品加工业的大发展提供了先进理念、资金、项目和技术支持。同时，全市已基本形成覆盖面大、通达性强的立体交通网络，物流方便，信息灵敏，为农业产业的发展提供了便利的交通条件。

第四，有广阔的发展空间。从产品需求来看，随着经济的发展，工业化食品的消费比重将会大幅增长，在美国、法国、日本等发达国家，工业食品消费占到了整个食品消费的 80% 以上，意味着农产品加工业市场广阔。从加工潜力来看，目前发达国家的农产品加工业产值与农业产值的比值大多在 3∶1—5∶1，我国为 1∶1，如果全市农产品加工比重提高到 1 个百分点，产值可增加 50 亿元以上；如果进一步延伸产业链条，达到发达地区加工水平，产值可增加 200 亿元以上。

（三）面临课题

1. 龙头不大。目前，珲春有 8 家省级龙头企业。珲春几大主导产业中除了大米、人参和延边黄牛、食用菌外，其他农产品加工产业在全省都缺乏明显的比较优势。

2. 机制不活。从企业内部管理机制来看，普遍存在家族式经营管理，没有建立真正意义上的现代企业管理制度。全市实行股份制改造的龙头企业很少，大多数龙头企业仍是典型的私营企业形式。从利益联结机制来看，联结链条较为松散，真正采用了"公司＋基地＋农户"发展模式、与农民形成"风险共担、利益共享"机制的龙头企业不多。

3.融资不畅。珲春农产品加工企业大多数处于快速成长期，资金需求量大。据统计，全市农产品加工企业年固定资产投入和流动资金需求大，但银信部门的年放贷额度小，而且贷款手续繁杂，贷款门槛高，像企业划拨地、养殖水面、生产设备以及一些无形资产等，都不能作为贷款抵押物。同时，现有的中小企业担保公司资本实力较弱，信贷放大功能不强，难以满足中小农产品加工企业的贷款需求。

4.扶持不够。一方面，农业产业化难以形成强力扶持的局面。农业比较效益低，与高新产业比较，龙头企业大多属微利行业，同时农业生产面临着自然和市场双重风险，政府投入相对不足，影响了农业产业化快速发展。另一方面休闲农业扶持力度也不够。休闲农业作为新兴产业，没有专项引导扶持资金和专项扶持政策，部门管理还未形成合力，许多休闲农庄规模效应不强，还没有品牌休闲农业企业，经营效益也不高。

二、发展思路

（一）指导思想

今后一个时期，珲春农业产业化发展将坚持以科学发展观为指导，以新型工业化为理念，以市场为导向，以资源为依托，以农民专业合作经济组织、专业农场为纽带，以项目为载体，以企业增效、农民增收、产业发展为目标，以建设优势农产品产业基地为基础，以品牌建设为抓手，以科技创新为动力，以培育龙头企业为重点，全面提升农业产业化经营水平。

（二）基本原则

1.市场导向原则。要根据市场的需要，培育发展主导产业、优势产品和龙头企业，在提高效益的前提下加快发展速度。充分发挥市场机制在资源配置中的基础性作用，走外延扩展与内涵提高相结合的路子，通过市场营销、资产重组和产品研发拓展发展空间和开发领域。

2.重点突破原则。以龙头企业和农民专业合作经济组织、专业农场为核心，重点扶持优势企业，壮大带动力强的产业化经营组织。

3.科技创新原则。提高企业和农民的科技素质，用先进实用技术武装农业产业化经营生产、加工、流通等各个环节，不断提高整个产业链条的科技含量和最终产品档次。要把农业产业化与农业综合开发、农业现代化建设等工作结合起来，实现农业在较高水平上跨越式发展和农村经济增长方式的根本转变。

4.可持续发展原则。要把保护资源和环境作为发展农业产业化经营的一条基本方针，贯穿到产业化的各个方面和各个环节，积极推行标准化生产，使农业产业化经营与农田基本建设、耕地保护、生态环境治理、经济社会发展有机结合起来，实现经济、社会、生态效益的有机统一。

（三）发展目标

围绕"精品农业、效益农业、生态休闲农业名市"的战略目标，大力推进农业产业结构战略性调整，培育一批高品质、高科技含量、高附加值的精品，建成一批特色农产品生产基地，培植一批贸工农一体化的龙型经济，建立起以特色产品、农业精品为主体，现代生产经营方式为支撑，布局合理、市场竞争力较强，规模效益明显的现代产业体系框架。

（四）发展方向

今后，全市农业产业化发展升级围绕大宗农产品转化升值，搞好精深加工，培育知名品牌，做大做强传统加工业、做精做细特色加工产业，按照以现实发展基础为依据，以比较优势归纳差异性、以自然、经济、技术条件、生产习惯相结合，以产业链和功能相对完整为基本原则，结合珲春市的自然地理特征、农业资源分布状况、产业基础及城市空间结构，区域总体布局确定为五大优势产业片区、六大特色品牌基地、五大农产品现代物流中心、三条休闲观光旅游线路。

五大优势产业片区为以哈达门乡、马川子乡、密江乡、敬信镇为主的优质绿色水稻生产片区，以英安镇、三家子满族乡、哈达门乡为主的蔬菜生产片区，以春化镇、杨泡满族乡、哈达门乡、密江乡为主的中药材生产片区，以英安镇、春化镇、板石镇、哈达门乡、密江乡、杨泡乡为主的食用菌生产片区，以板石镇、英安镇、三家子乡为主的林果生产片区，以春化镇、板石镇为主的延边黄牛生产片区;六大特色品牌基地为以马川子乡、哈达门乡为主，建设珲春水稻特色种植基地，以英安镇、三家子乡、哈达门乡为主，建设珲春无公害蔬菜特色基地，以密江乡、哈达门乡、春化镇为主，建设珲春食用菌特色基地，以杨泡乡、哈达门乡、春化镇为主，建设珲春中药材特色基地，以春化镇、密江乡、杨泡乡、哈达门乡为主，建设珲春人参特色基地，以春化镇、板石乡为主，建设珲春延边黄牛特色基地等；五大农产品现代物流中心集中建在珲春边境经济合作区内，为珲春市蔬菜水果批发市场、珲春市农副产品批发市场、珲春市特产批发市场、珲春市畜禽综合交易市场和珲春市林产品交易市场；三条休闲观光旅游线为防川风情游、边境风光游和生态农业游。

（珲春市农业局）

招商引资情况

招商引资、扩大开放是加快经济社会发展的重要手段，是推动科学发展创新跨越的重要支撑，是加快转变经济发展方式、全面建设小康社会的重要举措，是推进新型工业化、新型城镇化互动发展的重要抓手，是做强做大产业集群、培育新增长极和增长点的强大动力。可以说，招商引资对珲春市社会发展的影响是全方位的：要提升地方经济实力，改变全市城乡面貌，离不开招商引资；要扩大就业渠道，增加居民收入，离不开招商引资；要改善当地人民生活，提高群众生活品质，离不开招商引资；要保持社会稳定，增强群众凝聚力，离不开招商引资；要提升城市经营，促进新型农村建设，也离不开招商引资。按照这样的工作思路，2013 年，珲春市招商引资到位资金达150 亿元、同比增长 25%，这为加快示范区建设注入了强劲动力。当前，珲春已经站在大发展、大跨越的关键历史节点，招商引资工作已不再是单纯的"政绩工程"和 GDP 的增长手段，它已成为珲春经济社会发展的重要一环。

一、招商引资现状

2013 年，通过上下联动、齐抓共管，珲春市全力抓好招商引资项目建设。2013 年州政府下达珲春市的招商引资任务为 142 亿元，珲春市自定目标为145 亿元。一年来，珲春市共落实招商引资企业 209 家，计划总投资达 334 亿元，实际到位资金达 150 亿元，同比增长 28.5%，完成全市下达目标任务的 103%，完成延边州下达目标任务的 106%。

2013 年 1 月—12 月，珲春市共落实规模以上的招商引资企业 130 家，其中新落实招商的企业 96 个，计划总投资 124 亿元，实际到位资金 60.5 亿元；续建投资类项目 113 个，计划总投资 178 亿元；新洽谈推荐重点企业 32 家。

二、开展项目建设的主要工作

1. 落实招商引资工作目标。为着力提升招商理念，创新招商方式，夯实招商平台，提升服务水平，优化投资环境，珲春市制定了《2013年全市招商引资任务计划表》将全市招商任务分解到市级领导、市直各部门、各乡镇及合作区各部门。有效提高了各级各部门特别是乡镇的工作积极性。实行领导干部带头招商制度，充分发挥了示范引导作用，提高了招商引资实效，同时有效促进了示范区干部的思想解放和观念更新。

2. 积极主动开展招商引资活动。珲春市充分利用省、州领导及部门搭建的平台，主动出击，加强与央企、知名民企的联系与对接，宣传、推介、洽谈项目合作。一年中，先后参加了省州政府组织的"吉港经贸合作"主题推介会、吉林省旅游推介交流会、延边州招商旅游推介会、吉林省与苏浙沪经贸交流与合作、环渤海地区推进项目等规模活动。并以这些活动为桥梁，对珲春的投资环境、发展趋势进行了广泛宣传，同时就合作项目与各相关企业进行了深入洽谈。先后5次组织招商小分队分别赴青岛、西安、北京等地，对垃圾无害化处理、化肥进出口贸易及农产品商贸物流等项目进行了考察、对接。

3. 研究制定了支持和鼓励发展总部经济政策。研究出台了《关于支持和鼓励总部经济发展的实施意见》，提出针对总部经济企业在提供土地、奖励等方面的扶持政策。并对全市市级领导及正科级领导干部分别落实了年内完成1000万元、500万元的总部经济招商任务。

4. 强化投资宣传。一年间，珲春市加强了招商网站建设，并及时更新招商信息。以宣传珲春国际合作示范区为主题，设计完成《中国图们江区域（珲春）国际合作示范区投资指南》；通过国际商报、香港贸发局、香港文汇报等重点媒介和机构向世界推介宣传珲春。

5. 深入开展投资服务。2013年，珲春市制定了一系列服务体系和服务机制，先后为林晟通讯、河南保税、永旭贸易、宝晟管业、中煤集团、香港旺福特公司等18家企业领办、代办了注册手续；为神怡菌业、长城菌业等企业撰写专项资金申报书等相关材料，争取补助资金100多万元；促成神怡菌业与德国中德经济合作中心协会、德国在华酒店菌类专门供应商的合作协议，联系德国中德经济合作中心协会与神怡菌业达成终身合作伙伴、德国在华酒店菌类专门供应商的合作协议，联系省农科院与神怡菌业建立长期技术合作；对开元酒店、天久矿业、德仁药业等企业落实了招商引资优惠政策并兑现总部经济奖励。

6. 积极参加第九届"图洽会"和"东博会"活动。珲春市以各种商贸、会展活动为契机，邀请山东舒朗服装服饰股份有限公司、华鑫矿业有限公司、天盛墙体材料有限公司、盛通国际物流有限公司、广州金发绿可木塑科技有限公司、东鹏工贸有限公司等30家企业参会；活动期间，协调促成州级领导会见洽谈3家企业；珲春市与5家投资企业签约，上报招商成果6项。

三、未来招商引资展望

1.明确目标、抓住重点。深入贯彻十八届三中全会和省、州十届三次全会精神，珲春市将围绕加快改革开放，建设美丽珲春，充分发挥生态、资源、区位、政策优势，树立"大招商、招大商"的理念，切实简化办事流程、公开办结时限，全力支持项目建设。全市各级各部门齐心协力、创新思路、改进方法、整合力量，优化发展环境，建立共促项目建设和发展的长效机制，坚持不懈地抓好落实。

2.围绕"四大基地"，开展招商。未来几年，珲春市将全力打造进口资源转化、出口产品加工、商贸物流、旅游休闲养生四大基地，培育能源、有色金属、医药食品、纺织服装等百亿级产业以及木制品加工、电子信息、商贸物流、旅游服务等优势产业群体，调结构、扩总量、强基础、兴产业，谋划建设煤化工、多金属、海产品、木材、纺织服装、新型建材、温州工业、航空、健康产业、国际物流等"十大产业园区"的定位，强力开展全面的招商引资工作。

3.2014年，珲春市将继续采取以商招商、上门招商、小分队招商和网上招商等多种形式，实行请进来与走出去相结合，有目标、有选择、有针对性地开展投资促进活动。把盘活存量资产与招商引资紧密结合起来，积极发挥行业协会、商会的窗口桥梁作用，加强与协会、商会的交流与合作，并充分调动在外创业和工作的珲春籍老乡的积极性，为本土珲春人在招商引资中牵线搭桥，并回乡投资兴业。2014年，珲春市计划实现招商引资实际到位资金180亿元，同比增长24%。

（珲春市经合局）

商贸物流中心建设情况

商贸物流业是现代社会的先导产业，已成为支撑一地经济快速发展的新兴产业，亦成为"转方式、调结构"的优势产业。一直以来，珲春市高度重视商贸物流业的发展，积极谋划推进以商贸物流基地创建百亿产业集群。当前，珲春正处在大突破、大跨越的历史节点上，珲春将充分发挥生态、资源、政策、区位等优势，全力打造商贸物流基地，力争以繁荣的商贸物流业助推珲春在全省率先建成全面小康社会。

一、现实基础

（一）商贸流通业发展现状

商贸流通业是指商品流通和为商品流通提供服务的产业，按行业门类划分专指批发和零售贸易业。全市共有商贸流通业市场主体 8 983 家，注册资金 1 602 121 万元，从业人数 14 781 人。其中企业 954 家，注册资金 181 465 万元，从业人数 6 415 人。

1. 内贸领域基本情况

（1）市场流通业地位日益增强。进入"十二五"期间，珲春市社会消费品零售总额保持高位运行，由 2010 年的 26.33 亿元增至 2012 年的 38.09 亿元，年均增速达到 20%，连续三年增幅位居延边州第一。商贸流通业对经济的贡献率不断提高，社会消费品零售总额占地区生产总值的 30% 左右。2013 年，全市社会消费品零售总额完成 43.55 亿元，同比增长 14.3%。

表1 2010年—2013年社消总额及地区生产总值情况

单位：亿元、%

年份 \ 指标	社消总额	增幅	地区生产总值	占比
2010	26.33	18.5	85	29.7
2011	31.05	17.9	103	30.1
2012	38.09	22.7	125	30.4
2013	43.55	14.3		

（2）市场流通业基础设施日臻完善。截至目前，全市共有各类商业网点5 714个，总营业面积65.3万平方米，共有规模在2 000平方米以上的商场17家、专业市场3家、综合市场3家，年经营额超亿元的6家。

项目引进成绩斐然。欧亚百货、绿都边贸城、国际商品交易市场、盛通国际建材、居然之家等一批大型专业性商业网点不断涌现。经营业态涵盖购物中心、大型百货店、大型综合超市、大型专业店等，连锁农家店139家，乡级覆盖率达到100%。

商旅结合效应突出，餐饮住宿业消费持续升温。近几年来，俄罗斯旅游购物贸易悄然发展，为珲春市各类商家带来巨大商机。各类商贸企业抓住旅游旺季市场旺销的机遇，抢时机造商机，认真做好商旅结合、互利共荣的文章，促进了餐饮住宿业消费的持续升温。据统计，全市旅店、宾馆已达到173个，宾馆（企业）30家。

（3）市场流通业管理工作得到加强。以实施"万村千乡市场工程"、"双百市场建设工程"、"农超对接"等一系列市场体系建设工程为契机，不断提高商品市场建设水平，促进流通体系建设。承接省级商务综合行政执法试点，规范商贸流通业经营秩序，落实商场市场安全生产管理规定。《珲春市商业网点布局规划（2011—2020）》批准实施，在明确发展思路、功能定位、主要任务等基础上，提出了"三核三副，两轴三带"的标志性商业发展格局。

2. 外经贸领域基本情况

（1）主体不断壮大。珲春市现有外经贸企业594家，其中，外商投资企业139家，外贸企业455家。截至2013年11月，全市进出口总额超1亿美元的企业有3家，超1 000万美元的17家、超500万美元的9家、超100万美元的31家。2012年完成进出口总值124 557万美元，同比增长23.8%，对外贸易额占延边州对外贸易总额的60.45%，居全州第一，占全省对外贸易总额的5.07%，居全省第二。2013年完成进出口总值176 458万美元，同比增长41.67%。对外贸易额占全州对外贸易总额的64%，居全州第一。主要出口商品有纺织服装、木制品、鞋类制品、机电产品、箱包和食品等；主要进口商品有纺织原料及制品、木及木制品、机电产品和海产品等。

（2）规模快速增长。随着改革开放的不断深入，全市对外贸易经历了起步、繁荣、低迷等阶段，进入"十一五"以后，外贸规模持续增长，特别是近三年来保持年均25%的增速。2013年，全市外贸进出口总额实现176 458万美元，同比增长41.67%，其中：出口163 098万美元，同比增长43.58%；进口13 361万美元，同比减少21.84%。

表2 2010年—2013年外贸进出口总额完成情况

单位：万美元、%

年份\指标	总额	增幅	出口	占比	进口	占比
2010	81 077	24.37	72 037	25.91	9 040	13.34
2011	100 609	26.7	87 425	21.4	13 184	45.84
2012	124 557	28.3	113 591	29.93	10 966	16.82
2013	176 458	41.67	163 098	92.42	13 361	7.58

（3）方式日益多样。2013年，珲春市获取境外投资证书赴俄投资的企业共有17家，对俄境外投资总额为8 029.15万美元，其中，中方投资7 672.15万美元，主要从事木材加工、进出口贸易、运输、农业种植等行业。全市外贸企业在俄境外投资主要是利用俄罗斯丰富的林木资源和当地的鞋类制品市场，开展木材采伐及初加工项目、农业种植和鞋类制造等项目。全市外贸企业在朝鲜的境外投资一是利用朝鲜技术型劳动力资源开展以纺织品为主的加工贸易；二是利用朝鲜渔业资源丰富的便利条件，同朝鲜开展海产品捕捞、养殖等方面的合作；三是利用朝鲜丰富的旅游资源，开发跨境项目。2013年，珲春备案的在朝境外投资企业共有13家，投资总额为4 131.33万美元。其中，中方投资3 699.73万美元，主要从事海产品捕捞及加工、服装加工、旅游开发、进出口贸易等。另外，对美国投资1家，对蒙古投资1家，对韩国投资2家，分别从事电子、运输及矿产开发项目。

（二）现代物流业发展现状

现代物流产业是有机结合运输、仓储、装卸、加工、整理、配送等功能，形成完整的供应链的综合性服务产业，按行业门类划分专指交通运输及仓储业。全市共有现代物流业市场主体2 259家，注册资金57 460万元，从业人数4 226人。其中企业121家，注册资金43 136万元，从业人数1 580人。全市现代物流业运行中呈现以下特点：

1. 物流运行规模稳步提升，质量有所提高。全市现代物流业起步较晚，但伴随交通基础条件改善、内贸外贸形势趋好等因素，近几年，全市物流总量保持稳定增长，物流成本占GDP比例呈现逐年下降趋势。

表3 2010年—2012年公路、铁路货运量及增幅

单位：万吨、万吨千米、%

指标 年份	总量	增幅	公路	增幅	周转量	铁路	增幅
2010	559	12.0	283	30.0	43 614	289	4.7
2011	629	12.5	289	2.1	49 301	340	17.6
2012	747	18.7	350	21.1	53 388	397	16.8

2. 物流基础设施日趋完善，通道建设利好。全市发展现代物流业在区位条件、战略布局、政策环境等方面有着不可比拟的优势。区域内综合交通运输体系不断完善，以畅通区域对外通道、省际通道为重点，构建南北纵横、东西贯通、布局合理、衔接顺畅、高效一体的立体交通网络正在形成。新蓝海航线开通运营，珲—马铁路恢复通车，以及2012年启动建设的珲春国际物流园区于2012年启动建设，，基础设施及项目建设开端良好，具备现代物流集聚发展的现实条件。

3. 物流市场主体不断壮大，投资环境看好。调查显示，全市共有各类营运车辆3 125辆，总吨位9 800多吨，货物周转量快速提升。浦项现代、天道物流、宇别尔运输、创立海运等大型物流企业入驻珲春市，运营方向涉及仓储、货代、甩挂、内贸外运等范围，为发展现代物流产业注入了强劲活力。

二、发展需求

（一）重要意义

珲春要更有效地融入国内外市场，培育新的主导产业，实现经济的快速发展，需要重视和发展商贸物流业。商贸物流业的发展将有利于提升珲春市物流业、商贸业服务水平，扩大经济规模，提高珲春市整体经济总量，提升城市整体经济水平，增加税收，促进当地人口就业，同时，这也是贯彻《中国图们江区域合作开发规划纲要》战略意图的体现，是服务图们江区域合作开发的现实需要，是建设珲春国际合作示范区的重要内容。具体意义如下：

1. 降低商贸企业成本和流通费用。通过引入现代物流管理技术和管理方法，优化商贸企业的物流流程，商贸企业可以显著提高管理水平，大大降低经营成本和流通费用。例如，物流配送体系的建立，可以提高供货准确率和配送效率，缩短企业供货的前置时间；可以实现出入库作业高效化，从而降低有关操作费用和库存占用资金。

2. 促进城市商业业态多元化发展。首先，发展商贸物流配送促使各类超市、专卖店、专业店、便利店的出现，促进了零售业经营方式的升级换代，引导和形成了新的消费理念。其次，物流配送中心的建立可以有效推动连锁经营。最后，物流配送体系的形成，改造了批发业、仓储业的传统经营方式，促使商业的流通环节发生变化，由过去简单的进、销、存向市场分析、优化运输路径、优化库存水平、计算机管理、完善区域经营网络转换。

3. 优化与提升城市的产业结构。对于国民经济发展来说，城市商贸物流的影响不仅表现在扩大第三产业增加值这一直接效应上，而且还可以带动相关产业的发展，使一、二、三产业之间及各产业内部结构更为合理；同时，通过运用物流配送这一先进的管理技术和组织方式，可以有效提高商贸行业运行效率和质量，为经济持续健康发展奠定基础。

4. 增强城市聚集力及其综合功能。首先，商贸物流的发展可以进一步改善城市总体规划布局，使城市的整体运作更有效率；其次，商贸物流的发展可以提高各类企业的物流运作效率，极大地增加城市市场的辐射能级；最后，商贸物流的发展可以突出城市的功能定位，进一步完善城市的综合功能。

（二）发展优势

1. 政策环境优势。作为现代服务业的重要组成部分，国家、省、州等层面陆续出台支持商贸物流业发展的政策措施，产业地位得以确定。国务院《规划纲要》及《支持意见》中对珲春发展商贸物流业几多论述，明确提出建设东北亚国际商贸物流中心城市的目标。这些都为产业集群发展奠定了政策基础。

2. 地理区位优势。地处东北亚几何中心，路接俄朝，海通日韩。这里四通八达的通道体系，强势集聚的口岸优势，以及与毗邻地区投资、贸易、旅游和过境运输等领域务实合作，为珲春打造图们江地区国际商贸物流基地提供了坚实的基础保障。经多家咨询公司调查，商贸物流的目标地区主要为吉、黑两省及俄、朝毗邻地区，运输费用、效能、距离等方面优于大连港。主要品种为粮食、木材、水产、饲料、汽车及其配件、服装类、光学仪器、小商品等。

3. 国际合作优势。周边四国经济处于不同发展梯次，整个东北亚区域产业梯次明显、市场差异较大、经济互补性强，必然带动区域内生产资料和工业制成品的交叉流动。珲春地理位置及经济发展水平都居于中间地位，这在作为各层次经济区域交流连接纽带的同时，也促使着东北地区与周边国家间商贸物流的加速运转。

4.现实基础优势。"十一五"以来，珲春市高度重视商贸物流业发展，市场主体、政策环境、基础设施等初具规模，主导产业地位不断巩固加强。作为重要的物流功能承载平台）——珲春国际物流园区启动建设。

（三）发展目标

1.商贸流通业发展目标

至2020年，全面提升珲春商贸服务业质量水平，并接近东北亚发达国家中等城市商业水平，使珲春成为对内对外开放度高、政策优，集时尚流行、著名品牌、新型服务为一体的重要集散地，并成为具有特色的购物、休闲、旅游、度假胜地（东北亚"夏都"）及东北亚地区重要国际商贸中心城市。

预测2011年—2020年珲春市社会消费品零售总额年平均增长18%，2020年达到150亿元。其他行业指标明显提升和优化。

2.现代物流业发展目标

至2020年，把珲春打造成东北亚现代新型重要国际物流中心城市，大图们江地区东北亚国际物流合作先导示范区，东北东部地区与周边各国内外贸跨境中转综合物流服务链产业中枢结点平台，国家能源进口、加工、储备、保税、中转综合物流基地。

预测到2020年全市物流总额（货值）达600亿元，货物运输总量5 000万吨，物流业增加值达30亿元，占全市GDP比重8%左右，物流成本占全市GDP比重14%以下。

三、面临的课题

1.商贸物流管理体系紊乱。分行业管理方式和分部门管理体制并存，造成各自为政、政出多门，商贸物流运行环境不佳。商贸表现为网点规划得不到有效执行，消费环境差，俄罗斯边民消费权益得不到保障等，物流表现为缺乏统一的规划和协调，造成衔接不畅、重复建设和资源浪费，致使物流运行系统环节多、周转慢、费用高、服务差，市场秩序比较混乱。

2.商贸物流供需结构失衡。现代服务业发展基于区域经济体量的提升、人口规模的增长、市场需求的扩张，而珲春目前的国内外情况都不尽乐观。商贸业表现为流通总量小，民营企业规模小，企业综合竞争力弱，组织化程度不高。物流业表现为规模小、实力弱、功能单一、管理水平、信息化程度和技术装备水平不高，核心竞争力强、带动作用明显、现代化程度高的第三方、第四方物流企业缺乏。

3. 商贸物流政策环境有待加强。虽然在大的宏观环境上对商贸物流业发展给予了充分的支持，但企业发展中存在的用地难、融资难、负担重等问题仍旧未能得到有效解决。适应现代商贸物流业发展的高端人才匮乏，行业内涵开发不足。新型商贸物流发展业态明显落后，集聚商流、物流、人流、资金流、信息流的格局远未形成。

四、前景展望

为实现商贸物流业健康、持续、快速发展，把珲春打造成名副其实的东北亚商贸物流中心城市，初步提出如下对策方案：

（一）坚持规划先行，统筹部门合力，形成联动推进的工作机制。在完善现有专项规划的基础上，整体制订实施商贸物流业发展规划，引导商贸物流业有序发展，保障流通安全。商务部门与其他相关部门之间要加强沟通与协调，共同推动城市与商贸物流业的互动发展。一是加强商务部门与城市规划部门的协调，将商贸物流业规划纳入城市总体规划之中，统一实施，要发挥规划的调控指导作用，特别要增加合作区和新城区的商业网点布局，提高两区的商业服务功能。二是加强商贸物流业与交通基础设施建设系统的合作，合理配置交通主干路网，促进重点商贸网点和物流基地与交通相互促进、协调发展。三是推动商贸物流业发展与房地产发展的联动，在旧城区改造、历史风貌区保护利用、大型住宅区建设中，做好商贸物流设施建设，完善功能配套。四是加强商贸物流业与旅游、文化等部门的合作，在建设中央商务区、特色街区和风景区时相互配合，在举办各类城市活动、营造城市文化中形成合力，扩大商贸综合效应。

（二）调整功能布局，细化专业类别，建立品类完善的市场格局。加快各类市场基础设施建设，提升专业市场的吸纳和辐射功能，逐步构筑功能与制度完善的现代化水平较高的区域性重要商品市场体系。一是建立海产品交易市场。以中俄互市贸易区为基础，东扬、大宸等海产品加工企业为主力，探索合资合作捕捞模式，提高海产品精深加工能力，推动产业链向上下游延伸，逐步实现东北地区海产品交易中心北移。二是建立国际能源矿产市场。充分利用珲春区位优势，积极落实国家"两种资源、两个市场"的多元化资源安全战略，借助俄、朝丰富的能源矿产资源，扩大国际合作，缓解能源供求矛盾。三是建立再生资源交易市场。利用国家大力发展循环经济的有利时机，放大珲春口岸和圈河口岸被赋予固体废旧物资指定进口口岸的政策优势，以珲春循环经济产业园为载体，大力引进周边国家再生资源，建立废旧钢材、汽车、塑料等专业细分市场，提升循环经济发展水平。

（三）发挥企业优势，坚持外引内扶，打造区域性的高端商贸物流品牌。主动导入现代商贸物流新理念，推动业态创新，加快实现传统商贸物流业向现代商贸物流业的转型升级，推进商贸经济多元化发展。一是全力加快珲春国际物流开发区的建设进度，特别是加大对浦项现代国际物流园区的扶持力度，帮助企业完善配套基础设施建设，尽快投产达效，借助其世界500强的品牌优势，引领带动其他物流企业进驻，扩大物流主体规模，提高物流产业承载力。二是充分发挥长春欧亚现代百货的示范带动作用，加大对国贸、南洋、华隆、温州商城等商贸企业的改造升级和功能更新，鼓励其逐步实施统一招商、统一运营、统一结算的现代化百货商场经营模式。三是借鉴韩国首尔和新加坡等国家地区在城市中心设立免税店的成熟经验，主动与中免集团沟通协商，争取在市区内设立免税店，或者结合国际合作示范区总体规划中在敬信布局国际旅游功能区的契机，在防川建立大型免税购物超市，吸引国内外游客、促进消费。

（四）加快人才开发，提高队伍素质，形成梯队有序的人力资源体系。要抓住培养、吸引、使用人才三个环节，建设好商贸物流人才队伍，努力构筑人才高地。坚持培养和引进并举，造就高层次经营人才和提高全员素质并重，建立完善人才培养和引进机制。一是要依托高等院校和职业学校，发挥中介组织作用，通过多种形式合作办学，加快培养珲春市亟需的商贸职业经理、物流、电子商务、信息服务、会展等方面的人才。二是全面推行职业资格备案制度，有计划地对现有人员进行知识更新，加强商贸物流从业人员的道德教育，提高从业人员的职业素质。三是加大高层次人才引进力度，尽快形成高素质人才资源的集聚优势。加快用人分配机制改革，调动各类人才的积极性和创造性，为加快商贸物流业发展提供坚强的人才保证和智力支持。

（珲春市商务局）

对外贸易发展情况

边境贸易作为我国内陆边境地区对外经济联系的一种主要方式，对促进我国边境地区社会的发展，经济的繁荣，促进和巩固我国同周边邻国的睦邻友好关系，正在发挥着日益重要的作用。珲春市地处边陲，毗邻俄罗斯和朝鲜，与日本隔海相望，2012 年 4 月 13 日，经国务院同意，正式批准在吉林省珲春市设立"中国图们江区域（珲春）国际合作示范区"。依托得天独厚的区位优势和政策优势，珲春抓住机遇，大力发展边境贸易，对外贸易蓬勃发展，为促进珲春经济社会全面发展发挥了积极的作用。

一、对外贸易情况

1. 对朝贸易现状。珲春市西南隔图们江与朝鲜咸境北道相邻，边境线长130.5 千米，现有圈河口岸和沙坨子口岸与朝鲜通客过货，其中圈河口岸对面就是朝鲜罗先自由经济贸易区。朝鲜市场是珲春市对外贸易的传统市场，对朝贸易在珲春市对外贸易中占有重要地位。2013 年，依据珲春市对朝贸易企业上报的数据分析，对朝贸易总额完成 30 609 万美元，同比增长 22.08%；其中：出口 22 353 万美元，同比增长 11.14%；进口 8 257 万美元，同比增长66.43%。珲春市对朝贸易方式灵活多样，边境小额贸易占主导地位，兼有一般贸易等其他贸易方式。主要出口产品有服装、日用品、粮油、轻工产品等；主要进口产品有海产品、服装、农副产品等。

珲春市外经贸企业在朝鲜的境外投资：一是利用朝鲜技术型劳动力资源开展以纺织品为主的加工贸易；二是利用朝鲜渔业资源丰富的便利条件，同朝鲜开展海产品捕捞、养殖等方面的合作；三是利用朝鲜丰富的旅游资源，开发跨境项目。

2. 对俄贸易现状。珲春市东南与俄罗斯海滨边疆区接壤，边境线长 246千米，现有珲春口岸和珲春铁路口岸与俄相通。目前，全市对俄贸易中，贸易方式主要以旅游购物为主，兼有边境小额贸易和一般贸易等方式。主要出口商品为服装、鞋类、箱包、食品等；主要进口商品为海产品和木制品等。

2013 年，全市对俄贸易实现 50 839 万美元，同比减少 4.17%，出口 49 418 万美元，同比减少 3.52%，进口 1 421 万美元，同比减少 22.26%。

珲春市企业在俄境外投资主要是利用俄罗斯丰富的林木资源和当地的鞋类制品市场，开展木材采伐及初加工项目和鞋类制造项目。

3. 对韩贸易现状。2013 年，珲春市对韩贸易实现 5 815 万美元，同比增长 24.95%；出口 4 984 万美元，同比增长 36.74%；进口 831 万美元，同比减少 17.62%。主要出口商品有服装、海产品等；主要进口商品有纺织原料及制品等。由于韩国国内市场萎缩，使得去年对韩贸易增长的势头回落，对韩贸易商品种类、规模都有一定缩减。

4. 对日贸易现状。2013 年，珲春市对日贸易实现 3 841 万美元，同比减少 5.48%；出口 3 043 万美元，同比增长 2.84%；进口 798 万美元，同比减少 27.78%。主要出口商品有服装、木制品、农副产品等；主要进口商品有纺织原料及制品、机电产品等。

5. 其他国别贸易现状。2013 年，珲春市对其他国别贸易实现 85 354 万美元，同比增长 126.30%；出口 83 300 万美元，同比增长 133.63%；进口 2 054 万美元，同比减少 0.44%。

二、对外贸易具体措施

2013 年，为进一步扩大企业进出口额度，珲春市不断加大服务企业力度，积极为企业申请中小企业国际市场开拓资金等各项扶持资金，并积极引导企业"走出去"，分别于 2013 年 7 月和 8 月间，利用省、州组织的国内外各类展会平台，组织全市企业参加了"延边州对俄经贸洽谈暨企业对接会"、"第三届朝鲜罗先国际商品展示会"、"第三届中国·长春进口暨高端消费品博览会"和在韩国江源道举办的"大图们江国际贸易投资博览会"等各种展会活动。

（一）谋划发展新思路。近年来，珲春市积极开拓域外市场，实施"走出去"、"请进来"战略，多次组成政府代表团和企业代表团，开展对俄、韩等国经贸合作洽谈和交流，建立了长期合作机制，不断拓展国际市场。依托窗口城市的独特优势和良好的产业基础，珲春市将现有的优惠政策与国际合作示范区赋予珲春国际合作示范区的政策相结合，大力发展物流、旅游、金融、科技信息等现代服务业，推动第三产业快速发展。不断加强商业基础设施建设，积极推进流通现代化进程，全面提升商贸服务业质量水平，积极引进现代商贸、物流、信息和高技术新理念，加快实现向现代商业转型，形成商品市场体系结构科学、基础设施健全、网点布局合理、主要功能完善的商贸业市场体系。规划建设国际物流开发区、大型商品交易市场、农副产品配送中心等项目，提高商品流通效率，降低社会流通成本，使珲春成为对内对外开放度高、政策优、服务新的重要集散地，成为东北亚地区集投资贸易、出口加工、国际物流、跨境旅游为一体的国际商贸中心城市。

（二）推进对俄出口商品综合基地项目建设。出口基地建设是对外贸易工作中的一个重要环节，能够对珲春市的外贸发展以及俄罗斯市场的进一步开拓起到关键的作用。2011年，按照省商务厅下发的《关于加快推进省级外贸出口基地建设有关工作的通知》要求，珲春市设立了对俄出口基地领导机构，并加挂"珲春对俄出口商品综合加工基地建设服务中心"牌子，组织与对俄出口基地建设密切相关的部门和金融部门，指导和协调对俄出口基地建设工作。根据已制订的出口基地建设方案及发展规划积极展开工作，组织协调出口基地内企业进一步完善出口基地建设，同时加大招商引资力度，扩大出口基地规模。通过珲春国际合作示范区这一平台，在推进对俄出口商品综合基地项目建设基础上，加快各种专业出口基地建设。结合珲春市优势和产业特点，朝着国内外市场需求方向扩大外需，有针对性地建立果蔬出口基地、建材出口基地、海产品加工基地等载体宣传引进外地有实力的企业，延伸产业链条，增加贸易品种，活跃边贸，长效性地满足俄罗斯、朝鲜的建筑开发需求和民生需求。

（三）开展经贸展洽活动，促进对外经贸多元化发展。为加快"长吉图开发开放先导区"战略的进程，积极推进珲春市对朝、俄经贸合作的多元化发展，组织人员赴俄罗斯符拉迪沃斯托克（海参崴）和朝鲜罗先地区举办经贸展洽活动。

1. "珲春市对俄经贸合作企业展洽会"组织珲春市相关部门、企业赴俄罗斯符拉迪沃斯托克（海参崴）市开展商品展洽会及商务考察，积极促进企业与俄方开展项目对接。同时，选择适当时机邀请俄罗斯相关企业到珲春市开展展洽会和对接会。

围绕"促进珲春对俄经贸合作战略升级"这一主题，开展中俄企业商品展洽，邀请有关领导、专家研究探讨中俄贸易合作模式，解决合作中存在的问题，深入探讨中俄经贸合作发展面临的机遇和挑战。通过走访考察、广泛宣传，培育对俄贸易主体，推进对俄出口基地建设，促进两国地区间经贸共同发展。

2. "珲春市罗先国际商品展示会"组织珲春市相关部门、企业赴朝鲜罗先地区开展国际商品展示会及商务考察，积极促进企业与朝方开展项目对接。

以举办珲春市罗先国际商品展示会为契机，推动中朝经贸往来和区域合作，以促进珲春对朝经贸合作为主题，以探索中朝区域合作途径、进一步扩大珲春市与朝鲜罗先地区经济技术合作与交流、促进区域经济发展为宗旨，以坚持平等交流、坚持互利共赢、可持续发展为原则，进行经贸展洽活动。

（四）推进境外园区建设。就朝鲜境外加工园区项目继续与朝方政府进行磋商，加大招商引资力度，积极开展下一步工作。同时，继续对俄罗斯境外加工园区开展境外实地考察和境内招商洽谈，推进俄罗斯境外园区建设。

（五）做大做强加工贸易。我国东南沿海加工贸易由于生产成本上升而需要进一步转型升级，国家产业转移政策的出台以及西部地区逐步成熟的条件，使加工贸易梯度转移成为大势所趋。珲春市紧紧抓住延边州被商务部确认为重点承接地这一有利时机，进一步扩大招商引资规模和质量，重点引进技术含量高、附加值高的企业进驻珲春市，完善珲春市产业布局；同时积极争取国家政策扶持和政策性贷款的支持，争取吉林省承接产业转移发展加工贸易专项资金，建立承接产业转移示范园区，扩大珲春市加工贸易规模。

（六）抓住机遇争取资金政策支持。抓住吉林省设立对朝、俄市场开发资金这一有利契机，积极支持珲春市企业参与朝鲜、俄罗斯组织的推介、展销活动，继续鼓励发展旅游贸易、边境贸易等多种贸易方式。同时，出台鼓励外经贸企业扩大进出口业绩的优惠政策，进一步扩大出口规模；健全工作机制，加大协调力度，实现商务、口岸、海关、商检、税务、财政、金融等部门有序联动，为出口创汇企业提供最优质的服务。

（七）加大服务力度，加强贸易主体培育。一是建立起商务部门与企业互动的政策平台，使企业及时掌握国家政策动向，整合自身优势，调整发展战略，开发新兴产品。二是积极组织企业走出去参加各类展会及招商活动，了解产品动态，拓展市场空间。三是动员和帮助条件成熟的企业申办自营进出口权，不断发展壮大珲春市自营出口创汇的整体实力。

（八）引导企业加强自身建设，提高出口竞争力。一是促进企业加强内部管理，降低生产成本；二是帮助企业研发新产品，增强现有产品的科技含量，提高产品附加值；三是支持企业以发展名牌为目标，通过转变经营方式，培育自己的品牌，提高商品的品质和声誉；四是鼓励企业积极参与国际质量管理标准的贯标认证，从而增加商品的附加值。

三、未来发展前景

（一）依托周边国家劳动力优势，有效地推动国家赋予珲春市出境加工政策，提高珲春国际合作示范区企业加工贸易生产能力，承接更多国内外加工贸易订单。对朝出境加工复进境业务成熟运转后，将直接带动珲春市口岸物流的增长，从而解决口岸"通而不畅"的问题；同时，随着试点企业做大做强，可以带动相关产业链条蓬勃发展，活跃各项经济要素，提高对地方财税的贡献。

（二）积极加强东北亚区域国际合作，努力把珲春建设成通达开放的国际合作示范城市，打造国际商品集散地。有效利用中国珲春—俄罗斯扎鲁比诺—韩国束草陆海联运航线，形成中俄韩三国共同合作开边通海，推动珲春口岸贸易畅通的良好协作机制。在国家、吉林省、延边州等相关部门支持下，提高对外开放开发水平，把珲春市打造成东北亚区域国际货物集散中心，全面提高珲春国际合作示范区口岸物流量和贸易额。

（三）继续加强珲春国际物流园区建设。建立统一协调的现代物流管理体制，加快物流信息平台建设，加快境内物流园区和相关物流配送中心建设，适时推进境外物流园区建设。同时，加大招商引资力度，引进和培育国内外综合性物流龙头企业。

（珲春市商务局）

城市建设情况

自唐朝时期成为渤海古国的都城以来，珲春的财富和文化不断积淀，逐渐成为祖国边关的膏腴之地。如今，在历经二十余年改革开放的洗礼之后，随着人气的不断聚集，珲春城镇化水平不断提高，一个充满现代气息、生态宜居的崭新珲春，正展现在世人面前。

2013 年，珲春市城市建设按照高起点规划、大手笔建设、精细化雕琢的建设原则，全力打造生态化、现代化、国际化的魅力新城，城市功能实现了整体跃升。城市建设争取到位专项资金 3.76 亿元，固定资产投资达 26.46 亿元。在吉林省年度评比中，英安镇成功进入"省级示范城镇"行列，珲春市荣获"省级绿化标准县（市）"称号。

一、城市建设情况

1. 基础建设扎实推进

2013 年，珲春市投资 49 万元修建了 3 条巷道并维修了车大人沟河堤；投资 1.2 亿元完成 10 条道路的绿化和 21 处节点的绿化工程；珲春市高速收费站 1.1 千米道路两侧及接待区绿化工程正在施工；全年栽植乔木 1.5 万棵、鲜花上路 21 万株、新增绿地 28.8 公顷。全市绿地率达 35.6%，同比增长 1.6 个百分点。绿化覆盖率达 40.1%，同比增长 1.6 个百分点。人均公共绿地面积达 10 平方米；投资 169 万元完成车大人沟河、三栋房巷道和高速连接两侧景观亮化工程；净水厂工程已全部完工，总长度为 24.4 千米的输水工程已基本完工；老城区供水、污水管网改造项目，专项规划、可研已通过专家评审，其中，供水管网改造工程已完成一座泵站的建设，污水管网改造工程已完成 5.6 千米管网铺设，投资已达 650 万元；防川风景区建设管理方面，中朝圈河口岸大桥项目已上报至国家住建部待批。在景区的环境保护工作中，清理违规广告等 7 处、私搭乱建 8 处，景区环境得到了有效保护。投入 55 万元设立景区标牌、指示牌等 49 块，修建了停车场和公厕，对景区景点进行了绿化美化。

2. 民生工程全力推进

民生工程是天字号工程，是城市建设的重中之重，是城建工作的出发点和落脚点。2013年，珲春市累计完成投资9.6亿元，稳步完成了各项民生工程建设任务。

"暖房子"工程：2013年，省厅下达给珲春市的改造指标为30万平方米，一年来，珲春市实际完成42万平方米。同步改造了6个换热站辐射的小区86栋楼房，惠及百姓4 089户，工程投入资金达4 936万元。

城市棚户区改造工程：2013年，珲春市城市棚户区改造任务为8万平方米，涉及居民1 200户。截至目前，已分配入住3万平方米，200户居民已喜迁新居。其余5万平方米，惠及1 000户居民的棚户区改造工程已主体完工。

廉租住房建设工程：2013年省、州下达珲春市的指标为购买廉租房30套，目前，购买协议已签订，工程已完工正待分配。

塌陷棚户区改造工程：2013年珲春市的改造任务为3 080户，19.1万平方米，总投资达6.37亿元。目前，拆迁等前期工作已完成，现正在珲春市光明街、营子村、五一周转房等处进行基础土方工程施工，预计2014年10月末竣工。

农村危房改造工程：2013年，省厅下达珲春的指标为1500户。现已完成2 429户。其中，翻建167户，修缮2262户，总投资达4000万元。

3. 行业管理有序推进

公共行业管理方面：珲春市投资3 000万元对供热首站进行了改造。投资600万元新建4座换气站。投资1800万元新建9座换热站。新建和改造一次网5.5千米，二次网13千米。供热时间提前、延后各10天；燃气工程方面，珲春市已安装室内管道5 700户，铺设中压管道1 500米，低压管道14.5千米，全市有555户居民使用了管道天然气；供水方面，珲春市投资937万元铺设供水管网2.5千米，投资520万元修建泵房5座。投资45万元实施水源保护工程，水质各项指标达到国家饮用水标准，满足了城市生产生活的需要；珲春市2013年全年处理污水985万吨，运行负荷为90%，完成了省环保厅下达的减排任务。

建筑业管理：珲春市2013年全年在建工程达120项，面积达183万平方米，投资额为28亿元。其中房地产开发35项，面积161万平方米，投资额23亿元；实施开发保证金制度，严格工程招投标、施工许可管理，共查处8家违规预售房屋行为，确保珲春市建筑市场秩序进一步规范；针对建筑行业安全生产，珲春市开展了安全生产月和创建平安工地活动，强化安全监管，全市没有发生特重大安全生产事故。2013年，珲春市竣工工程合格率达100%。有18项工程获"延边州建筑工程主体结构优良奖"。

二、面临的课题

1. 城市建设的总体水平还不高。城市建设特色不突出，功能不完备。缺少文化、教育、体育等城市配套服务设施，没有标志性的城市建筑。

2. 房地产市场秩序依然不规范。房地产市场还存在不履行基本建设程序，靠挂、肢解工程等不良现象。

三、城市建设前景展望

未来，珲春市将深入实施"开发先导，项目带动，城乡统筹，民生优先"发展战略。坚持生态宜居理念，全面加快以珲春河中轴景观带为核心、以欧式风格为主的城建步伐，实施公共基础设施建设，加速城市功能升级，打造设施齐全、文化多元、生态和谐的魅力新城。以城市基础设施建设、保障性安居工程建设、规范建筑市场秩序为抓手，实现城市建设的新突破。

1. 城市建设有新亮点

珲春市将站在国际合作的高度，高标准、高质量地规划设计和实施城市建设。突出精品和特色，努力在城市广场、游园、雕塑等方面逐渐打造出一个或多个特色鲜明、能够体现珲春地理、历史、文化，代表示范区整体形象的标志性建筑。全面加强生态体系建设，积极创建国家级生态城市。

在市政建设方面，珲春市计划实施站前街、河南街、东关路、森林山路等延伸工程，延伸长度为12.972千米，面积81.26万平方米。新建迎宾路、滨河南路和滨河北路，道路长度为9.181千米，面积25.87万平方米。改造和新建巷道14条，改造长度2730米，面积21520平方米。

大力实施城市绿化美化亮化工程。2014年，珲春市在城市绿化方面，将新增绿地157.7公顷。植树1.5万株，新增节点绿化5处，鲜花上路10处，新增道路绿化8条，公园广场绿化3个，管理养护小区、道路、公园广场等30处，创建园林式街路单位、居住区15处。同时，实施高速、国道等十条道路绿化；实施红旗河和车大人沟河两处景观带绿化。全力推进住宅小区绿化，确保新增小区绿地4.5公顷；加强绿化养护管理，对绿地、花草树木和公园进行有效养护。

在城市亮化方面，2014年计划实施东关路、站前街东段等6条主干道亮化工程，实施西出口至英安镇1处城乡结合部亮化工程，实施文化路与珲春街交汇处等 2 处十字路口亮化工程，实施迎宾广场和客运站东游园 2 处游园景观亮化工程。

城市饮水工程建设继续推进。2014 年，珲春市将新建 39 座二次加压供水综合泵站，每座泵站供水面积确保在 30 万平方米左右。对二次供水管网进行改造和新建。逐步实现"一户一表，水表出户"。完成 24.4 千米的输水工程建设，计划 2014 年 6 月份净水厂实现试运行。全市改造污水管网 5 千米。

在供热燃气工程方面，2014 年，珲春市预计铺设供热管线 24.7 千米（发电厂至老城区）。新建环亚山城 A 区、欧亚小区、中国城小区换热站 4 座。改造二次供热管网 20 千米。

在珲春市市区内新建 1 座占地 1.5 万平方米、建筑面积 1 500 平方米的气源站，计划在老城区铺设中压燃气管网 10 千米，实现日供气能力 2 万立方米，预计投资 4 000 万元；改造燃气管网 2.9 千米，预计投资 319 万元。

2. 保障性安居工程建设有新突破

完成城市危房改造 748 户，3.7 万平方米；完成塌陷区危房改造 2 332 户，15.48 万平方米；改造城市棚户区 7 万平方米，1 000 户，新建廉租住房 2.5 万平方米，500 套，新建公共租赁住房 2.5 万平方米，500 套，改造农村危旧房屋 3803 户。实施暖房子工程 100 万平方米，计划改造 15 个换热站辐射的小区 224 栋楼房，10 080 户，改造二次管网及地沟管网 6 千米。小区综合整治包括小区硬化、绿化、美化、亮化等达 50 万平方米；计划投资 1 亿元改造 9 个乡镇和合作区近海街农村危房 3 670 户，涉及面积 22 万平方米。珲春市将通过保障性安居工程建设，力争在两年内基本消除"城中村"及市郊平房区。实施灵宝寺改扩建工程，完成城市福利院、殡仪服务中心及二中、五中、职业教育中心等新建续建工程。

3. 建筑市场管理有新举措

2014 年，珲春市的房地产开发量总量巨大，珲春市将采取更加有效的措施和方法加大对建筑市场的管理与监督。将继续严控房地产市场，推向市场的新增商品房实现 20 万平方米，商品房控制率稳定在 80%。为此，珲春市制订了《规范房地产秩序》和《建筑施工现场标准化管理》实施方案，将严格施工许可准入关，认真履行基本建设程序。狠抓工程招投标管理，严肃查处规避招标以及明招暗定行为。在工程施工过程中要对肢解工程、靠挂等扰乱市场秩序的行为实施有效监管。继续实施开发保证金制度，启用建筑市场信用等级评价制度，建立房地产企业信用等级档案，把严重扰乱房地产市场秩序的开发商列入"黑名单"，并通过新闻媒体曝光，严禁其今后的土地挂牌和新项目开发。严肃查处违规预售商品房行为，确保群众购房安全。加强对房地产市场的宏观调控，防止出现过热现象。在加强建筑业管理工作的同时，珲春市将认真处理好"管理和服务"的关系，坚持管理和服务并举的原则，突出服务，灵活掌握政策，急事急办，特事特办。简化程序，缩短时间，为重大项目建设开辟绿色通道。

（珲春市建设局）

综合交通发展情况

科学发展观统领城市规划建设，取得了长足进步，截至目前，珲春市常住人口约 25 万人，市区面积 125.83 平方千米，已基本形成"五横六纵"的主干道网络"骨骼"，巷道建设和硬覆盖工作成效显著，道路交通状况明显改善，珲春已经从一座名不见经传的边陲小城，脱颖成为吉林省开放开发和大图们江区域国际合作交流的重要阵地和前沿城市。

一、交通运输基本现状

（一）通道建设情况

2013 年，共投入资金 64 603 万元，实施了省道珲春至荒沟边防公路、G302 国道（珲春段）维修改造、粉煤灰蒸压加气混凝土砌块生产线、珲春国际货运枢纽站、森林山大桥、防川码头、图们江疏浚工程和出海考察、珲春国际客运枢纽站、国省干线公路桥梁建设及边防公路建设等项目。

（二）道路运输行业现状

截至目前，珲春相继开通了珲春至朝鲜罗津，珲春至俄罗斯斯拉夫扬卡、符拉迪沃斯托克等 13 条跨国客货运输线路，实际拥有客运车辆 198 辆，货运车辆 2 575 辆。现有公共汽车线路 7 条、公共汽车 86 台，公共汽车停靠港湾 70 处，停靠站牌共 169 个，农村客运班车共计 44 台。在长岭口岸和圈河口岸率先安装了国际道路运输口岸查验系统，实现全州各口岸和省、州运管机构互联互通，数据信息交流共享，对珲春市 86 名涉外运输驾驶员实施了岗前培训、持证上岗制度。完善公共服务设施，在客运站设立公安值班室、国际公用电话亭，增设运输服务业语言文字内容。同时，开通公交车辆进村屯，开辟了 6 条线路，先期投放了 15 辆公交车，覆盖了春化镇 20 余个行政村，村村通车率达 100%，实现了城镇、镇村、村村的三级客运无缝衔接。此项业务的开通开创了延边州镇村公交业务的先河。

二、未来发展规划情况

（一）2014年新开工建设项目

1. 珲春至江密峰高速公路延长线西炮台至长岭子（口岸）段建设项目。该项目路线全长 13.088 千米，其中：西炮台至太阳段 5.329 千米，太阳至珲春口岸段 7.759 千米，采用设计时速为 80 千米 / 小时的双向四车道一级公路标准建设，路基宽 24.5 米。总投资估算为 6.111 7 亿元。预计 5 月份开工建设，完成路基、桥涵及部分互通。

2. 国道珲乌线（G302）新华至板石段等建设项目。该项目路线全长约 13.5 千米，采用计算行车速度为 80 千米 / 小时的一级公路标准，路基宽 24.5 米。总投资估算为 5.051 8 亿元。预计 8 月份开工建设，完成路基、桥涵及部分互通。

3. 珲春大桥建设项目。该桥为斜拉桥，位于森林山大桥上游 900 处。项目拟采用设计速度为 100 千米 / 小时的双向八车道一级公路标准，桥长 550 米，主跨长 300 米左右，桥双幅全宽 68 米，单幅宽 27 米，双幅中间间隔 14 米做景观造型。总投资估算为 3.0 亿元。预计 5 月份开工建设。

4. 胜利大桥建设项目。该桥位于珲春河下游，上部结构采用预应力混凝土简支转连续箱梁，肋板式桥台，柱式墩。预计 8 月份开工建设。

5. 中朝边境圈河大桥建设项目。新建桥址位于原有圈河口岸大桥上游，新老桥梁间距 30 米，路线全长 921.78 米，采用设计速度为 60 千米 / 小时的四车道一级公路标准，引道路基宽度 23 米，桥梁长度 637 米。总投资估算为 1.512 1 亿元。预计 4 月份开工建设。

（二）2014年高站位重点谋划枢纽项目情况

1. 中朝边境沙坨子公路口岸大桥建设项目。该桥梁全长 407 米，桥面净宽 13.00 米，荷载等级为公路—I 级，上部结构采用 20×20 米预应力混凝土简支转连续箱梁，下部结构采用钢筋混凝土双柱式桥墩、柱式桥台、钻孔灌注桩基础。总投资估算为 3.155 亿元。目前，已完成项目可研。

2. 珲春国际综合客运站建设项目。拟建站总占地面积为 40 000 平方米，建筑面积 9 247 平方米，场地总硬化 30 000 平方米，包括停车场 15 000 平方米，站前广场 15 000 平方米，建设标准为一级站。总投资估算为 1.467 3 亿元，目前，已完成项目建议书，并与长春城际铁路有限责任公司沟通，就公路铁路客运站一体化建设达成共识，现正由设计单位编制可研。

3. 珲春至扎鲁比诺运输线路。做好各项前期工作。

4. 国道丹阿线（G331）新华至英安段建设项目。建设规模为 13.54 千米，采用设计速度为 80 千米/小时的双向四车道一级公路标准。总投资估算为 4.9784 亿元。目前，已完成项目可研。

5. 国道（G331）珲春至兰家（吉黑省界段）一级公路建设项目。该项目路线全长为 124.536 千米（其中，主线 117.306 千米，分水岭口岸连接线 7.23 千米），设计速度为 80 千米/小时的路线长度为 95.464 千米，设计速度为 60 千米/小时的路线长度为 29.072 千米。总投资估算为 34.805 3 亿元。做好各项前期工作。

6. 珲春至罗津高速公路建设项目。该项目全长 79.8 千米，其中珲春至圈河段采用设计速度 80 千米/小时的双向四车道高速公路标准，路基宽 24.5 米，起点位于珲春市西炮台，终点位丁罗先市罗津区。总投资估算为 55.556 6 亿元。其中，中国境内估算为 25.287 5 亿元；朝鲜境内总估算为 302 691 亿元。做好各项前期工作，争取列入国家和省建设计划。

（三）公路网布局规划情况

1. 高速公路：珲春至汪清高速公路（至汪清界 23 千米）。

2. 一级公路：一是珲春市区至沙坨子口岸高等级公路建设。全长 10.3 千米，投资 2.8 亿元。二是省道（S201）东防公路、圈河口岸至防川段，全长 21.6 千米，投资 3.6 亿元。

3. 口岸桥梁、境外公路建设项目：中朝边境甩湾子铁路口岸大桥，全长 1 245.7 米，其中中方 873 米，朝方 342.7 米，总投资 6 300 万元。

4. 境外公路：珲春口岸至符拉迪沃斯托克（海参崴）高速公路（长 290 千米、宽 21 米）（已列入俄罗斯建设规划）。

5. 边防公路：边防连队出口路。所有的边防连队出口路都已经做了规划，上报省发改委、省边防委员会。

6. 旅游公路：主干道 4 条，旅游次干道和旅游环路 9 条。

（四）铁路网布局方案

珲春市境内共有 5 条。一是图们至珲春铁路。1996 年 6 月建成通车。珲春境内里程为 31.68 千米。二是珲春至马哈林诺铁路，全长 32.3 千米，正在进行维修改造。三是中国珲春至朝鲜训戎里铁路。全长 4.375 千米，投资 5 亿元。去掉跨境铁路大桥，铁路实际长 3.1 千米。四是吉林至珲春客运专线。全长从吉林市至珲春为 355 千米，珲春境内里程为 30.145 千米。2014 年建成通车。五是东宁至珲春铁路。是东北东部铁路的重要组成部分。铁路规划全长 209.5 千米，珲春境内段里程为 118.4 千米。

（五）水运规划方案

1. 罗津港、扎鲁比诺港维修工程。

（六）航空规划方案

初步选址为哈达门至新华村东北，占地面积 500 公顷。为通用机场。

（七）场站建设

1. 珲春西站。位于甩湾子村附近，中国珲春至朝鲜训戎里铁路，与铁路同步建设。

2. 珲春铁路口岸换装站建设项目。珲春铁路口岸是珲春市对俄铁路口岸，随着中俄贸易的进一步发展，加快珲春市国际合作示范区的基础设施建设，对珲春铁路口岸换装站扩能。

3. 圈河口岸货运站建设项目。随着中朝贸易的快速发展，为进一步提高货物运输服务保障能力和水平，加快道路货物运输集约化与规模化经营，在圈河口岸建设货运站。

4. 珲春口岸（长岭子）货运站建设项目。随着中俄贸易的快速发展，为进一步提高货物运输服务保障能力和水平，加快道路货物运输集约化与规模化经营，在珲春口岸（长岭子）建设货运站。

（珲春市交通局）

旅游业发展情况分析

2009 年，国务院把旅游业确定为国家战略性支柱产业以来，全国上下形成了前所未有的旅游浪潮，其发展势头强劲，拉动作用明显，成为经济社会发展的新引擎和现代文明的重要组成部分。珲春在 20 世纪 90 年代初搭上这班旅游快车后，由封闭的区域变成了开放开发的前沿和窗口，一度成为边境旅游的热点地区。2009 年，随着国家对旅游业的战略定位趋于明朗和防川景区入选"吉林八景"，再次提振了珲春发展旅游业的信心，使珲春逐渐成为吉林省继长白山之后的又一知名旅游目的地。

《中国图们江区域国际合作开发规划纲要——以长吉图为开发开放先导区》的正式批复和中国图们江区域（珲春）国际合作示范区的批设，充分证明了国家对东北亚地区的密切关注和对图们江区域的高度重视，而这两大战略性文件都被定位为区域性"国际合作"战略。这一定位无疑给珲春今后的发展指明了方向。从国家政策导向和珲春发展目标可以推断，珲春的出路在于国际合作，珲春的立足点在于示范区建设，珲春的站位在于全国，而突破口就在于能否成功发展壮大旅游业，尤其是能否构建以图们江三角洲为中心的国际旅游合作开发格局。

一、珲春旅游业基本情况

珲春市旅游产业起步于 1990 年，1991 年防川地区对外开放，并在全省率先开通了珲春—赛别尔边境旅游线路；1995 年中朝旅游目的地改为珲春—罗先；1998 年 5 月吉林省与俄罗斯滨海边疆区达成旅游合作协议，开通了珲春—符拉迪沃斯托克（海参崴）边境旅游线路；2000 年珲春—扎鲁比诺—束草陆海联运航线开通，韩国人经该航线进入珲春，2003 年实现双向旅游；2011 年 4 月中、俄、朝环形跨国旅游线路正式开通，5 月珲春—庆源一日游恢复运营，6 月中朝自驾游顺利实现首发；2013 年 7 月 3 日，珲春—哈桑—束草跨国旅游线路开发成功。至此，珲春已形成辐射俄罗斯、朝鲜和韩国的五条边境旅游线路，六大旅游产品体系，成为吉林省乃至全国旅游产品线路最为丰富的边境旅游城市。珲春境内的旅游景点也由当初的"一阁两关"（望海阁、珲春口岸、圈河口岸）发展到现在的十余个。

近年来，珲春的旅游硬件建设也取得了长足发展，全市共有旅行社 12 家、分社 5 家、门市 7 家，规模以上宾馆 36 家，其中，三星级宾馆 3 家，待评的四星级宾馆 2 家，在建的五星级宾馆 1 家。以防川为主的景区建设也得到了不断完善，2011 年 8 月综合服务区建成投入使用；2012 年 8 月龙虎阁竣工，3 层~12 层对游客开放。同时推进的民俗村一期工程完成装修并具备了接待游客的条件。

从 1990 年至今，珲春市共接待国内外游客 500 多万人，旅游业总收入已占全市 GDP 的 8% 以上，成为珲春的支柱产业和吉林省的知名旅游目的地。

二、珲春发展旅游业的优势

1. 拥有独特的地理区位

珲春市是我国唯一的中、俄、朝三国交界城市。与俄罗斯滨海边疆区陆路相连，与朝鲜罗先特别市隔江相望，与韩国、日本一衣带水，周边分布着包括俄、朝、韩、日四个国家的十余个港口群，而且以图们江为轴心的中、俄、朝三国毗邻区拥有大面积的可供开发的土地资源和旅游资源。俄罗斯的一位经济学家曾评价说："世界上繁荣的金三角很多，但衔接三个大国、影响六个国家的却独一无二，在图们江三角洲地区建立国际贸易、人流、物流集散地，能够带动整个东北亚地区的经济发展，使周边的约 3 亿多人从中受益。"而珲春正是东北亚聚集人流、带动物流、汇聚信息流的最便捷渠道。

2. 拥有良好的国内外政策环境

当前，国际形势正在朝着多边合作、区域融合的方向发展。而随着我国各项利好政策的相继出台，注定为珲春经济社会发展提供了国家级的政策保障；俄罗斯的战略东移，中俄两国不断深化的战略合作伙伴关系，以及中俄旅游合作的良好势头，都将为珲春发展国际旅游提供难得的发展机遇与合作平台；朝鲜罗先地区的对外开放，吉林省与罗先市签订的"合作开发，共同管理"协议也将为发展区域合作创建有利条件。而韩国政府提出的"实现全民旅游职业化、全国国土旅游资源化、所有旅游设施国际标准化"，日本政府提出的"旅游立国"构想等都彰显了东北亚各国发展旅游的意愿和加强国际合作的美好愿景。从上述这些国家的发展战略和政策环境分析，建立珲春国际旅游示范区，正是东北亚各国开展旅游合作的内在要求。

3. 拥有完备的基础设施

珲春经过二十多年的建设，旅游基础设施逐步得到了改善，以防川景区为代表的景区基础设施建设近几年来更是取得了突飞猛进的发展。

2009年防川服务区开工建设，2011年投入使用；景区标志性建筑龙虎阁2010年开工，2012年建成并部分投入使用，2013年"五一"前后龙虎阁全部对外开放；景区内的其他设施，包括停车场、旅游标识、景区道路、旅游饭店（宾馆）等硬件建设已能够满足现有旅游市场需求；旅游交通运输已形成了四通八达的立体交通网络，具备了旅游集散地的基本功能。这些完善的基础设施将成为珲春乃至吉林省发展东北亚国际旅游的可靠保障。

4. 拥有丰富的旅游资源产品

珲春拥有的旅游资源为国内仅有，涵盖了包括边境旅游、跨国旅游、边境风光游、民俗游、生态游、古迹游、宗教游、农家游、水上游、出国自驾游等多种旅游资源。现已开辟了珲春—符拉迪沃斯托克（海参崴）、珲春—罗先、珲春—庆源三条边境旅游线路和珲春—符拉迪沃斯托克（海参崴）—罗先一条环形跨国旅游线路，以及珲春—罗先自驾旅游线路。此外，还有珲春—防川、珲春—长白山等多条境内旅游线路。正在推进中的中、俄、韩、日环日本海邮轮游线路和图们江水上游线路也将在近期开通。这些资源产品辐射到了除蒙古国以外的所有东北亚国家，已经具备了东北亚旅游集散中心的基本特征。

5. 拥有较高的区域知名度

珲春经济发展成果和旅游业的兴旺引起了东北亚各国的高度关注，知名度有了大幅度提升，成为图们江区域首选的旅游目的地。每年都有十多万俄罗斯游客到珲春旅游观光，束草航线运营时，每年也有3万多韩国游客到珲春旅游。前来珲春旅游观光的国内游客近年来也呈迅猛增长态势，2013年珲春市实际接待的国内游客就达百万人左右，增长幅度大大高于市内其他行业。尤其值得关注的是珲春引起了联合国"大图们倡议"秘书处的关注，将2012年首届"东北亚旅游论坛"举办地放在珲春，并确定2013年、2014年东北亚旅游论坛都将在珲春举办。吉林省旅游局正在为珲春争取东北亚旅游论坛永久会址。

珲春日益提升的旅游知名度说明珲春已经具备了充当构建东北亚国际旅游示范区倡导者和组织者的能力和条件。

三、面临的课题

1. 旅游规模总量小，企业竞争力不强

就目前而言，珲春市的旅游企业多为小型私营企业，经济实力差，抗风险能力低,缺少龙头企业。旅游接待规模虽然增幅较大,但基数低、规模有限,与发达旅游城市相比存在很大差距。

2. 专业人才层次低

珲春市现有旅游市场从业的专业人员绝大多数毕业于珲春职业高中,知识面较窄、专业水平不高,缺乏旅游从业人员的基本常识,而且对从事旅游服务缺乏足够兴趣,业务素质和择业取向与旅游市场需求往往产生脱节。

3. 行业发展不均衡

近几年来,珲春把发展旅游的大部分精力放在了南部地区的建设和边境旅游、跨国旅游等产品的开发上,对其他地区的产品开发和项目建设关注度较低,使旅游资源没有得到科学整合,行业发展出现了不均衡状况。

4. 邻国通关环境难以满足市场需求

俄朝两国在旅游通关环境上始终处于原有状态,通关速度慢、查验技术手段落后,而且没有实行无假日通关,旅游企业和游客必须根据开关时间制定行程,在很大程度上影响了珲春市的整体接待量和旅游知名度。

四、珲春旅游业前景展望

随着国际合作示范区建设的不断深入,珲春旅游业势必要承担"示范窗口"的重任,任务艰巨,责任重大,前景广阔。

1. 珲春的开放开发将上升到国家战略层面

国家在图们江区域（珲春）设立国际合作示范区是我国政治、经济战略布局的一部分,就其功能定位而言,其最终目的是通过建立东北亚经济合作机制向东北亚各国施加影响,来弥补国家区域战略空白,也是实现我国恢复图们江出海权、彰显我国主权要求的一项重要举措。珲春国际合作示范区建设的成功与否,决定着国家战略布局的成败。而珲春的旅游业正是实现国家战略布局的关键一环,势必在国家整体战略的推动下而有所作为。同时,在构建社会文明、生态文明以及发展国际旅游合作等方面得到了国家层面的政策支持。因此,珲春的旅游业必将成为国家东北亚战略的先导行业,发展的政策宽松、条件优越、前景广阔。

2. 国际旅游自由区将在图们江三角洲形成

珲春提出的构建"大防川国际旅游合作试验区"构想已将开发建设"图们江三角洲国际旅游区"作为最终目标,其辐射范围涵盖了东北亚各个国家,构想深远、影响巨大、可操作性强,而且得到了吉林省政府的正式批准,并列入了2014年全省旅游工作重点。

这些前瞻性的规划和实质性的动作将会带动三国三地，影响欧亚六国，强有力地促进珲春整个旅游业的发展，使珲春旅游业在现有基础上得到长足发展，成为世界级的旅游目的地，其潜力堪比海南国际旅游岛。

3. 会展经济将成为珲春旅游业的重要组成部分

利用会展带动区域经济已在我国有了很多成功范例，海南的亚洲博鳌论坛、广西的中国—东盟会展经济合作论坛等都极大地带动了本地区的经济和旅游业的发展。2013年在珲春成功举办的第二届"东北亚旅游论坛"虽然规模较小，但影响力极大，受到了省及国家有关部门的重视。2014年将在珲春举办的第三届东北亚旅游论坛势必给珲春乃至邻国带来正面效应。正在争取的永久举办权如果获得成功并逐次提高会议层级，势必将成为推动珲春旅游业的高效助力，并有希望把这一旅游学术交流会议打造成类似亚洲博鳌论坛影响力的国际旅游交流合作平台。届时，珲春的会展旅游将成为东北亚旅游的重要组成部分。

4. 多线路组合将使珲春成为东北亚旅游中心

珲春目前现有的中俄朝三条边境游线路、中俄朝小环跨国游线路、中俄韩陆海跨国游线路、中朝自驾游线路以及珲春开发的中国内地旅游线路，已经基本辐射到内地和东北亚大部分国家，正在运作开发的珲春—哈桑二日三日游、珲春—哈桑—罗先—珲春三日游、珲春—哈桑—束草—符拉迪沃斯托克（海参崴）—珲春陆海环形游、图们江出海游、中俄自驾游等产品，必将构建出以珲春为轴心的"轮毂型"旅游线路辐射网，最终使珲春成为东北亚旅游集散中心和知名旅游目的地。

5. 休闲养生将成为珲春旅游的主流

休闲旅游是旅游类别中最高层次的旅游形式。珲春地处中纬度欧亚大陆东岸，濒临浩瀚的日本海，山青水秀、景色迷人，气候冷暖适中，外邻两国，内依名山，自然资源和人文资源极为丰富。高覆盖率的森林资源和广袤的湿地资源使珲春的空气质量没有污染，富氧量极高，而且多元文化的叠加都使珲春蕴涵了独特的魅力。当前，在全球变暖、空气质量恶劣、人们的旅游观念由观光型向休闲养生型转变的大环境下，珲春在不久的将来势必会被国内外客源市场所青睐，成为东北亚的休闲养生胜地。

（珲春市旅游局）

人口与社会发展情况

一、人口和人民生活

珲春市拥有汉、朝、满等 11 个民族。2003 年，珲春人口总数 219 063 人，到 2013 年增加为 262 699 人，增加了 43 636 人，增长率为 19.9%。从 2003 年—2013 年珲春人口的出生率、死亡率和自然增长率的数据看：10 年间珲春人口的出生率总体上升，基本呈逐年递增趋势；人口死亡率略有上升，这种死亡率的上升是由人口结构性而非医疗水平下降造成的；人口自然增长率总体上升，2013 年比 2003 年上升 1.97‰，但仍然保持在 2.14‰以下，这也是珲春人口自然增长率连续第 17 年保持在 2.6‰以下。

珲春人口总量变化（2003—2013）

单位：人、‰

年份	人口总数	出生率	死亡率	自然增长率
2003	219063	4.80	4.63	0.17
2004	224353	5.70	5.08	0.62
2005	225904	6.49	5.33	1.15
2006	229936	7.86	5.28	2.57
2007	234670	7.69	6.46	1.22
2008	242100	6.52	6.08	0.44
2009	238138	7.22	6.20	1.02
2010	252523	8.53	6.92	1.61
2011	246710	7.82	6.34	1.48
2012	258662	9.14	7.12	2.02
2013	262699	8.47	6.33	2.14

珲春市常住人口年龄结构比分别为：0 岁 ~14 岁 9.86%、15 岁 ~60 岁 76.93%、60 岁及以上 13.21%，人口年龄结构继续呈现"两头低、中间高"的

特征。珲春少年儿童（0 岁~14 岁）抚养系数 12.8%，老年人口（60 岁及以上）抚养系数 17.2%，总抚养系数 30%。珲春市 60 岁及以上老年人口有 34 548 人，占总人口的 13.2%，比上年提高 1.2 个百分点，因此，人口老龄化特征略显。分析珲春人口老龄化原因，一是外出打工青壮年多，导致留守老人比例提高；二是人均寿命延长，推进人口老龄化进程不断加快。

2013 年，珲春市 15 岁~60 岁劳动年龄人口达到 200 248 人，占总人口的 76.93%，说明珲春依然处于劳动年龄人口的"黄金"时期。与此同时，劳动年龄人口的不断增加也是一把双刃剑，持续增加的劳动年龄人口一方面为经济社会发展提供了丰富的劳动力资源，但另一方面也对就业市场形成巨大压力。珲春市劳动年龄人口数量较多，但是整体素质不高，特别是农村劳动年龄人口素质普遍偏低，制约了产业结构的提升和高素质劳动力的转移。

城乡居民收入稳步增加。2013 年，城镇居民可支配收入 19 010 元，同比增长 12%；农民人均纯收入 9 881 元，同比增长 12%。

珲春市人民生活水平变化（2006—2012）

指标	单位	2006	2007	2008	2009	2010	2011	2012
职工平均工资	元	12 663	16 908	20 600	25 544	28 888	31 624	35 681
农村居民人均纯收入	元	4 193	5 070	5 725	5 331	6 354	7 579	8 578
城乡居民储蓄存款额	万元	348 094	351 267	401 758	463 873	518 770	608 364	734 136
居民消费水平	元	4 950	6 623	7 920	9 303	11 212	11 577	12 563
农村居民	元	2 400	2 851	3 109	5 334	6 963	7 188	7 823
城镇居民	元	7 031	9 464	11 502	10 875	12 870	13 521	14 589

二、就业和社会保障

2013 年，珲春市开发各类用工岗位 2 026 个，城镇新增就业人数 7 942 人，城镇失业人员再就业 2 579 人，其中下岗失业人员再就业 1 820，就业困难对象再就业人数达到 856 人，解决零就业家庭比率达到 100%。登记失业人数为 6 098 人，失业率为 4.2%。新签劳动合同备案 3 396 人，续签劳动合同备案 621 人。实现农村劳动力转移就业 1.8 万人，其中异地转移 0.9 万人，农民工返乡创业基地 6 个，其中新建 1 个。开发公益性岗位的工种 32 个，涉及部门 29 个，人员总数 1 768 名，公益性岗位稳定率达到 113%。家庭服务业吸纳就业人员 818 人。应届大学生登记就业率 92%。

参加城镇职工基本医疗保险单位 585 户，参保职工 65 100 人，与去年同期基本持平；参加工伤保险人数 40 888 人，较上年度同期增加 5 884 人；参加生育保险人数 51 006 人，较上年度同期增加 3 690 人；城镇居民基本医疗保险参保人数 94 005 人，与去年同期基本持平。城镇职工基本医疗保险基金累计收入 8 599 万元；工伤保险基金累计收入 1 091 万元；生育保险基金累计收入 512 万元；城镇居民基本医疗保险累计收入 900 万元。

累计参加城镇职工基本养老保险人数为 52 413 人，其中企业职工人数为 38 227 人。城镇职工基本养老保险征缴收入 20 500 万元；参加失业保险人数 25 414 人；失业保险征缴收入 1 149 万元。

全力推进城乡养老、医疗保障等制度建设，不断健全覆盖城乡居民的社会保障体系，2013 年，共发放 56 640 元，救助边境村屯困难人员 129 户 160 人；英安和春化福利院建成投入使用；积极开展新农村养老保险试点工作，参保率达 60%。

三、教育事业

珲春市现有公办学校 35 所，其中：国办园 2 所、小学 13 所、初中 10 所、九年一贯制学校 4 所、普通高中 2 所、职业高中 1 所、特殊教育学校 1 所、中小学寄宿制学校 1 所、中小学综合实践基地学校 1 所；学生总数 23 173 人，其中：幼儿 4 378 人，义务教育学生 14 929 人，朝鲜族学生总数 3 378 人，乡镇学生总数 1 555 人。近 5 年，共招聘 291 名优秀大学毕业生和青年特岗教师充实到教学一线，极大地优化了教师队伍结构。

珲春市教育情况变化（2006—2012）

单位：人

指标	2006	2007	2008	2009	2010	2011	2012
教职工数	3 118	2 642	2 662	2 953	2 983	2 737	2 768
在校学生数	30 449	29 587	26 902	26 494	25 174	23 422	28 869
毕业生数	8 903	9 036	8 873	7 443	7 526	6 602	6 156

朝鲜族教育发展模式卓有成效，小班化教育、民族文化教育走在延边州前列。职业学校以州级示范俄语专业为龙头，累计培养了一万多名优秀外语人才。2013 年，先后承办了首届特色名校论坛暨高校智库峰会活动、吉林省教育技术装备工作现场会、延边州首次留守儿童关爱服务项目和全州推进校

园餐桌"阳光工程"建设现场会。

2013 年，总投入 9 760 万元续建新建校舍近 5 万平方米，投入 110 万元实施了 8 所学校老旧电线维修、操场围墙改造等工程。投入 293.9 万元完成 6 所乡镇学校火炉取暖改造工程，改造供暖面积 17 614 平方米，彻底消除乡镇学校冬季火炉取暖隐患。

2013 年，珲春顺利通过了义务教育初步均衡发展、县（市）政府督导评估和学前教育三年行动计划评估验收三项省检，高质量通过了省装备专项考核和全州廉政风险防控、规范权力运行验收，在全省中学实验室及功能室评估活动中排名第一。

四、文化发展

珲春市现有 1 个文化馆、1 个影剧院、1 个图书馆、1 个博物馆、4 个街道文体中心、9 个乡镇综合文化站、121 个农村文化大院、121 个农家书屋、27 处休闲文化广场。乡镇村屯有线电视普及率超过 93%，实现边境村屯农家大院、农家书屋全覆盖。

珲春市现有一个"国家级非物质文化遗产"、两个"省级非物质文化遗产"和一个"州级非物质文化遗产"，2013 年 12 月，珲春市参加了"2013 中国少数民族非物质文化遗产展示周"活动，充分展现了朝鲜族洞箫的魅力。珲春市洞箫演奏人员已由最初的几十人发展到一千多人。目前，珲春有业余文艺团队二十余支，已逐步形成了社区文化、企业文化、校园文化、乡村文化齐头并进的文化发展新格局。

几年间，珲春与俄罗斯、韩国等相邻国家城市文化交流日益频繁。截至 2013 年连续与韩国束草联合举办 12 届歌手大赛和 8 届摄影比赛，并将延续下去。2006 年，策划了以"相邻更相亲，合作好伙伴"为主题的中俄"珲春—哈桑友好活动周"；2007 年，应邀派代表团到俄罗斯演出，并在珲春边境经济合作区俄罗斯工业园区奠基仪式上举办了文化一条街活动；2008 年，多次邀请俄罗斯团体来珲春参加广场演出、2011 年参加"斯拉夫扬卡成立 150 周年和哈桑区成立 85 周年"的文化交流演出、2012 年邀请俄罗斯文艺团体参加州庆 60 周年活动。

五、医疗卫生

珲春市现有医疗卫生服务机构 196 家，其中国有公立医疗机构有珲春市医院、珲春市中医院、珲春矿业（集团）公司总医院、大唐珲春发电厂卫生所和 10 个乡镇卫生院、3 个社区卫生服务中心，医疗卫生监督、预防、控制、保健、培训、专科疾病防治等机构 7 个，共计 24 个单位。农村村级卫生所 85家。民营个体医疗机构 86 家，其中民营医院 7 家，门诊部 23 家，诊所 56 家。医疗卫生技术人员 1 172 人。

珲春市卫生医疗情况变化（2006—2013）

指标	单位	2006	2007	2008	2009	2010	2011	2012	2013
医疗卫生机构	个	18	19	19	105	105	108	204	196
医疗床位数	张	411	430	443	443	443	708	708	
卫生技术人员	人	823	811	947	1053	1055	1172	1192	1172
医生	人					976	1106	1135	

从公立医疗机构的布局上看，珲春市医院位于靖和街，在市区东部；珲春市中医院位于新安街的中部；珲春矿业（集团）公司总医院位于河南街东南部；在各乡镇均有乡镇级卫生院，农村均配有村级卫生所或医务室。这样的布局结构，构成了紧密的医疗卫生服务网络。为加强对非传染性慢性病的管理，在珲春三个街道中配有社区医疗卫生服务中心。在公立医疗机构的布局之外，还有 7 家民营医院和 23 家门诊部、56 家诊所对公立医疗机构给予补充，这样的配置与布局是对珲春医疗卫生服务体系建设的补充和完善。

2013 年，珲春城市居民建立健康档案 167 357 人，建档率 75%。抽查 5个乡镇、20 个行政村的 300 户家庭食用盐样，碘盐合格率 99.67%。开展重点慢性病人筛查，登记高血压病患者 11 403 人，规范管理人数 9 007 人，规范管理率为 78.9%；控制人数为 6 236 人，控制率为 41.83%；糖尿病患者登记数 2 759 人，规范管理数为 1 900 人，规范管理率为 68.87%，控制人数为 941人，控制率为 54.68%。坚持慢性非传染性疾病发病报告登记制度，全年共报4 295 例慢性非传染性疾病发病病例，报告发病率为 1 895.99 /10 万。

珲春乡镇人口新农合参保率超过 95%，在吉林省率先实现乡镇卫生院药品零利润销售。截至 2013 年 11 月，新农合受益 19 187 人次，基金总支出 18 222 469.03 元，占年度可用基金的 100.03%；占年度筹资总额的 87.47%。

珲春国际合作示范区领导名录

为统筹协调，加强配合，珲春国际合作示范区管委会主任兼任珲春市委书记，部分市委常委和示范区副主任交叉任职。

序号	姓名	职务	任职时间	备注
1	高玉龙	市委书记 兼国际合作示范区党工委书记、管委会主任	2013 年 3 月	副厅级
2	苏景华	市委副书记 兼国际合作示范区管委会副主任	2013 年 8 月	正县级
3	韩长发	市委常委、市政府副市长 兼中俄互市贸易区管委会主任	2013 年 6 月	正县级
4	马云骥	市委常委、市政府副市长 兼国际合作示范区管委会副主任	2013 年 8 月	正县级
5	李德平	市委常委	2013 年 12 月	副县级
6	许 斌	市政府副市长 兼国际合作示范区管委会副主任	2013 年 8 月	正县级
7	尹京彬	合作区管委会副主任	2009 年 12 月	副县级
8	于 琨	出口加工区管委会副主任	2011 年 12 月	副县级

珲春市领导干部名录

序 号	姓 名	职 务
1	高玉龙	市委书记 兼国际合作示范区党工委书记、管委会主任
2	李承哲	市人大常委会主任、党组书记
3	金春山	市委副书记、市政府市长
4	张国华	市政协主席、党组书记
5	苏景华	市委副书记 兼国际合作示范区管委会副主任
6	吴成章	市委副书记
7	韩长发	市委常委、市政府副市长 兼中俄互市贸易区管委会主任
8	马云骥	市委常委、市政府副市长 兼国际合作示范区管委会副主任
9	李虎男	市委常委、宣传部长
10	张吉锋	市委常委、组织部长
11	陈广东	市委常委、纪委书记
12	苏子仁	市委常委、人武部政委
13	李德平	市委常委
14	李国华	市人大常委会副主任、党组副书记
15	郎永胜	市人大常委会副主任
16	金德焕	市人大常委会副主任
17	陈振海	市人大常委会副主任
18	许 斌	市政府副市长 兼国际合作示范区管委会副主任
19	郑昌权	市政府副市长
20	王启章	市政府副市长
21	李 虎	市政府副市长
22	朴贞子	市政协副主席、党组副书记
23	金弼洙	市政协副主席
24	于锦仙	市政协副主席

序 号	姓 名	职 务
25	尹京彬	合作区管委会副主任
26	于 琨	出口加工区管委会副主任
27	刘丽萍	市法院院长、党组书记
28	金京日	市检察院检察长、党组书记

外部环境篇

Ⅲ.2

周边国家、地区开放发展

对珲春国际合作示范区的作用和影响

俄罗斯远东开发及对外合作

李天籽

2009 年，中国政府批准了《中国图们江区域合作开发规划——以长吉图为开发开放先导区》，这是迄今唯一一个国家批准实施的沿边开发开放区域。在此基础上，2012 年 4 月，国务院正式批准在吉林省珲春市设立"中国图们江区域（珲春）国际合作示范区"（以下简称珲春国际合作示范区），并印发了《关于支持中国图们江区域（珲春）国际合作示范区建设的若干意见》，这为吉林省对外开放提供了良好的政策环境。其中通过充分发挥珲春地缘优势，积极推动与俄罗斯远东地区等图们江核心区域的合作，是加快珲春国际合作示范区建设、提升吉林省开放水平的重要内容和主要途径。近年俄罗斯远东开放出现的一系列新变化，为加快推进珲春国际示范区建设提供了新的机遇。

2007 年 8 月，俄罗斯联邦政府会议批准了"俄罗斯远东与外贝加尔地区经济和社会发展 2013 年联邦专项规划"，于 2008 年开始执行，俄罗斯东部开发战略开始启动。俄罗斯东部开发战略的第一阶段可以概括为：政府的财政补贴向东部地区倾斜；开展大规模的基础设施建设；加紧向该地区迁入外来移民；开展强强区域主体合并工程，在国家的干预下重点开发油气资源带动东部地区发展。

2008 年以来，俄罗斯继续加大政策扶持力度。政府相继出台《远东纲要》，包括《2013 年远东与外贝加尔地区经济和社会发展联邦专项规划》（俄罗斯东部发展规划）、《2025 年前远东地区及布里亚特共和国、外贝加尔边疆区和伊尔库茨克州的社会经济发展战略》（俄罗斯东部发展战略），该规划和战略的核心目标就是要恢复和提升俄罗斯在东亚地区的战略地位、利用自然资源的开发和出口来带动俄东部地区的发展。根据《远东纲要》的计划，未来六年内远东地区的总投资将达到 5 660 亿卢布，其中联邦财政投资达 4 236 亿卢布。

总投资中的大部分将投入能源和交通基础设施建设，特别是要用于建设和完善铁路、公路、航空、管道等基础设施。与此同时，俄罗斯还规划建设一批大型投资项目来推动东西伯利亚和远东地区的经济发展，项目主要涉及石油加工、造纸、金属冶炼、木材和渔业加工等。2009 年底，时任总理普京签署第 2094 号俄联邦政府令，批准俄联邦《2025 年前远东和贝加尔地区经济社会发展战略》。 2012 年 5 月，普京签署《关于国家长期经济政策》总统令，责成政府按规定程序提出加快远东社会经济发展的建议。 此外，俄政府还在哈巴罗夫斯克专门设立远东地区发展部。2012 年 9 月，亚太经济合作组织（APEC）领导人非正式会议在俄罗斯远东城市符拉迪沃斯托克（海参崴）举行。俄罗斯为此次会议筹备了四年，投入了高达 210 亿美元的资金。

目前，俄罗斯远东开发进展较快的两个领域是对外能源合作和基础设施对外通道建设。

1. 对外能源合作

最近两年，伴随着俄罗斯东部发展战略的实施，俄罗斯面向亚太市场的能源开发取得了实质性进展。

（1）俄罗斯远东能源开发与相关设施建设

俄罗斯实施了东部开发战略，在实现战略第一阶段的目标——提升俄罗斯在亚太地区的战略地位、重点开发油气水电等资源带动东部地区发展方面，进展很快，特别是面向亚太市场的石油运输和出口的发展速度更是出乎预料。

2009 年 12 月 28 日，"东西伯利亚—太平洋"石油管道正式启动并开始向亚太输油。东西伯利亚—太平洋输油管道是俄罗斯燃料动力综合体近十年内的主要项目，也是世界上最长的输油线，全线长 4 800 千米，每年输送 8 000万吨石油。该项目分两阶段实施。管道一期工程包括全长 2 700 千米、功率为每年 3 000 万吨石油的"泰舍特 – 斯科沃罗季诺"管线、7 座石油转输站和科济米诺油港，从这里油轮将石油输往各国。俄罗斯总理普京出席启动仪式，并称"东西伯利亚—太平洋"管线的启动具有战略意义，有利于俄罗斯拓展亚太地区的石油市场。普京指出，"东西伯利亚—太平洋"管线建设首批工程共花费 3 600 亿卢布，另有 600 亿用于科济米诺油港的建设。目前，斯科沃罗季诺到科济米诺港的石油通过铁路运送，计划 2014 年完工的项目的二期工程将建设这段线路的管道，此外，二期工程还包括 8 座石油转输站的建设和科济米诺港的扩建。

同时，俄罗斯计划在"东西伯利亚—太平洋"管线终点处的纳霍德卡叶利扎罗沃角建设滨海石油加工厂。俄罗斯副总理、俄石油公司董事会主席伊戈尔·谢钦表示，这是太平洋沿岸建设的一个最大的石油加工厂，俄罗斯在远东地区的油气资源的开采将进入新阶段，同时采用高科技和制造高附加价值产品的现代加工工业将得到发展。随着输油管道建设，许多社会问题也将得到解决，东部地区正在创建能保证成千上万个工作岗位的新的工业部门。

为保证东西伯利亚—太平洋输油管道的供油，俄罗斯最初扩大东西伯利亚油田的开采，同时利用西西伯利亚现有的油田。为此，2001 年初，俄罗斯政府取消了东西伯利亚的 22 个油田的出口税，以促进油田的开采。这样，按全年免税总额计算，俄罗斯的财政实际为东线管道提供了大约 40 亿美元的补贴。

目前看仅俄罗斯石油公司投资开采的克拉斯诺亚尔斯克边疆区的万科尔一个油田，就保证了东线管道一期工程每年 3 000 万吨的运量。这里的石油蕴藏量丰富，可与世界上最大的石油和天然气的矿藏区相提并论。俄罗斯将通过东线管道向中国出口石油，万科尔油田的供应量也将从年产 1 200 万吨提高到 1 700 万吨，而上琼斯克、塔拉甘和其他投产油田的供应量将由 600 万吨提高到 1 200 万吨。2014 年，万科尔油田的年开采量将达到 2 500 万吨。俄罗斯石油公司是经东线石油管道的最大出口商。该公司开发万科尔油田的投资系92 亿美元，在享受免征出口关税的优惠条件下，如果油价保持在保守预测的每桶 60 美元至 65 美元，2014 年就可收回投资；如果石油价格保持在每桶 80美元，那么俄罗斯石油公司将增加收入 210 亿美元。

另据俄罗斯科学院西伯利亚分院特罗菲穆克石油地质与地球物理研究所阿列克谢·孔托罗维奇院士近日透露，对伊尔库茨克州谢瓦斯季亚诺沃油田的勘探证实，该地区的石油能够为"东西伯利亚 – 太平洋"石油管道二期工程的石油提供保障。

俄罗斯石油部门的专家们指出，在不久的未来，东西伯利亚将成为俄罗斯油气资源的主要供应者。

2010 年 12 月 28 日管线开通以来，每天都有从斯科沃罗季诺开来的石油罐车在装运石油。俄罗斯石油公司、苏尔古特石油公司、英俄石油公司、天然气工业—石油公司、巴什基里亚石油公司经过东西伯利亚—太平洋输油线路向亚太地区市场出口石油。据港口新闻处 5 月公布的数据，2011 年 5 月 12 日，有 50 艘油轮经"东西伯利亚—太平洋"石油管道的石油港口科济米诺出口石油 545.5 万吨，完成年计划出口量的 1/3。39% 的石油运往韩国，20% 运往日本，14% 运往美国，11% 运往中国，8% 运往泰国，运往台湾和新加坡的石油分别为 4%。

2010 年以来，俄罗斯天然气出口战略也发生了明显变化，注意力移向亚太市场，开发亚太市场的力度明显加大，俄罗斯东部开发的另一个大型项目——"萨哈林—哈巴罗夫斯克—符拉迪沃斯托克"天然气运输管道建设将于 2011 年竣工通气。俄罗斯东部开发的另一个大型项目——"萨哈林—哈巴罗夫斯克—符拉迪沃斯托克"天然气运输管道建设于 2011 年竣工通气。由于欧洲进口俄罗斯天然气的减少（2009 年俄天然气工业公司的天然气出口量减少了 11.4%，为 1 400 亿立方米），俄罗斯更加重视亚太市场。2011 年 2 月，俄罗斯天然气工业公司总裁阿列克谢·米勒指出，向亚太各国出口天然气是俄罗斯天然气出口多样化的重要方向，对亚太的出口将来可以同对欧洲的出口相媲美。为此，俄罗斯天然气工业公司正在俄罗斯远东地区建设基础设施，为东部方向的天然气出口创造良好条件。在"萨哈林—哈巴罗夫斯克—符拉迪沃斯托克"天然气运输管道建设竣工后，2012 年开始建设另一条管道'雅库特—哈巴罗夫斯克—符拉迪沃斯托克'天然气运输管道。同时，还要在滨海边疆区开设天然气液化气厂。公司计划，2030 年的天然气销售额将达到每年 7 100 亿立方米至 7 650 亿立方米，比 2007 年至 2008 年的销量高峰多大约 30%。公司预测，到 2030 年，中国的天然气需求量将增长一倍，达到 3 300 亿立方米。

另外俄罗斯开始调整天然气开发战略，积极采取措施确保面向亚太市场的天然气供应。加大了对东部地区投资开发的力度。2011 年俄罗斯天然气工业公司在克拉斯诺亚尔斯克边疆区阿巴坎段开发出新气田。地质勘探工作在 17 个地段进行。在钻井试验过程中的天然气开采量为 80 余万立方米/天（每年可开采 2.92 亿立方米）。另外公司计划继续勘探并对新气田储气量进行评估。公司表示，"气田将在考虑未来向中国和亚太地区国家出口天然气的东西伯利亚和远东天然气统一开采、运输和供应系统的框架内进行开发"。

收购科维克塔气田。2010 年俄罗斯自然资源部决定对科维克塔气田进行检查。据俄罗斯媒体报道，自然资源部的检查可能使秋明英国石油公司失去在卢西亚石油公司的股份，而天然气工业公司可以从国家手中以更低的代价获得该气田。科维克塔气田是俄罗斯最大的天然气凝析田之一，储量约为 2.1 万亿立方米（C1+C2）。目前的开采许可证属于秋明—英国石油公司（TNK-BP）的子公司卢西亚石油公司（持股 62.8%），此外，伊尔库茨克州政府持股 10.78%，第三联合发电公司持股 25% 减一股。根据开发许可协议，该气田应每年开采 90 亿立方米天然气。但是，气田所在的伊尔库茨克州每年只需要 25 亿立方米天然气，由于缺乏对外运输的管道，2006 年秋明英国石油公司对该气田的开采为 3 000 万立方米天然气。俄罗斯自然资源利用监督局先前对气田进行过检查，虽然该公司没有遵守开发协议，当时并未吊销开发许可。俄罗斯媒体认为,检查是吊销开发许可的最好办法。该气田被列为战略性油气田后,政府将可以不通过竞标将其直接交给天然气工业公司开发。

俄罗斯天然气工业公司未来几年最主要的 3 项投资中的 2 项与亚太市场有关。一项是新建和维修包括东部天然气管道在内的天然气管道（投资 3.7 万亿卢布至 3.9 万亿卢布）。二是开发什托克曼气田（投资 1.4 万亿卢布）。什托克曼气田位于俄罗斯巴伦支海域大陆架中部,是世界上最大的气田之一,天然气和凝析油储量分别为 37 000 亿立方米和 3 100 多万吨。计划生产 950 亿立方米 / 年。什托克曼气田的股东系俄罗斯天然气工业公司（占股份的 51%）、法国道达尔公司（25%）和挪威国家石油公司（24%）。该项目计划于 2013 年开始开采天然气,2014 年开始生产液化气。由于市场情况的变化,这一期限有可能推迟到 2016 年至 2017 年。什托克曼凝析气田项目运营商总裁尤里·科马罗夫今年初表示,该项目生产的液化气将向亚太地区市场出口。他说:"我不怀疑,未来相当一部分的液化气将出口到亚洲"。他指出,目前亚太市场的状况比北美市场要好。

（2）中俄能源合作正在全面推进

首先是石油合作。2010 年中俄成功解决了俄罗斯通向大庆的石油管道问题,共同建设 1030 千米的"斯克沃罗季诺—漠河—大庆"石油管道,目前石油运输量为 1 500 万吨 / 年,并计划增加供应量。俄罗斯石油公司正在考虑通过阿塔苏—阿拉山口石油管道过境哈萨克斯坦向中国出口石油。另外俄罗斯石油公司同中石油组建的合资俄控股公司"东方能源"合作勘探开发伊尔库茨克州 3 个有前景的地块。在下游炼化领域,2010 年中俄东方石化（天津）有限公司大炼油厂正式成立,中国石油天然气股份有限公司占 51% 股份,俄罗斯石油公司占 49% 股份,项目总投资超过 300 亿元人民币。在技术服务领域,中国公司参与了俄罗斯的油气服务,包括远东原油管道建设、钻机、修井机等设备供应。中国的技术和设备在俄罗斯市场得到了认可。与此同时,俄罗斯的公司也应邀到中国参与油气领域的服务工作。

2013 年中国与俄罗斯进一步加强能源合作。其中中国石油、中国石化和中国海洋石油三家公司加强与俄罗斯石油公司在地质研究、勘探开发和销售等领域的合作,全方位参与俄罗斯境内油气田的开发。另外中俄双方还批准了以预付款方式提供原油的协议,同时在建设和利用天津炼油厂方面签订了政府间协议。根据合作协议,俄罗斯石油公司将增加对中石油的出口量,从目前每年 1 500 万吨提高到每年 5 000 万吨。中石油还将与俄罗斯石油公司一道开发俄北极地区的 8 个开发区块。两国能源企业在伊尔库茨克州和乌德穆尔特共和国两个油气区块开展的勘探工作也正在运行中。另外，两国企业还就共同勘探开发"萨哈林3号"、"马加丹1号"和"马加丹2号"油气区块进行可行性论证。

其次是天然气合作。虽然2006年中国石油天然气集团公司与俄罗斯天然气工业股份公司就签署了《中国石油天然气集团公司与俄罗斯天然气工业股份公司关于从俄罗斯向中国供应天然气的谅解备忘录》，2009年俄罗斯和中国又草签了有关从西西伯利亚、远东和萨哈林大陆架向中国出口天然气的协议。但双方天然气合作一直处于僵持阶段。2013年，双方明显推进了在天然气领域的合作进程，加紧落实天然气合作项目。两国政府都支持企业对中俄东部管道供气进行谈判，俄天然气工业公司与中石油就通过东线管道向中国提供天然气项目签署谅解备忘录，最新确定的东线管道对中国的供气量为每年380亿立方米，同时对东线LNG（液化天然气）项目和西线供气合作项目继续研究论证。双方商定从2018年起俄罗斯将每年向中国提供380亿立方米的天然气，并最终要把年出口量提高到600亿立方米。

第三在电力合作方面。俄罗斯在加强与中国在石油和天然气领域合作的同时，还将电力领域视为双方能源合作的另一个优先方向。2011年中俄建成了500千伏输配电线路，2012年1月份完成工程试运行。2012年3月俄罗斯国际统一电力系统公司的子公司"东方能源公司"与中国国家电网公司签署的期限为25年、总输电量为1 000亿千瓦时的供电合同开始启动，此线路2012年投入商业运行后，俄对华年出口电量已提高到45亿千瓦时。

2013年3月，中俄分别签署了《关于开展扩大中俄电力合作项目可行性研究的协议》和《中国国家电网公司与俄罗斯辛特斯集团股份公司合作框架协议》，双方计划共同开发俄罗斯远东、西伯利亚地区的水电和煤炭资源，并通过高压或特高压跨国直流输电线路向中国供电，同时建设大型煤电输一体化项目和开展俄罗斯电站新建或改造项目等。今后中俄电力合作的规模还将进一步扩大。

第四，核电合作。俄罗斯核电技术具有很强的竞争力，目前田湾核电站一号、二号机组已投入运营，2010年11月底，中俄签订建设田湾核电站三号、四号机组的合同，同时中俄双方还在商谈五号、六号机组建设。中俄已经在核电站架设、核燃料供应、科技交流和人员培训等方面进行了合作，未来将开拓新的核能合作领域。

第五，煤炭合作。2009年，俄罗斯首次通过满洲里口岸向中国出口30万吨煤炭。2010年8月，中俄签署备忘录，中国将向俄罗斯提供60亿美元贷款用于煤矿开发及保障煤炭出口的相关基础设施建设，其条件是未来5年俄方每年向中国供应煤炭1 500万吨，此后每年供应量提高至2 000万吨。2012年12月，中俄又签署多份合作协议，包括《中华人民共和国国家能源局和俄罗斯联邦能源部关于开展能源市场态势评估合作的谅解备忘录》《中俄煤炭领域合作路线图》《中俄煤炭合作工作组第一次会议纪要》《中国国家电网与俄罗斯东方能源公司关于2013年供电量和电价的协议》四项合作文件。未来俄罗斯将会向中国出口更多的煤炭资源。

（3）日俄油气合作深度也在不断增强

日本一直参与萨哈林岛的石油和天然气开发，较大的项目是"萨哈林—1号"项目和"萨哈林—2号"两个油气合作项目。2008年日本和俄罗斯投资建设了"萨哈林—2号"项目的配套液化气的加工厂，该项目是目前日本在俄罗斯唯一的液化气项目，这是俄罗斯境内第一家液化气的加工厂，2010年向日本输出的液化天然气占日本进口总量的10%左右。

除在萨哈林地区的液化天然气生产项目，俄日还计划在远东和东西伯利亚地区开展合作。"东西伯利亚—太平洋"输油管道经过8年的建设，2012年12月已经全竣工并正式启用。2009年第一期工程竣工时，从泰舍特到斯科沃罗季诺输油管道通过能力大约为3 000万吨/年。第二期工程竣工后，斯科沃罗季诺段输油管道的通过能力将达到8 000万吨，从斯科沃罗季诺到科济米诺港的输油能力达到5 000万吨。

另外在东西伯利亚的伊尔库茨克州，日俄已经开始勘探合作，日本石油天然气金属矿物资源机构（JOGMEC）与俄罗斯伊尔库茨克石油公司联合进行地质构造调查。2013年5月日本国际石油开发公司与俄罗斯国企"俄罗斯石油公司"达成协议，双方将在俄远东马加丹州近海的鄂霍次克海开采海底油田，这是日本首次参与俄罗斯大陆架油气开采活动。

2. 基础设施及对外通道建设情况

远东战略实施后，俄罗斯加快了远东地区加强基础设施建设，投入巨资开展了一大批工程项目的建设。这其中包括赤塔—哈巴罗夫斯克和哈巴罗夫斯克—海参崴公路项目，以及阿穆尔州至雅库特，进而通往科雷马的公路。俄罗斯还计划全面改造已有的贝加尔—阿穆尔铁路，并建设通往瓦尼诺港的二期线路。预计该铁路建成后的年运力可达到1.08亿吨，将代替西伯利亚大铁路成为俄罗斯通向太平洋的出口。此外，俄政府还在讨论成立投资发展东西伯利亚和远东地区的国家集团公司。该公司将负责建设东西伯利亚和远东的16个地区的码头、道路、通信、机场等基础设施并开发当地自然资源，拥有项目投融资、管理和矿产开发等多项职能，该公司框架内的总投资将达到 32 万亿卢布。

目前吉林省和俄罗斯国际大通道建设主要包括几个方面：

（1）公路通道

中俄珲春—克拉斯基诺公路口岸。该口岸是吉林省通往俄罗斯的唯一公路口岸。珲春公路口岸位于珲春市的东南端，承担着中俄两国之间国家贸易、地方贸易和旅客进出境业务。1993 年 4 月国务院批准珲春口岸为国际客货运输口岸，允许第三国人通行。该口岸已先后开辟多条经俄、朝港口至韩国、日本的陆海联运航线。1996 年，开通由珲春口岸经俄罗斯扎鲁比诺港至日本尹予三岛的陆海联运航线，主要运输我国向日本出口的木片。1998 年，珲春口岸正式开始过客，现已开通至扎鲁比诺、海参崴等地的旅游线路。1999 年，开通珲春（中国）—波谢特（俄罗斯）—秋田（日本）集装箱陆海联运航线，于 2002 年停运。2000 年，开通珲春（中国）—扎鲁比诺（俄罗斯）—束草（韩国）客货陆海联运航线，2008 年，中日韩俄四国陆海联运航线成功试航，这条航线长约 800 海里，投入新航线的船舶总吨位为 1.5 万吨级，旅客定员 500 人以上。2011 年 11 月，中日韩俄四国签署了《中日韩俄东北亚陆海联运合作磋商会议纪要》，四国政府正式启动陆海联运合作。

（2）铁路通道

中俄珲春—卡梅绍娃亚铁路口岸。该口岸是吉林省通往俄罗斯的唯一铁路口岸。中俄珲春铁路口岸位于珲春边境经济合作区南侧铁路换装站内，承担着中俄两国之间国家贸易和地方贸易业务。中俄珲春铁路口岸占地面积为 51 万平方米，口岸查验设施面积 1.1 万平方米，距离俄罗斯卡梅绍娃亚铁路口岸 26.6 千米（境内 8 千米，境外 18.6 千米）。1993 年 3 月 9 日中方开始动工，俄方也随后动工。经过几年的建设，1997 年中俄珲—马口岸铁路完成接轨。1998 年经国务院国函〔1998〕110 号文件正式批准设立国家一类口岸——珲春铁路口岸。1999 年 5 月成功实现试运行，先后实现了单车和批量（10 辆）过货。中方一侧口岸查验设施比较完备，换装站有标准轨到发线 3 条，宽轨到发线 2 条，客车到发线 1 条，复合轨换装线 2 条，初期货物年换装和查验能力为 80 万吨、50 万人次，中期货物年换装和查验能力为 250 万吨、100 万人次。俄方一侧口岸查验设施不完备，换装站未建完，不具备换装能力。该口岸自 1998 年 12 月 23 日由中俄两国宣布开放以来，共过货近 6 万吨。由于各种原因，珲卡铁路一度处于停运状态，2011 年 2 月，吉林省东北亚铁路公司与俄罗斯国铁共同启动恢复珲卡铁路联运工作，目前珲卡铁路的国际联运通道已经恢复。

俄方一侧铁路概况表

路段名称	中俄边境—俄哈桑支线 207 千米处	俄哈桑支线 207 千米处—苏哈诺夫卡	苏哈诺夫卡—扎鲁比诺港
里程（千米）	20.3	41	11.2
等级	俄股份制铁路	俄国铁支线	俄港口铁路专用线
隶属	俄金环股份公司	俄远东铁路公司	俄 AS 集团
设计能力（万吨/年）	80	100	80
实际流量（万吨/年）	0	— —	— —
适应性评价	不能满足近期运输需要	能满足近、中期运输需要	— —

（3）港口

吉林省两个对俄国家一类口岸周边分布着纳霍德卡、海参崴、东方港、斯拉夫扬卡、扎鲁比诺、波谢特等俄罗斯港口，俄罗斯波谢特港、海参崴港、纳霍德卡港、东方港距珲春口岸分别为 71 千米、170 千米、340 千米、350 千米。其中，扎鲁比诺港位于俄滨海边疆区哈桑区，是俄对外开放的三级新建港口，可常年通航，潮差不明显。码头岸线总长 650 米，有 4 个泊位。其中，杂货通用泊位两个，渔产品泊位两个。平均水深 8.5 米～10 米，可停泊万吨级船舶，吞吐能力为 120 万吨／年。有 15 400 平方米冷冻库，冷藏能力为 12 000 吨；有 4 个普通仓库，共 7 800 平方米；有两个露天堆场，共 44 800 平方米。扎鲁比诺港有铁路、公路与俄罗斯腹地和中国吉林省珲春市相连。该港运输以杂货为主，主要运往日本和韩国，也有少量运往中国。2004 年 4 月，俄罗斯莫斯科芬特朗斯格露普 AS 集团有限责任公司取得了扎鲁比诺港的控股权，加大了对港口的投资力度，2005 年完成吞吐量 23 万吨，为近十年来最高年份。2008 年中、韩、日、俄四国投资者设立东北亚航运株式会社，开通了中国珲春—俄罗斯扎鲁比诺—韩国束草—日本新泻陆海联运航线，是中国东北地区第一条横贯日本海直达日本西海岸的航线。目前，俄方有意与中国企业合作开发扎鲁比诺港，使该港按俄方的计划与设计发展成为年吞吐能力在 1000 万吨以上、以集装箱运输为主的国际货港。

作者简介：李天籽，1976 年生，辽宁鞍山人，经济学博士，现为吉林大学东北亚研究院副教授，博士生导师，研究方向为区域经济、资源经济。负责和参与国家自然科学基金、教育部重大哲学社会科学研究等项目，在权威和核心期刊发表学术论文数十篇。

朝鲜经济发展与对外开放对珲春国际合作示范区的影响

张慧智/崔明旭

一、珲春国际合作示范区的创立

图们江区域（珲春）国际合作示范区位于东北亚的几何中心，西南与朝鲜咸镜北道相邻，东南部与俄罗斯滨海边疆区接壤，是我国唯一与朝鲜、俄罗斯同时交界的边境城市。与日本、韩国隔海相望，距图们江出海口只有15千米，是东北亚各国与欧美对接的最便捷、最直接的通道。被称作"一眼望三国，犬吠闻三疆"的三角地带，已成为东北亚地区国际合作的"前沿阵地"。

2012年4月，为更好落实《图们江区域合作开发规划纲要——以长吉图为开发开放先导区》，进一步推动图们江地区国际合作，促进长吉图协调发展，探索东北老工业基地开发开放的新路径，国务院正式批准珲春市为国际合作示范区，成为我国首个以"中国"冠名的示范区。示范区包括国际产业合作区、边境贸易合作区、中朝经济合作区、中俄经济合作区等4大功能区。以国际经济合作为抓手，以畅通的跨国运输大通道为保障，把珲春打造成东北亚地区开发开放的窗口、重要的综合交通运输枢纽、活跃的商贸物流中心，建设成为我国东北地区重要的经济增长极和图们江地区国际合作的"桥头堡"。

目前，东北亚国际形势对示范区快速发展空前有利。我国高度重视图们江区域国际合作，希望通过国际合作，带动东北地区开发开放，实现东北老工业基地全面振兴；俄罗斯日益重视远东地区开发，提高对滨海自由经济区的投资，积极融入图们江区域经济合作；中、日、韩合作机制不断健全，经贸合作不断加深，中韩FTA已经开始第二阶段谈判；中日韩FTA也已进行第三轮谈判。尤其值得一提的是当前朝鲜高度关注图们江区域经济合作，积极扩大对外经济合作，制定了一系列引进外国直接投资的法律、法规，不断完善与投资相关的法律体系，大力发展对外经济关系，在与中朝共建特区的基础上，推进经济开发区建设，以便更好地加强与世界的联系，进而促进本国经济发展。

二、朝鲜经济政策新变化

2012 年是朝鲜"打开强盛大国之门"之年，也是金正恩执政的第一年，年轻国家领导人在人民心中的地位与威信很大程度上取决于国家的经济建设成果。金正恩对恢复经济建设、提高人民生活水平的重要性和紧迫性有着明确的认识，强调"发展经济、改善民生，让朝鲜人民过上幸福和文明的生活，是朝鲜劳动党的奋斗目标"，并进一步加快了经济建设步伐。朝鲜在强调"先军政治"的同时，不断加强和扩大内阁管理经济的权限和责任，积极寻求"改善经济管理的方法"；提出"以民为天"，把"提高人民生活水平"作为最重要的任务；强调"（人民军）要在建设强盛国家和改善人民生活的重要项目建设中不断取得创新成就，带头贯彻落实朝鲜劳动党要使人民尽情享受社会主义荣华富贵的意愿"。

1. 推行新经济管理方法，提高农业生产效率

根据韩国媒体的报道，朝鲜 2012 年 6 月 28 日在内部公布了《新经济管理体制》。其内容包括：将集体农场的基本生产单位从目前的 10 人至 25 人减少到 4 人至 6 人，采取类似"分田到户"的耕种方式，并大幅增加可以自由处置的农作物比例。朝鲜方面强调，分组与之前相比，其变化主要体现在分组下面还可以设立"小组"，并拥有了对生产物的分配权。朝鲜试图通过下放生产物的分配权，提高生产者积极性，提高劳动生产率，促进农业生产，解决粮食问题。

2. 扩大对外经济合作，积极引进外资

朝鲜认识到仅依靠本国力量无法恢复经济建设，近几年来一直致力于扩大对外经济合作，对象国主要是中国、韩国和俄罗斯。由于朝韩关系紧张，朝鲜加大了与中国的合作力度。中朝共同开发共同管理罗先经济贸易区和黄金坪威化岛经济区合作项目在两国共同努力下得到较快进展。

2010 年 11 月 19 日，中朝两国遵循"政府引导、企业为主、市场运作、互利双赢"的原则，签署了"共同开发共同管理罗先经济贸易区和黄金坪威化岛经济区"的协定。2011 年 6 月，中朝双方分别在黄金坪和罗先市举行了共同开发、共同管理项目启动仪式。2012 年，中朝为共同开发和共同管理两个经济区成立了联合指导委员会，共同编制并经两国中央政府批准了规划纲要，此外，法律制度、口岸通关、国际通信、人员培训、具体项目等方面的合作进展顺利。这标志着两个经济区已进入实质性招商引资和全面建设阶段，以崭新的合作模式、管理模式、经营模式，替代简单的经贸、投资合作关系，迈向以"共同开发和

共同管理"为核心的合作方式。在中朝共同开发共同管理的模式下，朝鲜和中国都加大了对两个经济区的投入，不仅有效地展示了市场经济对国家发展的推动作用，也为进一步促进中国东北地区开放提供了良好机遇。

韩国总统朴槿惠上任后，宣布将推进"朝鲜半岛信任进程"，推动朝韩经济合作和对朝人道主义援助，朝鲜也期待改善北南关系后可以继续执行"6.15共同宣言"和"10.4宣言"中的经济合作协议。虽然朝核问题使朝韩关系处于僵持状态，朝鲜对"朝鲜半岛信任进程"的期待逐渐转向失望，但两国恢复经济交流与合作必将有助于朝鲜推进经济建设。

此外，朝鲜还期待迅速恢复与俄罗斯、韩国合作的油气管道铺设、铁路连接和电力输送等合作项目。俄罗斯总统普京11月访问韩国，俄韩签署了包括天然气管道铺设、铁路连接、港湾合作等内容在内的一系列经济合作协议。俄韩合作项目很大程度上都需要朝鲜的积极参与和配合，如果朝韩关系得以缓和，俄朝韩经济合作无疑会取得较快进展。

3. 积极推进经济开发区建设

2013年5月29日，朝鲜以最高人民会议常任委员会政令的形式通过了经济开发区法，以此为契机，开始正式推进经济开发区的创设事业。相关法律彻底保障投资企业的权益，企业进行自由的经营活动。朝鲜经济开发区法第七条明确规定"国家不得将投资者财产回收或国有化，但为社会公共利益不得不回收投资企业财产或暂时利用时，事先通知投资企业，并及时充分补偿其价值"。

根据国家的宪法，为扩大发展与他国的经济合作，朝鲜不断完善了投资相关的法律体系。新设立的开发区与其他经济特区一样，企业可自由携带外汇，自由汇出合法利润和其他所得，投资到开发区的设备、新增加的财产可自由带出开发区。在朝鲜经济开发区内，外国投资者的财产安全、人身安全、知识产权得到法律保护，并为企业设立有关的申请、审议、登记等方面提供便利。

朝鲜为经济特区和经济开发区提供的优惠政策主要体现在税收方面：对外国投资者只征收基本税金，是税收种类最少的国家。朝鲜对经济特区和经济开发区争收的企业所得税率较低。根据朝鲜罗先经济贸易法、黄金坪威化岛经济区法以及新颁布的经济开发区法，在这些地区投资的外国企业所得税率为14%，这一税率不仅低于对朝鲜其他地区投资的企业所得税（25%），而且比台湾地区的16%和印度尼西亚的15%还要低。对高新技术产业和高竞争力产业领域、基础设施部门以及技术研发部门的税率则仅为10%。

朝鲜设立经济开发区的基本原则是：根据各地区实际情况设立，有助于地方资源的有效配置，有利于增加国家总出口，赚取更多外汇，提高国家经济发展水平，提高人民生活水平。据此，根据朝鲜各道情况，将建立工业开发区、农业开发区、旅游开发区、出口加工区、高新技术开发区等具有不同形态、不同功能的开发区。目前，朝鲜正在推进保税加工出口区和高新技术开发区的创设运营的试点工作；元山、七宝山也将建设成为旅游开发区。

三、朝鲜经济变化为珲春国际合作示范区建设提供机遇

朝鲜经济政策出现的一系列变化以及积极发展对外经济合作的举措对于珲春国际合作示范区来说具有重要意义。长期以来，由于朝鲜半岛局势不稳定，尤其是朝鲜在与周边国家经济合作方面的消极态度，以及朝鲜国内经济政策的封闭性，而导致罗先市建设了20年依然没有取得预想成果。现在，朝鲜对内对外经济政策出现积极变化，无论是中朝共同开发共同管理两个经济区的经济开发新模式，还是建设经济开发区推动各地区经济均衡发展，都表明朝鲜正在积极探索对外开放路径和战略，提升整体对外开放水平，促进经济和社会发展。朝鲜积极的对外经济政策不仅成为本国经济发展的重要推动力，而且为珲春国际合作示范区建设提供了良好机遇。

2013年末，朝鲜公布张成泽死刑判决书，使国际社会高度关注张成泽被处决事件是否会影响正在推进的中朝"两个经济区"，尤其是中朝在罗先经济贸易区的交流与合作，并以此衡量朝鲜未来经济政策的走向。朝鲜很快做出反应，明确表示"处决张成泽事件不会影响朝鲜的经济发展计划"，《朝鲜新报》也多次以朝鲜代言人的身份对外发表信息，表示朝鲜今后的对内对外政策不会发生大的变化。因为在朝鲜受到国际社会日益严厉的经济制裁的背景下，在无法依靠自身力量实现经济建设快速发展的情况下，朝鲜更加期待通过与中国和韩国的经济合作带动朝鲜走出经济困境。

朝鲜希望借助中朝合作将毗邻中国延边朝鲜族自治州的罗先经贸区打造成为国际性中转贸易、出口加工及金融中心及世界性港口城市，打造成朝鲜对外交流的试验区、中朝经贸合作的示范区。朝鲜的政策措施也可加强中朝协调机制，探索增进共同利益的方案，排除阻碍图们江地区健康发展的瓶颈，为我国利用朝鲜的区位优势和资源优势，发展我国东北地区经济并探索新的国际合作模式提供有利条件。

1. 罗先经贸区建设发展为图们江国际大通道建设提供有利条件

珲春国际合作示范区的宗旨是：立足珲春市、依托长吉图、面向东北亚、服务大东北，建设我国面向东北亚合作与开发开放的重要平台，东北亚地区

重要的综合交通运输枢纽和商贸物流中心，经济繁荣、环境优美的宜居生态型新城区，发展成为我国东北地区重要的经济增长极和图们江区域合作开发桥头堡。其中最基础的是国际通道建设。

道路通畅一直是影响吉林省经济发展的因素之一，也是图们江国际合作发展的关键节点和制约因素。为突破通道不畅的瓶颈，珲春国际示范区把对内通道和对外通道建设作为首要任务。朝鲜的公路、港口等基础设施比较落后，成为珲春—罗先地区经贸合作的主要障碍。以珲春对罗先的圈河—元汀口岸以及中朝共同建设的罗津港为支撑，修理完善中朝公路、铁路为纽带，建设形成东北亚地区便捷的跨国运输大通道和综合交通运输枢纽。

为珲春地区开发与腹地经济联动发展，先后修建珲春至长岭子、圈河、沙坨子、图们、长春等公路，其中，长春—珲春—圈河全程为高速公路。还修建了图们—珲春—长岭子铁路，扩建了延吉机场，促进区域协调发展，提升珲春地区开放水平。

圈河—元汀跨境桥兴建于1938年，历经70年岁月，已老化到报废年限，无法满足通货过客需求，坡陡弯急，路况较差，严重影响通关效率。2009年11月，中朝共同合作修建改造项目。2010年3月，我国投资360万元修建该跨境桥，经过三个月的桥墩加固、桥梁除锈及桥面铺设，桥体和桥面得到很大改善，极大地保证了珲春和罗先间的通关环境。

"借港出海"是珲春国际合作示范区开发开放的坚定不移的战略目标。中朝共同开发、共同管理罗先特区同时，中朝签署《关于中国船只经图们江通海往返航行的协定》，以法律形式恢复我国图们江出海权。2008年7月，中朝企业签署了改造利用罗津港1号码头的协定。通畅对外通道是大图们江区域合作开发与长吉图先导区有力保障，朝批准俄对罗津港的50年使用权，同意我方参与罗津港的合作开发及相关的基础设施建设，为图们江区域经济合作创造了有利条件。

2. 扩大吉林省对外开放，提高珲春国际合作示范区吸引力

吉林省与俄、朝接壤，尤其是与朝鲜边境长达1 206千米。近年来朝鲜对外经济政策出现的开放态势为我国延边地区加强与朝鲜的经济合作提供了机会，尤其是中朝公路、铁路、港口等基础设施合作进展迅速，朝鲜对外积极招商引资，不仅改善了朝鲜的投资环境，而且也在朝鲜半岛形势不稳定的情况下，提高了珲春国际合作示范区对外资的吸引力。在韩、日及其他国家的企业谨慎考虑对朝直接投资的情况下，可首先对珲春国际合作示范区进行投资，不仅可以获得稳定的投资环境保障，而且可以扩大对罗先经贸区的交流，从而参与到

罗先经贸区的经济建设中。如韩国浦项集团看好未来珲春地区的经济发展前景，为了在未来对朝鲜经济合作方面占有先机，在珲春建设了珲春浦项现代国际物流园区，并与通钢合作在辉南建设了浦项通钢（吉林）钢材加工中心。

四、珲春—罗先国际合作的产业发展重点

今后珲春国际合作示范区将以开放的图们江地区对外合作机制为动力，以图们江地区国际产业合作为核心，以图们江地区综合交通运输网络为保障，充分利用国内外两个市场和两种资源，优化图们江地区产业分工，促进生产要素有效流动和集聚，通过对外经济合作，把珲春国际合作示范区打造成商贸物流集散地、出口加工基地、跨国旅游胜地。充分考虑中朝两国的文化传统、法律体系和经济发展水平方面的差异性和阶段性特点，发挥朝鲜的地缘优势和资源优势，结合我国市场优势和技术优势，推动两国产业互补、资源共享，最终实现联动发展、互利共赢。

1. 商贸物流集散地

当前，珲春国际合作示范区的首要任务是以交通枢纽建设和物流园区建设为重点，畅通国际大通道，构建中蒙国际大通道和欧亚大陆桥支线，打造图们江区域物流网络体系。在这一过程中，吉林省应充分利用朝鲜开发开放罗先经贸区的有利时机，积极引进国际物流企业参与珲春国际合作示范区开发，不断扩大跨境运输规模和种类，从而以跨境国际合作为依托，利用珲春－罗先的物流资源和地缘优势，打造成具有信息交流、配送、货运、仓储等功能一体化，经营品种专业化、手段现代化、环境规范化的东北亚的产品交易中心。

2. 出口加工基地

发挥珲春—罗先口岸通道优势和国际产业合作区、出口加工区优势，充分利用国内外两个市场和两种资源，以技术创新为动力，培育发展覆盖中、高端领域，满足不同产品和不同质量要求的出口加工业。重视境外资源开发，大力发展矿产品精深加工业和装备自造、绿色食品和新材料、服装加工等加工贸易产业。

朝鲜已探明矿产300多种，其中200多种有经济价值。石墨和菱镁矿、钨矿储藏量居世界前列，金、银、铜、锌、铝等有色金属煤矿及石灰石等非金属矿储藏量也非常丰富，具有很大的开发价值，完全可以为东北亚地区金属制造业和矿产加工业提供支持。以中朝跨境经济合作为动力，积极引进朝鲜矿产资源，形成罗先开采和初级加工、珲春深加工的产业合作模式。境外冶炼和境内深加工有效集合，延伸产业链，提高矿产品附加值，推动煤炭产

业升级。

罗先地区海产品资源丰富，我国利用罗先海产品资源的区位优势和劳动力优势，加强海产品加工合作，进行海产品精加工、深加工，把海产品资源变成高附加值产品后出口到东北亚其他国家。加大珲春同罗先的纺织服装委托加工合作，利用朝鲜劳动力成本的优势，结合我国资本和技术，进行委托加工，最后出口到日、韩、俄等国家。

3. 跨国旅游集散地

当前中俄朝韩跨境旅游建设成果显著。东北亚各国自然旅游资源与人文旅游资源丰富并独具特色，珲春与俄、朝都拥有口岸，但尚存在口岸客流量较小的问题。随着珲春国际合作示范区的建设，珲春还应进一步加强口岸建设，提高服务质量，增强"软实力"，同时加强旅游景点景区建设，加大边境旅游资源开发力度，整合中、俄、朝旅游资源，实现旅游资源共享，提升旅游品质和服务质量，打造中、俄、朝三国金三角国际旅游路线，加强东北亚五国环日本海旅游合作。

珲春国际合作示范区建设正迎来新的国际环境。借助东北亚地区强劲的发展势头，利用国家给予的重视和支持，把握中朝两国的发展机遇，提升中朝两国合作水平，立足于两个市场、两种资源，加快"借港出海"、"开边通海"进度。扩大对通道建设的资金投入，畅通珲春对内对外通道，有效利用罗津港和扎鲁比诺港，把珲春国际合作示范区打造成辐射内外、功能齐全的国家化窗口，为东北老工业基地振兴和延边地区经济社会发展，探索体制机制创新的新路径。

作者简介：张慧智，吉林大学朝鲜·韩国研究所所长、吉林大学东北亚研究院副院长、教授；1992 年毕业于吉林大学经济学院，获学士学位；1999 年毕业于吉林大学东北亚研究院，获硕士学位；2004 年毕业于韩国庆熙大学经营大学院，获博士学位；外交部委托项目《朝鲜半岛政治经济形势变化及我国的对策》获高等教育学校人文社会科学优秀研究成果三等奖；《韩美贸易摩擦及今后的发展方向》等论文在《东北亚论坛》发表。

崔明旭，吉林大学东北亚研究院博士。

蒙古国参与图们江合作研究

于 潇/孙 猛

蒙古国位于大图们江经济圈的西北部，其重要的区位优势和丰富的自然资源对于图们江地区国际合作开发具有重要的意义。如果"两山"国际铁路贯通，蒙古国将通过与中国东北地区实现互联互通获得一条最近的东部出海通道，这不仅能够极大带动蒙古国的经济发展，同时对吉林省珲春国际合作示范区的发展也具有强大的推动作用。蒙古国于1995年正式参与图们江地区合作开发，并专门成立了图们江开发国家工作小组，负责协调图们江地区合作开发事项。2005年9月，图们江投资发展论坛和联合国开发计划署图们江区域开发项目第八次政府间协商协调会议期间，中、俄、朝、韩、蒙五国一致同意将1995年签署的两个协定和一个备忘录再延长10年，并签署了《大图们江行动计划》，将"图们江区域开发"更名为"大图们江区域合作"，合作区域扩大到整个大图们江，蒙古国参与地区扩大到东方省、苏赫巴托尔省和肯特省。

一、经贸合作现状

1. 总体概况

2011年，蒙古国与世界上127个国家建立了经贸关系，贸易周转额达到114.16亿美元，其中进口总额65.98亿美元，出口总额48.18亿美元，逆差额17.81亿美元。与2010年相比，2011年蒙古国贸易总额、进口总额、出口总额均有显著增长，贸易周转额和进口总额几乎翻了一番。但是，逆差额也显著增长，是2010年的6倍多，近年来蒙古国一直存在贸易逆差。在对外贸易国别结构中：蒙古国进口额中30.7%来自中国，24.6%来自俄罗斯，美国占8.1%，日本占7.4%，韩国占5.4%，德国占4.1%；蒙古国出口总额中第一大出口伙伴国为中国，占92.2%，俄罗斯占2.0%，蒙古国高度依赖对中国的产品出口。

表1 蒙古国 2011 年对外贸易国别结构

单位：%

国别	进口	国别	出口
中国	30.7	中国	92.2
俄罗斯	24.6	俄罗斯	2.0
美国	8.1	加拿大	1.9
日本	7.4	意大利	1.0
韩国	5.4	韩国	0.8
德国	4.1	瑞士	0.4
其他	19.7	其他	1.7

数据来源：《蒙古国统计年鉴 2011》

从贸易产品构成来看，蒙古国主要进口机械设备等制成品和食品等基本生活品，出口矿产品等资源性产品和原料。2011 年蒙古国主要出口产品为矿物燃料润滑剂及相关原料、非食用原材料；主要进口产品为机械和运输设备、矿物燃料润滑剂及相关原料，这与前几年的情况相似。出口产品中，食品和活畜总额明显下降，而矿物燃料润滑剂及相关原料额度明显上升；进口产品中几乎所有产品进口额度均有所上升，而机械和运输设备上涨幅度最为明显。从 FDI 的国别结构来看，2010 年中国投资比重为 52.86%；荷兰为 8.48%；加拿大为 6.59%，韩国为 4.46%。来自亚洲国家和地区的 FDI 比重超过了 60%。2010 年，约 80% 的 FDI 流入了采矿业，18% 左右的 FDI 流入了住宿和餐饮业[①]。

2. 吉林省与蒙古国经贸合作

吉林省与蒙古国双边贸易规模一直不大。2006 年吉林省对蒙古国贸易实现 1 125 万美元，是有史以来最高的年份。其中出口 144 万美元，同比增长 112%；进口 981 万美元，同比增长 1 877%。2012 年贸易额 1 013 万美元，同比增长 45.13%。其中出口 401 万美元，同比增长 13.63%；进口 612 万美元，同比增长 77.12%。出口商品主要是货运机动车辆、矿物与沥青混合机器、充气橡胶轮胎、人用疫苗、理化分析仪器及装置等。进口商品仍然是鲜或干坚果、塑料废碎料等。

---

① 于潇：《蒙古国经济发展现状评析》，《亚太经济》2008 年第 6 期，68 页～71 页。

表2 吉林省与蒙古国双边贸易情况

单位：万美元

年份	进出口额	出口额	进口额	贸易顺（逆）差
2005	118	68	50	18
2006	1125	144	981	−837
2007	473	113	360	−247
2008	611	374	237	137
2009	120	62	58	4
2010	247	125	122	3
2011	698	353	345	8
2012	1013	401	612	−211
2013	547	308	239	69

数据来源：吉林省商务厅

近年来吉林省主要对蒙古国承包工程项目，其中吉林高速公路发展股份有限公司修建的蒙古俄登桑特至阿维希尔的公路工程，合同金额1 300万美元，已在2004年底结束。该工程按期完成，质量和信誉良好，得到蒙古有关部门的赞誉，蒙古总理出席竣工剪彩仪式，并授予政府勋章。近几年吉林省基本没有再向蒙古国外派劳务。

吉林省经商务部批准在蒙古国设立的企业共有7户，目前有5户正常开展业务，分别是吉林省正达五金矿产有限公司（投资110万美元）、吉林省亚通路桥有限公司（投资25万美元）、吉林省中吉集团（投资105万美元）、珲春紫金矿业有限公司（投资815万美元），均经营矿产开发。吉林省泰华钢构工程有限公司（投资1 334万美元）经营工程开发业务。

二、吉林省通过东博会加强对蒙合作

2005年第一届东北亚博览会期间，蒙古国参会代表团由工贸部副部长率领，政府代表团11人，经贸代表团22人，申请8个展位。2006年第二届，蒙方参会代表团由工贸部副部长苏德巴特尔率领，副总理亲自参加，政府代表团22人，经贸代表团67人，申请20个展位。2007年第三届，蒙方参会代表团由副总理门·恩赫赛汗亲自率领，政府代表团38人，经贸代表团60人，申请 32 个展位。2008 年第四届，蒙方参会代表团由国务秘书胡日勒巴特尔率领，政府代表团 28 人，经贸代表团 61 人，申请 30 个展位。2009 年第五届，蒙方参加东博会代表团由副总理米耶贡布·恩赫包勒德亲自率领，政府代表团 14 人，经贸代表团 68 人，申请 18 个展位。2010 年第六届，蒙方参会代表团由首席副总理诺·阿拉坦呼亚格率领，政府代表团 14 人，经贸代表团 66 人，申请 13 个展位。2011 年第七届，蒙方参加东博会的代表团由副总理米耶贡布·恩赫包勒德率领，政府代表团 35 人，经贸代表团 29 家企业 65 人，申请 20 个展位。2012 年第八届，蒙方参加东博会的代表团由蒙驻华特命大使苏赫巴特尔和蒙古国大呼拉尔议员（国家工商会会长）登贝尔勒率领，政府代表团 8 人，经贸代表团 29 家企业 65 人，申请 14 个展位（含文化展位）。

整体来看，蒙古国参加历届东北亚博览会代表团的规模不断扩大，开展经贸合作的领域不断扩大，合作深度和广度都获得了显著提高。蒙方在历届东北亚博览会展出的商品主要是皮革、羊绒、羊毛制品、纺织服装及鞋帽、皮画、手工艺品、饮料、食品等，投资合作方面主要通过举办蒙古商务日活动宣传蒙古国投资环境。东北亚博览会的举办，拓展了吉林省对蒙经贸合作渠道，为企业提供了商机，推动吉林省对蒙投资取得进展。

三、铁路通道建设

蒙古国现有铁路线 1 815 千米，占全国运输网总长的 1.9%，分别担负蒙古国货运和客运量的 62.8% 和 2.3%。铁路主干网络是连接中俄的过境铁路线，主要经济中心城市乌兰巴托、额尔登特、达尔汗、赛音山达、苏赫巴托市位于铁路沿线。为解决蒙古铁路领域面临的主要问题，蒙古政府正在结合战略矿开发需要，统筹规划铁路建设方案，并就融资、合作方式与外国政府机构、投资者展开探讨。

近年来，随着我国与东北亚周边国家区域合作不断加深，特别是中蒙经贸合作不断发展，20 世纪 50 年代建成的中俄蒙乌兰乌德—乌兰巴托—二连浩特国际铁路通道已经不能满足双边经贸合作的需要。我国部分省区纷纷提出新的中蒙铁路建设计划，主要包括吉林省提出的阿尔山—乔巴山铁路、内蒙古提出的包头—甘其毛道—塔温陶勒盖铁路，以及辽宁省提出的锦州—珠恩嘎达布其—毕其格图—乔巴山铁路。目前，包头线和锦州线的国内部分已经基本修建到中蒙口岸我方一侧，相关大企业已经进驻蒙古国开展矿业资源开发，内蒙古和辽宁省以及相关大企业正在积极配合，全力推进上述中蒙铁路建设计划。

相比之下，"两山"铁路提出的时间早，但推进速度相对滞后。"两山"铁路连接中国内蒙古阿尔山市与蒙古国东方省乔巴山市，是 UNDP 推动多年的建设项目，也多次被列入国家战略规划的重点支持项目。建设"两山"铁路，可以形成贯穿中、俄、蒙、朝，连接欧洲、面向日本海的图们江国际大通道，进而将中国东北和东北亚五国联系在一起，同时也可以延伸至欧洲和北美，其战略价值和潜在利益十分明显。[①] 2009 年，国务院批复了《中国图们江区域合作开发规划纲要》，其中把"两山"铁路作为重点建设项目。"两山"铁路对吉林省经济发展的意义更为重大，是大图们江地区合作开发、建设长吉图先导区的战略性工程。

目前，随着图们江地区国际合作开发的顺利推进，"两山"铁路建设已经取得了显著进展。

第一，货源问题得到解决。"两山"铁路线全程长约 443 千米，蒙古国境内 415 千米，其中新建塔木察格布拉格—松贝尔口岸 190 千米，辅轨改造乔巴山—塔木察格布拉格 225 千米，中方境内 28 千米。"两山"铁路建设标准为一级干线，蒙方境内铁路投资约 2.3 亿美元，中方境内铁路投资约 1.6 亿元人民币，全线总投资约 16 亿元人民币。如果铁路运费按 80 元 / 吨计算，每年 400 万吨的运量是"两山"铁路的盈亏平衡点。蒙古国东方省已探明 5 个煤炭矿区，总储量达 50 亿吨，此外还有丰富的铀矿、有色金属和石油等矿产资源。吉林省即将开发珠恩布拉格煤田，每年将生产 300 万吨 ~600 万吨煤；大庆油田正在开发东方省塔木察格布拉格油田，预计每年需要 300 万吨的运量；此外，"两山"铁路从满洲里口岸分流 400 万吨运量，以缓解满洲里口岸换装及铁路运输的压力。这三个方面的运量保守估计就可以达到每年 1 000 万吨以上，能够有效保障"两山"铁路的运力，随着中蒙矿产资源合作开发的深入，运量将不断上升，未来可以形成年 2 000 万吨的运量。

第二，口岸建设奠定基础。阿尔山口岸位于内蒙古兴安盟阿尔山市天池镇，距离阿尔山市政府所在地温泉街 43 千米，距白城—阿尔山铁路最近点 28 千米，距伊敏—伊尔施铁路最近点 12 千米。与阿尔山口岸对应的是蒙古国东方省的松贝尔口岸，松贝尔口岸距离蒙古国东方省哈拉哈高勒县 96 千米，距东方省省会乔巴山市 456 千米，距蒙古国首都乌兰巴托 1 111 千米。长期以来，阿尔山口岸建设进展缓慢，一直未获得国家批准，这也成为"两山"铁路进展缓

---

① 梁振民，陈才：《东北亚国际合作与东北第二条亚欧大陆桥建设研究》，《东北亚论坛》2012 年第 5 期，59 页 ~64 页。

慢的重要瓶颈之一。蒙古国东方省的草原多样性自然保护区毗邻阿尔山口岸，铁路口岸通道建设受到限制，口岸通道迟迟未通使得兴安盟与东方省几乎没有经贸往来，吉林省与东方省之间的经贸关系也受到阿尔山口岸未通的制约。2007年以来，兴安盟加大了阿尔山口岸的建设力度，在国家口岸办和有关部门的大力支持下，口岸基础设施建设得以迅速推进。2012年3月，国务院下发的《国务院关于同意内蒙古阿尔山公路口岸对外开放的批复》（国函（2012）15号），同意内蒙古阿尔山公路口岸对外开放，口岸性质为国际性季节开放公路客货运输口岸；同意阿尔山公路口岸设立正处级海关、出入境检验检疫和团级建制的边防检查机构。2012年12月，阿尔山口岸正式通过国家级验收。至此，通过20年的不懈努力，阿尔山口岸正式实现对外开放。目前，阿尔山口岸铁路通道选址已经避开了蒙古国东方省草原多样性自然保护区，中方阿尔山境内新建的100余里伊敏—伊尔施铁路也修建到了口岸附近，仅需再建15千米（阿尔山—松贝尔）就可和蒙古国内线拟建的"两山"铁路线对接，阿尔山口岸开通为建设"两山"铁路奠定了便利的口岸条件。

第三，吉林省推动铁路建设取得显著进展。"两山"铁路不仅是大图们江经济圈发展繁荣的战略通道，同时也是吉林省发展开放型经济的生命线。在多方博弈导致进展缓慢的背景下，吉林省政府积极主导推动铁路建设。首先，内蒙古兴安盟政府主要领导率团赴吉林省访问，吉林省省委省政府主要领导直接会见，共同积极推动区域战略合作发展总体规划的编制工作，加强与蒙古国东方省等省区的经贸合作往来。其次，吉林省政府与内蒙古自治区政府积极沟通取得一致战略认同，并联合将"两山"铁路状况向国家做了汇报。2013年9月，中国图们江地区开发项目协调小组会议专题研究了推动中蒙"两山"铁路项目事宜。吉林省与内蒙古自治区共同上报了《关于提请国务院对中蒙"两山"铁路项目建设给予支持的请示》。下一阶段，两省区将加强与国家有关部委沟通，争取把铁路建设项目纳入中蒙两国政府会晤内容，推动"两山"铁路建设。最后，吉林省与内蒙古自治区组成联合代表团访问了蒙古国道路运输部等部门，蒙古国政府给予高度重视并积极支持两山铁路建设项目的实施。2013年10月25日，我国政府与蒙古国政府签署了《中国和蒙古国战略伙伴关系中长期发展纲要》，明确提出双方将加快推进阿尔山—松贝尔铁路口岸及跨境铁路通道建设，为加快推进"两山"铁路建设奠定了基础。

四、合作前景展望

综上所述，蒙古国在各领域参与图们江地区合作开发的深度和广度均有待进一步提高，这除了受国际大通道尚未开通的限制以外，蒙古国经济基础薄弱和政党更替频繁等也是制约其进一步扩大区域合作的因素。图们江区域中蒙国际大通道是大图们江经济区的重要枢纽，区域内外的人员与物资可以通过通道输送到俄罗斯、朝鲜等港口，直达日本海或欧洲。借助畅通的中蒙大通道，中、日、蒙、俄、朝、韩六国经济将能有机联系起来，成为世界上最有活力、内涵最丰富、经济最为活跃的经济共同体市场；可以从根本上改变蒙古东部相对封闭的经济环境，有利于蒙古东部融入图们江开发和东北亚地区经济合作，承接东北亚经济圈辐射，从而带动蒙古东部地区经济加快发展，促进蒙古东部一、二、三产业协同发展。那么，未来蒙古国参与图们江地区合作开发将在以下几个方面取得突破：

第一，中蒙通道建设先行。目前，"两山"铁路建设已经积累了扎实的基础条件，图们江地区中蒙国际大通道只差"两山"铁路尚未开通，因此未来中蒙双方将会全力推动铁路通道的建设，以推动图们江战略的成功实施。2013年10月22日至26日，蒙古国总理诺罗布·阿勒坦呼亚格对中国进行了正式访问表示，通过铁路、公路等互联互通建设，能将中国与欧亚各国紧密联系起来，蒙古国支持中国加强与中亚国家经贸联系，蒙古国也将积极参加"丝绸之路经济带"的建设。

第二，深化矿产资源合作开发。蒙古国拥有丰富的矿产资源，而图们江区域各国经济发展过程对能源需求越来越大，而蒙古国则有依赖其矿产资源开发实现本国经济振兴的强烈愿望。因此，蒙古国今后一个时期的经济发展会主要依靠矿产资源开发，临近的图们江区域各国不仅是蒙古矿产品的可靠市场，而且能提供蒙古需要的资金和技术，双方在矿产资源开发与加工方面合作潜力巨大。

第三，扩大经贸合作。蒙古农业技术落后，蔬菜、水果都需要进口，而中国特别是东北地区拥有种植粮食、蔬菜和其他经济作物的技术和人才，农产品深加工企业实力雄厚，技术水平高。[①]加强中、蒙农业合作，不仅能够拓展我国农业企业的空间，还能够提高蒙古种植业的水平，满足蒙古的市场需求。

可以预见，在通道建设顺利启动的情况下，蒙古国参与图们江合作的领域将逐渐扩大，蒙古同图们江区域其他国家在产业结构和外贸结构方面存在明显互补性，会不断引进其他国家劳动力、资金和技术上的优势资源来发展

---

① 吴可亮：《蒙古参与图们江地区经济技术合作的现状与前瞻》，《社会科学战线》2010年第5期，第16页~22页。

本国经济。由于蒙古在东北亚地区经济格局中所处的地位，东北亚国际产业将会沿着日本、韩国、中国东部沿海地区、中国的中西部地区、蒙古按次序传递。因此，应该进一步加强中蒙合作，扩大吉林等省区与蒙古国经贸合作的深度和广度，这不仅有利于图们江地区国际合作开发的顺利推进，同时也能够为吉林省珲春国际合作示范区的进一步发展繁荣打下坚实基础。

作者简介：于潇，吉林大学东北亚研究院院长、教育部重点研究基地吉林大学东北亚研究中心副主任、教授、博士生导师。主要从事东北亚区域经济合作、大图们江地区国际开发、长吉图开发开放先导区建设、人口与区域经济发展研究。主要出版著作包括：《金融危机下蒙古社会经济发展研究》、《图们江地区跨国经济合作研究》、《东北亚区域劳务合作研究》、《美日公司治理结构比较研究》等。

孙猛，吉林大学东北亚研究院博士。

韩国"环东海振兴规划"的实施及进展研究

金美花

韩国环东海地区包括江原道、庆尚北道、蔚山广域市，是韩国国内经济较为落后的经济圈，也是韩国面向东北亚开放的重要支点。随着东北亚地区次区域合作的加强，韩国环东海地区地方政府于 2004 年成立"东海圈市、道知事协会"，共同谋划环东海地区的未来发展，并由蔚山发展研究院、江原发展研究院、大邱庆北研究院以及国土研究院合力撰写《东海岸广域圈发展规划》，2006 年由该地区地方政府联名提交到韩国中央政府，以获中央政府的认可与支持。2011 年 1 月韩国《第四次国土综合规划修订计划（2011—2020）》中将《东海岸广域圈发展规划》提升为国家政策。

2013 年韩国新一届政府提出"新北方政策"及"欧亚主导权"概念，也提出"欧亚经济共同体"构想，欲主导东北亚乃至欧亚地区的经济合作，并构建北方三角模式，即一方面积极呼应中国的大图们江开发规划，构建韩国、中国、朝鲜的三边合作关系；另一方面与俄罗斯新东方政策有效结合，建立韩国、俄罗斯、朝鲜的三边合作关系。为此，韩国朴槿惠政府积极推动与俄罗斯、朝鲜在东海岸上的铁路、港口的建设项目，也提高对中国图们江地区的关注。在此背景下，韩国"环东海振兴规划"成为韩国朴槿惠政府对外经济政策的重要部分，不仅为韩国东海岸地区的开放营造良好的国际环境，同时为中国图们江地区，尤其是珲春国际合作示范区的开发开放提供新的发展机遇。

2012 年 4 月 13 日，中国政府正式批准在珲春设立中国图们江区域（珲春）国际合作示范区（以下简称珲春国际合作示范区）。这是中国政府为进一步推动图们江区域国际合作，促进长吉图经济区协调发展，提升我国沿边开发开放水平的一项重要决策。自 2009 年图们江区域合作开发提升为国家战略以来，作为图们江区域合作先导区窗口的珲春国际合作示范区的开放程度不断提高，示范区与韩国的经济合作在成立以来取得一定成绩。韩国"环东海振兴规划"的实施，不仅符合韩国政府面向东北亚开放的国家政策，也有利于中国图们江地区的进一步开发开放，有力促进珲春示范区与韩国的经济合作。

一、韩国环东海振兴规划的提出

（一）提出的背景

"环东海振兴规划"的空间范围是江原道的长白山余脉到洛东江的水脉，包括江原道的 6 个市和郡（县和市）、庆尚北道的 5 个市和郡。本规划的时间范围为 2006 年至 2020 年。

从国内背景来看，20 世纪 90 年代以后，与环东海经济圈相邻的中、韩、俄、日等国的地方自治团体之间在东北亚地区的经济依存度越来越大，经济协作也进一步深化。以此为契机，这些地方机构希望形成环东海经济圈。韩国政府也认识到了环东海地区在东北亚地区的重要性。虽然韩国政府称东海岸为"环东海经济发展轴心"，但实际上，韩国政府对该地区的关注与资助并没有产生实质性的影响。对此，蔚山广域市、江原道、庆尚北道这三个东海岸行政机构共同提出了具有国家战略意义的地区开发项目，希望通过开发东海岸地区的资源促进国家经济发展，谋求韩国的地区间均衡发展，使韩国在东北亚经济共同发展时代成为一个具有强大动力和创造力的国家。

从国际背景来看，在韩国提出环东海经济振兴规划之际，日本、中国、俄罗斯、朝鲜等国家也开始采取积极的政策来参与环东海经济合作。从中国来看，2003 年 10 月，中国在中共第十六届三中全会上提出了加速产业快速发展的国有企业改革方案，即振兴东北老工业基地。从 2004 年开始，这一中国国家重点项目开始正式上马。因为中国东北三省与周边国家的贸易依存度在50% 以上，所以可以预想，中国将会积极与环东海经济圈的日本、韩国、俄罗斯进行更为紧密的经济合作。从日本来看，日本有 12 个县临近东海圈，其环东海圈的发展目标是：从长期来看，推进东北亚地区的广泛交流与协作，在日本国内形成一个新的经济发展轴心和交流网。从俄罗斯来看，2002 年，俄罗斯重新认识到了开发西伯利亚地区远东地区的重要性，以及加强中央控制地方的必要性。在此基础上，俄罗斯提出了《远东地区与加贝尔斯克经济社会发展项目 1996—2005，2010》和《西伯利亚远东地区经济发展战略》。2003 年 8 月，俄罗斯制定了开发远东地区能源的《俄罗斯能源战略 2020》政策，并进一步提出和推进了开发该地区油田、天然气田，以及输送能源网的详细规划。2003年12月，俄罗斯政府提出了"俄罗斯联邦交通战略2020"。其中，有关西伯利亚远东地区的开发战略包括：建立俄罗斯综合交通网；到2020年为止，建成覆盖俄罗斯全境的交通基础设施网；提高俄罗斯交通基础设施中的TSR（横跨西伯利亚的铁路）的活力；在修建连接东西部地区综合交通设施时，要使TSR发挥纽带作用等内容。从朝鲜来看，朝鲜为了发展经济，在东海岸地区进行了多项经济发展规划，包括：罗先经济贸易区、金刚山旅游区、元山经济特区等。从1991年开始，朝鲜在联合国开发规划和图们江开发规划的协作下，一直在为使罗先地区成为国际物流、旅游、出口加工基地而努力。

（二）规划存在的不足

为了东海岸三个市、道的经济发展，寻求共同目标，2006年由蔚山发展研究院、江原发展研究院、大邱庆北研究院以及国土研究院合力撰写《东海岸广域圈发展规划》，并由该地区地方政府联名提交到韩国中央政府，拟获中央政府的认可与支持。该规划是根据韩国《第四次国土综合规划修订规划（2006—2020）》中提出的环东海经济圈开发方向而编写，以行政复合城市的建设为目标，适应韩国区域经济结构的变化与发展，应对扩大南北协作的趋势，适应国内外经济形势的发展，以东海岸地区的产业共同发展为战略内容，通过培育新兴产业和发展高端的主导产业，形成产业集群，最终建立一个自由贸易区。在该区域构建尚待完善的基础设施，建立产业革新的基础。《第四次国土综合规划修订规划（2006—2020）年》中提出：要将东海岸地区发展成为开放的环东海经济发展轴心。其战略目标是：将韩国的发展与东北亚经济共同发展时代结合起来，将东海岸地区编入"开放型多极革新区域"内，为增强国力和统一以后的发展做准备。也就是说，将内陆地区的革新产业区域与西海岸、东海岸、南海岸区域的对外开放区域连接起来，形成环黄海、环东海、环南海经济圈。

但实际上，韩国政府的经济发展政策主要倾向于京畿圈（首都圈）及临近中国的西海岸、南海岸经济圈，忽略对东海岸地区的关注与资助。尽管如此，东海岸地区清洁的自然环境、滞后的经济发展，以及未开发的状态，反过来为该地区的发展提供了有利条件。东海岸地区的经济滞后对韩国经济的对外开放来说是一种制约因素，减少这种制约因素和该地区居民的被排外感，共同成为韩国经济综合开发的重要内容。

二、韩国"环东海振兴规划"的实施

鉴于东海岸地区的开发力度不足不仅有悖于本国地区间的均衡发展，而且还影响着中国、日本、俄罗斯的东北亚经济合作发展战略的现状，韩国东海岸地方政府强烈要求规划的实质性实施，将东海岸地区发展成为东北亚信息产业、物流、旅游等领域的集散中心。2011 年 1 月，韩国政府提出《第四次国土综合开发规划修订案（2011—2020）》。这不仅是依照《国土基本法》中"五年修订一次，以反映经济形势的变化"之规定而提出的修订内容，还是从国家层面提出的经济发展目标，更有使东海岸地区成为国土开发典范的意思。因此，韩国政府于 2006 年 6 月提出的《环东海经济振兴规划》经过多次修订与完善，最终被确定在《第四次国土综合开发规划修订案（2011—2020）》之中。

（一）地位及作用

2011 年韩国政府调整区域经济发展战略，其主要表现为《第四次国土综合开发规划修订案（2011—2020）》，修订案中明确韩国区域经济发展的基本框架，确定各经济区发展的定位及方向，也将东海岸地区经济发展纳入国家发展战略的一部分，将环东海振兴规划提升为国家战略，确定其发展方向。

《第四次国土综合开发规划修订案（2011—2020）》规定的韩国国土开发的基本目标是要形成具有竞争力、可持续发展、保持良好的自然环境、拥有自己的风格和魅力、面向世界全面开放的国土发展格局。其中与韩国环东海经济振兴规划相关的目标有：在环太平洋经济发展过程中，使韩国成为国际物流、金融中心，扩大全球化时代的对外开放能力。通过构建连接大陆和海洋国家间的基础设施，强化韩国在环太平洋国家经济发展过程中的连接功能。

《第四次国土综合开发规划修订案（2011—2020）》规定的国土开发规划的发展方向为对外以跨区域间的合作开发为重点，形成开放型经济的发展轴心，加强跨国间的国际交流与协作。对内要以"广域经济圈"模式为中心，形成城市连接网，通过各个广域经济圈的联系与协作，引导各地区经济的自主发展。环东海地区要加快进行环太平洋经济发展的基础设施建设，构建往来于韩中日三国的综合运输体系，推动东盟高铁及连接亚洲大陆的铁路建设项目，使韩国成为全球物流、交通的纽带，扩建国际航空路线网，通过推进国际航空公司自由飞行措施，构建全球航空网。

（二）战略目标

韩国对环东海地区的发展定位为构建能源产业带、扩充基础设施建设及加强环东海经济圈的交流与合作，不仅如此，关于环东海地区三个行政区域的发展进行详细的规划。

1. 江源圈

江源圈的基本建设目标是要构建通往大陆国家的中转站：首先，培育符合全球化需求的高端复合产业、通过发展综合性的旅游产业，使韩国成为"亚洲的瑞士"、倡导应对气候变化的绿色增长方式、构建环东海经济圈的综合交通物流基地。构建该地区的地域特色，形成新的经济增长点，如形成东海岸能源产业地带、旅游产业地带、南北交流·边境贸易地带等，构建广域经济圈的发展基础；其次是使该地区成为通往大陆国家的中转站，构建综合性的物流、交通体系。通过构建连接东北亚与欧洲的高速开放型综合物流交通体系，提高该地区的全球化连接（Global Gateway）功能；第三是集中培育医疗、保健等高端知识产业。使该地区成为国际知名的综合医疗产业发展基地—使该地区成为具有国际竞争力的综合医疗产业、医疗技术中心，使其在综合医疗领域，能够为不同人群提供世界一流的服务，进而成为新的经济增长点。构建具有地域特性和潜力的10大产业区；第四是形成综合性的旅游服务产业和绿色低碳工业园区。形成既能够为地区产出价值，又能集生态、文化、疗养于一身的旅游服务区。

2. 大庆圈

大庆圈的发展目标是建立全球化时代的知识经济基础，使该地区成为经济绿色增长的新区域：一是建立高端融合产业中心。使主导产业高端化，培育高端R&D（研究开发）、新兴产业。其次是建设为教育学术产业胜地。培育教育、学术研究及教育服务产业，使该地区转变为革新都市，使行政服务与教育业形成互动。第三是融入历史、文化、自然的文化旅游中心。形成城市文化旅游观光新区，将三大文化圈的生态文化观光商业化。第四是建设绿色网络型和谐发展区。使该区域具有区域特色，使该地区成为经济增长点，建立面向世界的交通、物流网，构建地区间的共同合作体系。

未来大庆圈的发展方向为：第一，形成新的区域经济增长点，构建地区间的综合网络。大邱是全球化时代知识经济的中心城市，行使着大庆圈的中枢调节职能，直接行使着研发高端产业的职能，以及为企业提供财力、智力服务的职能。其次，扩建全球网络型交通、物流基础设施。针对交通网络薄弱的庆尚北道北部地区，要通过尽早扩大国家基础交通网络的方式来提高国家竞争力，促进国家、地区间的均衡发展。第三，培育复合型高端产业，发展研究开发项目。使主导产业达到高端水准，形成工业园区；使高端零配件产业集约化。为此，要在大庆圈形成产业园。第四，结合江、山、大海元素，形成绿色文化旅游区。同时，还将形成三大文化圈。选定四大旅游轴心：大城市轴心、历史·海洋轴心，长白山余脉轴心，洛东江轴心。第五，广域圈之间的联系与协作。与岭南圈移动通信综合产业、东海岸的能源产业和观光产业，以及大邱、光州的高端产业、文化产业、会议服务业协调发展。为了本地区的先导产业及战略产业的发展，要加强各广域圈之间的联系与协作。

3. 东南圈

东南圈的发展目标是使该地区成为环太平洋地区海洋、物流、主要高端产业的中心，东北亚地区的对外开放与国际交流的中心，东北亚地区的港口物流经济圈的中心，东北亚地区的国际贸易、金融、影像、会议服务中心、东北亚地区的海洋文化、科学、生态旅游中心，韩国基础产业及高端知识产业的中心，环太平洋地区的绿色能源发源地、集散地等。

东南圈的发展方向为：第一，将该地区发展成为东北亚地区的国际商业中心、金融产业中心。以新港口为主，将其发展成为商业码头发展链。其次，修建环太平洋时代连接亚欧两洲的桥梁—交通及港口物流基础设施。该地区是韩国开放的前沿阵地，要修建具有国际竞争力的港口、综合运输体系、交通基础设施。第三，构建东北亚新兴战略产业园区，形成跨地域的产业集群。第四，培育绿色产业增长基地及海洋、文化、旅游产业。引导东南圈的主导产业朝低碳方向发展，构建低碳排能系统，通过扶持新型可再生能源及绿色技术产业，建立能源产业群。第五，构建共同管理的基础及制度的基础。通过制定跨区域的自治制度，设置共同管理机构等措施，构建东南圈与其他地区进行协作的系统。构建行政系统，扩大东南圈各产业部门产、学、研间的联系与协作，对跨区域经济圈进行有效的资助和管理。构建跨国的经济圈（东南圈—九州圈）产业群，形成新的发展轴心，将该地区发展成为东北亚的重要经济圈之一，形成东北亚综合经济体系中的一个新增长模式。开发东南圈的新型产业特色，构建跨区域的交通网，加快新港口运行的合理化步伐等。扩充生活基础设施，缩小城乡差别，为地区间的均衡发展进行制度整合。

三、环东海振兴规划的进展

韩国环东海振兴规划的主要进展表现为 2013 年东海岸地区被国家指定为东海岸经济自由贸易区，这是在 2013 年 2 月韩国知识经济部召开的第 56 次经济自由区域委员会会议中提出，由韩国国土海洋部、环境部以及中央相关部门审批。

（一）实质性进展

环东海振兴规划的实质性进展是韩国政府同意在东海岸地区设立经济自由区（East Coast Free Economic Zone）。东海岸圈经济自由区是正在开发中的经济自由区的正式名称，其目的是为了将江原道东海岸地区发展成为环东海经济圈的经济中心地，其发展途径包括：发展江原道的高端绿色材料产业、全球观光·休闲产业，建造国际物流园区和商业园区。江原道东海岸地区通过改善外国人的投资环境和生活环境，以及放宽各种政策限制，尽可能地保障投资企业经济活动的自主性。不仅如此，该经济圈还通过减免各种税费、放宽政策限制、提供便利的生活环境及简便的行政服务等措施，为企业的生产活动提供保障。

2013年2月4日，知识经济部第2013—35号文件确定设立东海圈自由经济区，总投入金额为13 075亿韩元（约合78.45亿人民币），实施时间为2013年至2024年（12年），总面积8.25平方千米。东海圈自由经济区的开发目标为通过发展高端绿色原材料产业，建设环东海经济圈，覆盖范围是远东地区环东海的韩国江原道东海岸（江陵市、东海市一带）。主要的设想为形成以东海为主的四个区域，即在东海市北坪洞及望祥洞、江陵市玉溪面及邱井面，以东海市北坪洞为中心，其他区域分布在半径为29千米的经济圈内。基础设施主要建设7条普通国道及东海高速公路和铁路。

（二）东海圈自由经济区的优势

东海圈自由经济区在其自身发展中具有很强的区位优势：首先，蕴藏丰富的非铁金属资源。东海岸地区储有国内最丰富的矿物资源，如占韩国总储量50%的白云石，海水锂、硅占25%、100%的稀土类资源，这有利于在东海岸地区形成非铁金属集群。其次，最佳的投资条件。支柱性企业及先期入住企业提供特惠政策，收取低廉的土地使用费，提供量身定制的厂址，确保高端信息服务平台及研发设施，提供稳定的劳动力资源。第三，2018年在平昌洞开办冬奥会。为国家的划时代发展提供前期准备，同时为地区的可持续发展创造条件，具有成为亚洲冬季运动中心的潜力。第四，东北亚地区的观光疗养基地。可吸引游客1亿人，并获得26 000亿韩元（约合156亿人民币）的投资和观光收入（以2013年为准），具有全国最丰富的旅游资源（海水浴场、旅游景点、旅游区等）。

（三）愿景与目标

培育高端绿色原材料产业，将该地区发展成为环东海圈的经济中心。储有非铁金属资源等多种资源，环东海经济圈（包括俄罗斯的滨海边疆区、中国东三省、日本和朝鲜）内的人口具有巨大的消费市场，这会与俄罗斯的远东发展战略、日本的未来开拓战略等周边国家的经济政策产生反向协同效应。在修建西伯利亚横断铁路以后，该地区的飞机场、码头等联系外界的关口，会成为环东海地区的物流中心。东海岸经济自由贸易区的位置是江陵、东海一带，总面积为 8.25 平方千米，实施期间为 2013 年至 2024 年 12 年，项目总经费为 1 兆 3 075 亿韩元（约合 78 亿元人民币），其中国家投入资金占 7.6%，地方投入资金占 7.6%，民间资金占 84.8%。

（四）东海圈自由经济区的范围

1. 北坪"国际复合产业带"

高端材料产业与物流商贸中心，开发面积为东海市北坪洞、松亭洞一带 4.61 平方千米，7 885 亿韩元（约合 45 亿人民币）。开发规划：将该地区建成高端零部件材料产业基地、物流中心、商业中心；建成环东海商业中心、出入境管理所、进出口物流园区。

2. 望祥"被植物群环绕的城市（Flora City）"

以花卉和海边为特征的品牌旅游区，开放面积为 1.82 平方千米，项目经费为 2666 亿韩元（约合 15 亿人民币）。其开发规划是利用将观光与花卉相结合的新理念，使复合观光模式持续发展；修建世界花卉展览场、生活一体化公园、国际花卉交易中心，发展疗养观光、海边观光。

3. 玉溪"高端材料复合产业地区"

建设为未来韩国发展的新增长极，开放面积为 0.71 平方千米，项目经费为 1003 亿韩元（约合 6 亿人民币）。开发规划为促进镁、锂等资源的开发，培育高端材料产业；形成浦项制铁的镁、锂生产和供给基地，以及永丰集团的锌等高端绿色材料的生产和供给基地。

4. 邱井"无碳城市"

为外国人打造国际标准的居住环境，开放面积为 1.11 平方千米，项目经费为 1551 亿韩元（约合 9 亿人民币）。开发规划：为吸引外国人投资，营造一流的国际化居住环境；修建低层、低密度的居住区、教育区、外国人专用的医疗区。

韩国"环东海振兴规划"与新北方政策的有效结合，将促使俄罗斯、朝鲜积极参与环东海地区的经济合作，为东北亚地区合作机制的构建营造良好的环境。作为韩国"环东海振兴规划"重要成果的东海岸自由经济区，将与中国的珲春国际合作示范区等新型经济合作模式在构建东北亚地区经济合作机制中发挥重要作用。

韩国"环东海振兴规划"在韩国政府"新北方政策"及"欧亚经济共同体"构想的推动下，逐渐激活东海岸经济圈的发展动力，也开始显现作为韩国面向东北亚开放前沿的重要地位。目前，韩国政府与俄罗斯积极开展 TKR–TSR

铁路的连接项目，韩俄两国就韩国参与罗津－哈桑项目达成共识，这一方面利用罗津港参与东北亚地区物流事业，同时也为西伯利亚横断铁路（TSR）与朝鲜半岛纵向铁路（TKR）的连接奠定基础。韩国对中国图们江区域的关注也不断提高，韩国企业对珲春示范区的投资也呈增加趋势。在中韩自由贸易协定的签署前景乐观的背景下，珲春国际合作示范区在中韩自由贸易区建设中的地位日益凸显，与韩国东海岸的合作来推动东北亚地区合作的必要性在不断得以加强。

作者简介：金美花，2002 年至今就职于吉林省社会科学院东北亚研究中心，长期从事朝鲜半岛问题研究，2010 年被评聘为副研究员，2011 年被提升为中心副秘书长（副处级）；曾就朝鲜半岛问题撰写数十篇学术论文及研究报告，主持完成 2 项吉林省社科基金项目及 6 项院招标项目，参与十多项国家级、省部级等项目；2009 年至今，每年赴朝鲜社会科学院进行学术访问；2010 年—2013 年间，曾获得吉林省第八届社会科学优秀论文三等奖、吉林省第五届社会科学学术年会优秀论文一等奖等。

日本环日本海（东海）①发展战略及进展

庞德良 / 任维彤

20 世纪 80 年代以来，随着经济全球化的发展，区域经济合作的理念得到越来越广泛的认同。欧盟（EU）的建立和扩张、北美自由贸易协定（NAFTA）的签署、中国—东盟自由贸易区（CAFTA）的全面正式启动，以及正在谈判中的美洲自由贸易区（FTAA）、ASEAN+3（中国、日本、韩国）、ASEAN+6（中国、日本、韩国、印度、澳大利亚、新西兰）、中日韩 FTA 和跨太平洋伙伴关系协议（TPP）等，这些都表明全球区域经济一体化的进程正在持续不断地得到推进。在这个大背景下，为加强本地区的经济交流合作，促进经济发展，东北亚地区各国也就构建"环日本海经济圈"的主题开展了有益的研究和努力。

日本海沿岸的日本部分地区与对岸各国的民间交流可追溯到日本的明治时期。然而近代以来，受日本与沿岸国家之间的战争和纷争的影响，日本海经常由"开放之海"变为"封闭之海"。20 世纪 80 年代开始，沿岸各国国情与世界局势发生了较大的变化，这为该地区各国开展交流和合作提供了契机。日本在经济高速发展之后积累了庞大的资金、拥有先进的科学技术和现代化的工业生产能力，同时也面临着国内市场局限性、与欧美国家贸易摩擦加剧、能源和天然资源对外依赖严重和日元升值等问题，需要充分地利用自身的资金和技术优势寻求新的经济合作伙伴，有效地缓解这些问题。日本海沿岸的其他各国具有广阔的市场、丰富的天然资源、大量成本低廉的劳动力，以及为了发展本国经济迫切希望引进资金、先进的生产技术设备和管理经验的需求。因此，构建"环日本海经济圈"在客观上符合沿岸各国的经济利益。

---

① 目前，关于该海域的名称存在争议。日本称之为日本海（Sea of Japan），韩国称之为东海（East Sea），朝鲜称之为东朝鲜海（East Sea of Korea）。详见维基百科http://zh.wikipedia.org。本文仅为简便起见，使用日本海一词表示该海域。海域名称并不代表本文作者的倾向性意见。

图们江区域（珲春）国际合作示范区与日本隔海相望，是中国面向东北亚合作与开发开放的重要平台。区域内陆海交通网络的建设将中俄蒙朝等国有机地融入到"环日本海经济圈"当中来，为东北亚地区各国的经济交流与合作提供更为便利的基础条件。随着示范各种设施条件的不断完善和建设规划的继续推进，对日本的资金和技术的吸引力将逐步增强，可以为示范区进一步发展带来新的力量，同时日本也是示范区物流网络的重要服务对象。因此，日本对于参与环日本海经济圈的意愿和战略取向对示范区的建设发展有着不可忽视的影响。

日本最早提出"环日本海经济圈"概念的是福岛正光（1968），[①]此后其他日本学者陆续对构建"环日本海经济圈"的设想展开讨论，如涂照彦（1983，1990，1991）、西川润（1988）、小川和男（1991）、大西康雄（1993）、渡部福太郎（1994）、本多健吉（1995）和小川雄平（1995，2006）等。这一设想提出后很快得到日本海沿岸各县和北海道等地方政府和大学的重视和积极响应，纷纷设立专门机构开始进一步的研究和讨论。同时，沿岸的地方政府还设立了各种协会、联盟等帮助和推进当地政府、企业与对岸各国开展交流合作。与之形成鲜明对照的是中央政府虽然支持地方政府的这些做法，但是并没有把环日本海区域合作纳入外交或经济政策等国策的层面，甚至在官方正式文件中也少有提及。本文从日本学术界关于"环日本海经济圈"的研究，地方政府和中央政府对该区域经济交流合作的政策措施等三个方面，整理和分析日本的环日本海的发展战略及其进展情况。

一、日本学术界关于"环日本海经济圈"的研究

在20世纪80年代，日本积累了巨额的贸易盈余，自1986年开始日本的贸易顺差持续维持在1000亿美元以上[②]。为缓解与欧美国家的贸易摩擦、能源和天然资源价格上涨以及日元升值等因素对经济发展的不利影响，日本希望通过对发展中国家提供资金和技术援助的方式，寻求新的产品出口市场、能源及天然资源进口来源，并帮助企业将生产部分基地转移到这些国家。当时日本海沿岸各国的自然、地理和经济条件对日本来说是一个较优的选项。在这一背景下，日本学术界开始了关于环日本海经济交流合作的研究和讨论。

①福岛正光，「日本海経済圏の提唱—平和と繁栄の第三の道」、『コリア評論』1968年6月号。

②刘昌黎，《现代日本经济概论》，东北财经大学出版社，2008年，第412页。

日本新泻大学的涂照彦是较早开展关于"环日本海经济圈"研究的日本学者，在他的一系列论文中对"环日本海经济圈"的概念、涵盖地区和构建设想等做了详细的论述（涂照彦，1983，1990，1991）。他的初期构想是经济圈由日本海沿岸各地区（具体而言为中国的东北地区、俄罗斯远东部分地区、日本和韩国的日本海沿岸地区）共同构成。建议由这些地区的地方政府主导，以共通的开发项目为主，以交通网络连结各地区，由国际机构与相关各国合作，促进经济和人才的交流。他认为影响构建"环日本海经济圈"的不确定因素主要有三个，即亚洲地区整合的可能性、实现东亚共同货币制度的可能性和中国未来所扮演的角色。

西川润（1988）也是较早提出环日本海经济合作设想的日本学者之一。他提出合作目的是促进东亚地区乃至世界的和平和发展，认为有关国家通过经济交流加深相互理解，加强经济的相互依存，有助于地区和平和减轻军备负担，有望构建涵盖12亿人口的世界第一大市场。西川润将合作内容归纳为四个方面：一是航空合作；二是贸易合作，建立环日本海国家的自由贸易区；三是推进合资、合作企业；四是设立环日本海基金，用于帮助企业融资、基础建设、技术转让和文化、艺术、体育等交流。虽然当时的政治条件尚不成熟，但是从经济条件看有充分的必然性。首先日本经济成长迅速，出口主导型增长趋势加强，面临严重的贸易摩擦和资源不足的问题。韩国和朝鲜的重化学工业和轻工业区有相当大的成就，但是分别面临出口主导型经济严重依赖海外市场和保持国内经济发展平衡、扩大市场的问题。中国为实现四个现代化和工农业总产值翻两番的目标，设立了四个经济特区和十四个沿海经济开发区，并且具有劳动力、农产品和资源优势。四方的合作具有经济结构的互补条件。从日本来看，国内地区差别很大，日本海沿岸的城市如秋田、山形、富山、新泻、七尾、福井等，都处于重化学工业高度发展的末期。由于当时日本的重化学工业正在向海外转移，这些城市不能转变为技术城市。因此，建立环日本海市场，有助于这些城市包括九州的各城市开拓新的海外贸易。

小川和男（1991）认为形成"环日本海经济圈"已经具备以下条件：（1）经济圈内各地区具有异质性生产要素；（2）在国际区域经济合作的潮流影响下前苏联开始将视线转向亚洲；（3）经济圈内各地区都期待着互惠的发展；（4）多国间的交流互动不断扩大；（5）有效地利用天然资源需要产出国和消费国间的合作；（6）激烈的国际竞争中，期待日本发挥调节作用。

辻久子（2002）认为影响经济圈形成的障碍包括：（1）俄罗斯的远东发展计划受资金的限制无法实现，对远东地区的外国投资仍然很少；（2）朝鲜持续面临严重的经济发展困难，与日美韩的交往成就甚少，图们江开发计划中的罗津、先锋地区的开发尚未取得成功；（3）俄罗斯的资源开发所需的巨额资金限制了其在国际资源市场的竞争力；（4）在互补的生产要素中，劳动力的转移尚存在困难；（5）日本太平洋沿岸地区对环日本海地区关心不够，日本海沿岸地区的自身发展力量也显不足；（6）日本与对岸各国的政治关系发展不畅。解决的办法首先是朝鲜与包括美日在内的其他国家改善关系，加入国际金融机构；其次是通过加强区域内的人员往来增进相互信赖关系；第三是为建立充满魅力的市场，完善健全基础设施、法律体系等投资环境。

大西康雄（1993）分析了 20 世纪 80 年代日本海沿岸各国的经济现状，认为形成"环日本海经济圈"的有利因素是：（1）发展方向差异明显，日本已经成为最高水平的经济大国，韩国正在从中等发达国家向发达国家发展，中国正沿着改革开放的路线持续发展，前苏联解体后面临经济政策混乱和生产效率低下的问题，朝鲜面临粮食、能源和外汇等危机局面；（2）经济实力差距明显；（3）经济结构的异质性。面临的问题主要有：（1）日本海非军事化；（2）日本海的共同开发对象化；（3）超体制的国际秩序形成——设置新的国际机构；（4）致力于建设开放经济圈——连结环太平洋经济圈；（5）沿岸各地区居民的多方位结合及利害关系调整；（6）建立国际性的情报公开、收集、扩散系统；（7）召开各种国际会议和设立各种国际机构。

渡部福太郎（1994）认为，环日本海周边地区历史上就有人员和货物的自然往来和交流，所以环日本海经济圈构想并非无中生有。现代历史中日本海在大约 100 年左右的时间里成为"敌对的海"，遗留下来的影响仍然很大。围绕日本海沿岸各地的交流现状是：北九州和下关地区更倾向于朝鲜半岛，通过与韩国各城市和中国的上海、青岛等城市的交流，可以被划入黄海和东海经济圈，是环日本海经济圈的重要地区。而上述地区与朝鲜半岛北部地区和俄罗斯远东地区交流较少，取而代之的是日本的中国地区北部至北海道地区，其中扮演重要角色的是新泻到富山和金泽一带的地区。

小川雄平（1995，2006）是区域经济合作的积极倡导者之一。他认为随着冷战的结束，日本海沿岸地区的人们顺应国际政治环境的变化，重新开始了各种形式的交流，使日本海从"对立的海"变为"和平的海"，从而形成"环日本海经济圈"的构想。他通过对中俄、中朝、朝俄边境地区的发展变化和日本的日本海沿岸地区与对岸交流现状的实地调查，提出环日本海地区地方合作模式的设想。随着经济全球化的不断深入，所谓"地方国际化"的条件趋于成熟，自然地形成了各种局部地区经济圈的构想。在考察了中日韩之间的经济交流情况之后，他向北九州和山口地区建议仿照"环日本海经济圈"的模式开展"环黄海经济圈"的国际交流，并得到北九州市的采纳。在多年的实地调查和分析研究的基础上，他还提出了一个范围更为广泛的构想——将"环日本海经济圈"、"环黄海经济圈"和"北回归线经济圈"整合为"东亚地中海经济圈"。①

二、地方政府对该区域经济交流合作的政策措施

日本的生产能力和经济实力大部分集中在面向太平洋一侧狭长海岸线上，即从东京地区、中部地区、近畿地区、濑户内海地区直至北九州地区。日本海沿岸地区的生产能力和经济实力相对较弱，与中国东北部地区、朝鲜、俄罗斯远东地区及蒙古国的贸易水平也很低。所以日本海沿岸地区对构建"环日本海经济圈"的态度更为积极。

1. 与对岸建立地方友好关系

20世纪80年代初开始，日本海沿岸的日本地方政府与对岸国家的很多地区建立了友好关系。表1列出了省（州、道、区）级的友好关系，除此之外还有很多的市级的友好关系。沿岸的各地方政府以此为平台开展了多种形式的交流合作，如互派友好访问团，开展经贸、文化和环境保护领域的交流合作、人才培训、技术援助等。这些交流的主要特点是以地方政府为主导，官产学积极参与；交流领域广泛，其中经济领域的交流更受重视。

表1 日本的日本海沿岸地区与对岸建立的地方友好关系

日本的地方政府	对岸国家的地方政府	建立时间
北海道	中国 黑龙江省	1986年6月13日
	俄罗斯 萨哈林州	1998年11月22日
	韩国 庆尚南道	2006年6月7日
青森县	俄罗斯 哈巴罗夫斯克边疆区	1992年8月27日
	中国 辽宁省大连市	2004年12月24日
	韩国 济州特别自治道	2011年12月7日
秋田县	中国 甘肃省	1982年8月5日

①见小川雄平（2006）。

日本的地方政府	对岸国家的地方政府	建立时间
	俄罗斯 滨海边疆区	2010年3月19日
山形县	中国 黑龙江省	1993年8月10日
新泻县	中国 黑龙江省	1983年8月5日
富山县	中国 辽宁省	1984年5月9日
	俄罗斯 滨海边疆区	1992年8月26日
石川县	中国 江苏省	1995年11月
	韩国 全罗北道	2001年9月
福井县	中国 浙江省	1993年10月6日
京都府	中国 山西省	1983年7月16日
	俄罗斯 列宁格勒州	1994年11月4日
兵库县	俄罗斯 哈巴罗夫斯克边疆区	1969年4月18日
	中国 广东省	1983年3月23日
	中国 海南省	1990年9月28日
鸟取县	中国 河北省	1986年6月9日
	韩国 江原道	1994年11月7日
	俄罗斯 滨海边疆区	2010年5月5日
岛根县	韩国 庆尚北道	1989年10月6日
	中国 宁夏回族自治区	1993年10月6日
山口县	中国 山东省	1982年8月12日
	韩国 庆尚南道	1987年6月26日

资料来源：日本外务省和有关地方政府网站

2. 设立促进环日本海交流的专门机构

日本海沿岸的日本地方政府都非常重视与对岸的交流合作，一些县市还设立了专门机构或成立地方联合组织负责推动和促进与对岸的贸易、投资等经济活动。

富山县的"环日本海经济交流中心"为帮助和促进县内企业与东北亚地区的经济交流，经常举办投资贸易论坛、商品展示和洽谈会等活动，不定期地出版期刊介绍环日本海区域的经济动态和有关的研究成果。富山县还联合民间组织设立了"日本海学推进机构"，开展关于日本海自然环境、交流、文化和环境等问题的研究和讨论。

秋田县设立了"秋田县环日本海交流推进协议会"，希望以此作为对环日本海区域乃至海外交流的据点，官民一体化共同扩大国际间的物流和交通网络的建设，培育人才、促进交流。

位于金泽市的"北陆环日本海经济交流促进协议会"成立于 1992 年 5 月 22 日，成员包括中部经济产业局、近畿经济产业局、富山县、石川县、福井县、富山大学、金泽大学、福井大学和地方的企业，主要开展针对沿岸各国的情报收集和提供、调查研究、交流活动等。

"日本海沿岸地带振兴联盟"（简称"日沿联"）是日本成立最早、范围最大的针对日本海沿岸交流的地方联合组织。该组织成立于 1964 年 10 月 9 日，位于富山县富山市，成员有青森县、秋田县、山形县、新泻县、富山县、石川县、福井县、京都府、兵库县、鸟取县、岛根县和山口县等 12 个府县，会员包括各府县知事和议会议长、有关市（町、村）长代表和议长代表、有关经济团体代表等。"日沿联"以日本海沿岸地域的发展为目标开展活动，致力于完善和充实该区域高速交通体系、产业和生活环境基础设施的建设，推进与对岸的交流[①]。为实现日本海沿岸地域的振兴和发展，"日沿联"提出"环日本海交流的推进"和"日本海国土轴的形成"两项重要课题，并为此研究各种对策。2011 年"日沿联"与"日本海沿岸地带振兴促进议员联盟"共同发起倡议构建"日本海国土轴和环日本海经济圈"

3. 结合地方实际积极开展与对岸地区的交流

一直以来，日本海沿岸的日本地方政府结合本地方的实际情况，与对岸国家的沿岸地区开展各种交流活动。北海道地区主要以俄罗斯为交流对象，在开辟国际航线、农业技术交流、水产资源共同开发以及工业、贸易、运输、观光等领域开展交流合作。新泻县以其具有代表性的金属制品、施工设备和纺织制造等产业为基础，积极与对岸各国开展合作，并在 1991 年制订的《新泻 21 世纪发展规划》中提出要将新泻市建为环日本海核心都市圈。富山县在 1991 年的"新富山县民综合规划"中将国际化提升为重点发展目标之一，其中环日本海交流据点的建设构想是重要组成部分。按照这一规划，富山县正在逐步扩大与俄罗斯的远东地区、中国辽宁省和朝鲜半岛的部分地区进行交流合作。北九州和山口地区与中国和韩国的往来较为密切，在贸易、投资、技术交流、人员往来和交通物流等领域取得了进展。特别是经济产业省的派出机构九州经济产业局标榜与东亚共存的理念，对当地企业与中国和韩国的产业和技术交流给予积极的支持，被小川雄平称为"九州模式"。

---

①日本海沿岸地带振兴联盟，http://www.pref.toyama.lg.jp/sections/1002/nichienren/index.html

三、中央政府对该区域经济交流合作的政策措施

日本的对外经济发展战略奉行"贸易立国"的理念，在 20 世纪 70 年代就开始提出"环太平洋经济合作设想"。80 年代起，在经济全球化和区域经济合作不断深入发展的背景下，面对贸易摩擦、能源和天然资源价格上涨、日元升值等问题，日本政府非常重视对外特别是针对发展中国家的交流合作，希望利用资金和技术优势开拓新的市场，扩大能源和天然资源的进口来源，帮助企业走向海外提升国际竞争力，保持经济的较快发展速度。从发展过程来看，日本政府对欧美及环太平洋区域的合作更为重视，在构建"环日本海经济圈"的问题上仅仅表现为支持地方政府开展交流合作，基本上没有就环日本海区域合作的议题与有关国家进行交流。

70 年代和 80 年代，日本政府通过 ODA 的方式分别向韩国和中国提供资金帮助建设和完善两国的基础设施，同时也开始了一些技术和产业方面的合作。1991 年，日本政府计划协助俄罗斯的哈巴罗夫斯克建设机场和港口，并开始对中国东北地区就贸易和投资情况实施调查。1992 年，日本经济企划厅发布《关于环日本海时代与地区经济活跃化调查报告》，提出扩充日本海沿岸机场、港口和道路交通网，增强同对岸各国人员和货物交流的机能，在日本海沿岸地区建立据点城市。1996 年，日本提出"第 5 次全国综合开发规划"，确立"多国轴国土构造的形成"的方针。该计划根据各地区的提议展望了未来日本经济社会发展和对外交流的 4 个区域，即东北国土轴、日本海国土轴、太平洋新国土轴和西日本国土轴。其中，日本海国土轴包括自九州北部起到本州的日本海沿岸，直至北海道的日本海沿岸地区。

新世纪以来，日本的对外区域合作政策发生转变，在东亚地区强调双边与多边合作同时并进的策略。自 2001 年起，在与新加坡、韩国进行缔结 FTA 相关谈判的同时，也与东盟签订"全面经济合作的共同声明"。2002 年，中国提出与东盟建立自由贸易区的倡议得到积极响应后，日本政府提出建立"东亚共同体"的构想。同年，小泉首相访问东南亚诸国时提出"日本—ASEAN 全面经济协作构想"。2004 年，日本制定"关于我国今后 EPA 战略推进的基本方针"，明确以东亚为中心，开展 FTA 的战略部署。2006 年，由经济产业省策划，经济财政咨询会议制定的"全球经济战略"提出在 ASEAN+6 的框架内推进 FTA 的建议。2006 年出台的"经济成长战略大纲"提出，到 2010 年与 FTA 缔约国的贸易额占总贸易额的 25% 以上的具体目标。2010 年，"东盟—

日本经济合作伙伴协议正式生效。2011 年，日本正式决定加入 TPP 谈判。

综上所述，日本在环日本海交流合作的方面的策略和做法主要体现出这样几个特点：一是与对岸各国进行交流合作的主体是地方政府而非中央政府；二是地方政府与对岸各国的沿岸地区积极开展多种形式的地区间的交流合作；三是双方相互往来主要通过缔结地方之间友好关系的形式加以推进，基本不存在条约、协议等具有指导性和约束性的法律文件。因此，环日本海区域的经济交流合作明显有别于其他的区域经济合作，是一种超越国境的区域经济合作，即以区域内多个国家的各自一部分地区为主体的区域经济合作。

四、日本对图们江区域国际合作政策的分析及政策建议

近年来，由于领土问题和朝核问题等原因，日本与日本海沿岸各国的政治关系遇冷，特别是与中、朝、韩三国的政治交往近乎陷入僵局。在经济关系方面，目前中、韩两国是日本的重要贸易伙伴（中国和韩国自 2006 年起一直分别为日本的第一、三大贸易伙伴国），日本与俄、蒙两国的贸易规模不大，而与朝鲜的经济往来基本停滞。到目前为止，图们江区域的国际开发与合作尚未纳入到日本的政治外交政策重点和对外经济战略范围之内。但是，图们江区域对日本来说具有地缘战略利益，存在不可忽视的潜在利益，从发展的角度看，该地区必将纳入其合作与发展的规划中。因此，有必要分析日本在该地区的潜在利益及其参与图们江区域国际合作发展的利弊，提出相应的对策。

1. 日本参与图们江区域国际合作的潜在经济利益与战略意图

从长远来看，日本参与图们江区域国际合作的潜在经济利益在于：第一，借助图们江的地域优势，构筑 21 世纪的经济战略优势。日本可以凭借图们江优越的地理位置，利用新的亚欧大陆桥，发挥世界大国在世界物流中心的聚敛和辐射作用，借此构建出 21 世纪日本在世界经济中的战略优势。第二，借助图们江地区的国际开发发挥资本大国、技术大国的战略优势，构筑其在东北亚国际分工体系中的优势地位。第三，借助图们江地区的开发，提高地域经济国际化水平。

从目前的资料来看，日本对环日本海经济交流主要关心以下几个方面：一是希望获得俄罗斯远东地区和蒙古国的能源和天然资源，比较关心区内的海陆交通运输网络的建设；二是希望提高对沿岸各国的进出口贸易；三是对中国东北地区、俄罗斯远东地区和蒙古国的在能源、采矿、农业、加工业、物流等领域投资潜力较大，但是目前受该地区的政治条件影响规模仍然较小；四是希望加强人员的友好往来，扩大民间交流，促进相互间的理解；五是地

方政府出于发展本地经济的考虑，希望规避政治因素的影响，加强在多领域的交流合作。此外，由于人们环保意识的不断增强，日本与沿岸各国在日本海环境保护方面的持续开展了较多的交流合作。

2. 日本参与图们江区域国际合作的制约因素

到目前为止，日本在对东北亚地区，特别是图们江地区的开发方面所采取的实际行动尚不多见，仍停留在民间研究、观察观望阶段上。究其原因，主要存在以下问题：第一，政治经济关系复杂化影响了日本参与图们江区域国际合作的积极性与主动性；第二，中央与地方政府在对外经济政策和战略取向上存在偏差；第三，日本产业转移重心和方向决定了图们江地区乃至整个东北亚国家和地区短期内尚难纳入到亚洲国际分工体系之中；第四，图们江地区缺乏现实的可依托的中心城市，制约着日本对该地区的水平贸易和直接投资的发展。

3. 日本参与图们江区域国际合作的有利因素

虽然日本对图们江地区国际开发政策短期内不会有较大的改变，但是目前也有一些有利因素：第一、中国实施的东北振兴战略已经引起了日本的注意，如果俄罗斯远东开发振兴计划能够有效实施，将会增加日本对图们江地区国际开发关注程度和参与热情；第二、经过多年的不断开发与努力，图们江地区市场化程度、经济容量、基础设施建设已取得成效，日本资本进入的基础已经具备。

4. 政策建议

当前，在推进图们江区域（珲春）国际合作示范区的发展建设过程中，应当密切关注上述制约因素和有利因素的变化。针对日本参与图们江区域国际合作的潜在经济利益与战略意图，制定切实可行的对策，争取日本政府和企业提高对图们江区域国际合作的认识，转变态度，促进其投资与贸易有一个比较大的发展。

第一，启动节能、环保等项目，争取日本技术援助。

图们江区域（珲春）国际合作示范区建设中的基础设施、节能和环境保护项目、人才培养等都可以成为受援领域。特别是与日本密切相关的清洁能源、环境保护项目，如果中央政府与延边地区积极争取，完全有可能使日本对图们江地区实施专门的政府发展援助立项。这既可以解决图们江地区开发中心城市建设和人才培养、环境保护问题，又可以扩展民间资本的吸纳空间，引导日本民间大企业的资本流向这一地区，起到一箭双雕的功效。

第二，建立长白山绿色食品基地，做大做强自主品牌。

从延边地区自然禀赋看，农业拥有明显的比较优势，特别是绿色农业拥有比较大的竞争力。延边地区可以针对日本消费者注重产品的质量和服务、注重食品的健康和安全等特点，发展符合日本需要的有机农产品、特色农产品的生产，形成规模和优势，做大做强自主品牌。

第三，整合旅游资源，形成包括日本在内的合作发展平台。

长白山丰富的旅游资源为图们江地区国际旅游业发展提供了得天独厚的条件，旅游业因长白山区资源的独特性和稀缺性使其拥有比较大的比较优势，从而成为能够与域外产业竞争的优势产业。为此，有必要整合现有的旅游资源，提高整体合力，在吸引日本游客的基础上使旅游业成为日本资本进入的重点和高层次的合作平台。

第四，推进延边地区循环经济建设。

建设环境友好、资源节约的生态型城市是延边地区发展的战略目标。可以围绕循环经济建设来推进与日本政府、企业与民间的合作，充分利用日本的先进技术与经验。在这一领域的合作，一方面符合日本战略互惠关系的战略性的内涵，另一方面也能够为延边经济发展与建设开辟出一条新途径，值得下大气力去投入和建设。

第五，抓住一些外商投资企业在中国调整布局的机会，吸引包括日资企业在内的更多外商投资企业到示范区投资。示范区和延边地区享有的优惠政策和低廉的劳动力成本，尤其是对向韩国、日本、俄罗斯出口产品的企业来说，是充满魅力的。

第六，针对日本希望获得俄罗斯和蒙古国资源的需求，筹划在资源深加工和基础设施建设上与日本开展资金与技术合作。

总之，尽管受区域内各国间的各种矛盾冲突和日本对外经济交流战略转向等因素的影响，环日本海的经济交流合作并没有像人们最初设想的那样获得巨大的成功。但是，我们也看到通过沿岸各国的部分地方政府和民间组织的不断努力，该区域的经济交流合作还是取得了相当的成就，特别是目前日本的沿岸地区仍然对此抱有很大的热情并努力加以推进。这对于促进发达程度还相对不高的沿岸其他国家的地区具有积极作用。示范区要充分利用周边国家的政治经济有利因素，推进区域经济合作，促进地区发展，争取在示范区乃至延边地区的经济社会建设和图们江区域国际合作上取得新突破，获得大发展。

作者简介：庞德良，吉林大学东北亚研究院副院长、教授、博士生导师，全国日本经济学会副秘书长、中华日本学会副秘书长、吉林省政府决策咨询委员会委员。多年从事现代日本经济与东北亚区域经济研究,主要研究成果有:《泛太平洋战略型经济协定(TPP)与中国的选择》《中日美经济内外部失衡关系的量化分析及评估》《中国对日韩农产品贸易的比较分析》《石油价格冲击、内生技术进步与日本经济增长》《日本应对金融危机冲击对策评析》、《东北亚区域金融合作研究》等。

任维彤,吉林大学东北亚研究院世界经济研究所讲师、博士。

东北老工业基地振兴与长吉图战略实施

吴　昊／李美琪

2003 年，中央正式提出实施东北地区等老工业基地全面振兴战略。近 10 年来，国家出台了一系列促进东北老工业基地振兴的政策措施。长吉图开发开放先导区地处东北地区中部，是东北地区的重要经济区之一。2009 年国务院批复《中国图们江区域合作开发规划纲要——以长吉图为开发开放先导区》，既是培育东北地区新增长极的重要举措，同时也是构建推动东北亚区域合作新平台的重要措施。中国图们江（珲春）国际合作示范区地处长吉图开发开放先导区的窗口地带，与俄罗斯、朝鲜两国毗邻，是图们江地区国际合作开发重点区域。加快推进中国图们江（珲春）国际合作区建设，不仅是实施长吉图战略的重要一环，同时也是东北沿边地区探索对外开放新模式的重要举措。因此，该国际合作示范区建设需要紧密围绕国家振兴东北老工业基地的新思路和新措施确定工作重点，根据图们江区域国际合作开发的新形势探索国际合作的新领域和新形式，按照实施长吉图战略的总体要求争取在开发开放和体制创新方面尽快取得新进展，为沿边地区新一轮扩大开放起到示范引领作用。

一、振兴东北地区等老工业基地战略的主要内容

实施振兴东北地区等老工业基地战略以来，国家和相关省区（自治区）相继出台了一系列政策措施，加快促进东北地区经济社会健康发展。

（一）促进国有企业改革和改组的政策

国有企业改革、改组、改制是振兴东北老工业基地战略的重要目标。国家有关部门相继出台了一系列扶持政策，包括完善社会保障体系试点、政策性破产、处置历史欠税和不良债务、分离企业办社会职能和辅业改制、增值税转型试点、中央投资倾斜等，这些政策措施既着眼于卸掉历史包袱、化解国有企业存在的突出矛盾，也着眼于增强发展后劲，支持企业加快结构调整

和技术改造，为改革重组的顺利推进创造了重要条件。

为了保障国有企业改革、改组、改制的顺利展开，国家及有关部门还在东北地区实施特殊税收优惠政策，率先实施税收减免改革试点，免除东北老工业基地企业历史欠税，缩短东北地区工业企业固定资产折旧和无形资产摊销年限，以此为东北地区国有企业改革创造更好的条件。

（二）健全社会保障体系的相关政策

健全社会保障体系，既可以切实改善相关社会保障对象的生活，同时也可为推进国有企业提供安全网和基本社会环境。2001年，辽宁省率先进行完善城镇社会保障体系改革试点。振兴东北老工业基地战略出台后，国家决定在东北地区全面推开完善社会保障体系试点工作，即2004年将相关试点工作扩展至吉林、黑龙江两省。在城镇社会保障体系不断完善的过程中，辽宁省政府出台政策加快推进新型农村社会养老保险（简称新农保）试点，鼓励未参加城镇职工基本养老保险的农村居民，在户籍地自愿参加新农保，并充分考虑参保农民跨地区流动后的保险金领取问题，目标是在2020年前基本实现对农村适龄居民的全覆盖。

与此同时，国家及有关部门还将促进就业与再就业作为完善社会保障体系的重要组成部分，重点解决体制转轨遗留的下岗失业人员再就业问题和重组改制关闭破产企业职工安置问题，促进城乡统筹就业，改进就业服务，强化职业培训。

（三）扩大东北地区对外开放的政策

为加快东北老工业基地振兴步伐，积极合理有效利用外资，2005年6月国务院办公厅印发《关于促进东北老工业基地进一步扩大对外开放的实施意见》，主要内容包括鼓励外资参与国有企业改组改造，加快体制和机制创新；加强政策引导，推进重点行业和企业的技术进步；进一步扩大开放领域，着力提升服务业的发展水平；发挥区位优势，促进区域经济合作健康发展；营造良好的发展环境，为加快对外开放提供保障。

开展国际区域合作，是扩大东北地区对外开放的重要措施。2009年9月中俄两国元首共同签署《中国东北地区与俄罗斯远东及东西伯利亚地区合作规划纲要（2009年—2018年）》。此外，国务院还先后批准设立黑龙江省绥芬河综合保税区、长吉图开发开放先导区等新的国际区域经济合作平台。

2012年8月，国务院批准《中国东北地区面向东北亚区域开放规划纲要》。该纲要对东北地区发展与东北亚国家区域合作做出了全面部署，特别是突出了东北沿边地区开放的重要地位，明确了重点领域、重点项目和推进措施。

（四）重点产业开发和重大项目建设支持政策

近 10 年来，国家及有关部门实施了一系列支持重点产业发展和重大项目建设的政策。2003 年 -2005 年，中央政府先后多批次推出国债资金项目，总投资 1133 亿元，用于变压器制造基地建设、电机改造、重型机械、农产品深加工机械等多个领域，以此推动东北等老工业基地调整改造、重点行业结构调整和技术水平的提高。与此同时，国家还安排了 37 项高技术产业专项，重点支持电子信息技术产业、生物技术与医药产业、精细化工与新材料产业等产业领域，旨在促进东北地区高技术产业发展和产业结构升级。

2006 年，中国国务院下发《关于加快振兴装备制造业的若干意见》，对推进装备制造业振兴做出了明确部署。2007 年《东北振兴规划》明确提出将东北地区建设成为具有国际竞争力的装备制造业基地、国家新型材料和能源保障基地、国家重要技术研发和创新基地。2010 年，开发银行出台《关于进一步支持东北地区等老工业基地全面振兴的意见》，进出口银行安排 25 亿元用于支持东北地区重点技术装备出口。

（五）区域性生态环境保护政策

国家一直高度重视东北地区生态建设和环境保护。振兴东北老工业基地战略实施以来，国家及有关部门先后出台《辽河流域水污染防治规划》和《松花江流域水污染防治规划》，并编制了《大小兴安岭林区生态保护与经济转型规划》，在东北地区实施了一系列重大区域性环境保护专项规划。

《东北振兴规划》则已以加强生态建设和环境保护、促进资源合理利用为发展思路，并以约束性指标形式，明确规定了东北地区 2005 年—2010 年在单位生产总值能耗降低比率、单位工业增加值用水量降低比率、主要污染物排放降低比率、耕地保有量、工业固体废弃物综合利用比率以及森林覆盖率等指标。国务院批准的《大小兴安岭林区生态保护与经济转型规划（2010 年—2020 年）》，提出了支持林区生态保护与经济转型的一系列政策措施，规定"大小兴安岭森林生态功能区范围内森林覆盖率高于 70% 的县（旗、区）参照执行资源枯竭城市财政转移支付政策。

（六）资源枯竭城市经济扶植政策

2004 年，国家发展改革委下达《吉林省辽源矿区、通化市、珲春市采煤沉陷区治理工程 2004 年中央预算内专项资金（国债）投资计划的通知》，批复了 3 个采煤沉陷区治理工程项目。2005 年 10 月，中央出台《关于推进东北地区棚户区改造工作的指导意见》。2009 年以来，国家进一步加大对资源型城市的财力性转移支付，用于资源型城市吸纳就业和产业集聚区建设项目，旨在解决东北地区资源型城市下岗工人的就业问题，加强资源综合利用和发展接续产业。2010 年，国家有关部门在完成首批资源枯竭城市转型成效评估后，将首批 12 个资源枯竭城市中的 11 个财力性转移支付支持政策延长 5 年。

（七）重点区域开发政策

2009 年以来，在全面总结东北振兴战略实施状况的基础上，国务院发布《关于进一步实施东北地区等老工业基地振兴战略的若干意见》。这是继 2003 年东北振兴战略文件后，国务院推进东北地区等老工业基地全面振兴的又一重要综合性、指导性、政策性文件，标志着东北地区进入全面振兴的新阶段。在这一阶段，中国国务院先后批复《辽宁沿海经济带发展规划》、《中国图们江区域合作开发规划纲要——以长吉图为开发开放先导区》（简称"规划纲要"），并将沈阳经济区列为国家新型工业化综合配套改革试验区。辽宁沿海经济带、长吉图开发开放先导区、沈阳经济区均为东北地区重要的经济集聚区和带动区域加快发展的重要增长极。

二、长吉图开发开放先导区战略的主要内容

"规划纲要"主要包括三个方面的内容：一是长吉图开发开放先导区的区内建设规划；二是长吉图先导区与中国国内其他地区的联动开发规划；三是长吉图先导区参与图们江国际合作开发规划。

（一）长吉图先导区的区内建设规划

先导区的区内建设，是"规划纲要"的核心内容，主要包括经济空间布局规划、产业发展规划、基础设施建设与环境保护规划三个方面。

第一，经济空间布局规划。长吉图先导区的地域范围，包括吉林省长春市、吉林市部分地区，该区域的面积和人口都约占吉林省的 1/3，经济总量则占吉林省的 1/2。这样一个地域范围很广阔的区域建设开发开放先导区，必然要涉及在这个区域如何进行经济空间合理布局和功能定位问题。"规划纲要"将先导区主要划分为三个地带：珲春市主要承担对外开放的窗口职能，重点开展跨境经济合作；延龙图（延吉、龙井、图们）作为对外开放的前沿地带，重点承担图们江区域重要物流中心和国际产业合作服务基地的职能；长吉经济区（长春、吉林两市）：利用自身的产业基础和人才、科技优势，通过进一步集聚生产要素和产业开发，承担支撑区域合作开发的核心腹地的功能。

第二，产业发展规划。"规划纲要"明确提出了先导区的产业开发方向，即建设以现代农业和特色农业为基础、以先进制造业和现代服务业为主体的产业体系。工业领域：重点建设汽车制造业、石油化学工业、农产品加工业、

电子信息产业、冶金建材产业、装备制造业、生物产业、新材料产业等8大新型工业基地;服务业领域:重点发展现代物流业、特色旅游业、文化创意业、服务外包业、商务会展业、金融保险业等高端服务产业;农业领域:加强耕地资源保护和农业基础设施建设,稳步提高粮食综合生产能力,发展特色农业。

第三,基础设施建设。交通设施:重点项目包括以长春为核心枢纽的哈(哈尔滨)大(大连)铁路客运专线,长(长春)吉(吉林)铁路客运专线,吉林至图们高速铁路,长春、吉林等中心城市的环城高速及其他公路;水利设施:松花江、图们江及主要城市的防洪工程,吉林省中部地区的引松供水工程,农业水利工程,水资源污染治理工程等;能源开发:珲春电厂三期项目,敦化抽水蓄能电站项目,可再生能源开发项目,油页岩勘探、开发项目,长春至吉林、吉林至延吉的天然气输送管道项目等;信息基础设施:重点加强第三代移动通信、数字电视、下一代互联网项目建设,为电子商务提供更有力的支撑平台。

第四,环境保护规划。在环境保护方面,长吉图先导区重点发展循环经济、低碳经济,实施长白山天然林保护、松花江流域水污染治理、吉林省中部地区黑土地治理等工程。

(二)长吉图先导区与中国国内其他地区的联动开发规划

长吉图先导区不是一个孤立的区域,全面开展与其他地区的合作是先导区建设的一个前提条件。为此,"规划纲要"从三个方面提出了发展与中国国内其他地区合作的基本方向。

第一,先导区与吉林省其他地区的合作。一方面长吉图先导区应该建设成吉林省的增长极,带动吉林省其他地区经济增长;另一方面吉林省其他地区需要融入到长吉图先导区建设,在基础设施建设、产业开发等方面与先导区建设相衔接。

第二,先导区与东北其他省区的合作。重点建设长吉图先导区与黑龙江、辽宁、内蒙古之间的铁路、公路,形成高效交通网络;支持企业跨省区合作;开展东北地区能源开发利用合作等。

第三,先导区与东南沿海省市的合作。与中国东南沿海省市开展产业园区建设合作,承接发达省市对先导区产业转移。

(三)长吉图先导区参与图们江国际合作开发规划

参与和推动图们江国际区域合作,既是长吉图先导区建设的一项重要任务,也是确保先导区建设尽快取得进展的前提。为此,"规划纲要"对参与图们江国际区域合作提出了明确的思路。

第一，国际大通道建设。主要内容包括：与俄、朝毗邻地区的基础设施建设合作（港口、铁路、公路、桥梁等）；中蒙大通道建设合作（中蒙阿尔山—乔巴山国际铁路等）；国际空港物流通道（加强长春龙嘉机场、延吉机场的国际物流中心功能）建设。

第二，国际产业合作园区建设。加强与东北亚各国的协商与协调，在长吉图先导区设立中俄、中日、中韩产业合作园，促进产业开发合作。

第三，科技、文化、旅游合作。开展与俄、朝、韩、蒙、日的科技文化交流，推进跨境旅游合作，将长吉图建设成东北亚地区科技文化交流中心和国际旅游目的地。

三、长吉图开发开放先导区建设的主要进展

经过各方面的共同努力，长吉图先导区建设取得了一些重大进展。长吉图先导区经济快速增长，发挥了区域经济增长核心作用，同时通道建设与平台建设取得显著成绩。

1. 长吉图开发开放先导区经济快速发展

长吉图先导区在区域经济总量、财政收入、城市化水平、固定资产投资等方面，增长速度均高于吉林省平均水平，产业结构有所优化。2012年长春市、吉林市和延边州GDP分别达到4456.6亿元、2430亿元和765.1亿元，分别比2009年末增长56.4%、38.1%和45.1%，三地区合计GDP占全省GDP的比重由2009年的62.5%提高至2012年的64.1%。从全口径财政收入来看，2012年，长春市全口径财政收入为927.7亿元，较2009年增加477亿元，基本上翻了一番；吉林市2012年全口径财政收入为259.6亿元，比2009年增加102.1亿元；延边州2012年全口径财政收入达到134.1亿元，比2009年增加61.6元，分别增长近65%和85%。

2. 长吉一体化和长吉经济区建设不断推进

在经济快速增长的同时，长春市和吉林市的辐射带动能力不断增强，作为长吉图先导区的腹地支撑能力明显提高。长春市实施工业服务业双拉动发展战略，工业方面坚持"三优五新"发展格局，实现200万辆整车、2000辆轨道客车生产能力，顺利完成百万吨化工醇扩能工程，汽车工业、农产品加工业、五大战略性新兴产业成为长春市三大超千亿元级产业；服务业快速发展，投资连续3年居三次产业之首，对经济增长的贡献率逐年递增。吉林市为适应长吉图空间发展需要，加快推进高新北区、高新南区、经开区、化工园区、金珠工业区、哈达湾服务业集中区、南部新城、松花湖旅游度假区、北大壶

开发区、中新食品区等十大功能区建设,从长吉北线、南线和南部三带形成了与长春经济圈相向对接式的发展格局。

3. 延龙图一体化发展与珲春市功能提升取得明显成效

适应实施长吉图战略需要,延边州确定了以增强延龙图"前沿"承载能力和提升珲春"窗口"功能为重点的"开放先导"发展战略,并取得显著成效。延边州重点推进延(吉)龙(井)图(们)一体化,构建与长吉腹地和珲春窗口有效对接、联动发展的开放前沿。一批重点城市基础设施已开工建设单位并稳步推进,区域发展环境逐步得到改善,项目承载能力显著增强,至今入住企业已经达到 258 户。珲春市明确提出在开边通海、城市综合功能提升、产业转型升级、国际合作、生态建设、体制机制创新等 6 个方面实现重点突破,加快推进国际化窗口城市和图们江(珲春)国际合作示范区建设。

4. 长吉图先导区开放合作平台建设取得重要进展

截至 2012 年,长吉图地区共有 8 个国家级开发区,其中,吉林经济技术开发区、长春汽车经济技术开发区、延吉高新技术产业开发区、长春净月高新技术产业开发区在此期间晋升为国家级开发区(高新区);2011 年 12 月,长春兴隆综合保税区获批成为全国第 19 个、吉林省首个国家级综合保税区,2012 年 9 月,吉林省与新加坡淡马锡公司签署多领域合作框架协议,打造国际一流的安全健康食品生产示范区;2012 年,中国图们江区域(珲春)国际合作示范区获批成立,包括国际产业合作区、边境贸易合作区、中朝珲春经济合作区和中俄珲春经济合作区等功能区。

5. 畅通长吉图开发开放先导区对外通道取得重要进展

经过三年多的努力,长吉图对外铁路、公路、航空、海上通道建设都取得了一定进展。经过与朝鲜、俄罗斯的协商,中、俄、朝三方就中国图们—朝鲜南阳·豆满江—俄罗斯哈桑国际铁路联运通道试运行达成共识,中俄双方货运协议已经签订。2010 年 3 月海关总署、交通运输部和国家质量监督检验检疫总局等部门相继发布公告,在吉林省开展内贸货物跨境运输试点工作,即正式批准延边州利用朝鲜清津港开展内贸货物跨境运输业务。2011 年 1 月 11 日吉林省首批内贸货物跨境运输货物成功运抵上海,至此中国珲春—朝鲜罗津港—中国东南沿海港口的内贸货物跨境运输通道正式开通。与此同时,珲春创力海运物流有限公司已完成了罗津港 1 号码头的改造工程,并且已经购置一批港口设施,并租用了运输船舶。由中方承担的朝鲜元汀丁口岸至罗津港公路维修改造项目顺利进行;开通中国珲春—朝鲜罗津—韩国釜山国际陆海联运航线也正在协商之中。2011 年 8 月,在珲春市举行了中俄珲卡铁路千万吨国际换装站奠基仪式。与此同时，在俄罗斯滨海边疆区扎鲁比诺港，举行了扎鲁比诺港国际合资有限责任公司揭牌及陆海联运航线启动仪式。由吉林省长吉图国际物流集团公司与特洛依滋海港有限公司共同成立的扎鲁比诺港国际合资有限责任公司，主要从事港口物流运输、装卸作业、过境运输等业务。珲春—扎鲁比诺港—釜山、珲春—扎鲁比诺港—新泻航线的启动，对进一步加强中、俄、日、韩之间的经贸关系，促进区域投资、贸易往来、文化交流、跨境旅游、国际物流将起到积极的促进作用。

最近，国家发改委公布了2014年振兴东北老工业基地的工作重点。具体来说，包括七个方面的工作：一是协调推动全面振兴东北地区等老工业基地政策文件出台，研究制订重点任务分工落实方案；二是进一步深化国有企业改革，解决国企改革遗留问题；三是研究支持老工业基地发展现代服务业，推进东北文化产业大发展的政策措施，研究支持老工业基地企业并购海外科技型企业的有效途径；四是全面推进全国老工业基地调整改造工作；五是继续大力支持资源型城市和独立工矿区可持续发展；六是进一步深化对外开放和区域经济合作；七是协调推进东北地区农业、生态和基础设施建设。与此同时，吉林省委、省政府高度重视实施长吉图战略，并且做出了一系列新的安排和部署。中国图们江（珲春）国际合作示范区东北地区面向东北亚区域开放的关键地带之一，也是东北振兴战略与长吉图战略的重要结合点之一。随着国家及有关部门进一步完善实施施东北振兴的政策体系，以及长吉图区域开发开放的不断深入发展，国际合作示范区建设也将进入快速发展的新阶段。国际合作示范区建设的不断取得新成果，也将为东北沿边地区以及长吉图先导区扩大对外开放提供重要的新平台。

作者简介：吴昊，吉林大学东北亚研究院副院长、教授、博士生导师，兼东北亚研究院学术委员会主任，吉林大学校学术委员会委员，教育部人文社科重点研究基地——东北亚研究中心副主任；2001年破格晋升副教授，2004年破格晋升教授，2005年被评为区域经济专业博士生导师，当时为吉林大学经济学科最年轻教授、博士生导师；长期从事中国区域经济发展战略、东北亚区域经济、日本经济研究和教学工作，到目前为止完成多个国家及省部级科研项目，承担多个省、市政府重大委托项目；在《求是》、《新华文摘》、《光明日报理论周刊》、《社会科学战线》等权威刊物发表论文70余篇，出版专著2部，并且在日本、韩国发表多篇具有重要影响的学术论文，在东北亚区域合作、长吉图开发开放先导区战略、中国区域发展战略等研究领域具有较大学术影响。

李美琪，吉林大学东北亚研究院区域经济学专业硕士研究生。

延边经济发展的总体判断和趋势预测

张熙奊

一、延边经济发展的阶段性成就

改革开放以来，尤其是近几年来，在延边州委州政府的领导下，紧紧围绕"五个延边"建设，深入实施"开放先导、项目带动、城乡统筹、文化引领、民生优先"发展战略，延边经济社会取得了突飞猛进的发展。

延边经济发展阶段的指标判断情况表

经济理论	指标	工业化准备期	工业化阶段			后工业化阶段	2012年延边特征值	延边发展阶段判别
			初期阶段	中期阶段	后期阶段			
钱纳里标准模式	人均GDP（美元，1996年价格）	< 1240	1240~2480	2480~4960	4960~9300	> 9300	5833.2	后期阶段
库兹涅茨法则	三次产业结构（2012年）	1 > 33.7%;	1 < 33.7%	1 < 15.1%	1 < 14%	1 < 10%	1=8.7%	后期阶段
		2 < 28.6%;	2 > 28.6%	2 > 39.4%	2 > 50.9%	2 < 50%	2=51.2%	
		3 < 37.7%	3 > 37.7%	3 > 45.5%	3 > 35.1%	3 > 40%	3=40.1%	
配第—克拉克定理	三次产业就业结构（2011年）	1 > 63.3%	1 < 46.1%	1 < 31.4%	1 < 24.2%	1 < 17%	1=31.4%	中期阶段
		2 < 17%	2 > 26.8%	2 > 36%	2 > 40.8%	2 > 45.6%	2=17.49%	
		3 < 19.7%	3 > 27.1%	3 > 32.6%	3 > 35%	3 > 37.4%	3=51.03%	

经济理论	指标	工业化准备期	工业化阶段			后工业化阶段	2012年延边特征值	延边发展阶段判别
			初期阶段	中期阶段	后期阶段			
	工业化水平	< 20%	20~40%	40~50%	50~60%	> 60%	46.4%	中期阶段
	城镇化水平	< 32%	32~36.4%	36.4~49.9%	49.9~65.2%	> 65.2%	70.6%	后工业化阶段

从上表数据看出，延边州人均GDP2013年达到6 400美元，按照钱纳里的理论，处于4 960~9 300美元之间，说明延边州工业化处于后期阶段。根据配第克拉克定理，延边州的三次产业结构2012年为31.4∶17.49∶51.03，工业化水平为46.4%，在40%~0%之间，城镇化水平为70.6%，大于65%，表明延边州已处于后工业化阶段。

1.经济发展后劲增强。延边州将项目建设作为建设"富庶、开放、生态、和谐、幸福"延边、推动科学发展、加快经济社会发展的重要支撑与载体，深入实施"三动"战略、统筹推进"三化"建设，大力实施项目带动战略，积极采取有效措施破解发展瓶颈，壮大主导产业，推动产业集约、集聚发展。2013年延边实现地区生产总值853亿元，增长11%；全口径财政收入达到148亿元，地方级财政收入达到75.8亿元；全社会固定资产投入840亿元，增长27%；民营经济快速发展，2013年增长18%，实现主营业务收入达到1 910亿元；促进土地流转，发展专业化农场685家，有效推动了"三农"问题的解决。

2.对外开放活力显现。《长吉图规划纲要》批复以来，作为"前沿"和"窗口"的延边州开放开发事业快速发展。珲春国际合作示范区建设有序推进，珲春面向东北亚开发桥头堡作用日益凸显。对外通道建设有了突破性变化，珲玛铁路恢复常态化运营，珲春经俄罗斯扎鲁比诺港至日本新泻航线稳定运营，珲春经俄罗斯扎鲁比诺港至韩国束草航线已经复航，又新开通了延吉至韩国济州、釜山以及俄罗斯符拉迪沃斯托克等空中航线。国际合作不断加深，实现了赴俄罗斯旅游异地办证、延吉空港落地签证。2013年实现进出口总额达到23.1亿美元，增长12%，实际利用外资3.4亿美元，增长了28%。延吉空港年旅客吞吐量已经突破100万人次，成为东北地区第五大机场。2013年延边州接待游客1 168万人次，实现旅游总收入172.8亿元，增长了25%。

3.特色城镇化建设步伐加快。近几年来，延边州大力推进以延龙图前沿为核心，以珲春窗口和敦化节点为两极，以和龙、安图、汪清为支点的城镇体系建设，城市框架拉大，城市布局科学合理。延边的水利、交通、城市基础设施建设日益完善。随着城市绿化、亮化、美化投入增加，城市的形象和品位进一步提升。由于加大了农村环境的整治力度，乡村魅力增强。深入实施节能减排、江河治理、天然林保护工程，单位 GDP 能耗下降了 3.4%，延吉市空气质量好于国家二级标准天数达到 336 天。

4. 人民生活水平不断提高。2013 年延边城镇居民人均可支配收入、农民人均纯收入分别增长了 13.1% 和 12.8%，高于经济增长速度。在社会保障体系建设方面，新农保和城居保参保率达到 90% 以上。城乡居民居住条件不断改善，仅 2013 年"暖房子"工程改造 300.8 万平方米，棚户区改造 125.8 万平方米，开工建设廉租房 2 万平方米。争取上级保障房补助资金 7.1 亿元，10 万户困难群众住房条件得到改善。民族教育改革和医疗卫生体制改革不断深化，高质量、有特色的朝鲜族教育发展模式日臻完善。

二、延边经济发展存在的问题分析

1. 产业发展层次低。三次产业发展中，产业技术创新能力普遍低；目前延边州第一、第二、第三产业科技含量偏低。农业发展还停留在靠天吃饭的状态。许多企业用的设备是从东部地区淘汰的设备中买来的，无法在短时期内得到改良；加工工业在低技术水平上发展迅猛而在高技术水平上发展缓慢，致使产业产品结构更新、技术结构升级缓慢。第三产业中的金融、物流、交通运输、文化等现代服务业发展滞后，一些社会资金宁可投向餐饮、娱乐等传统服务业发展，在激烈的市场竞争中被淘汰，也不愿意投到高端服务业中，服务业始终在低水平上徘徊。产业构成中科技含量少，缺乏自主知识产权，产品加工层次低，大多数企业技术落后，经济增长粗放，经济发展的瓶颈越来越体现在产业技术进步和新产品开发上。

2. 经济发展要素成本上升。2013 年的前两个月，延边州工业生产原材料、燃料价格持续上升，加之用工成本、运输成本和利息支出等各种费用增加导致企业生产成本居高不下，规模以上工业企业主营业务成本、管理费用、销售费用分别上涨了 26.9%、13.6%、22.7%，生产成本居高不下是导致企业利润下滑的主要原因之一。据不完全统计，目前延边州仍有 30 户以上企业停产或半停产。

3. 科技创新能力弱。2011 年科技投入占 GDP 的比例，延边州为 1.72%，吉林省为 2.0%，深圳为 3.66%，国家为 1.18%。据资料介绍，2011 年延边和吉林省自办研发机构的企业分别有 10 户、230 户，仅占规模以上企业数的 2.1%、4.5%，延边与吉林省企业从事科研活动的人员 1 192 人、139 627 人，仅占全部从业人员的 1.22%、1.04%。有些企业设立的研发机构，由于资金和技术力量有限，技术创新活动开展艰难，使研发机构成为企业的"门面"和"摆设"。同时，科技活动中轻引进也轻消化吸收，新产品开发经费投入又少，延边州的科技创新成果从何而来？这种状况将直接导致延边州的产业发展缺乏后劲，难以形成抢占市场优势的新型产业和新的经济增长点。

4. 廉价劳动力时代已经一去不复返。近些年来，延边州劳动密集型企业用工短缺，劳动力成本上升，如纺织服装、农产品加工企业、服务业等方面表现突出。如珲春运达针织有限公司职工平均工资已达到 2600 多元，仍然招工不足。该公司同中国"皮尔卡丹"—宁波雅戈尔服装集团签订的加工合同，因缺乏劳动力，不得不转向柬埔寨去加工。按照美国经济学家刘易斯的理论，延边州依靠廉价劳动力促进经济发展的阶段已经一去不复返了，必须考虑对劳动密集型产业进行技术改造和升级，把经济的增长转移到依靠科学技术和劳动者素质提高的轨道上来。同时，"十二五"时期经济发展进一步软化，美国已经出现了经济增长的同时、就业却下降的现象，说明劳动力对经济增长的贡献率微乎其微，取而代之的是科学技术的进步。

5. 企业存活率低，可持续发展难度大。至 2009 年底，全州共审批外资企业 2526 户，目前仅存 677 户，企业存活率仅为 26.8%。企业为什么存活率低，一个重要原因是企业技术创新和新产品开发能力差，研发不出适销对路的新产品。按照 5 年的产品淘汰周期，5 年内企业没有研制出适应市场需要的新产品，企业就自动退出市场了。

6. 消费、投资、出口对经济增长的拉动作用不协调，出口对经济增长的作用微弱。

"三驾马车"对经济增长的贡献率和拉动度表

指标 % 年份	GDP增量 （亿元）	GDP 增量	资本增量 （亿元）	资本 贡献率	资本 拉动度	消费增量 （亿元）	消费 贡献率	消费 拉动度	净出口 拉动度
2005	49.1	11.0	64.9	132.2	14.5	33.1	67.4	7.4	−10.9
2006	36.9	12.2	31	84	10.2	36.5	98.9	12.6	−10.6
2007	59.6	14.5	20.8	34.8	5.04	21.2	35.6	5.16	4.3
2008	53.5	14.5	29.9	55.6	8.1	29.9	55.9	8.3	−1.9
2009	62.6	14.8	51.4	82.1	12.2	24.2	38.7	5.7	−3.1
2010	83.8	13.8	55.3	66.0	9.1	43.7	52.1	7.2	−2.3
2011	118	15.8	92.8	78.6	12.4	74.1	62.8	9.9	−6.5

　　总的来看，"三驾马车"对经济增长的作用不协调。从三个要素对GDP增长的拉动度来看，2005年至2011年投资分别拉动了GDP增长的14.5、10.2、5.04、8.1、12.2、9.1、12.4个百分点，消费拉动了GDP增长的7.4、12.6、5.16、8.3、5.7、7.2、9.9个百分点，出口拉动了GDP增长的-10.9、-10.6、4.3、-1.9、-3.1、-2.3、-6.5个百分点。说明延边州经济增长在2005年和2011年主要依靠投资和消费的拉动，2005年和2006年是高投资和高消费，贸易逆差、净出口对经济增长的作用微弱。从2007年到2011年净出口对经济增长的作用有所增强，但仍是逆差。从2005年到2011年，投资、消费、出口比例失衡，投资对延边州经济增长的拉动度总体上高于消费，近几年有增强的趋势。经济增长要保持持续快速发展，必须着力提高消费和出口对经济增长的拉动能力。面对新形势新要求，我们要积极发展珲春国际合作示范区的作用，实行更加积极主动的开放战略，拓展新的开放领域和空间，提高开放型经济水平和质量，更好地以开放促发展、促改革、促创新。

　　7. 城镇化率虚高问题突出

　　延边州的城镇化率2012年为67.96%高于全国51.9%的平均水平，也高于吉林57%的平均水平。如果扣除林区、矿区人口，实际城镇化率只有53%。到2015年吉林省的城镇化率将达到65%，我国到2030年城镇化将到达65%。比较而言，从延边州的城镇化率来看，是超前的。从理论上来说，延边州工业化和城镇化量化测度标准值是IU（劳动力工业化率／城镇化率）=0.25，NU（劳动力非农化率／城镇化率）= 0.99，前者明显小于0.5，而后者明显小于1.2，说明从事工业和其他非农业生产经营的劳动人口几乎全部集中在城镇地区，而且有相当数量的农业生产人口也集中在城镇地区。说明相对于工业化和非农化发展程度而言，城镇化是超前了。其表现是大量农村人口涌入城镇地区，而城镇地区又无充足的非农业就业机会为他们提供就业岗位。"十二五"期间乃至更长的时期，延边州城镇化建设重点不是提高城镇化率的问题，而是应把工作重点放在提高城镇化质量上来，促进农民市民化、农业工业化、农村城镇化，使城镇化与工业化协调发展，相互促进。

三、充分发挥珲春国际合作示范区的作用，促进延边经济快速健康发展

　　（一）增强珲春国际合作示范区发展的内生动力

珲春市作为长吉图的窗口城市，重要体现之一就是其强大的创新能力，有处于科技发展前沿的产业作为经济发展的重要支撑，拉动珲春，辐射全州，影响全省。

充分发挥政府在产业技术创新中的积极作用。政府应制订产业技术创新发展规划，为地区、行业和企业的经济和技术发展提供指导性意见，从而对技术创新产生宏观引导作用。政府通过制定和实施产业政策，指导行业和企业对劳动密集型、资源密集型、资本密集型和智力密集型技术进行选择，吸引和发展适于延边州社会经济状况和发展目标的先进实用技术，控制不适宜或不利于延边州社会经济发展和生态环境的技术向区域内转移。政府通过财政信贷政策来体现和实现产业政策和技术政策。对重点发展的产业、优先发展的技术在信贷上给予优先扶持和优惠政策，并通过政府投资改善相应的基础设施，从而加速这类产业和技术的转移。保护知识产权，出台促进科技成果产业化的制度措施，提高科技成果转化的能力。

确立企业的技术创新主体地位。企业作为产业创新的微观基础，可以结合自身优势，从制度和技术两个方面展开创新，推动产业内新技术或新知识的产生。一方面，加强与高校、科研院所、金融机构、中介机构等社会组织之间的合作，形成有利于创新的组织形态和激励约束机制，提高产业技术创新能力；另一方面，以市场的潜在需求为出发点，增加研发投入，优化组合产业内的资本、技术和人才等各种要素，统筹内部研究、开发、制造及营销等各个环节，加快技术知识的学习、消化、吸收和积累，增强资源组合能力和技术开发能力，以最小的成本、最短的时间实现产品创新。

鼓励建立产业技术创新联盟。作为科技创新落后的地区，应鼓励建立科技创新要素的协同机制，打造技术创新服务平台和产业技术创新联盟，提高技术创新的效能。一是，延边州应选择行业内大型骨干企业、处于技术领域前沿水平的大学或研究机构，组建具有法律约束力的联盟契约。二是与国家、省的科技创新与成果转化基地、产业化基地建立共享机制，与已建的国家实验室、工程中心、企业技术中心、科研仪器设备网等科技基础设施建立共享机制。三是加强州内科技资源整合，依托高校、科研机构、大型企业等，建立技术创新服务平台。四是创新体制机制，完善保障制度，实现开放共享，为企业技术创新能力的提高提供有效服务。五是以市场为导向，形成多元化的投入机制，支持技术创新服务平台的健康发展。

多渠道增加技术创新投入。在延边州经济不发达的情况下，政府应在鼓励新产品开发、促进科技成果转化、引进科技人才、保护知识产权、制定产业政策方面发挥作用。企业在产业技术创新投入中发挥主力军作用，确立"科技兴企"的意识，在产品的销售收入中拿出一定的比例用于技术创新和新产品开发，提高企业中科技人才的待遇，激发科技人才创新的积极性和创造性。充分发挥金融机构的作用，引入战略投资者，拓宽新产品研发的融资渠道。把科技创新资金集中投入到延边州产业发展的关键技术、核心技术和实用技术的攻关克难上，重点扶持发展生物技术产业、信息产业、能源矿产业、农产品加工业、农业养殖业和种植业的品种改良等产业技术创新和新产品的研发。制定政策吸引社会资金投资于技术创新，以市场为导向，鼓励小发明、小制作、小创造。

优化创新环境，培育创新文化。一是创新文化的建设中，政府首先要走在前边，身体力行，提高行政效率和服务水平，并引导和鼓励企业和公民建设创新文化和培养创新精神，在全社会形成尊重知识、尊重人才、尊重创造的浓厚氛围。二是引导企业建设创新的文化。企业的领导人的观念和企业的制度建设是企业创新文化建设的关键因素。企业经理人员如果漠视创新，墨守成规、因循守旧，那么企业就充满了守旧和落后的文化氛围，缺少生机和活力。企业的制度建设如果是循规蹈矩，缺少了灵活机制，则会压抑人们的创新精神，泯灭人们的创新意识，企业在市场经济的大潮中会被冲刷掉。三是培养人们由于创新导致失败的宽容精神。四是鼓励开放和交流，多渠道、多方式引进工程师和科技人才，为产业技术创新能力的提高提供人才保障。

（二）增强珲春国际合作示范区对外开放能力，扩大净出口

珲春作为窗口城市，应开放先行，成为长吉图区域进出口的龙头，为延边乃至吉林省的对外开放夯实基础。

先行先试，全力开创示范区建设新局面。加快中俄、中朝口岸基础设施建设，加快推进圈河口岸跨境桥开工建设，推进珲春至圈河高等级公路项目建设，实施珲春市区至口岸高等级公路建设。加快建设珲春铁路口岸千万吨国际换装站，扶持发展内贸货物跨境运输通道，对珲春铁路换装站及口岸、珲春口岸、圈河口岸进行扩能改造，实行无午休无假日通关，谋划建设电子口岸，进一步增强通关过货能力，推进中俄经珲春口岸、克拉斯基诺口岸互通小型车等工作。全力拓展出口加工区保税物流功能；积极探索在俄罗斯建立境外资源加工区。进一步加快国际物流园区基础设施建设，推动浦项现代、康中、粮食交易中心等已落户项目加快建设进度，推动更多大型物流企业入驻。

加强合作，扩大示范区对外开放。积极加强与周边国家的经济技术合作，特别是加强与韩国、日本的科技合作、资本合作；与俄罗斯、朝鲜、蒙古资

源能源的开发与合作；培育外经贸主体，扩大和增强贸易主体的规模和实力；加强与周边国家旅游业发展的合作，协作开发旅游线路和旅游产品，打造东北亚黄金旅游线路；对内强化与长吉腹地的联动，密切与长春高新技术开发区、兴隆综合保税区、长春物流开发区等产业园区的协作，以低成本、优效益吸引相关配套产业转移到珲春。在信息、汽车、化工、农产品加工、医药等产业方面加强与长吉合作，使珲春国际合作示范区成为长吉产业链条上的重要节点。

突出加强与俄罗斯经贸合作，开拓俄罗斯市场，加强合作。与俄罗斯经贸合作应作为珲春发展对外贸易的突破口，其主要合作领域应包括：旅游业、建筑和房地产业、农业、渔业资源、林业资源的开发和合作、能源和矿产业的开发合作。联合开发。实施"南联北开"战略，吸引南方资本联手开拓俄市场；建立对俄出口生产体系，实现中俄边境贸易结构的战略升级；突出发挥政府作用，建立有效的沟通协调机制；建立中俄贸易信息网络系统，加强两国贸易中介服务体系建设；培育外经贸主体，扩大和增强贸易主体的规模和实力。开拓市场。建设克拉斯基诺木材加工基地，吸引省内外更多木材加工企业来珲投资办厂。通过官商合办的方式，在海参崴建立中国商品展销中心，吸引更多的俄罗斯消费者、批发商来珲旅游、购物或订货。积极与俄罗斯各大城市的批发市场建立联系，搞上下游联合配套，构筑畅通的物流网络。搞好珲春哈桑水果蔬菜批发市场建设，逐步扩大对俄果蔬的出口规模。扩大对俄海产品、木材和废旧有色金属的进口，争取把珲春建设成东北亚重要的俄罗斯产品集散地。大力发展连锁经营，积极推进电子商务，引导和鼓励大型物流配送企业建设。大力发展出口加工业，重点发展纺织服装、海产品加工、木材加工、新兴建材加工、食品加工、中药材加工等出口主导型产业。

构建珲春国际合作示范区现代产业体系。以示范区为载体，提高其专业化和集群效益，打造产品品牌和龙头企业，提高地产品的产出和生产供应能力。做强支柱产业，打造食品、医药、矿产业集群，提高市场竞争能力。积极谋划发展技术先进、市场潜力大、发展前景好的新材料、清洁能源、信息产业、生物产业，构筑新的经济增长点。高起点发展信息、金融保险、物流、咨询策划、运输邮政等现代生产性服务业，放手发展中介、家政等生活服务业，促进服务业的跨越式发展。盘活、整合、挖掘文化资源，鼓励发展文化企业，促进文化产业的大发展，促进经济结构的软化。

（三）提高示范区城镇化质量，为延边州的城镇化建设提供示范

提高城市的现代化水平和城市承载能力。加强城市基础设施建设，提高

城市经营管理水平，打造健康宜居城市：发展数字城市，提高城市管理效率；加强对土地资源的开发与管理；提高人口素质，塑造城市形象，建设微笑城市；加快社会信用体系建设步伐，建设诚信城市；加大对外开放的力度，建设开放的城市。

重视人口的发展趋势，壮大城市人口规模。充分尊重农民意愿，坚持因地制宜、分步推进，把符合落户条件的农业转移人口逐步转为城镇居民作为推进城镇化的重要任务；不具备在城镇落户条件的农民工，要改善公共服务，加强权益保护。包括子女教育、社会保障、就业培训。

正确处理好城镇化进程中各种关系。一是农村人口向城镇集中和边境乡镇空心化的关系；二是林业乡镇公共服务社会化与林业企业办社会的矛盾；三是建设国际化城市与体现民族特色之间的关系，建设具有文化包容性的国际化城市。

作者简介：张熙夭，蒙古族，中共党员，曾任延边州委党校政治经济教研部教员、副教授、副主任，延边州政协常委、延边州政协提案委副主任，延边州委党校副校长、教育长；在各级刊物上发表论文 50 余篇，组织完成国家社科基金课题 1 项、吉林省委党校课题、延边州委州政府课题 20 余项；主编的《促进服务业的崛起——延边州服务业发展问题研究》、《树立科学发展理念，谱写延边经济发展新篇章》、《中国朝鲜族文化及特色研究》添补了延边州内研究的空白；《延边州学前教育发展情况的调研报告》、《保护、传承、发展延边朝鲜族文化的调研报告》等调研报告得到吉林省委主要领导重要批示。

合作区域篇

.3

珲春国际合作示范区重点国际合作区域

强化地方区域协作　促进共同发展

尹建华 *

1992 年，在联合国开发计划署倡导下，中国、俄罗斯、朝鲜、韩国、蒙古五国共同启动了图们江区域合作开发项目，虽然政治制度不同，发达程度不同，但图们江机制框架内的几个国家——中、俄、韩、蒙（朝鲜 2009 年退出图们江机制，日本作为观察员国家）等经济互补性强，相互需求强烈。该政府间合作机制为促进东北亚各国间经贸合作交流，发挥了不可替代的积极作用。近年来，图们江合作机制转向以国际组织为主，通过"大图们倡议"部长级会议，继续发挥推动东北亚合作的作用。大图们倡议的重点合作领域是 3T+2E，即交通（Transport）、贸易便利化（Trade Facilitation）和旅游（Tourism）以及环境（Environment）和能源（Energy）。

图们江合作机制在几个相关国家层面有共识，有合作，有推进，但国家间务实合作、推进还应自上而下地加强。图们江区域合作的关键在经贸合作，重点是区域经贸合作、企业间的经贸合作。这些年，各国进行了多种探索和协调，经贸合作向着实发展。对于中国而言，图们江区域合作的重点在中国东北地区，吉林省应发挥主要作用，这也是国家批准设立珲春国际合作示范区的原因。多年来，吉林省一直积极推动东北亚地方合作机制的建设，2013 年 8 月 30 日，东北亚地方政府合作会议在吉林省长春市举行，这是近年，十几个图们江地方合作机制中，合作省、县、区有经济互补能力，合作愿望强烈，最为务实的会议，标志着东北亚图们江区域地方合作机制的实质性启动。

在 2013 年 10 月召开的我国中央周边外交工作座谈会上，习近平主席要求，要加快沿边地区开放，深化沿边省区同周边国家的互利合作。珲春国际合作示范区地处中、俄、朝三国交汇处，强化与周边国家重点区域的有实效的交

---

* 尹建华，吉林省图们江国际合作学会研究部部长。

流合作势在必行。为此，我们按照四条原则，在这里选出图们江区域国家重点合作的地方政府（省、市、区、县），加强与吉林省，特别是珲春国际合作示范区的区域合作：

1. 所在国与吉林省珲春接壤并有合作基础的联邦主体、市，可发挥各自独特的区位优势，从而开展边境贸易，如俄罗斯滨海边疆区。

2. 在国际贸易合作通道上占有重要位置，并发挥着运输枢纽作用，如韩国的釜山市（国际航运集装箱集散地）、蒙古国的东方省（阿尔山—乔巴山，即两山铁路起点省）。

3. 与吉林省珲春国际合作示范区交流合作多年，并积极参与图们江区域合作。如日本新泻，主动衔接、努力开通海运新航线。

4. 今后图们江区域合作中有着广阔发展前景的区域，比如朝鲜罗先特别市。朝鲜虽然退出了图们江合作机制，但应积极吸引朝鲜的回归，同时发挥地方合作机制作用，推进中朝经贸合作。

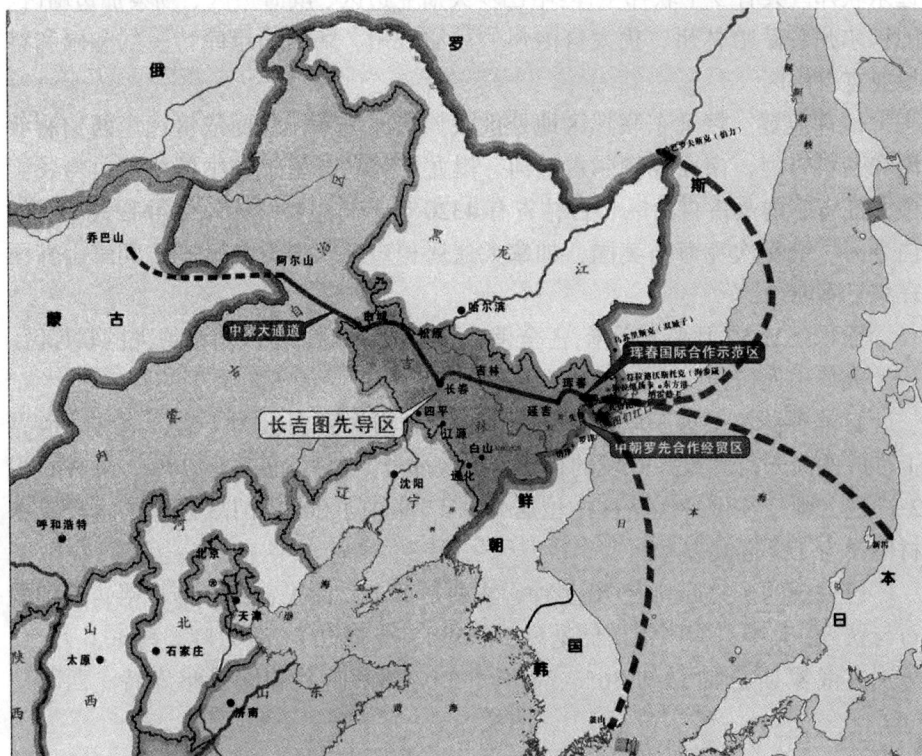

俄罗斯远东地区（滨海边疆区）

于　洋*

一、俄罗斯远东联邦区基本情况

远东联邦区是俄罗斯八大联邦区之一，总统代表设在哈巴罗夫斯克市。远东联邦区共有9个联邦主体：哈巴罗夫斯克边区、滨海边区、勘察加边疆区、阿穆尔州、萨哈林州、犹太自治州、马加丹州、萨哈（雅库特）共和国和科里亚克自治区。

地理位置：俄远东联邦区地处俄联邦东部边陲，北面依傍远东西伯利亚海和楚科奇海，南面隔额尔古纳河、黑龙江和乌苏里江与中国相邻，与我国黑龙江省、内蒙古自治区、吉林省有4320千米的边界线，东面濒临太平洋的白令海、鄂霍次克海与美国、加拿大遥遥相对，东南方与日本、朝鲜、韩国环抱日本海。

面积：621.59万平方千米，占全俄总面积的36.4%，是俄面积最大的联邦区。

人口：人口为669.29万，占全俄的4.61%，是俄人口最少的联邦区。

自然资源：俄远东联邦区地上、地下、海洋资源极为丰富，堪称“世界上唯一的尚未得到很好开发的自然资源宝库”。森林覆盖率达70%，森林面积2.57亿公顷（在俄各经济区中位居第一），集中了俄罗斯1/3以上的木材，木材储量为223亿立方米。

已发现的矿物原料有70多种，主要是黄金、白银、铅、锌、铝、钨、萤石与铁等，其中已探明铝矿储量为209.5万吨，萤石1 670万吨，钨40.6万吨，分别占俄罗斯总储量的86%、80%、34%。萨哈共和国（雅库特）西部是

*于洋，吉林省图们江国际合作学会合作部副部长。

世界最大的金刚石产地。已勘测的石油储量为96亿吨,煤150多亿吨,天然气14万亿立方米,碳氢化合物290亿吨,全俄30%左右的原料是该地区供给的。内海生物资源储量达2 600万吨,是俄联邦重要的捕鱼区,鱼产量占全俄60%以上。

二、俄罗斯远东地区经济情况

（一）经济结构单一,加工业薄弱。采矿、林业、渔业是远东目前的主要经济支柱产业。经济结构畸形,单纯依赖资源开发和初级加工。由于缺少资金、区内市场狭小,远东原本薄弱的加工工业迅速萎缩,经济重心进一步向原材料生产领域倾斜。目前,原材料行业和电力部门占总产值的75%。地区经济完全依赖原材料行业的支撑,受制于国际市场行情的影响。此外,远东地区自用消费品自给率很低,严重依赖进口。国际市场对原油及矿产资源的需求和市场价格能够保持稳定,国家重点项目顺利实施,将对远东经济产生较大推动力。但是,远东经济根底薄弱,基础设施落后,产业结构单一,外贸出口受制于国际市场行情波动,劳动力资源短缺,对外开放度低,地方长期固守"等、靠、要"思想,这些负面因素将严重制约远东经济长期可持续发展。

（二）与俄西部中心地带的经济联系严重削弱。远东经济长期以来的发展模式是在原苏联高度集中的计划体制和专业分工体系下集中发展资源供给型生产,在苏联时期,中央政府每年给远东财政支持7亿—8亿美元,现在每年仅7 000万美元。同时,由于气候恶劣、运距遥远、成本居高不下,远东与俄内地市场的传统联系中断,陷入了经济衰退的深渊,成为俄经济复苏最为缓慢的地区。远东近八成地产品需要面向外部市场。在俄罗斯8个联邦区中,远东联邦区属经济发展落后地区。

（三）联邦中央政府对远东经济鞭长莫及。1996年颁布的《远东和后贝加尔1996—2005年发展纲要》,在总共800亿美元的规划中,国家计划投资200亿美元,但6年实际投入了14.4亿美元。2002年新修订的《纲要》至2010年计划投资只有10.5亿美元。铁路、公路及港口的基础设施老化等因素对远东经济发展形成很大掣肘。

三、俄罗斯远东地区重点州区情况

（一）滨海边疆区简介

滨海边疆区于1938年10月20日成立。位于俄罗斯远东的东南部,东临日本海,西面和南面分别与中国、朝鲜接壤。面积为16.47万平方千米,约占俄领土面积的 1%。首府符拉迪沃斯托克市（海参崴），距莫斯科 9288 千米。

全区有 12 个城市，25 个区，617 个农业居民点。人口 200 万，占俄远东地区人口的 1/3，人口密度每平方千米 12.1 人，是远东人口最稠密的省份。有 119 个民族，大部分居民为俄罗斯族。

矿产资源种类丰富、储备量大。境内已探明的有烟煤、褐煤，还有锡矿、钨矿、萤石矿和多种金属矿藏。萤石产量占俄罗斯总产量的 80%，硼酸产量占 90%，浓缩钨占 71%，铅占 80%，锡占 20%。

渔业捕捞是边区支柱产业之一，远东地区 43.7% 的鱼和其他海产品的捕捞集中在此。海产品主要出口对象是美国、韩国和新加坡等。其他产业有有色金属、化肥、采煤工业、修船、造船、机械仪表和飞机制造等。林业是边区历史最悠久的产业，四分之三的林业产品销往国外。食品工业以加工鱼品为主。

滨海边疆区是俄远东地区的重要农业基地。农业生产主要集中在南部和西南部，有耕地面积 154 万公顷。边区生产的大豆和水稻闻名全俄。

滨海边疆区地理位置优越，公路、铁路、航空和海洋交通运输条件便利。交通运输业是边区主要产业之一。约有十分之一的居民从事交通运输业。西伯利亚大铁路是自欧洲至东南亚、中亚的最短最经济的运输路线。海洋运输业发达，是远东地区海运条件良好、运输力量最集中的地区。

滨海边疆区旅游资源丰富。天然的不冻港，绮丽的自然风光，漫长的黄金海岸，使边区成为亚太地区颇具发展前景的旅游胜地。边区规模较大的城市除符拉迪沃斯托克外，还有乌苏里斯克、纳霍德卡、阿尔乔姆和阿尔谢尼耶夫等。目前已经有美国、日本、韩国、印度、澳大利亚、朝鲜和中国等 14 个国家在滨海边疆区设立总领事馆或代表处。

（二）哈巴罗夫斯克边疆区简介

哈巴罗夫斯克边疆区于 1938 年 10 月 20 日设立，首府哈巴罗夫斯克，距离莫斯科 8 533 千米，距离中国边境只有 30 千米。位于远东南半部、中部，东南部与黑龙江省接壤，东邻鄂霍次克海、日本海、隔鞑靼海峡与萨哈林岛相望。土地面积 78.86 万平方千米，占俄联邦领土面积的 4.6%。

边区境划分为 7 个市、17 个区和 25 个城市型的镇。总人口 1 436 570 人 2005 年，主要民族为俄罗斯族，占 90.1%。

自然资源以木材与矿产资源为主。边区 50% 以上土地为森林覆盖，成熟林和过熟林蓄积量 31.4 亿立方米。主要矿产有煤、锰、铁、铝、锡、金、汞、铂等。

哈巴罗夫斯克边疆区是远东最重要的工业区，主要工业部门有机器制造和金属加工、石油加工、燃料、木材加工、轻工、食品、建材、捕鱼等产业。机械制造业为本区核心，是远东最大的机器制造业中心，也是军工生产基地。大型机器制造企业有：共青城航空生产联合体、阿穆尔造船厂、远东柴油机厂、阿穆尔电缆厂等。阿穆尔钢铁厂是贝加尔湖以东唯一的一个大钢厂。

由于复杂的气候条件的影响，哈巴边区的农业比较落后。农产品产值不足边区国民总产值的 10%。边区的耕地开垦不足，现有人均耕地面积仅 0.08 公顷，比俄联邦的人均耕地面积少 9 倍左右。农业用地 57.8 万公顷。主要种植区在南部，种植小麦、大麦、燕麦、大豆、马铃薯、饲料作物等。有乳用及乳肉兼用畜牧业、养鹿业、毛皮狩猎业。

2011 年哈巴罗夫斯克边疆区工业总产值 1784.5 亿卢布（约合 61.11 亿美元），比上年增加 112.9%。对外贸易总额 29.2 亿美元，比上年增加 120%，其中出口额为 17.6 亿美元，比上年增加 124%；进口额为 11.6 亿美元，比上年增加 11.6%。

哈巴罗夫斯克边疆区境内有西伯利亚大铁路、贝阿铁路两条铁路大干线，莫斯科·海参崴公路干线横贯全境。内河航运总长 3 200 千米，主要河道有阿穆尔河、乌苏里江、通古斯卡河、阿姆贡河等。

四、吉林省与俄罗斯经贸合作情况

（一）2013 年，吉林省对俄贸易基本情况

2013 年吉林省对俄进出口 7 亿美元，同比 -14.8%，出口 6.07 亿美元，同比 -10.44%，进口 0.93 美元，同比 -35.36%。全省进出口业绩超千万美元的企业有 8 家。吉林省对俄出口的主要品种有服装及纺织品、车辆及其零部件、电机及电气设备、炉用碳电极、赖氨酸酯及盐、食品、医药、农产品、建材、光学仪器产品等；对俄进口的主要品种有：木材、干坚果、镍矿砂、石棉、铁矿砂、海产品、光学仪器及设备、粮食等。

（二）吉林省与俄罗斯双向投资情况

1. 吉林省对俄投资情况

截至 2013 年底，吉林省经核准在俄设立境外企业 92 家，中方协议投资额 8.27 亿美元，主要投向木材深加工、农业种植、矿产开发、港口物流、进出口贸易等行业。

2013 年吉林省对俄投资 17 260.5 万美元，共新批 8 家境外企业，主要涉及矿产品和农业种植方面。

2.俄罗斯对吉林省投资情况

截至到 2013 年 12 月底，俄罗斯在吉林省现存企业 19 户，排在投资国别第 12 位；合同外资 598 万美元，排在投资国别第 34 位；累计直接利用外资430 万美元，排在投资国别第 36 位。主要行业：水产品加工、农副食品加工业和餐饮业。

五、进一步加强吉林省与俄罗斯远东地区经贸合作建议

（一）突出与俄罗斯远东地区的经贸合作与交流

俄罗斯地大物博，国土面积居世界第一。吉林省与俄罗斯欧洲部分地理位置比较偏远，加之俄罗斯欧洲部分由于传统上受欧洲影响较深，欧化特征非常明显。吉林省一汽集团和省农业对外经济合作公司在此区域合作多年，但进展不快。一汽集团由于受俄罗斯严控汽车进口、税率高，以及日系、德系、美系、法系汽车入俄建厂（在圣彼得堡投资建厂）影响，一汽集团出口轿车与之无法抗衡；同时吉林省中型汽车、卡车与俄罗斯产品雷同，所以一汽集团虽然在俄罗斯合作多年，仍难有建树。省农业对外经济合作公司在伏尔加格勒成立了"中俄农业示范园区"，由于地处偏远，难以辐射，所以一直没有做大。从以上情况分析看，吉林省近期在俄罗斯欧洲部分区域内，难以发挥出更大的作用。因此，吉林省应将对俄合作重点放在俄罗斯远东地区。特别要突出与俄罗斯滨海边疆区、哈巴罗夫斯克边疆区（远东联邦区首府所在地）的合作。

俄罗斯远东地区共有 9 个联邦主体，不仅与吉林省具有地缘上合作交流的优势，而且在经济上也有着极强的互补性。一是地广人稀，有的州区每平方千米不到 1 人，需要吉林省的人力资源。二是自然资源丰富，这些资源都是吉林省经济发展所需要的资源。俄远东联邦区自然资源极为丰富，堪称"世界上唯一的尚未得到很好开发的自然资源宝库"。森林面积 2.57 亿公顷（在俄各经济区中位居第一），森林覆盖率达 70%，集中了俄罗斯 1/3 以上的木材（木材储量 223 亿立方米）。已发现黄金、白银、铅、锌、铝、钨、萤石与铁等矿物原料 70 多种，其中已探明储量铝为 209.5 万吨、萤石为 1 670 万吨、钨为40.6 万吨，分别占俄总储量的 86%、80%、34%。已勘测的石油储量为 96 亿吨，天然气 14 万亿立方米，煤 200 多亿吨（已探明储量），俄罗斯 30% 左右的工业原料和能源是通过该地区供给的。内海生物资源储量达 2 600 万吨，是俄重要的捕鱼区，鱼产量占全俄总产量 60% 以上。萨哈共和国（雅库特）西部是世界最大的金刚石产地。三是吉林省与俄罗斯远东地区经济合作互补性极强。

吉林省作为老工业基地，工业门类比较齐全，装备制造业、资源加工业基础比较雄厚，与俄罗斯远东地区经济合作互补性强。

当前，吉林省与俄远东地区的合作正处于非常好的有利时机。一是中俄两国已经结成战略伙伴关系。双边关系越来越紧密，大环境向好。二是吉林省与俄罗斯远东地区有着良好的合作基础。2009年吉林省与俄罗斯滨海边疆区签署了《关于共同推进"图们江运输走廊建设"的会议纪要》，确定了双方合作的内容框架、工作机制和推进时间表，省区间合作不断发展。吉林省在哈巴罗夫斯克边疆区也有较好的合作基础。为此，应将俄罗斯远东地区特别是滨海边疆区和哈巴罗夫斯克边疆区，作为吉林省对俄经贸合作的重点。三是吉林省对俄远东合作的上升空间极大。在黑龙江、吉林、内蒙古、新疆等四个对俄边境省区中，黑龙江的绥芬河、内蒙古的满洲里、新疆的阿拉山口都已成为对俄的主要口岸和贸易通道，而相比之下吉林省的珲春口岸却没有做大，在竞争中处于劣势。从对俄贸易情况看，尽管2012年吉林省对俄贸易达8.2亿美元，但与排名第一位的黑龙江省相比，我们上升空间很大。四是有图们江区域合作机制的优势。在图们江区域合作中，主要包括中国（东北）、俄罗斯（远东）、蒙古、韩国、日本（观察员身份），东北亚的北亚就是指俄罗斯的远东地区。自1992年图们江区域合作开发项目实施以来，在该机制协调下，各方进展顺利，特别是国家正式批准"中国图们江区域（珲春）国际合作示范区"，进一步提升了吉林省沿边开发开放水平，更加有利促进吉林省与周边国家，特别是与俄罗斯远东地区的经贸合作。

（二）以资源开发利用合作为重点

重点从以下四个方面着手：

一是加强石油、天然气开采和利用领域内的合作。随着我国经济快速增长，石油、天然气的消耗量在逐年增大，缺口越来越严重，而俄远东地区石油和天然气储量丰富，仅石油储量约占世界总储量的1/6。滨海边疆区、哈巴罗夫斯克边疆区石油储量过亿吨。特别是俄罗斯东部石油走向中国的管线"泰纳线"已经开始启动，为吉林省与俄远东地区开展石油和天然气资源合作提供了有利条件。

二是加强煤炭开采合作。据海关总署统计，2013年，我国进口煤炭超过3亿吨，已成为全球最大煤炭进口国。吉林省也是缺煤省份之一，每年煤炭缺口在5000万吨以上。俄罗斯滨海边疆区煤炭已探明储量为26.1亿吨，煤矿50多处（主要集中在帕尔季赞斯克、利波夫齐、阿尔乔姆、列季霍夫卡、巴甫洛夫卡等地），以褐煤和石煤为主。哈巴罗夫斯克边疆区煤炭已探明储量为

15 亿吨，主要有布列亚煤矿、乌尔加尔煤矿和利安斯基煤矿等，以动力煤为主。俄远东地区丰富的煤炭资源，为吉林省赴远东地区开采煤炭提供了良好条件。

三是加强森林采伐和木材加工合作。远东地区是俄罗斯最丰富的林区之一，森林面积和森林覆盖率在俄罗斯各经济区域中位居第一，集中了俄罗斯 1/3 以上的木材（储量 223 亿立方米），其中哈巴罗夫斯克边疆区是俄罗斯境内最大木材原料基地，森林面积占整个远东地区的 53.7%，木材蓄积量占远东地区木材总蓄积量的 1/3 以上。滨海边疆区森林资源也十分丰富，森林覆盖面积达 1077 万公顷，森林覆盖率为 74%，林业和木材加工业比较发达，木材采伐和纸浆业居远东地区第二位。同时，从全国看，与俄罗斯木材合作的省份主要集中在黑龙江、吉林等省区，黑龙江省绥芬河市是全国最主要的进出口木材集散地，但由于铁路运量限制，接近饱和。吉林省也是全国木材加工业强省之一，可衔接黑龙江省溢出效应，赴俄远东地区开展森林采伐和木材加工具有明显优势。

四是加强铁矿石开采加工合作方面的研究。俄远东地区的铁矿石平均储量为 25 亿吨，主要集中在萨哈共和国、阿穆尔州和哈巴罗夫斯克边疆区等地。而国内对铁矿的需求随着经济快速发展与日俱增，在其他省还没有抢占先机的情况下，吉林省应该积极推动赴俄远东地区开展铁矿石开采加工合作业务，并争取利用一个时期尽快形成俄罗斯铁矿进入中国的主渠道。

（三）全力推进双向投资合作大发展

随着经济全球一体化的发展，国际合作方兴未艾，蓬勃发展，势不可当，"双向投资"已经成为国际合作的主要方向。从目前情况看，吉林省与俄罗斯远东地区投资合作存在总量少、规模小、分布不均、科技含量低等问题，致使吉林省与俄罗斯远东地区投资合作还处于较低的水平和层次。为了进一步推动对俄远东的合作，从合作的路径看，需要更好地坚持资源合作与市场开发并重的原则，坚持投资与贸易并重的原则，坚持相互之间"双向投资"的原则，进一步加强与俄远东地区大公司、大财团建立联系，寻求投资合作项目，同时更要积极鼓励吉林省企业"走出去"，赴俄远东地区开展投资合作。

吉林省作为全国对俄合作的四个主体参与省份，对外贸易以及投资额，与其地位极不相称，急需通过招商引资引进龙头企业来改变对俄远东合作的被动局面。所以，在对俄远东合作方面要尽快实现"三个转变"：一是由以边贸企业和小型民营企业小打小闹为主向招商引进大企业、发展大贸易转变；二是由单纯就贸易抓贸易向招商手段带动贸易扩大规模转变；三是由吉林省边境地区自身发展为主向招商引资吸引沿海发达地区投资、用国际合作视野推动与远东地区合作转变。

（四）积极引进战略投资者参与合作开发

实施"走出去"战略，是新时期我国对外开放战略的重要组成部分，同时也是利用国外资源、开拓国际市场的一种必然选择。在国家不断加强对俄经贸合作的大背景下，吉林省应该发挥对俄合作的地缘优势和桥头堡作用，积极引进战略投资者，参与俄远东地区的投资合作。

一是积极引进中石化、中石油等大型央企，合作建立中俄石化产业基地。充分利用"泰纳线"石油管道，寻求俄远东地区有实力的公司进行合作，争取引进中石化、中石油与吉林省相关企业合作，在吉林省珲春地区或俄滨海边疆区，投资建设大型炼油企业，建立汽油、柴油、润滑油以及乙烯、丙烯、乙醇等石油产品生产基地，辐射俄罗斯远东地区和中国东北地区，形成东北地区新的能源和石化基地。同时，支持吉化集团发挥吉林化工优势，承接化工产业，形成远东石油原材料—境外大型石油龙头企业—吉林化工企业（产品）完整产业延伸链条。

二是积极引进江浙、闽粤等沿海发达地区有实力大型民营企业，合作建设轻纺产品、家电产品物流基地。俄远东地区拥有六百多万人口，对我国质优价廉的轻纺产品、家电产品需求量很大，而且滨海边疆区又是历史上欧亚大陆的桥头堡，是我国轻纺产业、家电产品进入俄罗斯其他地区的集散地。结合俄轻工业产品的市场需求，吉林省吸引江浙、闽粤地区有实力的大型民营企业与吉林省欧亚集团合作，从建设大型轻工产品、家电产品集散市场入手，逐步将轻工业产品、家电产品的加工制造转移到吉林省珲春地区，形成面对俄罗斯远东地区生产、加工、批发、销售于一体的大型经济综合体。

三是积极吸引省内有实力企业，合作建设大型建材基地。协调引导省森工集团积极开展对俄合作，利用俄罗斯相关政策到远东地区建设木材采伐和加工企业。协调引导省亚泰集团针对俄远东地区需要大量水泥、水泥制品的实际，在珲春边境合作区内或滨海边疆区建设大型水泥加工企业，形成辐射俄远东地区的建材基地。

四是鼓励和支持省农业发展集团在俄远东地区建设高效绿色农业生产基地。鼓励省农业发展集团与滨海边疆区合作，研究探讨合作建设农业开发示范区项目，协调吉林省开发银行对农业走出去项目给予资金支持，扩大对农业走出去项目的贷款规模，扶持农业种植项目做大做强。

蒙古国东方省

吴可亮 *

蒙古国东方省始建于1931年，原名巴彦图门，1941年为纪念乔巴山改为现名。该省位于蒙古国东部边疆，西南与肯特省和苏赫巴特尔省、北面与俄罗斯赤塔州、东面和东南面与中国约有1150千米的国界线接壤。面积12.359 5万平方千米，居全国第三位，人口8.26万。省会乔巴山市，人口3.86万，距乌兰巴托市655千米，是东部地区的经济、文化、交通中心。全省下辖14个县，包括楚伦浩饶特县、达锡巴勒巴尔县、巴彦东县、古尔班扎嘎勒县、巴彦乌拉县、色楞格县、察干鄂博县、巴彦图门县、呼伦贝尔县、布尔干县、马塔德县、哈马尔达板县等。大部分居民为哈拉哈蒙古族，在达锡巴勒巴尔县、巴彦东县、巴彦乌拉县居住着布里雅特蒙古族，在古尔班扎嘎勒县和呼伦贝尔县一带居住着巴尔虎蒙古族和乌珠穆沁蒙古族。

1.地理气候

该省整个地势平坦，约占全省面积的五分之四。只有西北部的肯特山脉和东部大兴安岭一带的地势起伏不平，海拔高度560米~1 300米。境内除有发源于肯特山脉的鄂嫩292米、克鲁伦1 090米乌勒兹428米，发源于兴安岭山脉的哈拉哈河和诺门嫩河外，还有大小河流128条，霍赫湖、贝尔湖等湖泊179个，查干诨迪、额仁、查干楚鲁特等泉水300余处，位于该省的呼和湖是蒙古境内最低点，海拔约560米。贝尔湖海拔为5.83米，面积为615平方千米。

该省气候十分干燥，但温和凉爽，日照时间长，每年有251天~260天是太阳高照的晴天，无霜期127天，年均降水为150毫米~300毫米，1月份最冷时为-27℃，7月份最热时为+21℃，年平均气温0℃~2℃。

＊吴可亮，吉林省社会科学院东北亚研究中心助理研究员。

2.自然资源

东方省自然资源丰富,草原辽阔,景色迷人,河流、湖泊众多,水量充沛,自然区域的70%为平坦的草原地带,30%为森林地带,森林面积达1000平方千米,主要生长落叶松、桦树和其他杂松。境内有50余种野生动物,森林地带除了有喀纳汗熊、四不象、野猪、蛇、猞猁、貂等稀有动物外,全省范围内有众多的狐狸、沙狐、旱獭、水獭、鹿、狼、豹子、短尾黄羊等。该省鱼类资源丰富,有狗鱼、鲤鱼、鲇鱼等20多种鱼类。东方省是世界上草原保护最为完好的地区之一,拥有大量的野生动植物资源,东方省的玛塔塔苏木是黄羊的主要栖息地,据蒙古国保护部门统计大约有200万只黄羊。

东方省矿产资源丰富,已探明85种矿藏和142个矿产地。其中大型矿藏有:察布、乌兰混合金属、银矿藏、察干图勒特金矿、阿敦朝伦、桑金达菜盐矿、沙尔布尔德、沙尔沃斯湖盐礁、阿尔泰河玻璃砂子、石油等矿藏,同时还有丰富的褐煤、石灰石、钼、钢、红铜、水晶石、岩纹水晶、铁矿、有机盐、陶结块黏土和其他建筑材料。目前,东方省已探明5个煤炭矿区,总储量达50亿吨。

3.交通运输

受到资金和劳动力的制约,蒙古国道路建设进展缓慢。铁路方面,东方省境内仅有窄轨铁路连接乔巴山与俄罗斯边境城市博尔贾,经由俄赤塔与西伯利亚大铁路相连。蒙古国的公路可谓是四通八达。这些公路中用沥青或水泥修筑的只占极少数,大多是通过行走的车辆,在戈壁草原上长年累月压出来的。这些所谓的公路(草原路)没有路标、收费站、服务区、隔离带。虽然有些颠簸,但是没有重车碾压,总体还算平坦。这些道路的通行力是比较低下的,从乔巴山到乌兰巴托665千米的行程,乘坐长途汽车最少需要5天时间。乔巴山市里的街道破损程度比较严重,这些街道多半是前苏联帮助修建的,苏联解体之后,这些道路就没有得到修缮。

4.经济发展

东方省经济以畜牧业为主,牛、绵羊和马的饲养占重要地位,多集中在北部和东部的草原和牧场。东方省是蒙古国种植业相对发达的省份,蒙古国最好的农业耕地都集中在这个省,鄂嫩河和克鲁伦河沿岸耕地种植粮食作物。打草场面积占全国54%,适宜种植面积占22%,牧场占10%,农牧业用地1 000万公顷,其中打草场、牧场面积为990万公顷,种植业面积8.65万公顷,主要种植小麦、大麦和蔬菜、饲料作物,年平均收获谷物3.68万吨,蔬菜2.7万吨。全省牲畜头数为94.35万头,其中绵羊占69%,牛占15.4%,剩余部分为其他牲畜,主要经济为发展肉用绵羊为主的牧场畜牧业。工业产值占全国第二位。有食品、轻工业(洗毛厂）和采煤等部门。

目前东方省的商业并不发达。乔巴山全市大大小小的商店有十余家。里面日用品大多数来自中国、韩国、欧美国家。集贸市场经营的服装、粮油等商品,大部分来自中国。蒙古国的商品都带有地方特色,如马鞍、马靴、马头琴等。最体现蒙古国工业水平的恐怕就是地毯专卖店里琳琅满目的地毯、挂毯了,这些都是蒙古国最知名的"额尔敦"地毯厂生产的。在某种意义上,可以说乔巴山市是一个集中俄蒙集欧美特色于一体的"草原中的城市"。

5.经贸关系

东方省与我国建立起良好的经贸关系。与蒙古国首都乌兰巴托市满街都是"日韩色彩"（路上行驶的几乎都是日本与韩国生产的车辆）相似,乔巴山市内"中国色彩"比较浓厚,多数商品都来自中国,街上开有来自于中国北京、上海等城市生产的布匹、窗帘、皮鞋专营店,被蒙古人喻为"软黄金"的蔬菜大部分是通过阿日哈沙特口岸从中国进口,其中相当一部分是直接从内蒙古自治区新右旗呼伦无公害蔬菜基地现采摘、现装船运过来的。在商场、超市或小卖店,人民币都可通用,不用兑换蒙古图格里克,买卖交易非常方便。包括农业生产使用的肥料大多也来自中国,因为蒙古国没有无机肥料生产企业。东方省同中国的边境贸易也比较红火。每天,阿日哈沙特口岸都排满了蒙方运输货物的车辆,这些车辆驶向中国一方时,多数都是空车,返回蒙方时,车里装满了各种各样的食品与日用品。此外,蒙古国还积极发展与美国、日本、韩国和欧洲的关系。

6.文化教育

近年来,蒙古国政府十分重视教育事业,教育飞速发展,国民整体素质得到了很大提高。目前,蒙古国已经基本消除文盲,每三个人中就有一个在国内外各院校接受高等教育。蒙古国内的政府工作人员、宾馆服务人员等都会说蒙、俄两种或加上英语三种语言。蒙古国内民众的素质较高,体现最明显的就是,就餐过程中,无论在宾馆的餐厅里,还是在街上的饭馆里,气氛都非常肃静,不存在大声喧哗、推杯换盏的现象,吃完付账就走人,不会在吃饭上浪费时间。饭馆的卫生环境非常好,尽管空间都不大,都十分干净整洁,窗明几净。

7.环境保护

蒙古国十分重视保护和修复草场、保护野生动物,人们有着极强的生态意识和环保意识。出于保护草场的考虑,政府规定不允许车辆随意在草原上开辟道路。在茫茫无际的草原上,见不到纵横交错的公路（其实就是草原路）。较强的生态保护意识为野生动物的成长提供了良好的生存环境。汽车在茫茫的草原上行驶,时不时能见到上千只黄羊成群结队在草原上奋蹄飞奔,沿着公路与汽车赛跑,那景象十分壮观。只有在蒙古国才能看到这样成群结队的亚洲野生动物群落——黄羊群。保护草原的多样性与保护黄羊是在东方省境内进行道路交通设施建设时必须考虑的因素之一,即不能人为地切割黄羊的栖息地,影响到黄羊的迁徙。拟建中的"两山"铁路也必须充分考虑这一因素的影响,采取有效的应对措施。

朝鲜罗先市

吕　鉴

朝鲜罗先特别市是朝鲜目前最大的对外合作开发区。20世纪90年代初在由联合国开发计划署UNDP主导、东北亚五国参与的图们江区域国际合作开发框架下，朝鲜以罗先市为主要区域进行了近20年对外开发的探索和尝试。由于受半岛形势，尤其是朝鲜国内政治因素的影响，20年来，朝鲜罗先地区对外合作开发的成效虽然远低于人们的预期，但是，以"主体思想"和"先军政治"立国的朝鲜，不断加强和推进罗先区对外开发的努力还是给人们以期待。尤其是，近年来，朝鲜表现出前所未有的对外合作开发的姿态，在一定程度上展现了中朝经贸合作开发的前景。

一、罗先市基本概况

罗先市是朝鲜的特别市，原属朝鲜咸镜北道，由罗津市、先锋郡合并而成，所以也称作罗津先锋市，该市位于朝鲜东北部，处于图们江（朝鲜称豆满江）下游地区，与中国珲春市、俄罗斯哈桑区隔江相望。罗先市依山傍海，景色优美，气候宜人，是环日本海地区天然的旅游胜地和待开发地区。总面积890平方千米，人口19.8万。罗先特别市是朝鲜唯一的由中央直接管辖的对外开放的自由经济贸易区，也是朝鲜唯一的第三国人无需签证便可前往的地区，属全封闭式，与非开放地区隔离开，模仿中国沙头角的管理模式。

1.罗先地区自然资源丰富。罗先市濒临海洋，自然景色优美。沿罗先地区120海里的海岸线有8个港湾、10个岬、21个岛和自然湖，海水清澈，山脉葱绿，依山傍水，气候宜人，保持着良好的自然生态景观。市内有良好的海滨浴场、娱乐场所，每年热季引来众多中国游客。罗先市区域内煤、铁矿石、菱镁矿、陶瓷原料等矿产资源丰富，沿岸海域生物种类多，并且其近海资源由于无工业污染大都处于原始保护状态，各种鱼类、蟹类、贝类等海产品蕴藏量十分丰富，海洋开发前景特别诱人。罗先市的水产丰水产事业所是该地最大的海产品生产加工出口企业。

2.罗先地区地理位置十分优越,现有罗津港、先锋港和雄尚港3个港口。罗津港位于朝鲜半岛北段罗津弯,周边安州半岛、大草岛、小草岛形成自然防波堤,潮差小,是优良的深水不冻港,可停靠万吨以上大型货轮。目前,罗津港有3座码头。其中1号、2号码头中国租赁,3号码头俄罗斯租赁,10个泊位,可同时停泊5 000吨~20 000吨级轮船15艘,年吞吐量300吨以上。经过清淤和设备改造,罗津港最大停泊吨位将达5万吨,待建的4号码头设计年吞吐量300万吨以上。港区总面积38万平方米,露天货场面积20.3万平方米,库房面积2.6万平方米。港区有5吨~30吨简易塔吊15个,船坞2个,可修2万吨船只,并设有海上救护队、海员俱乐部。先锋港位于先锋市官谷洞,是一座油港,港区面积20万平方米,现有石油专用泊位和制品码头。雄尚港以转运建材为主,年吞吐量50万吨。

罗津港区有铁路、公路与朝鲜腹地相通,宽轨铁路与俄罗斯哈桑区相接,准轨铁路与中国的图们市相连。公路距中国珲春圈河口岸48千米,珲春沙坨子口岸92千米。

航空方面,朝鲜罗先市屈浦里附近设有直升机坪,也可使用朝鲜咸镜北道渔郎郡清津机场。

3.开发历程。1991年12月28日朝鲜宣布设立罗津、先锋自由经济贸易区,规范了对外经济关系法及规定并制定招商、土地租赁、税务等方面的优惠政策;提出允许在区内建立朝外合资、合作和外国独资企业,对投资国家不做限制;国家依法保护外国人投入的资金财产及其经营企业所得和其他所得,实施减免企业所得税等优惠政策;将区内的罗津港、先锋港和毗邻地区的清津港定为自由贸易港。

1996年2月将罗津、先锋自由经济贸易区升格为直辖市。罗先自由经济贸易区是朝鲜唯一的由中央直接管辖的对外开放的自由经济贸易区,也是朝鲜唯一的第三国人无需签证便可前往的地区。同年9月,由联合国开发计划署和联合国工业发展组织主办,中国、欧洲、日本、美国等27个国家的企业家赴罗先召开国际投资讨论会,罗先自由经济贸易区正式启动。

1998年春,朝鲜开放罗津先锋自由贸易区元汀与中国圈河口岸的互市贸易,每周开放三天,仅限于在朝鲜境内交易,朝方参加交易的均为集体单位,不允许个体参与。

1999年5月,罗先市与珲春市缔结友好城市。

2009年罗先贸易区成立近20年后,朝鲜最高领导人金正日首次视察该市,并希望其焕发新生,发展壮大。

2010年1月4日，朝鲜最高人民会议常任委员会4日发布政令，将北部地区的罗先市升级为特别市。朝鲜中央为开发罗先地区，在中央成立了罗先经济贸易地区指导局，并制定了相关法律。

2010年5月，时任朝鲜国家领导人金正日访华，与中国国家主席胡锦涛，就中朝共同开发和共同管理朝鲜罗先经济贸易区和黄金坪、威化岛经济区达成共识。

2010年11月19日，商务部部长陈德铭率团访问朝鲜，与朝方正式签署了中朝两国关于共同开发和共同管理罗先经济贸易区和黄金坪、威化岛经济区的相关协议，形成了中朝合作开发最基本、也是最具法律约束力的纲领性文件。

2010年11月中旬，商务部委托中国国际工程咨询公司编制完成了《中朝合作开发罗先经济贸易区和黄金坪、威化岛经济区2011年至2015年及2025年远景目标规划纲要》，作为协议的补充。2011年12月3日，朝鲜正式颁布《朝鲜黄金坪、威化岛经济区法》。

2012年8月14日，中朝共同开发和共同管理罗先经济贸易区和黄金坪、威化岛经济区联合指导委员会第三次会议在北京召开。中朝双方宣布成立罗先经济贸易区管理委员会和黄金坪、威化岛经济区管理委员会，并签署了成立和运营管理委员会的协议、经济技术合作协定。

2012年9月26日，在北京共同举办中朝两个经济区（朝鲜罗先经贸区和黄金坪、威化岛经济区）投资说明会。这是落实中朝两个经济区开发合作联合指导委员会第三次会议共识，推动相关合作尤其是招商引资的重要举措。

2012年10月，中朝共同开发和共同管理罗先经贸区管委会挂牌运营。罗先经贸区总面积为470平方千米，以基础设施、产业园区、物流网络、旅游合作开发和建设为重点，发展原材料工业、装备工业、高新技术、轻工业、服务业、现代高效农业等六大产业。目标是建成朝鲜先进制造业基地、东北亚地区国际物流中心和区域性旅游中心。

2013年12月6日，朝鲜方面张成泽被判决，其中包括内容："张成泽犯下的卖国行为还包括，让亲信随便卖掉煤炭等宝贵的地下资源，上掮客的当欠下很多债。"

二、罗先市对外合作开发现状和存在的问题

最近几年，为了吸引国外投资，加快经济发展，罗先自由经济贸易区实行了各种优惠政策，为第三产业的发展创造力所能及的条件。

截至2012年12月，罗先市共有近70户中国投资企业，投资额约4.0亿欧元。

这些企业在罗先市主要经营水产品加工出口,各种医药品销售,燃料销售,各种食品加工销售,农副产品加工销售,建材销售,针织品加工出口,家用电器销售,机电品制造销售,各种轻工业品制造销售,汽车修理厂,零部件销售,洗衣粉加工销售等。截至2012年底,圈河口岸进出口货物197 219吨,同比增长1%;出入境人员357 325人,同比增长36%;出入境车辆100 172台次,同比增长20%。珲春沙坨子口岸进出口货物16 074吨,同比增长25%;出入境人员4 818人次,同比增长23%;出入境车辆2 090台次,同比增长23%。

像所有"计划经济"转向"市场经济"过程中所遇到的"艰难转身"一样,在中朝合作共同开发和管理罗先经贸区的实践中,必然存在着这样那样的问题,主要表现在:由于制度和体制、机制不同,表现出各种各样的差异,比如认识上的差异,包括文化差异、意识形态差异、经济发展阶段差异;还有法律规范的差异;最重要的是"信用问题",这主要来自半岛危机的不确定性,朝鲜政治的不确定性和朝鲜人的不确定性,这在很大程度上也决定了中国或者说"外资"参与罗先开发的程度。这些问题,既需要合作双方与时俱进的转变和改变,也需要磨合中的包容和协调来克服。

三、中朝罗先经贸合作发展的趋势和展望

中朝合作共同开发和共同管理罗先经贸区,深受朝核问题和半岛危机所累,但从国际地缘政治的角度看,目前,对剑拔弩张而又缺乏战略纵深的朝鲜半岛而言,和平与发展仍然是唯一的出路和前途,对内外交困孤立无援的朝鲜而言,顺应形势、发展经济、让人民吃饱饭也仍然是唯一选择。因此,要坚定信心推动中朝经贸合作向着健康方向发展。

1.海产品合作。朝鲜罗先市所处的东海岸是寒暖流交汇的地区,海域几乎没有污染,海产品种类多,是世界四大渔场之一。朝鲜海产品75%出自东海,罗先东海150海里水域估计有海产品2 200万吨,其中明太鱼200万吨,其他鱼类15 00万吨,还有虾、蟹、海螺、海参等大约500万吨。罗先海产品资源得天独厚,水产品加工也有一定基础。目前,朝鲜水产品捕捞者生产出生鲜水产品,经冷链运输当天直接进入珲春超低温冷库,经过深加工或直接进入水产品专业市场,进而进入国际市场零售、深加工等领域。珲春企业可在罗先地区合作设立水产品冷链运输及深加工企业,既可以促进珲春形成水产品集散地水产品加工企业集散地,同时有效带动产业工人进入珲春,促进就业。

2.纺织服装业合作。朝鲜罗先劳动力受教育程度高且廉价。目前,朝鲜合资企业的劳动者月工资为75美元 500元左右,相当于目前珲春普通劳动者平均

工资水平的30%。近年来,韩国企业利用朝鲜廉价的劳动力优势同朝鲜纺织服装领域委托加工合作的规模不断扩大。2012年底,海关总署批准珲春运达服装、珲春特来纺织等四家企业也可以利用朝鲜劳动力资源开展加工复进境试点,珲春与朝鲜纺织服装业合作水平得到进一步提升,这种委托加工合作方式是既适合朝鲜国情、又能减少企业投资风险的比较理想的合作方式。

3.旅游业合作。罗先地区濒临海洋,属于海洋气候,且朝鲜罗先地区沿着120千米的海岸线有8个港湾、10个岬、21个岛和自然湖,旅游资源相当丰富。珲春市可利用三国交界的地理优势,与朝鲜罗先市和俄罗斯海参崴形成三国跨境旅游合作区,打造旅游精品路线,形成统一的旅游市场,推动珲春市的旅游业发展。2010年3月俄总理普京签署政府令,批准在2012海参崴APEC峰会举办地俄罗斯岛建立旅游休闲竞技特区,把旅游业确定为滨海边疆区优先发展的产业,并承诺投资20年不变。这些政策将有利于促进珲春跨国旅游合作区的建立,通过人流拉动物流,促进珲春跨国合作区的最终建立。

4.农产品加工合作。珲春市现拥有农产品深加工的成熟技术和各种先进的农业生产机械,在2009年,珲春农产品加工创业基地在全延边州率先进入国家级行列,且珲春市绿色米业有限公司、珲春市田野良米加工有限公司、珲春市曙光农产品加工厂等企业被评为吉林省农产品加工业的龙头企业。珲春市可在实施对外贸易税收减免的优惠政策下鼓励珲春市中小企业"走出去"把这些先进机械、生产技术投资到罗先市,进行农产品的加工合作,既有利于当地中小企业"走出去"又有利于成熟技术的对外转移,还有助于扩大农产品出口和缓解朝鲜的粮食短缺局面,实现互利共赢。

5.物流通道建设合作。罗津港是罗先三大港口之一,位于咸镜北道罗先市西南,是联结中国、朝鲜、韩国、日本等东北亚国家的重要海上要冲。这里水深浪小,是理想的不冻港,总占地面积为37.5公顷,年吞吐量可达300万吨,成为中国"借港出海"的依仗条件。位于珲春市的圈河口岸距离罗津港只有53.5千米的路程,也是中国与罗先地区直接相通的唯一陆路口岸。对于货物运输而言,从中国珲春经朝鲜罗津港到日本新泻港,比经大连到新泻港缩短1/10的陆路距离和1/2的海上距离,从日本装船的货物经罗津港发往欧洲,比经大西洋路线可缩短1/2的运输距离和1/3的时间,能够节约大量时间和运输成本,通过珲春到罗津港通道可以实现内贸外运,把东北地区的煤炭、粮食运输到我国南方沿海省市,把南方地区物美价廉的工业品运输到东北地区。

6.基础设施建设合作。2010年,朝鲜编制的《罗先市城市开发规划案》包括大规模的城市建筑,这是珲春市同罗先市在建筑领域合作的极好契机。且根据朝鲜刚刚颁布的"国家经济开发十年战略计划"中,从2011年到2015年的第一个五年计划期,重点项目主要是基础设施建设,只有加快推进基础设施的建设,才能为经济建设提供更好的基础条件。罗先经济贸易区地处偏远地区,基础设施陈旧落后,一直是制约中朝图们江区域通道建设及合作开发的主要原因之一。在朝鲜半岛复杂的地缘政治环境和朝鲜自身国情特殊性的双重考量下,要实现罗先经济区通水、通电、通邮、通讯、通暖气、通天然气或煤气、平整土地的"七通一平",不仅要依靠中朝两国政府政策上的协商,还需要借助民间力量,开辟中朝贸易通道,实现互联互通。可以借鉴上世纪90年代延边天宇集团承包罗先市琵琶岛海景娱乐大厦第一期工程建筑项目的经验,积极开展建设领域的合作。

7.教育培训合作。罗先经济区建立伊始,需要大量的管理人才,而朝鲜目前实行的是计划经济,开发区内来自朝鲜国内的干部大多没有进行市场经济管理的经验,在这种转变的过程中,培训干部成为至关重要的任务;罗先区的开发开放需要大量地区发展规划专家、高素质技术人员和掌握国际金融、国际贸易、旅游销售等的通商人才和大批掌握中、俄、英、朝多国语言的外语人才。2010年朝鲜修订的"罗先经济贸易地区法"赋予罗先市更多的权利,其中包括拥有邀请国外学者讲学、合作办学等权利。吉林省教育资源丰富,拥有吉林大学、东北师范大学、延边大学等一批高等教育机构,可通过互换学生、中朝学术研讨会等方式积极促进这些教育机构同罗先特别市之间的交流合作,加快各类人才的培养,使罗先经济区的开发开放得以顺利地向前推进。

8.管理合作。朝鲜国内政策的随意性、不连贯性,导致市场极其不稳定,使想要来朝鲜进行长期投资的资本不敢随意进入。中朝合作开发罗先经济贸易区,双方地方政府组成合作开发管理委员会,创建"两家共管"的合作新模式,通过招商引资等方式,以股份制经营方式,在中朝不同的政治背景和经济环境下,通过两国的定期会晤机制,加强沟通协作。协调朝鲜政府给予政策上的优惠,承诺市场政策的稳定,以鼓励国有企业到朝鲜进行战略上的长期投资,率先占领朝鲜市场,为今后国际市场的开拓打下先行一步的基础,实现中朝贸易合作的共赢。

作者简介:吕鉴,延边大学中文系毕业;现任职于中朝共同开发和共同管理罗先经贸区管委会,系吉林省图们江国际合作学会常务理事、珲春市图们江开发通海促进会会长、图们江报社副总编;2004年以来陆续参与吉林省、延边州重要文献的撰写,部分《内参》得到签批和好评。

韩国釜山

尚咏梅

　　2011年6月，由中、俄、韩共同开发的从珲春陆路至俄罗斯扎鲁比诺港转海运至韩国釜山港的集装箱货运定期航线正式开通，该航线被誉为推动图们江区域国际合作开发、东北亚区域经济发展的"黄金水道"。新航线的开通为延边州、吉林省乃至东北地区开通了一条新的海上通道，珲春借此将成为东北地区重要的出海口，不仅给东北全面振兴注入新的动力，同时将积极推动和繁荣东北地区与欧美各国、东北亚各国的进出口贸易。"黄金水道"的开通等于开启了珲春联通世界各地经贸往来的大门，对加快延边地区经贸发展、提升吉林省对外开放水平、推动图们江区域国际合作开发具有重要意义，为密切东北亚各国经贸往来搭建了新的合作平台，将进一步推动东北亚区域经济发展。由此，我们更有必要关注东北亚国际中转港——韩国釜山。

一、韩国第二大城市——釜山

　　釜山是依托釜山港发展起来的港口城市，经过多年的发展建设，已经成为韩国第二大城市，韩国东南经济圈的经济、物流中心和泛太平洋物流中心。釜山先后承办了2002年第14届亚运会和韩日世界杯比赛，自1995年起，每年都举办釜山世界电影节，逐渐成为连接亚洲、欧洲和北美的东北亚中心，多种文化共存的国际性都市。

　　1. 历史悠久的国际商港

　　釜山位于首尔南东部450千米处，东经129度，北纬35度。东南濒朝鲜海峡，与日本对马岛相望；西临洛东江。西北山地耸峙，南有群岛屏障，为著名深水良港、半岛南部门户。总面积758.21平方千米。2010年，釜山广域市人口360万，釜山都市圈（包括周边的金海市和梁山市）的人口共有400多万。釜山属于温带季风性气候，春冬两季温差小，四季变化明显，年平均气温为15.5℃，非常适合人类居住。

釜山经济圈共包括三个广域市和两个道,分别是釜山广域市、大邱广域市、蔚山广域市和庆尚南道、庆尚北道,釜山广域市包括15个主要行政区和一个县。领区三市两道面积合计共3.224 8万平方千米,占韩国国土总面积的32.3%。釜山领区市道人口合计共1 319.5万(2007年数字),占韩国全国总人口的27.3%。

釜山所处的地理位置优越。除是一个天然良港以外,在其海岸线上还有很好的沙滩和美丽的海滨风景;城市的周围被连绵的群山所环抱,城市中温泉星罗棋布,是一处旅游观光的理想之地。釜山交通形式多样,设施也比较完善。

釜山原为渔村,新罗时代称东莱。公元1368年(高丽恭愍王17年)因该地山形似釜(锅)而改称为釜山。从15世纪早期开始,釜山被朝鲜指定为商贸港口,并与日本开展贸易往来。1592年后,釜山沦为日本殖民地,1607年战争以后恢复了外交关系,釜山得以重建。1876年釜山被辟为国际贸易港,成为朝鲜第一个国际性的港口,并从1883年开始恢复了与日本的一般商贸往来。1905年连接首尔和釜山的京釜线铁路开通之后,开始设置很多码头和港口的港湾设施。1910以后,釜山成为日本保护国的城市,城市中心成为繁华的商阜。1925年庆南道厅迁移到釜山,釜山就逐渐发展为城市。在日本帝国统治时期,釜山扮演连络亚洲大陆与日本的枢纽地位,许多旅客由日本乘船至釜山后,再改乘火车至京城(今首尔)、北京、新京(今长春)等地,釜山快速发展成为现代化的港口城市,轮船可从釜山码头直接开往日本的下关。20世纪初,京釜、京义线通车后釜山得到较快发展,1929年定为庆尚南道首府,1949年8月改称釜山市,在朝鲜战争时期(1950–1953)釜山是联合国运送装备和供给到朝鲜的唯一港口。1950年还被认定为临时的首都。1961年1月升格为直辖市。20世纪60年代~70年代对国家经济发展起了先导的作用,从1978年开始,釜山开放了三个集装箱港口码头。随着韩国地方自治法的落实,自1995年起韩国道一级地方行政首脑以普选方式产生,原各直辖市随之改称广域市。2003年与仁川和光阳同时被指定为经济特区,目前共有16个海外姐妹城市和1个友好交流城市。

2.釜山的经济状况

作为韩国最早的国际港口开埠的釜山,不仅是韩国出口的前沿阵地,更是韩国海洋水产业的中心城市,一直起着韩国经济发展的"机关车"作用。釜山是与首都圈对称的东南经济圈的中枢城市,釜山经济圈不比首尔经济圈那样大企业林立,主要特点是中小企业多、轻工业企业多、服务物流业企业多、为重化工大企业配套协作企业多。釜山领区87万余家企业中,进入韩国500强企业行列的仅有59家(2002年),其余多聚居首都圈。

海洋运输是釜山经济的最重要构成。釜山市制鞋、纤维等轻工业和物流业发达,造船、汽车及零部件产业也有一定规模,第三产业在经济总量中所占比重超过70%。六、七十年代,釜山市作为出口商品的主要生产基地,为韩国经济的快速发展发挥过重要作用,经济总值也曾高达全国的10%。进入八、九十年代,由于工业用地不足以及产业结构未能及时调整,传统产业不断向周边地区转移,釜山市经济发展停滞不前,逐渐落后于全国平均水平,其占韩国的比重也下降到2006年的5.6%。菉山、新湖、鼎冠产业园区及釜山科学园区建成后,产业用地得到扩充,再加上汽车产业等高附加尖端产业的加盟和中小企业的支持,使竞争力有所提高。釜山-镇海自由经济区的建立进一步巩固了釜山国际贸易中心和地区金融中心的地位。韩国唯一的证券交易所韩国交易所KRX也设在釜山。釜山领区三市两道进出口贸易规模占韩全国的37%左右,其中出口所占比重超过40%,进口所占比重超过30%。

另外,釜山与韩国多条铁路相连,其中最重要的京釜线直接通首尔、大田、大邱等主要城市;釜山港一号码头的国际轮渡站也有通往日本对马岛、下关市、福冈市和大阪市的轮渡。

二、东北亚中转港口

东北亚经济增长的同时引起了本地区对外贸易规模的不断扩大并向纵深发展,而对外贸易规模的扩大又有力地推动了该地区航运物流业的发展,促进了该地区港口在世界港口体系中地位的提升。目前,世界航运市场重心正从欧洲转向亚洲,东北亚港口间的竞争也日益激烈。韩国提出"建设21世纪环太平洋中心港"的战略目标,全力加快釜山港建设,新建光阳港,扩建仁川港,以组团方式建设国际航运中心,力图使中国北方沿海各港成为其支线港。

1.天然良港——釜山港

釜山港是韩国第一大港口,也是国际一流港口,东北亚地区门户港之一,开放于1876年,至今已有130年历史。釜山港从20世纪80年代开始迅速发展,那时中国的港口实力较弱,釜山港在与中国一些港口的竞争中脱颖而出,成为东北亚最具实力的集装箱枢纽港。

釜山港位于既是世界工厂又是世界市场的中国和世界第三大经济大国——日本以及世界第三大资源保有国——俄罗斯的中心地带,同时也位于连接大陆与海洋的世界三大主航线之上。从公海很容易进出全天候开放的釜山港,甚至无需领航船舶也能自主定期挂靠釜山港。釜山港港区分布在釜山湾西北岸,因被山和岛屿环绕,港内水面平静且潮水的涨落差较小。釜山港共由北港(釜山本港)、南港、甘川港、多大浦港四部分组成。拥有集装箱专用码头6个和杂货码头、粮谷码头、水泥码头、原木码头、水产物码头及国际客运码头和沿岸旅客码头等。釜山港(不含新港)水域面积243平方千米,海岸线202千米,水深5米~15米。釜山港码头面积达63万平方米,集装箱堆场面积达38万平方米。每年停靠约2 000艘集装箱船,可同时为4艘5万载重吨的大型集装箱船进行装卸作业。港口主要出口货物为工业机械、水产品、电子、石化产品、纺织品等,进口货物主要有原油、粮食、煤、焦炭、原棉、原糖、铝、原木及化学原浆等。该港能承接各种船舶修理,最大干船坞可容纳15万载重吨的船舶。

此外,釜山港地处东北亚的中心地带以及世界贸易的核心地区,可在此搭乘三个小时的飞机选择抵达60多个人口超过百万的城市。

(1)世界第五大集装箱处理港口

釜山港集装箱货物处理量名列世界前茅,2001年已经超过台湾的高雄,成为世界第三大港口。自2003年7月起,我国上海港超过釜山港,集装箱货物处理量跃居世界第三,10月起,我国深圳港也超过釜山港,目前釜山港集装箱货物处理量排名世界第五位。近年来,在中国港口快速发展的挤压下,釜山港的集装箱业务呈衰退趋势,集装箱吞吐量增长缓慢。在全球经济低迷不振的情况下,釜山港大力吸引货源、强化中转的做法,使其货量依然保持了增长。2008年世界十大集装箱港口排名中,釜山港以1 342万TEU连续三年排名世界第五位,比2007年增加1.2%。2009年,釜山港采取积极措施,退出中转货物奖励制度,吸引货源,力争化危机为机遇。2010年,釜山港集装箱吞吐量为1 416万TEU,其中一半来自韩国腹地,一半来自中国和日本。

2012年,釜山港货物处理量达1 704万TEU。釜山港不仅处理着占韩国总货物量75%的货物,同时每年也处理着多达810万TEU的国际中转货物,因此釜山港不仅是韩国最具代表性的门户港口,也是东北亚最大的中转枢纽港。

釜山港具有可靠泊1万TEU以上级别船舶的条件,平均水深达16米以上,且拥有先进的装卸设备,为来访釜山港的客户提供高标准的港口服务。釜山港为迎合现代物流发展趋势不断对港口进行改造升级:1.扩充最先进港口设施与设备,提高24列(Tandem)C/C保有率;2.顺应船舶大型化趋势疏通并加深航道;3.通过构建工会与用户以及政府间的合作关系力求实现稳定作业;4.通过适用多泊位运营体制提高泊位的使用效率。

(2)以尖端IT信息技术为本的未来型U-Port

釜山港构建了源于IT强国的尖端信息技术为本的U-Port系统,正在实现成为东北亚巨型枢纽港的梦想。使用泛在网络计算机技术的U-Port系统,不但提高了货主、船公司、航运公司等物流主体的业务效率,同时凭借迅速、安全的物流作业,极大程度满足了客户的需要。将使用泛在网络计算机技术(RFID/USN等)的电子标记贴在集装箱、车辆以及集散港的设备上,通过阅读器与网络对货物的移动与处理情况进行实时管理,堪称具有划时代意义的最尖端港口物流系统之一。拥有尖端物流设施的釜山港,凭借与全世界100多个国家的500多个港口建立的网络,致力于发展成为21世纪东北亚No.1物流枢纽港。釜山港还致力于不断扩充港湾设施与港湾疏浚能力,加快开发拥有最尖端设施的新港,以求能够容纳未来急速增加的集装箱吞吐量。

（3）打造国际远洋航线与支线网络的未来型港口

全世界最主要的30家船公司与其他100多家船公司的船舶都在釜山港中途停靠,港口与中国、日本、俄罗斯等国家周边港口构建着如同毛细血管般完善的支线网络。良好的自然条件,为顾客提供着迅速、准确、安全的世界一流港口服务。

釜山港潮水涨落差距小,且几乎没有雾与台风的影响,因此可实现船舶365天24小时随时进港。釜山港可保证船公司准时装卸运行,同时可向货主保证对货物进行安全管理以及提供迅速而准确的进出港服务,并可以快速地应对船公司与货主的多种要求。

2.釜山港存在的问题

（1）近年来,由于激烈的国内外竞争,集装箱吞吐量接近饱和的釜山港面临巨大的挑战。在韩国境内,光阳港的迅猛发展直逼釜山港,给釜山港带来直接的威胁。据韩国国际贸易联会预测,2011年光阳港的运力大增,未来可能取代釜山港成为韩国的第一港口。同时,中国北方港口崛起,基建和服务都在日益提高,让内外夹击之下的釜山港也备感"窒息"。

因处于日本、中国经济带的中间,釜山港的地理位置有其长处,但也有短处。对釜山港来说,在整体吞吐量中,55%是进出口货物,45%是国际中转货物,其中中国货物的比例较大,占到30%。韩国本国没有那么多吞吐需求,所以釜山港需要外国的中转业务来填补空位。随着改革开放,中国的经济飞速发展,中国的航运需求量较大,而自身的港口难以满足这些需求,所以中国的货物会通过釜山港中转。如果釜山港仅满足于国内货物量,将很难进一步发展。因此,只能继续吸引东北亚转运货物。釜山港要进一步维持和提高最高水平的价格竞争力和效率。

釜山港的一个优势是集装箱船的作业费用和速度。釜山港每小时可以装34只集装箱,在全世界港口中最快;此外,釜山港装卸一只集装箱的费用约为40美元(是上海港的一半)。由此吸引了马士基航运、地中海航运、韩进海运等一些航运企业把目光转向用小型集装箱船把中国等地的货物运到釜山港的"转运"服务,即用小型船舶定期往返于青岛港、大连港和釜山港之间,运输转运货物。

相对釜山港来说,环渤海地区的大连港、天津港和青岛港都只是腹地型的枢纽港,货物中转量都不大。釜山港2012年计划集装箱吞吐量为1750万TEU,同比增长8.4%,其中本国进出口货物911万TEU,同比增长5%,换船转运货物822万TEU,同比增长12.1%。釜山港中转货物中的中国货物比重大。由于我国港口水深不足,货轮在中国港口只装载部分货物,然后到釜山港装载余下的货物再转口至欧洲及美洲城市。所以一直以来,釜山港接纳从中国天津、大连、青岛等中国北部地区和上海港的间接航线的货轮。自1995年到2001年之间,从我国港口中转至釜山港的国际集装箱箱量由85.9万标箱增长至239万标箱,6年间增长了1.7倍,年均增幅达18.6%;同时,我国港口中转货物吞吐量占釜山港总吞吐量的份额,也由1995年的19.1%上升到2001年的31.7%。资料显示,2002年,釜山港中转业务的62%来自中国或者目的地是中国,占釜山港全部货流量的30%。2004年,釜山港1144万标准箱总吞吐量当中有300多万标准箱为我国北方的出口货物,约占其中转量的80%。从以上的数据可以看出我国北方货物占釜山中转货物的比例非常大,如果北方"大、青、天"三港把这部分货物争取回来将对釜山港的地位产生很大影响。

(2)釜山港吞吐能力已处于基本饱和状态。由于集装箱货流量的迅速增长,港口设施面临不足,釜山港的集装箱外码头堆场非常拥挤。水域和内陆空间狭窄的北港地区的扩建工程结束后,大体上已无扩建余地。再加上釜山港的交通运输系统极大地制约了港口的高效运行。国内生成的集装箱货物中有90%过公路运输,而且国内集装箱进出口主要是通过釜山港,集装箱公路运输体系的集中造成公路运输负荷沉重。

(3)人为灾害和自然灾害。2003年釜山港发生两次大罢工,使釜山港的形象大受影响,对外信任度下降。

2003年9月份,釜山遭受蝉鸣台风的入侵。釜山港内共有11台岸吊在台风中被摧毁,其中8台无法维修需弃置,釜山港内共有52台岸吊,所以事件中共有21%岸吊损毁。台风使港口损失金额高达576亿韩元,其港口理货能力降低20%。

3.釜山港的相关政策措施

为了鼓励开发商投资码头建设,吸引船公司使用釜山港和釜山新港及其后方的物流园区,韩国政府制定了一系列的特殊政策和优惠措施。

1.积极为物流公司提供税收优惠和资金支持

（1）韩国政府制订了改善全国物流环境的5年发展计划。

（2）为物流公司提供资金支持。

（3）积极开展招商引资。

2.积极吸引船公司开展业务

（1）频繁拜访船公司,并进行说服。

（2）与船公司共同探讨如何增强釜山港的竞争力。

3.扩大港口管理当局的自主管理权范围,提升港口管理水平。

4.建立评估激励机制,促进码头公司提高作业效率。

5.以低收费政策增强港口竞争力

釜山港借助收费低廉政策吸引船公司挂靠,目前其收费不到神户和香港的一半。釜山港区远东装卸公会出价的码头装卸费为每标准箱80美元,神户港是235美元,香港是265美元,上海外高桥约100美元。上述政策和措施,对促进港口设施的建设、吸引班轮挂靠、推进物流的发展都是非常有利的,为釜山港建成东北亚地区的国际航运中心和物流中心起了巨大的推动作用。

三、面向未来的东北亚物流中心——釜山新港

从20世纪以来,为了与中国港口竞争东北亚航运的物流中心地位,韩国及釜山政府大力投资建设釜山港及其新港,并采取各种措施提高集装箱吞吐量,增强物流能力。目前正在建设中的釜山新港,计划于2015年之前经过两个阶段建成,建成后的釜山新港将具备每年804万标箱的集装箱处理能力。新港已有22个泊位现已投入运营,作为未来型泛在网络港口,可创造较高的附加值。到2020年45个泊位将全部开放,将作为年货物处理量多达1 600万TEU以上的巨型集装箱港口,进一步巩固其作为东北亚国际物流枢纽港的地位。新港分为一期、二期(北集装箱码头、南集装箱码头、西集装箱码头)与三期。第一阶段的6个船位已于2006年建成使用。凭借着釜山港的地理优势、优秀的人力资源以及连接机场、铁路、海洋的物流基础设施、尖端的设备,提供着生产效益颇高的一站式服务。

1.釜山新港开发建设

釜山新港计划共建45个泊位(总装卸能力达1 600万标箱),至2012年新港共建23个泊位(集装箱泊位21个,多功能泊位1个,汽车泊位1个);建成后再新建22个泊位(集装箱泊位13个、支线泊位4个、多功能泊位及其他)。新港水深达17米

以上,因此便于10 000TEU以上级别的超大型船舶停靠;同时备有自动门系统,全年无休运营堆场;还设有有效利用可同时处理两个40ft集装箱的Tandem起重机等尖端装卸设备,实现每小时35箱以上的高效率,成为具有未来型功能的一流港口。

2.釜山北港改造项目

加紧建造釜山新港的同时,韩国政府还加强了对釜山北港的改造工作。工期自2008年起,至2020年期间内对北港通用码头和国际客运码头进行改造。预计施工面积152万平方米,工程费用达8.5万亿韩元。

3. 以新港腹地物流园区商务模式创造高附加值

釜山新港附近300万平方米的区域内正在建设综合物流园区,计划于2010年完工。园区内将建设货物中转站等物流设施和加工园区、仓库型折价卖场等流通设施,由此釜山新港将成为同时具备产业、物流、信息、金融功能的综合港湾。

腹地物流园区面积达670万平方米,不仅具备简单的货物处理功能,同时还通过与组装、分类、包装、加工等多种产业相结合,创造高附加值。已被指定为租赁费低廉且向用户提供多种税务优惠的自由贸易地区,国际型物流企业已大举入驻。园区将实行365天24小时无休,提供一流港口服务。全力提供世界一流管制、保安、拖船、渡船服务。保证24小时提供世界一流拖船与渡船服务。实时向顾客提供加油等各种港口服务。从而树立海洋旅游文化领域国际品牌。

釜山港拥有美丽如画的海岸与迷人的旅游文化以及高科技含量的未来型建筑,将发展成为21世纪海洋旅游领域的国际品牌。新建的北港位于充满乐趣的都市,将拥有国际商务环境以及一流的港口功能,实现巨大的生产效益与就业效应,因此将对地区与国家经济的发展做出巨大贡献。

作者简介:尚咏梅,吉林省社会科学院朝鲜·韩国研究所副教授,延边大学历史系在读博士;曾参与完成国家社会科学基金项目《朝鲜半岛局势的变化对我国安全稳定的影响及对策研究》等项目;出版《百年韩国》等译著五部;先后在国内外公开发表《中国在朝核"六方会谈"中的地位与作用》等论文多篇;向国家及吉林省市相关部门提供咨询报告多篇,其中研究报告《金正恩时代朝鲜国防委员会的地位和作用》获2012年沈阳军区优秀论文一等奖。

日本新潟

周异夫 / 柳晓东

伴随着2010年10月吉林省珲春经由俄罗斯扎鲁比诺港到日本新潟的跨国海陆联运航线的试运行，2011年8月航线的正式开通，2012年4月中国珲春—俄罗斯扎鲁比诺—日本新潟国际陆海联运航线互为代理签字仪式的举行，作为日本海海上黄金水道一部分的本条航线使中国东北、俄罗斯、日本的经贸联系更加紧密，对图们江区域（珲春）国际合作示范区的发展壮大发挥着日益重要的作用，日本新潟也成为吉林省区域经贸合作的重要伙伴。

作为日本重点合作区域（新潟）以及海上通道对接港口（新潟港）的选择绝非偶然，从下表可以看出，与以往吉林省—辽宁大连港—日本新潟的海陆联运航道相比，新开通的珲春—扎鲁比诺—新潟航线在运输时间和运输成本上具有明显的优势；

起点	途经港口	目的港	全程运输时间（天）	陆路费用（万日元）	海上费用（万日元）
长春	大连港	新潟	9	5（1TEU）	8~10（1TEU）
长春	扎鲁比诺港	新潟	4	4（1TEU）	6（1TEU）

http://wenku.baidu.com/view/779f1f084a7302768e993968.html

另一方面，新潟县在东北亚环日本海经济圈中扮演着重要的角色，与其他环日本海北部各县相比，在地理位置、产业特色、港口与物资运输等方面都具备着与吉林省发展区域经济合作的独特优势，可以说，我们将日本新潟纳入图们江区域合作的重要对象是一种必然的选择。

本章主要围绕新潟县综合县情概述、新潟对图们江（珲春）国际合作示范区发展的促进意义、吉林省与新潟合作及海上通道运营方面面临的问题及其解决对策等几个方面逐一展开。

一、新潟县情概述

1.新潟县的自然与人文

新潟县位于日本本州岛中北部,濒临日本海,南北狭长,与山形县、福岛县、群马县、长野县和富山县相邻,海岸线总长约634.4千米。据2011年10月1日的调查结果显示,新潟县总面积12 583.83平方千米,居日本全国第五位,人口约234万人,居第14位。新潟县主要由四部分区域组成,分别是以上越市为中心的上越地区、以长冈市为中心的中越地区、以新潟市为中心的下越地区以及以佐渡市为中心的佐渡地区。

从17、18世纪江户时代开始新潟县就一直作为日本海的交通中心繁荣发展起来,19世纪以后又成为日本与中国、俄罗斯以及韩国等国进行贸易的重镇。中国与新潟县的文化交流源远流长。早在1986年,与吉林省同处东北地区的黑龙江省就与新潟县缔结了友好关系。多年来,中国与日本的新潟县始终在经济、商贸、教育、体育等众多领域保持着紧密的交流与合作。吉林省与新潟县的文化、经贸交流虽起步较晚于黑龙江省,但自进入20世纪以来,吉林省与新潟县之间展开了广泛且富有成效的交流与合作。

2.经济产业

新潟县的支柱产业主要集中在工业、农林水产业以及旅游业等方面。

工业方面,石油、发电、金属加工以及服装加工业都是新潟县最具代表性的产业。新潟县为日本极为少数的原油产地之一,胎内市的阿贺冲油田至今仍被开采和使用。因此新潟县与原油相关的石油炉、石油暖炉等器具的产量十分可观,其中石油炉的出货量为全日本最高;电力方面,阿贺野川流域建有大规模水利发电站,东京电力的柏崎刈羽核电站的出电量则是世界第一;新潟县的模具及精加工技术在日本也首屈一指,其发达的基础技术被广泛地应用于材料及表面处理、铸造、锻造以及食品加工。新潟县与金属加工产业的渊源还要追溯到江户时代的佐渡岛。佐渡岛的佐渡金山为江户时代三大金山之一,佐渡金山的产金量占整个日本黄金产量的一半,从发掘到现在已将近400年,是世界上持续采掘寿命最长的金山,佐渡金山虽然已于1989年停止采掘,但新潟县金属加工品的产量始终在日本名列前茅,仅燕市、三条市的金属餐具产量就占全日本国内生产总额九成左右。从出货量来看,新潟县的金属西式餐具居日本第一位,而从产量来看,剪刀、菜刀、镊子等金属工具位居日本第二位;在服装加工业中,编织品的产量高居日本第一位,其先进的技术还被用于制作专业棒球制服等领域。

新泻县盛产各种与其风土气候特征相宜的传统工艺品。其中,新泻漆器、小千谷缩、白根佛坛、燕锤起铜器、村上木雕堆朱等16种工艺品被日本经济产业大臣指定为"国家传统工艺",其传统工艺品数量仅次于京都,居全日本第二位。

农业也是新泻县的支柱产业之一。据2010年的统计结果显示,新泻县的稻米产量占日本全国的7.3%,为全日本稻米产量之首,北海道与秋田县分别以7.1%、5.8%居第二位和第三位。新泻县所产越光米现已成为"味道最好的米"的代名词,其中鱼沼地区种植的越光米被称为日本第一好米,越光米在日本乃至全亚洲都具有很高的知名度。新泻县稻作产业的发达,得力于新泻县的气候环境以及先进的栽培技术。信浓河以及阿贺野河等丰富的水资源和肥沃土地为新泻县提供了最适合稻米栽培的气候条件。此外,新泻县多年来积累与发展起来的栽培技术也在日本享有盛誉。与稻米相关的米果、煎饼等生产量也是日本第一。日本酒则仅次于兵库县和京都府为日本第三位。除了米类相关食物之外,樱桃、西瓜、柿子、梨以及茄子、毛豆的栽培也属日本最大级规模。

新泻县的林业也比较发达。新泻县内的森林约占全县总面积的70%左右。丰富的森林资源为新泻县提供了充足的水资源供给,同时也起到了净化县内空气的功效。特别是杉树木材被广泛地运用于住宅的建设当中。此外,新泻县蘑菇的总产量为日本第二,成为农山村最重要的支柱产业之一。

新泻县的沿岸和近海渔业也十分发达。新泻县的海岸线很长且富于变化。这也为各种各样的渔场的设立提供了有力的自然条件。以鲕鱼、鱿鱼及虾为代表的各种水产类生物的捕获量居高不下;佐渡岛上的牡蛎养殖产业也比较发达;中越地区的中山间地区是被誉为"游泳宝石"的锦鲤的发祥地,在那里锦鲤的养殖产业十分兴盛。每年10月到12月,众多来自世界各地的锦鲤爱好者聚集此地,观光这一著名的"锦鲤发源地"并选购自己中意的锦鲤。

此外,新泻县旅游产业的发展也比较显著。新泻县的旅游产业主要依赖于冬季的滑雪和夏季的佐渡岛旅行。新泻县有雪国之称,尤其是中越及上越山区有许多滑雪场,因此每年冬天新泻县都吸引着日本其他各地的滑雪爱好者前来观光旅游。佐渡岛的海岸兼有秀丽优美的景色和广阔无垠的海滩,是玩海和垂钓的好去处。另外,每年的5月到11月间,在小千谷市还会举行斗牛比赛,吸引着不少来自海内外的游客。这些新泻县内旅游业的发展也带动了服务业及相关行业中就业率的提升。

3.港口情况

新泻县共有10个港口,其中新泻港是国际据点港,两津港、直江津港与小木港是重点港口,柏崎港、寺泊港、岩船港、二见港、赤泊港与姬川港是地方港口。

这其中,对国际、国内运输起到关键作用的港口是新潟港与直江津港。新潟港是日本海一侧最先指定的特别重要港湾,也是日本海一侧最具代表性的国际贸易港,2011年随着港湾法的修正更名为国际据点港,在与中国、俄罗斯、韩国、东南亚各国的对外贸易中扮演着极其重要的角色。而对上越地区、长野县北部地区、中京经济圈、关西地区的物流运输起到重要作用的是直江津港。

新潟港由东港区和西港区构成,西港区位于新潟市区中心的信浓川入海口,东港区位于新潟市与北蒲原郡圣龙町的交界地带。西港是客运港,也具有一部分货运功能,主要集中在与左渡市的两津港,以及敦贺、秋田、苫小牧、小樽等各港之间的货物运输。东港是集装箱物流港,主要承担国内、国际的货物运输,距离途经县内的高速公路、国道很近,便于货物的仓储和运输。

近年来,日本政府、新潟县政府加大力度建设、发展新潟县的港湾,特别是新潟港与直江津港,旨在让中国东北、俄罗斯远东地区、韩国的经济发展拉动日本海一侧为以新潟港、直江津港为中心的北陆信越地区的经济发展,对太平洋一侧的港湾起到一定的替代作用。随着近几年港湾设施的强化以及航路的拓宽,新潟港的外贸集装箱吞吐量取得了飞速发展,其发展态势超出了本州岛日本海一侧的其他港口。新潟东港的集装箱码头为指定保税码头,位于东港区的西埠头,分为1号、2号和3号码头。1号码头长130米,水深7.5米;2号码头长185米,水深10米;3号码头长350米,水深14米,其中1号码头和2号码头连成一体,3号码头可容许3万吨级的货船入港。4号码头正在建设中,设计长度为500米。目前,港区内设有三架高架龙门起重机和9台跨运车,其中两架高架龙门起重机为超大型号,可搬运16列、总高度为47米的集装箱。另外,港口内还设有集装箱分拣区、冷冻集装箱供电设备、恒温仓库以及熏蒸除虫设备等。

二、新潟及海上通道对图们江(珲春)国际合作示范区发展的促进作用

1.新潟县对图们江(珲春)国际合作示范区发展的促进作用

(1)新潟县进口贸易需求可以帮助吉林省调整、优化出口商品产业结构,在维持两地间基础进出口贸易的同时,加强优势产业的建设,发展特色产业,寻找新的出口贸易增长点。

首先,在新潟县的进口贸易结构中,其对中国的纤维制品、原料和食品有较大依赖。因此吉林省应发挥农业大省优势,在保证现有对新潟县纤维制品、原

料和食品的出口优势基础上,进一步提高这部分产品的出口贸易总额。但是长期以来吉林省对日制成品出口以轻工、纺织等劳动密集型为主。2005年数据显示当年纺织、衣服附件、纺织纱线织物及制品、锯材等占吉林省总出口额的25%。近年来这种情况有所改变,吉林省出口产品结构不断优化,技术含量低的初级产品出口额逐渐减少。今后应当结合海上通道的建立,继续优化出口产品结构,增加技术含量高的制成品的出口。延边地区现有40多家日本制衣企业进驻,该地区衣料制造业技术成熟,具备同新泻县开展服装类贸易往来能力。吉林省还有皓月、正大等多家食品加工企业,同样能满足新泻县的食品需求。面对新泻县的市场需求,吉林省应有针对性地扶持纤维制品和食品相关企业,打造自主品牌,做强本地企业,争取更多的对新泻县贸易出口份额。

其次,新泻县对金属制品和机械机器的进口需求很大。吉林省作为老东北工业基地,其机械、机车制造实力雄厚,而且通过与德国、日本汽车企业合作,生产制造水平日益提高,已经积累了丰富的生产制造和进出口贸易经验。在吉林省出口贸易总额中,工业制成品所占比重始终较大。而且相较其他发达省份,东北地区的劳动力价格较低。据2008年中国统计年鉴,吉林省和黑龙江省的人均年收入约为23 000元,而同时期北京、上海则约为57 000元。发达地区用工价格是吉林省的两倍强。尽管近年来随着经济水平的提高,东北地区的劳动力价格显著提高,但是仍然落后于其他发达省份和地区。这种地区性优势足以吸引新泻县的技术和资金的投入。所以吉林省可以发挥、宣传本地工业制造特色和优势,通过与新泻县贸易洽谈,寻找双方需求,开展积极进出口贸易往来。

(2)新泻县农业发展亟需与日本外部开展贸易往来,这可以提升吉林省农产品和现代化农业科技发展。

新泻县是日本著名的稻米之乡,其产量为日本第一,被誉为日本首屈一指的谷仓。然而随着日本社会老龄少子化以及饮食西化的影响,近些年来,日本国内大米人均消费量已锐减至30年前水平。这种情况对新泻这个日本农业大县(其农业人口数为日本第二)来说尤为不利。新泻县较日本发达地区落后,青壮年劳力流失严重,人口老龄化问题日趋严峻,县内很多市、町、村被日本政府定为"人口过少地区"。所以,仅凭新泻县乃至日本国内,大米等农产品消费局面并不乐观,最终导致日本农业发展停滞。为应对这种不利局面,新泻县以及日本政府亟需国外市场。2004年日本大米开始销往中国台湾、香港、新加坡等地;2008年时任国家主席胡锦涛访日期间,中日签署进口日本大米政府间协定。因此,吉林省可以以进口新泻县产大米为突破口,进一步学习和引进其先进农业科技和现代化种植理念,以此实现双方互惠。新泻县大米在日本国内的形象不只是味美,更多的是安全、放心而环保的理念宣传。这种农业理念是在先进农业技术支持下实现的,而这正是中国国内所欠缺和需要下大力气学习的。吉林省还可以借海上通道的开通立足未来,与新泻县建立长期友好贸易往来关系。

（3）新泻县农业技术先进,双方开展活跃的农业进出口贸易能够帮助吉林省打造现代产业化绿色农业系统。

日本地域狭小,大部分农产品不能自给,是发达国家中农产品自给率最低的一个,仅有39%。因此,吉林省可以为日本提供所需农产品,日本可以提供先进农业技术支持,实现双方优势互补。吉林省海上通道的打通为吉林省与新泻县进行农业贸易往来提供了便利。但是吉林省虽然是农业大省,却不是农业强省。加速打造现代产业化绿色农业系统进程,还会带动农产品加工业、后续食品包装业等相关领域的发展。现代产业化绿色农业系统的建立需要政策扶持,还可以向日方学习,引进日本先进农业技术,制订先进农业技术的人才养成计划。

（4）新泻县工业技术成熟,能够为吉林省工业发展提供产品及技术帮助。并能为吉林省可持续发展助力。

新泻县地理位置得天独厚,富含天然气资源。伴随天然气开采而兴起机械和金属制造业,同时发展了化工企业。吉林省作为重工业基地,汽车制造是其支柱产业,科技含量高的汽车零部件需求较大。吉林省珲春市有计划建设大规模资源回收再生基地,其回收再利用产品有望开展对外贸易。因此,新泻县成熟的工业技术能够为吉林省提供汽车零部件产品和技术支持。日本在资源再生方面也关注较早,投入研发也较大。近年来还协助中国山东、四川、安徽等省份进行节约能源和环保方面的研发。新泻县同样能够为吉林省节约能源、循环再生领域研发提供技术支持。

（5）与新泻县的经贸合作可以整合吉林省科技、教育资源,全面提高各个领域产业的科技含量。

吉林省有着较完整、成熟的农副产品产业链及基础资源,但总体来说,进出口贸易主体集中在初级产品和一些零部件加工的产业,以及谷物、服装等方面,利润率较低,且发展空间有限。另外,吉林省在高新技术产品出口领域明显滞后于其他省份,出口商品技术含量以及产品附加值低都不利于进出口贸易。虽然吉林省有着丰富的科技、教育资源,但是整合性差,科技转化成生产力能力不高。因此,与新泻的合作发展可以打开这一不利局面,整合吉林省科技、教育资源,全面提高各个领域产业的科技含量。

2.海上通道对图们江（珲春）国际合作示范区发展的促进作用

（1）新潟港的促进作用

第一节中，已对新潟港的基本情况做了概括性论述。可以看出，新潟港在环日本海北部各县的港口中，无论从地理位置还是从基础设施上看都是最佳的贸易港。特别是2011年随着港湾法的修正更名为国际据点港后，新潟港与直江津港在与中国、俄罗斯、韩国、东南亚各国的对外贸易中发挥着举足轻重的作用。通过下表可以看出在几个海港的比较中，新潟港具有很大的优势。

日本海一侧代表性港口的外贸集装箱吞吐量对比

单位：万 TEU

年份\港口	新潟港	秋田港	伏木富山港	金泽港	敦贺港	舞鹤港	境港	下关港
2008 年	15.8	4.8	6.0	3.5	3.5	0.5	2.1	7.4
2009 年	14.3	3.9	5.8	2.5	3.2	0.6	1.9	6.9
2010 年	16.9	5.1	6.9	4.0	4.4	0.6	2.8	8.2
2011 年	20.5	6.2	7.2	4.8	5.7	0.9	2.9	7.9

（http://www.jhta.or.jp/senryaku_port/senryaku.html）

另外，按照平成二十年（2008年）的数据统计，通过新潟港日本进口货物的消费地区及比例为：新潟县内80.6%、福岛县6.2%、宫城县6.0%、山形县2.3%、北关东地区1.4%、长野县0.9%、其他东北地区2.4%、其他地区0.2%；通过直江津港进口货物的消费地区及比例为：新潟县内50.9%、长野县49.0%、静冈县0.1%。可以看出，日本通过新潟港进口的货物主要还是在新潟县内及周边地区消费。换一种角度，我们可以认为：经由新潟港进口日本的商品货物还有着广阔的、尚待开发的消费地区，而且依靠新潟港的不断建设以及新潟县较为发达的物流产业，经由新潟港的对日贸易出口有着巨大的潜力和广阔的增长空间。

近年来，新潟县政府制定了多项优惠政策，吸引本县出口企业利用新潟港，特别是2012年又制定了面向日本国内其他都道府县的出口企业的补贴政策。例如，对于县内经由新潟港、直江津港出口的集装箱货物量超出近3年最高数量两成以上的大型出口企业，1TEU补贴2万日元，补贴上限为1 000万日元；对于县内经由新潟港、直江津港出口的集装箱货物量超出近3年最高数量1 000TEU以上的特大型出口企业，补贴1 500万日元；对于首次利用新潟港、直江津港出口或进口，且一次性利用超过10TEU的其他都道府县的企业，1TEU补贴4万日元，出口补贴上限为200万日元，进口补贴上限为100万日元。这种程度的补贴政策的力度在日本海一侧的其他县来看是很少见的，这也看出了新潟县发展港口经济、提高港口利用率的决心。

综上可以看出新泻港对图们江(珲春)国际合作示范区发展的促进作用。

(2)新泻县交通与物流产业的促进作用

①新泻县的交通

新泻县位于日本中部偏北位置,可以很好地辐射京滨、中京、阪神三大经济圈。在陆路交通体系方面,有关越、磐越、北陆、日本海东北高速公路,以及国道7、8、49、116、345号线;在铁路系统方面,有上越新干线、信越本线、羽越本线、白新线等将新泻县与主要经济活跃地区相连。而且,新泻县的新泻港、直江津港等10个港口,开通了北至北海道、南至九州的多条海上航线,发挥着日本国内海上贸易物流的枢纽作用。此外,新泻机场与佐渡机场开通国内多条航线,可直飞札幌、大阪、名古屋、东京、福冈、那霸等地。下表为新泻港、直江津港到周边主要城市的距离和所需时间。

	新泻港		直江津港	
	距离	所需时间	距离	所需时间
仙台	270 千米	3.5 小时		
长野			50 千米	1 小时
高崎	230 千米	3 小时	210 千米	2.5 小时
东京	350 千米	4.5 小时	320 千米	4 小时
横滨	360 千米	4.5 小时	330 千米	4 小时
名古屋	480 千米	6 小时	330 千米	4 小时

②新泻县的物流产业

根据日本国土交通部2006年的统计,环日本海一侧各行政区划的物流企业数分别是北海道(1553)、青森县(308)、秋田县(280)、山行县(327)、新泻县(636)、富山县(366)、石川县(373)、福井县(292)、京都府(648)、兵库县(1413)、鸟取县(127)、岛根县(181)、山口县(389)、福冈县(1574)、佐贺县(363)。从上面的数据中可以看出,新泻县的物流设施数在日本海一侧排在第五位。但是,从各县所处位置以及与日本工业地区的相对位置关系考虑,新泻县与富山县、石川县、福井县最具有内陆运输的便利条件。而这4个县中从物流企业数量、从业人员数量,以及平均每家物流企业的从业人员数量上看,新泻县最具优势。

在物流业务量的统计中有三个重要指标,即该行政区划内货物运输量称为"域内量",该行政区划发往其他都道府县的货物量称为"发量",其他都道府县发送到该行政区划的货物量称为"着量",三者相加就是该行政区划的物流总量。一直以来,与临近的宫城县、群马县、富山县、石川县、长野县相比,新泻县的物流总量都是位居首位的。

综上可以看出,新泻县的物流运输业可以为吉林省与日本海上通道在日本内陆的延展提供足够的支撑条件与促进作用。

三、吉林省与新泻区域合作及海上通道运营方面面临的问题

1.吉林省与新泻区域经贸合作存在的问题

（1）吉林省对新泻县的进出口受到两地产业结构的限制

吉林省和新泻县都属中纬带,同为农业发达地区,吉林省是老东北工业基地的组成部分,而新泻县的机械工业也相当发达。两地产业结构有着诸多相似之处,这种相似性带来区域经济合作可能性的同时也给两地的进出口贸易带来了诸多限制。

（2）吉林省对新泻县的出口受日本各种技术型贸易壁垒的限制

新泻位于日本本州岛的中北部,是临日本海的重要的港口城市,对进出口的管理与控制完全实行日方的标准。日本实施的技术性贸易壁垒包括四个方面:技术法规和标准、产品质量认证制度和合格评定程序、商品检疫和检验规定及绿色技术壁垒。其中,日本对进口的农产品、禽类、肉食类产品的要求已达到了近乎苛刻的程度。特别是2006年5月29日起实施了《肯定列表制度》,进一步加强了对食品中农业化学品残留的检测;而2006年下半年起,吉林省农产品,禽类、肉类产品的对日出口也受到全面打击,变得极为被动。可见,日本所采取的诸多技术性贸易壁垒已成为了阻碍吉林省对新泻县的出口贸易、特别是农产品出口贸易的重要因素。

（3）吉林省对新泻县双边贸易中缺乏能体现自身特点的"拳头品牌"

日本粮食市场国际竞争激烈,吉林省号称粮食大省,在大米、玉米等主产品上却没有具国际竞争实力的优质品牌,日本国民又极其迷信本国粮食产品。如果吉林省的粮食产品竞争力不强,是不可能在日本粮食市场中抢占一席之地的。吉林省在对新泻县出口方面除农产品外,还集中在服装纺织品、机电产品、医药等领域,同样缺乏能代表吉林省的优质品牌。

（4）吉林省对新泻县进出口商品内容的不对等性

吉林省对新泻县出口商品主要为干豆、服装及衣着附件、艺术品、收藏品及古董、胶合板及类似多层板、机电产品、非熟练劳动力、医药等产业上;新泻县对吉林省则主要是技术出口,如汽车零件、汽车和汽车底盘、计量检测分析自控仪器及器具等。在当今高科技时代,吉林省的发展不能单纯出口初级制成品、进

口国外先进技术,如何打造本省自主高技术企业,如何培养并留住本省高精尖技术人才是吉林省发展经济过程中的又一关键问题。

2.吉林省与新泻海上通道运营方面存在的问题

（1）海上通道的正常运营与维护没有制度化、组织化

海上通道的建设和开通对吉林省今后发展影响重大、意义深远,但其目前运营与维护还未制度化和组织化。如果政府不出台相关法规加以重视和保护,其后续持续发展就将失去支撑。

（2）中、俄、日三国统一协作机制还未建立

海上通道运营事关三国,但目前缺少三国统一协作的联动机制,这将不利于海上通道的长远发展。

（3）缺少有力的金融支持,企业投资后续能力不足

当前,虽然东北亚国家之间的贸易往来增多,但大都面临着相互投资不足和缺少大项目支撑的困境。以该区域内的中俄、中日、中韩等双边和多边贸易为例,尽管每年的交易量在持续增加,但相互投资额度却明显低于贸易增速,大项目投资相对滞后,这与当前国际上贸易流向与国际投资逐渐一致的趋势并不吻合。

（4）海上通道相关创新型人才培养缺失

目前政府没有委派高校组织专家、学者编写教材培养相关人才。海上通道的运营和维护也是一门学问,只靠政府官员负责是不够的,需要专门人员负责。

四、解决对策

1.吉林省与新泻区域经贸合作问题点的解决对策

（1）深化资源优势产业发展

对于具有地区资源优势的企业,在加工深度和广度上下工夫,扩大规模,增加产品附加值;各级政府应加强对具有资源优势深加工企业的合理引导,既要避免重复建设造成的资源浪费,又要扶持龙头企业,使其发挥良好的带头示范作用;加大对培育新品种、新产品的科研投入,实现科研优势向生产加工上的转换;促进生产加工设备的升级换代,加大技术投入。

（2）提升优势产业的竞争力

对于汽车、石化、医药等形成了地方特色、建立了较为合理的生产体系、对地方经济发展起到有力支撑和带动作用的优势产业要实现经济支柱产业向外贸优势产业的转变,促进自主创新和研发,减少对国外先进技术的依赖;延长产业链条,提高产品附加值,实现装备升级;控制低成本扩张,维系龙头企业在对外贸易中的出口量,用科技含量高的产品研发抢占国际市场。

（3）大力发展高新技术产业

为大力发展高新科技产业,就必须培育富有创新能力的各类人才,加快人才引进计划,推进高科技人才资源的整体开发;建立完善的鼓励创新的政策体系,发挥各创新主体的积极性,建立健全的知识产权保护和奖励机制;优化外资结构,通过政策调整使外商投资逐步向高新技术产业倾斜,为其发展提供强有力的资金支持。

（4）提高利用外资水平

为推进吉林省与日本新潟的区域合作,加大招商引资力度,必须不断完善省内投资环境,扩大招商引资规模。在此过程中,吉林省政府应加大对投资商的监察,不能片面追求境外投资规模的扩大。政府应积极引导境外资金向农业、高新技术产业倾斜,投向省内出口型项目和兴办出口型的外资企业,发挥外资企业在对外贸易中的作用,促进省内产业结构的升级。

（5）完善市场运行机制

长期的计划经济体制使得吉林省的市场经济尚未真正建立起来,政府在资源配置中仍处于重要地位。政府对汽车等技术密集型产业的长期政策支持与补贴使其缺乏技术创新动力与国际竞争力。因此,政府应适当转变其在对外贸易中的职能,让市场在资源配置中发挥主导作用,以国际竞争的压力来促进外贸企业的自主创新和企业内部的管理模式升级,从而提高外贸企业的竞争力。另外,吉林省对外贸易缺乏有效的检测和服务体系,省内外贸企业难以准确掌握国际市场变化及国际贸易各种标准的调整。因此,应通过政府的力量建立起一个完善的外贸服务体系,培育一批专业的外贸服务人才,为吉林省的外贸发展提供良好的外部环境。

2.吉林省与新潟海上通道问题点的解决对策

（1）建立完善的维护海上通道正常运营体制,成立专门组织机构负责

海上通道的正常运营涉及面广,又在三国间进行,有任何差错都会带来国际影响。因此,首先要做到维护海上通道正常运营制度化、专门化、程序化。这就需要由政府给予特事特办的专属特权,采用先处理后汇报的灵活办公方法以应对各种突发紧急事务。只有制度完善、组织得力、办事灵活,才能保证海上通道的运营顺畅。由于吉林省——新潟海上通道实际是海陆结合,这就要求海路和陆路间的运营体制完全一致,不应有所差别。

（2）建立中、俄、日三国统一协作机制,保证海上通道正常运营。

吉林省海上通道跨国运营,涉及面广,关乎三国利益。任何一个环节出问题,都会影响海上通道的运营。三国需通力合作,共谋发展。吉林省应与俄、日

相关部门建立通力合作机制,务使政策统一,不使三国政策间相抵牾。作为吉林省出海口的珲春市在三国协作机制中应起到枢纽作用,充分发挥其"一眼望三国"的地区优势。珲春市地处图们江下游地区,同俄罗斯、朝鲜隔江相望,是国务院批准的首批进一步对外开放的边境城市,其优越的地理位置对吉林省内进出口企业开展外贸交易意义重大。鉴于此,吉林省应当更多给予珲春市政府行政特权,以珲春市政府为主体,形成三国统一协作机制,为过往船舶顺畅进出港服务,从而为吉林省的经济发展战略的实施做出应有贡献。

（3）加强海上通道基础设施建设,推行股份制合资合作建设方式

吉林省海上通道的运营是以各项基础设施的完善为保证的。基础设施的建设应当具有前瞻性,长远规划,不应图省事,舍不得花钱。建设基础设施可以吸引外资合作进行,这样可以避免建设资金出现缺口,影响基础设施建设工程进度。

目前,吉林至图们的时速200千米以上快速铁路项目已列入省部合建设协议,长春、吉林内陆港已基本完成,珲春口岸建设不断加快。吉林省发改委有关负责人表示,长吉图开发开放的一个战略目标是成为东北亚经济技术合作的重要平台,在未来几年内,计划在图们江区域实现"借港出海"的目标。到2020年,将这一区域建设成为东北地区对外开放的"新门户"。进一步加强吉林省的交通网建设。交通网的建设,对于一个地区的经济发展尤其重要。

（4）通过创新合作方式扩大融资范围、疏通融资渠道

海上通道相关国应积极探索建立跨境经济合作区等新的合作模式,在合作区内开展投资、生产加工、仓储物流等合作,吸引多方外资进入。东北亚各国应从跨境经济合作区的可行性、建设模式和运营管理等方面进行研究和论证,并在有条件的边境地区开始试点。

（5）注重海上通道相关创新型人才培养,为海上通道运营提供人力保证

吉林省海上通道的运营离不开创新型人才。政府可以投入经费与高校合作专门培养专门人才,并建立专门人才储备库,形成一种长效机制。吉林省由于地处内陆,经济发展相对滞后,历来难以吸引人材、留住人才。人员流动能够推动企事业单位活性化,但是很多企事业单位的优秀人才并不是来自于外部引进,多是来源于内部培养。优秀人才在培养出来后,又多流出吉林省。这样的人员流动是既不利于企事业发展,又无端增加了企事业培养成本。因此,吉林省海上通道运营作为一项新兴事业,更应对此引起足够重视。政府应当首先把海上通道运营相关人才培养放在首位,真正重视人才,给予人才相应待遇,并形成制度化,为海上通道运营提供足够的人力保证。

作者简介：周异夫，1969年生，文学博士。现任吉林大学外国语学院院长、教授、博士生导师，兼任教育部外国语言文学类专业教学指导委员会日语分委员会委员、中国日语教学研究会常务副会长。主要成果有著作有"宫泽贤治的《法华经》信仰与童话创作"，《现代日语读解》(1,2)，《现代日语读解》，《日语精读》(1-4)（国家"十五"规划教材）；编著：《日本语言文化教育与研究》《日本文学研究合萃》（主编）。

柳晓东，吉林大学外国语学院日语系主任。

国际合作篇

图.4

大图们江区域国际合作专题报告

大图们倡议合作发展和面临的新挑战

王维娜

大图们倡议合作始于1991年底，由联合国开发计划署（UNDP）发起，创始成员国有中、蒙、韩、俄、朝五国，当时的目标是通过执行"图们江地区开发项目"，推动图们江地区各国的经济合作和发展，在中国、俄罗斯、朝鲜三国交界的图们江三角洲流域建立一个堪称"东北亚地区的香港"的经济开发区。1995年，五国签署了《关于建立图们江地区开发协调委员会的协定》《关于建立图们江地区的经济开发区及东北亚开发协调委员会的协定》和《图们江地区经济开发及东北环境准则谅解备忘录》三个合作基础文件，标志着图们江区域开发合作进入了实质性操作阶段。

多年来，各成员国一直致力于实现域内资源和域外资源相结合、成员国主导和国际合作伙伴的支持相结合、中央政府和地方政府支持相结合、公共部门和私营部门互动相结合、高层对话和务实合作项目相结合，调动一切积极因素，同心协力，推动图们江区域合作的不断深化，在促进区域经济持续稳定增长、维护地区和平发展和加强各国交流对话方面发挥了积极的作用，主要成果表现在：

一、UNDP 主导前期合作

从1991年至2005年，联合国开发计划署积极主导大图们倡议合作，并在多边合作框架下筹集资源，牵头实施了中蒙铁路预可行性研究项目、吉林省虎豹调查、图们江地区运输预测、长白山旅游研究、旅游资源清单和市场分析、跨境障碍研究项目、消除图们江污染报告、滨海边疆区投资指南、罗津先锋区投资指南、延边投资指南、旅游营销技术培训、东北亚经济地图、造纸厂的预可行性研究、茂山铁矿现代化调查、图们江地区投资服务网络等近三十个项目，为图们江地区的进一步开发合作奠定了基础。

二、成员国主导新时期发展

2000年，UNDP对大图们倡议的前期合作进行了评估，认为成员国缺乏主动性和主导权、缺少可持续资金、合作成果有限和合作潜力有待进一步开发是大图们倡议面临的主要问题。为此，UNDP在2005年宣布将逐步由主导方过渡到支持伙伴，各方一致同意建立由各国出资的共同基金，制订了"2005年至2015年战略行动计划"，将"图们江地区开发项目"更名为"大图们倡议"区域合作，合作区域扩大到整个东北亚地区，包括中国的东北三省和内蒙古，朝鲜罗津经济贸易区，蒙古的东方省、肯特省和苏赫巴托尔省等东部省份，韩国的釜山、束草、蔚山和浦项等东部沿海省市和俄罗斯滨海边疆区的部分地区。2009年，大图们倡议正式由成员国主导，建立轮值主席国机制，并由轮值主席国的部长担任轮值主席，成员国按照中国、韩国、俄罗斯和蒙古的顺序轮流担任主席国，牵头大图们倡议合作。联合国开发计划署作为支持伙伴，继续负责大图们倡议合作的协调组织工作。

三、确立了完善的组织架构和重点领域

大图们倡议合作机制发展方向明确，对话机制完备，合作内容全面，并拥有较为完善的组织架构。大图们倡议的最高决策机构是一年一度的政府间协商委员会部长级会议，并在北京设有秘书处。大图们倡议的重点合作领域是3T+2E，即交通（ Transport ）、贸易便利化（ Trade Facilitation ）、旅游（ Tourism ）以及环境（ Environment ）和能源（ Energy ），相应地建立了交通合作委员会、贸易便利化委员会、旅游合作委员会、环境委员会、能源合作委员。为了推动私有部门、地方政府和金融机构更好地参与合作，大图们倡议还建立了商务咨询委员会、地方合作委员会和进出口银行协会。

四、实施了一系列务实项目

为了落实"2005年至2015年战略行动计划"，大图们倡议各国在上述领域积极合作，实施了交通走廊和跨境便利化研究、贸易与投资培训和能力建设、多目的地旅游项目、东北亚旅游中心、能源领域能力建设培训和图们江流域水资源保护可行性研究等多个优先项目，为大图们倡议各国进一步开展务实合作打下了基础，同时也坚定成员国深化合作的信心。

当前和今后一段时期内，大图们倡议各领域的主要工作包括：

（一）进一步加强地方合作。在图们江合作中,地方政府发挥着积极的作用,在通道建设、旅游、贸易投资领域已经开展了很多富有成效的合作。为给地方政府创造更好的合作平台,加强彼此间的交流,共同探讨和规划本地区发展,并使地方交流机制化,大图们倡议地方合作委员会已经于2011年建立。为了让地方政府加深对区域和次区域合作的了解和认识,提高他们获取信息、制定政策和配置资源等多方面的能力,我们于2012年与中国商务部和亚行合作开展了地方合作研讨会和地方政府官员能力建设项目,于2013年8月底在长春召开地方合作委员会第一次会议,并拟于2014年下半年在日本召开第二次地方合作委员会会议,签署合作协议。

（二）大力发展交通基础设施建设。在图们江地区,中、俄、朝、蒙四国陆路相连,中、俄、朝、韩水陆相接,而区域是通向亚欧大陆最便捷的国际通道,是发展国际陆海联运的极佳结合点,但是这一优势没有有效地开发和利用。为此,在2009年的部长级会议上,各国希望共同加强基础设施投入,利用现有的交通网络,连点成线,改善区域内交通基础设施,促进区域内铁路、公路、港口间的断点衔接。同时,各方同意协调交通运输及通关政策,为促进区域内人员、货物流通提供政策支持。为此,大图们倡议交通委员会于2009年建立,并相继于2010年、2012年和2013年在韩国釜山、束草和俄罗斯的符拉迪沃斯托克召开了三次委员会会议,并将于2014年在北京召开第四次委员会会议。截至目前,交通委员会制订了大图们地区交通战略和中期行动方案,完成了大图们倡议交通走廊研究报告,并计划实施陆海交通研究项目、基础设施发展的融资研究项目和交通走廊的软件支持项目等。我们将结合研究报告,有步骤、分阶段地构建东西贯通、南北纵横、布局合理、衔接顺畅、高效一体的立体交通网络。以交通走廊带动经济走廊的形成,促进区域经济共同繁荣。

（三）探讨跨境经济合作区等新型平台。近年来,随着区域内边境经贸合作的快速发展,原有边民互市贸易区等模式已难以满足合作需要。积极探索建立跨境经济合作区等新的合作模式,在合作区内发展投资、生产加工、仓储物流等合作,最终实现边境各国人员、货物、服务、资本的自由流动,对促进边境地区经贸合作具有重要意义。我们将与联合国开发计划署合作,对跨境经济合作区的职能、建设模式和运营管理等问题进行研究和论证,积极探讨建立跨境经济合作区的可能性。

（四）大力发展旅游产业。东北亚地区的旅游资源十分丰富,森林、火山熔岩、冰雪、海岛、草原等自然资源各具特色。同时,这一地区又是文化历史悠久的多民族地区,人文旅游资源同样丰富多彩。这些民族特色浓郁的旅游资源不仅对本地区的旅游者极具吸引力,也使区域外的旅游者产生了极大的兴趣。为了加快旅游合作,大图们倡议旅游委员会自2008年至2013年分别在首尔、长春、符拉迪沃斯托克、乌兰巴托、珲春、平昌召开了六次委员会会议,举办了两次旅游论坛,完成了大图们倡议多目的地旅游项目研究,并拟与吉林省合作,在珲春建立东北亚多目的地旅游促进中心和旅游数据库,同时在旅游签证便利化方面开展研究,实施旅游培训项目,使旅游成为区域经济新的增长点。

(五)深化贸易便利化合作。在第十次部长级会议上,各国普遍认为,随着各国关税的普遍降低和非关税措施的逐步取消,贸易便利化水平的高低,对贸易成本和贸易发展的直接影响越来越大。从整体上看,连接图们江区域各国的边境口岸、物流、道路等基础设施还不完善,各国政策法规很不协调,货物和人员往来手续繁琐,贸易投资管理水平参差不齐,这些问题严重制约了贸易投资进一步发展,贸易便利化工作任重而道远。为此各国同意建立贸易便利化委员会,在通关、检验检疫、贸易物流、尚无人员流动和能力建设方面开展合作,按照软硬结合、以点带面、分步实施的原则,改进口岸设施吗,提高通关速度,改善物流条件,提升图们江区域的贸易便利化层次,建立安全、公正、良好、便捷的贸易投资环境。2011年至2013年,贸易便利化委员会分别在北京、首尔和乌兰巴托举办了三次会议,并将于2014年9月在符拉迪沃斯托克举办第四次会议。近年来,贸易便利化委员会批准实施了交通走廊和跨境便利化研究,并与亚太经社会、世界海关组织和德国技术合作公司共同开展了贸易便利化培训项目,与中国商务部共同主办了贸易便利化研讨会,并与韩国关税厅签署了长期合作协议,每年为大图们倡议贸易便利化能力建设提供资金支持。此外,大图们倡议国际贸易投资博览会2013年在韩国江原道举行,来自10个国家的520多家企业参加了博览会,交易总额达1.8亿美元。

五、"大图们倡议"合作面临的挑战

与亚洲的其他区域合作相比,大图们倡议经过多年发展,虽然取得了令人瞩目的成绩,但一直面临着政治环境复杂、缺乏高层推动和合作的主动性、缺乏资金等诸多不利因素和障碍。在未来一段时间内,大图们倡议合作还将面临以下挑战:

(一)推动国家领导人会晤机制的建立

目前大图们倡议的最高决策机制是部长级会议,各国的牵头部门是商务和财政部,但大图们倡议合作涵盖贸易、旅游、交通、环境、能源等多个领域,这就需要更高层次和更加强有力的协调力度,提升合作机制。目前,成员国已经就建立国家领导人会晤机制达成一致,认为这将为图们江区域合作的发展注入新的活力和推动力,有利于大图们倡议品牌的宣传,并进一步吸引域内外投资。各国同意将在时机成熟时进行提升合作机制的实质性操作。

（二）争取更多的资金支持

在亚洲,中亚区域经济合作和大湄公河次区域合作均由亚洲开发银行牵头,拥有资金保证。大图们倡议先由非金融机构的联合国开发计划署牵头,后由成员国主导,合作资金一直是大图们倡议合作面临的重要问题。2009年各成员国曾就创立东北亚金融机构进行了探讨,但成立区域性国际金融组织不仅是区域内的金融合作,还涉及双边、多边政治和外交关系以及区域内各国政府的经济发展战略,情况比较复杂,需要继续深入研究其必要性和可行性。2012年,在各国的积极努力下,大图们倡议进出口银行协会正式成立,这为如何解决区域合作的融资问题提供了一个非常有益和有价值的新尝试。我们将尽快筛选和启动示范项目,并探讨吸纳域内外其他金融机构参与合作的可行性。

（三）深化能源和环境合作

大图们倡议能源委员会第一次和第二次会议分别于2009年9月和2013年5月在乌兰巴托和符拉迪沃斯托克举行。第三次能源委员会会议计划将于2014年在乌兰巴托召开。能源委员会开展了能力建设培训项目,并将在今、明两年实施区域能源实践和展望研究、电力生产和运输研究项目等。但是,因机构调整和人员短缺等原因,中国至今不是能源委员会成员,这在很大程度上制约了能源领域的交流和合作。我们将与成员国一道,推动中国尽快加入能源委员会,共同推进区域内的能源合作。

环境委员会第一次会议于2011年召开,并实施了图们江流域水资源保护可行性研究、跨境环境影响评估等项目,但总体合作进展缓慢。我们近期的主要任务是与成员国一道,寻求新的合作切入点,提高整个区域的环保意识,造福东北亚地区人民和子孙后代。

（四）加强与合作伙伴的合作

目前,联合国开发计划署仍然负责大图们倡议合作的组织协调工作,为大图们倡议提供管理和技术支持。此外,联合国亚太经合社会、亚洲开发银行、德国技术合作公司、世界海关组织等国际机构越来越将工作重点转移到东北亚区域合作中来。我们已经与德国技术合作公司、联合国亚太经社会和韩国关税司签署了长期合作协议,同时拟与更多的国际机构签署合作协议,调动一切资源,共同推动东北亚地区开发。

（五）推动朝鲜重返和日本的加入

朝鲜和日本都是东北亚地区重要国家,朝鲜拥有丰富的自然资源,起点低,发展潜力巨大,但对于区域和多边合作缺乏正确的认识和理解。2009年,朝鲜因联合国对其核爆进行制裁,宣布退出大图们倡议合作。日本科技领先,经济发达,可以在多边合作中提供资金和技术支持,但日本因其国内政策的考量,一直未对加入大图们倡议合作做出明确表态。在历届大图们倡议部长级会议上,各国多次表示欢迎朝鲜重返和日本加入。目前,日本地方政府对参与大图们倡议合作态度积极,主办了2011年交通研讨会,并加入了地方合作委员会。我们将通过多边和双边渠道加大推动力度,使朝、日两国早日参与到大图们倡议合作中来。

六、建立独立的国际组织

目前,大图们倡议合作已经从联合国开发计划署的区域合作项目发展成为东北亚地区唯一的成员国主导的政府间经济合作机制。联合国开发计划署也从合作之初的倡议和主导方,演变为支持伙伴,在政治上通过其在全球的政治影响力和区域合作经验,对大图们倡议提供政治上的支持,配合部长级会议等各项活动的落实,在经济上通过其"东北亚项目"向大图们倡议框架下的项目提供资金和技术支持。但是在管理上,大图们倡议没有独立的法人地位,没有法人机构所拥有的权利和义务,其秘书处挂靠在联合国开发计划署,由联合国开发计划署负责秘书处的资金管理和人员管理,无法与国际金融机构和发展伙伴签署具有法律约束力的合作协议,无法独立地获得外部资金支持,无法独立地进行人员管理并订聘用合同,无法给予外籍工作人员相应身份待遇,不仅降低了工作效率,也影响了合作的顺利进行。2009年以来,经过多轮磋商,大图们倡议各国已就建立独立的国际组织达成一致,目前正在就资金、组织框架、组织名称和人员管理等问题进行深入协商,预计在今年部长级会议期间批准相关路线图,并争取在2016年底完成各国审批程序,建立独立的国际组织。

作者简介:王维娜,1994年—1996年和2003—2007年间,在中国驻法国使馆经商处工作,先后负责与法国大型企业的合作、中国与经合组织关系和中法政府间经贸关系,曾完成欧洲经贸联盟、法国私有化发展、法国的粮食储备等调研,发表了大量调研报告,参与编写法国经济一书,曾获得商务部驻外机构经贸调研二等奖;1996年—2003年和2007—2011年间,在商务部国际司工作,先后负责中比、中卢和中欧发展援助项目以及经合组织、亚欧会议、中亚区域经济合作、大湄公河区域经济合作和大图们倡议区域合作,2011年至今,在大图们倡议秘书处担任副主任。

北冰洋航道开通与图们江合作

窦 博

一、北冰洋通航已成现实

北冰洋有东北、西北及穿越北极点的三条航线航线，东北航线是联系欧亚两地最短的航线。它基本上沿俄罗斯港口，西起摩尔曼斯克，经巴伦支海或白海、喀拉海、拉普帖夫海、东西伯利亚海、楚科奇海、白令海，到远东的港口。从摩尔曼斯克直达海参崴全长 10 400 千米。俄罗斯杜金卡地区和加拿大代塞普雄湾有全年商业破冰航线。目前，从摩尔曼斯克经巴伦支海、克拉海、东西伯利亚海、楚科奇海、白令海峡至俄罗斯远东港口已经开辟了季节性海上航线。从摩尔曼斯克到挪威的斯瓦尔巴群岛、冰岛的雷克雅未克和英国的伦敦等航线也已开通。

西北航道主要指穿过加拿大北极群岛的航线，它东起巴芬岛，西至波弗特海。另外还有一条穿越北极点的航线，这条航线从白令海峡出发，直接穿过北冰洋中心区域到达格陵兰海或挪威海。

2009 年夏天，在没有俄罗斯破冰船开道的情况下，德国布鲁格航运公司两艘货船从韩国出发，完成了整个东北航道的航行，此次航行在"国际航运史上具有重要意义"。2010 年 8 月 25 日一艘俄罗斯油船在破冰船导引下穿越东北航道，到达中国宁波港，这次"揭开了北极航道商业化航行的序幕"。同年 9 月 4 日丹麦货轮"北欧巴伦支"号从挪威希尔科内斯港起航，在两艘俄罗斯破冰船领航下，经过北极航道，将 4 万多铁矿石运往中国青岛港，此航行"预示着北冰洋商业航线愈加走俏"。2011 年，日本第一艘载铁矿石的货轮从俄罗斯北冰洋沿岸的克拉半岛出发，运往中国。2012 年 12 月，一艘运载 LNG 的货轮从挪威的哈然莫非斯特港出发，抵达日本横滨港。

2013年8月载9万吨燃料，出口至欧洲的货轮已经在日本停靠;8月末,韩国现代-格拉维斯船业公司租用瑞典的一艘油轮自欧洲向韩国运送原油。过去几年,除原油及成品油外,铁矿石和液化天然气也是北极航道的常客。

2013年9月10日21时,隶属于中远集团的货船"永盛"号从中国出发,经过北极的东北航道,到达荷兰鹿特丹港,成为第一艘经过北极东北航道,完成亚欧航运的中国商船。

2011年夏季通过东北航道的商船达到34艘,2013年夏季增加到61艘,可见,欧亚之间穿过北冰洋的海运新通道已经基本建立。

二、东北亚各国高度关注北极航道

自2006年以来,挪威、俄罗斯、美国、加拿大、芬兰、冰岛、瑞典、丹麦北极沿岸国陆续推出了新的北极政策。八个北极沿岸国中俄罗斯与美国又是东北亚重要国家。经济上高度依赖贸易和海上运输的欧盟对参与北极事务和北极航道开发给予了高度关注。

因为北极东北航道基本在俄罗斯北极沿岸,俄罗斯在波罗的海、黑海被封,几乎无法突破大西洋、黑海的情况下,政治、经济中心被迫向亚洲太平洋转移,俄罗斯的北方舰队基地就在摩尔曼斯克,太平洋舰队基地就在海参崴,北冰洋沿岸俄罗斯又储存大量的油气等资源,因此俄罗斯把国家复兴的希望寄托在北冰洋、太平洋沿岸。在短短的几年内,俄罗斯北冰洋战略基本制定完成。2012年东北航道货物运输总量将超过500万吨,北冰洋海运系统的运力到2020年应达到6 400万吨,到2030年将达到8 500万吨。另外,2014年,俄罗斯将完成北极部队的组建。

俄罗斯北冰洋战略的实质就是利用北方舰队、太平洋舰队及其组成的北极部队做后盾,一方面利用科考向联合国积极申请北冰洋沿岸罗蒙诺索夫海岭和门捷列夫海岭的主权,另一方面开发保护北极航道,积极开发西伯利亚远东的油气、铁矿石等资源,用北极航道运往世界各地,完成军事帝国、能源帝国的部署。

2004年美国出台了《21世纪海洋蓝图》,它意味着美国的海洋战略上升到了一个新的高度,有学者认为美国21世纪海洋蓝图"彰显了美欲掀起一场世界范围蓝色圈地运动的蓝图宣示"。2011年美国做出重要举措,出台了重返亚太战略、积极推动跨太平洋战略经济伙伴关系协定。2013年,美国发布《北极地区国家战略》称,北极地区将逐渐成为美国战略优先方向之一。美国与俄罗斯北冰洋战略相似之处就是利用临近北冰洋的优势,将北冰洋与太平洋战略统筹考虑,两洋相互借力,并采取合围之势。

北极航道开发是世界新的航道崛起,亚洲国家尤其日韩是北极航道的积极开拓者。韩国海洋水产部联合该国外交部、产业资源部等相关部门制订公布了"北极综合政策推进计划"，其首要任务就是开拓利用北极航线，韩国现代商船公司、韩进海事公司等韩国海运大户正在研究航程方案，争取在今年内实现首航。

中国是最早开展南北极考察的国家之一，一直关注北极的发展，经过积极参与努力，2013年5月北极理事会授予中、印、新、日、韩、意六国北极理事会正式观察员国。六个北极理事会正式观察员国有五个是亚洲国家，中、日、韩三国又是东北亚国家，俄、美又是北极正式成员国，足以证明东北亚国家对北极的重视。国家海洋局日前发布的《2013年度中国极地考察报告》中谈到，将要广泛地参与国际极地事物，开展双边合作，进一步提升话语权和影响力，力争在北极航运等极地热点问题上有更大作为。

三、北极航道的价值

北极航线的巨大价值已被国际社会认知，国际上正在兴起"北极航道通航运动"，越来越多的国家及公司对北极航道的开通跃跃欲试。有关专家预计"北极航道"一旦贯通，必将成为沟通亚洲、欧洲、北美洲一条新的"海上交通大动脉"。各国纷纷投入巨大精力进行研究，北冰洋的商业航运时代即将来临。

1.缩短大西洋与太平洋的距离

据国际航运业预算，船舶从北纬30度以北的任何港口出发，使用北极航线要比绕行苏伊士运河和巴拿马运河节省至少40%的航程。还可免去巨额护航费、保险费。当今世界发达国家大多位于北极航线区域内，这个区域占据了70%的国际贸易。

2.改写世界航运格局

北冰洋海冰融化、航道贯通后，三大洲之间的航线距离将大大缩短，当前的航运地理格局将会被打破。目前世界海运格局基本上是通过马六甲海峡与苏伊士运河以及绕道好望角通往中东、欧洲、大西洋；通过巴拿马运河到达美洲。北极航道开通后，通过北冰洋到达欧洲、大西洋、美洲。

3.亚洲高纬度港口有望成为新的国际航运中心

北极航线的开辟对我国航运及经济发展来说，充满了机遇，开辟北极航线的机遇：可以降低我国的物流成本，亚洲的高纬度港口将成为新的国际航运中心，由于北冰洋是欧、亚、北美洲三大洲的顶点，北极航道是欧洲、北美洲与东北亚地区海上运输的快捷方式。方便的通航和资源开发将成为国际海运航线的主要部分。所以如果北极航道全部开通，连接大西洋和太平洋的航线将缩短，而东北亚地区恰好是关键的轴心位置。

我国图们江流域的珲春将取得与新加坡同等重要的地位,成为该条航线的航运中心。届时东北亚地区的物资将不用通过马六甲海峡、印度洋运往北美洲、欧洲、地中海、波斯湾,而是可以通过我国的图们江流域、北冰洋到达上述地区。通过图们江航运中心出海可搭乘北冰洋航线的海参崴通往俄罗斯及世界各地的航线。

4.加速北极周边的资源开发

北极也许是世界上最后未开发的处女地,资源极其丰富,原油储量占全球的1/4,天然气储量占全球的45%,还拥有铁矿石等其他金属。俄罗斯西伯利亚远东的能源开发将会搭乘北极航道的东风。

5.环北冰洋经济圈形成

北极航路一旦开通,必将大大缩短欧洲、北美、东北亚之间的海上距离,从而改变世界贸易格局,形成以俄罗斯、北美、西欧、东北亚为主体的环北冰洋经济圈,这个经济圈将是全球最大的贸易体,进而影响整个世界的地缘政治和经济格局。

6.有利于中国环渤海经济圈和东北地区的发展

7.北冰洋是世界新的世界战略制高点

四、北冰洋航道开通,中国东北地区面临的机遇与挑战

河口海岸地处江海结合处,具有外通大洋、内连经济腹地的优势,通航河流的河口三角洲,都是经济增长的金三角,如美国的密西西比河、欧洲的莱茵河、中国的长江、珠江等。这样优越的位置孕育了世界特大城市和港口。我国东北的图们江是一条长490千米的河流,流入日本海的太平洋,图们江三角洲的地理位置决定了它是东北亚国家经贸往来的几何中心,中俄朝三国接壤的金三角,日本、朝鲜半岛与中国东北、西伯利亚远东联系的交汇点,是蒙古通往日本海的门户。

这里将是东北亚地区贸易集散中心与加工中心,联合国计划开发署将这一地区称为世界的物流中心。

工业文明也带来了副作用,气候问题、道路堵塞、公路交通运输日趋饱和、汽车废气排放超标构成公害。基于这些因素,欧盟等国家大力发展内河运输,今天欧洲的运河和内河航运成为全球内河航运发展的楷模。

内河运输最为发达的国家有德国、荷兰、比利时和法国。以荷兰为例,2 000年内河运输所占国内贸易运输的比重为20%。

德国公路、铁路、空中航线交通网密布，但内河航运在交通中仍占据着重要位置。德国拥有内河航道总长7 300多千米，其中天然河流5 500余千米，约占航道总长的75%，而人工运河长达1 800余千米，占25%。德国在河流开发中把航运放在首位。

法国成功实施了"航运第一、发电第二、灌溉第三"的罗讷河综合开发。

美国以密西西比河为轴心，修建了连接五大湖的运河，连同两岸密布的支流，全国物资实现了低成本运输，一条密西西比河的运输能力相当于十几条铁路。

俄罗斯也非常注重运河的开发建设，苏联时期就以伏尔加河为轴心，修建了连接波罗的海、黑海、亚述海、里海、白海的运河。进入21世纪，俄罗斯与中亚国家积极探讨修建一条沟通里海和黑海、连接欧亚两洲的欧亚运河，哈俄还积极筹划恢复额尔齐斯河航运，俄罗斯还有兴趣在尼加拉瓜建设一条连接大西洋和太平洋的运河，为两洋间的海上贸易提供便利。

五、东北地区"借助运河出海战略"的实施

中国曾是世界上最早开凿运河的国家，但发展至今日几乎抛弃了运河这一既廉价又环保的运输方式。中国东北曾是满族发源地，历史上封关造成东北没有开发，尤其是没有经过运河的开挖，这在中国经济历史发展中至少缺了一个环节。

中国现在高度重视高铁，当然这是个好现象，如果像重视高铁一样重视用运河连起的内河运输就好了。笔者在2012年提出东北要走"借助运河出海战略"，海河运输是最廉价、最方便的形式，发展内河航运不仅对环境有益，更可节约资源。航运具有占地少、污染轻、能耗低、运量大、成本低等优势。与陆路运输相比，水路运输具有节能环保、成本低廉的优势。

从吉林省的情况看，黑龙江支流松花江从其境内穿流而过，水系发达，但却因图们江出海航运受阻，致使经济单凭公路、铁路与航空运送。航空运输成本太高。东北的铁路运输因受山海关地理位置的限制，限制了吉林省的物资运送能力，阻碍了吉林经济的发展。

作为图们江流域的珲春，虽然在未来具有成为国际航运中心的潜在条件，但目前我国在争取解决图们江出海口问题上，仍未与周边国家达成共识。因此，考虑借助运河出海对于解决困扰中国东北地区交通运输和经济发展问题，不失为一种可行的选择。借运河出海的有利条件主要有：

1.东北地区河流众多，水系发达，具备建运河的有利条件

东北三省河流众多,黑龙江、松花江、乌苏里江、鸭绿江、图们江、绥芬河、辽河穿流而过。黑龙江具备有利的通航条件,在伯力汇合乌苏里江,至庙街以东注入鞑靼海峡、流入鄂霍次克海(北海),支流乌苏里江流入日本海。黑龙江在我国边境的干流2000多千米水道有1892千米可以通航。松花江通航里程1447千米,是东北内河航运有价值的河流。嫩江全线通航里程为707千米,辽河现通航里程325千米。

图们江干流全长520千米,1938年以前可由图们江自由出海,前往海参崴、摩阔崴,俗称"跑崴子"。目前通航里程为162千米,上游主要用于流放木材,中下游可通航100吨小轮。

2.通过开通运河方式可将东北水系连成交通运输网

在东北地区,开凿运河,实施"东北借助运河间接出海战略",东北地区货物不仅可运往朝鲜、韩国、日本、俄罗斯、美洲沿岸,也可运往我国南方港口,对于吉林省来说,不但可彻底解决困扰吉林省交通难的问题,还可以从战略上看护日本海,迎接北冰洋时代的到来。

因此,除积极争取我国图门江出海权利外,建议通过开通运河的方式,将东北水系连成交通网,也为图们江间接找到出海口。开通运河,我国东北地区的水系连成一体后,北可出鄂霍次克海北海、日本海,南可达渤海。为此本文提出以下建议:

第一步,将松花江支流伊通河、饮马河等疏通,穿过公主岭开一条运河。东辽河与松花江支流相隔仅50千米,中间被岭高仅250千米的公主岭隔开。

第二步,哈尔巴尔岭山脉是松花江支流牡丹江与图们江、第二松花江的分水岭,因此只要打通哈尔巴尔岭山脉,就可用运河将我国的松花江支流牡丹江与图们江、第二松花江连在一起。

3.为迎接北冰洋航运的到来,中国图们江急需找到出海口

(1)将松花江支流与东辽河连接,南可达营口出渤海,松花江又是黑龙江的支流,在庙街附近注入鄂霍次克海北海,又可通过支流乌苏里江北可达抚远、伯力、纳霍德卡、海参崴出日本海。因此,只要首先打通松花江支流与辽河,黑吉两省就会有出鄂霍次克海、日本海、渤海的通道。黑龙江-松花江-辽河的航运就会相接,吉林图们江区域与我国的辽宁五点一线沿海经济区、黄渤海经济区、沪宁杭沿海经济带连成了一体。

(2)用运河将辽河与松花江连起来后,我国的图们江也可南出营口,北出鄂霍次克海北海、日本海。

4.与俄罗斯远东水系相接,通往北冰洋航线

东北地区的河流用运河连成一片后，就能与俄罗斯西伯利亚与远东的河流实现对接。而俄罗斯西伯利亚与远东的河流又与北冰洋相连，那么我国的图们江就能与北冰洋相通。

西伯利亚与远东地区拥有大小河流1万多条，总长度约100万千米。西伯利亚与远东的最大河流有鄂毕河包括额尔齐斯河，阿穆尔河即黑龙江，勒拿河和叶尼塞河。

鄂毕河注入北冰洋喀拉海，其上游及其不少支流可运送大量木材等资源。中游拥有丰富的自然资源，下游是鄂毕河三角洲，该三角洲地区往常通航期只有两三个月，越往南通航期越长，下游则长达半年之久。鄂毕河有五条长度超过1000千米的支流：丘雷姆河、克季河、瓦休甘河、大尤甘河及额尔齐斯河，这些河流是西伯利亚平原上的重要水上交通运输线。

勒拿河发源于西伯利亚贝加尔山脉，注入北冰洋拉普捷夫海。勒拿河自古以来就是一条重要的交通干线，从伊尔库茨克州的卡邱格以下可通航。通航距离达4125千米，该干线使雅库特和西伯利亚铁路相连，并经季克西港与北冰洋东北航线相通。

叶尼塞河主要支流有安加拉河、下通古斯卡河、通古斯卡河、库列伊卡河、汉泰卡河和塔谢耶瓦河。叶尼塞河下游沿岸没有铁路，几乎所有货物运输都依靠水路。叶尼塞河自古以来就是一条重要的交通干线，它把西伯利亚与全世界五大洋连接了起来。

总之，建议开凿运河的地方大都位于东北平原、三江平原上，因此具有可操作性，如果用运河将东北地区的水系连接起来，那通过水运可达蒙古、西伯利亚与远东，乃至通过北冰洋航线到达北美、俄罗斯、欧洲、地中海、波斯湾。倘若通过运河将图们江、黑龙江及其支流松花江、乌苏里江与俄罗斯境内的河流相通，这些河流又直通北冰洋，那么中国的珲春就具备东北亚航运中心的潜在有利条件。

六、把珲春建成东北亚乃至北冰洋航线上的重要航运中心

国际航运中心是指以大型现代化深水港口为核心枢纽，具备调动全球的国际航线的港口，它支撑的不仅是全球的航运业，更重要的是支撑航运业的强大现代物流体系。随着全球经济中心向亚太地区转移，东亚经济进一步增长，第三代国际航运中心应具备海运、货物转运、货物暂时储存和配送，不仅包括物流资源配送，形成由物流资源配置延伸的资金、服务、产业、信息、人才等无形的生产要素资源的综合配置功能。第三代国际航运中心要求辐射面广，全球化调动

资源的能力更强,能在更大的范围内选择资源。

随着北冰洋航线即将全部通航,我国图们江流域的珲春就具备这样潜在的优势条件。

1.中国的珲春一眼望三国,具有便利的交通条件。东北地区又是中国对东北亚地区的重要窗口,近几年来东北亚地区贸易活跃,中国东北地区与东北亚区域贸易呈上升趋势。珲春周围形成了海参崴、纳霍德卡、罗先、清津、釜山等港口群。

2.珲春凭借优越的地理位置应加快构建自由贸易区,实施发展战略的转变,由以政策优势转为临港区位优势为主要动力机制。第一步突显区位优势,第二步实施区港合一,第三步构建自由贸易区。

3.珲春拥有沿边开放政策、实施长吉图开发开放先导区战略,更为吉林省带来了历史性机遇。为建设国际航运中心奠定了基础。一是在图们江区域建立保税区,提升保税区贸易、出口加工、物流三大功能;二是珲春正在完善便利的路公路、铁路、空、水、疏运,使之具备疏达物品的便利的短途运输的潜在条件。珲春区域内的长吉图先导区正在抓紧开发建设,能为珲春提供源源不断的货源;三是中国的图们江区域处于经济开放、经济交往的国际化程度较高的地区,珲春具备国际贸易、国际资本流动程度非常高的潜在能力,在世界经济一体化的今天,珲春所在的图们江区域将成为世界经济分工体系中重要的一环。通过国际贸易的发展,必将带动货源流量的增长,也将带动港口运输的发展。

4.老工业基地振兴政策给东北带来了曙光,如果我国图们江区域开发扩大到东三省,东北再形成运河网,届时可北出日本海,南达渤海,届时珲春不仅是东北亚航运中心,更是北冰洋航线上的航运中心。那么东北地区的航线打造成以珲春为中心,航线覆盖将呈扇面状。港口是参与国际分工的重要桥梁、融入全球化的重要窗口,成为我国经济的新的经济增长点和我国生产力区域布局的重要依托。

通过运河运输网的形成,首先在吉林省第二松花江与松花江及图们江珲春构成呼应,然后与黑龙江、辽宁构成互补。以吉林机场、吉林港建设为契机,启动物流电子信息化平台建设,大力发展物流产业。整合区域交通运输资源,建设现代化的仓储物流体系,与珲春遥相呼应。要利用上述诸多区位优势,将吉林港、珲春打造成物流中心,使其成为从东北腹地到珲春沿海大宗商品运输的重要中转基地、物流结转中心和产品集散中心。

目前,图们江地区已开通了多条环日本海国际航线,主要包括:珲春(中)—罗津(朝)—釜山(韩)定期集装箱航线、珲春(中)—扎鲁比诺(俄)—束草

（韩）陆海客货联运航线、珲春（中）—波谢特（俄）—秋田（日）不定期集装箱航线、珲春—扎鲁比诺（俄）—新泻（日）散货航线等。虽有通中朝韩、中俄韩、中俄日、中俄韩日的航线，但因装卸能力不足、设备陈旧，以及珲春不能直接出海而影响巨大。

随着北冰洋通航时代的到来，图们江地区将开通经过白令海峡通往俄罗斯北冰洋沿岸、北欧、西欧、北美洲的航线，届时珲春将成为东北亚乃至北冰洋航线上的重要航运中心。

吉林省第二松花江形成港口群，整个东北就将形成以珲春为中心的系列港口群像哈尔滨、佳木斯、抚远等。届时我国的图们江珲春将成为公路、铁路、水运等运输的物流中心和大宗工农业产品的集散地。珲春具备腹地性国际航运中心的基础，图们江间接出海战略实施后，国际航线覆盖面广，待北冰洋通航时将增加通往俄罗斯、欧洲、地中海、波斯湾、北美、加拿大若干航线，珲春航线将呈全方位辐射状，届时可将吉林省的货物、东北三省的货物，乃至内蒙、京津的货物运往珲春，珲春将变成中国北方内陆的货物集散地。发展珲春现代物流产业，依托珲春良好的区位条件，现代国际航运中心焦点是争夺国际集装箱枢纽港地位，因此，应做好前期准备工作，完善珲春国际集装箱枢纽地位。

七、北冰洋通航与我国图们江出海战略对策建议

1.图们江应借鉴国际河流经验整治河道

港口航运业是赢得国际航运中心位置的先决条件，因此改善基础设施，疏通松花江、第二松花江、图们江等黄金水道已迫在眉睫。

由于中朝两国沿江厂矿向图们江倾倒了大量有害工业废水，致使图们江受到严重污染。上游主要是朝方的茂山铁矿，每年排污15 000多万吨，含铁矿砂约1 000万吨以上，中游主要是中方的开山屯化纤厂，每天约有107 000吨废水排入图们江，另外石岘造纸厂、图们市化工厂等每年约有2 559.4万吨废水排入图们江，下游主要是朝方的阿吾地化工厂，日排化工废水18万吨，每年排入图们江的工业废水达21 003.13万立方米，其中经过处理的仅占13%。以上是1998年的数据，又过去了15年，现在的污染可想而知。

中朝俄应成立图们江河流委员会，首先针对河流制定排污、疏通河道等相应法律，然后再探讨其他问题。

2.当务之急吉林省应找到图们江间接出海口。

3.建议国家海洋局把图们江纳入到中国海洋战略中。

4.建议国家海洋局把图们江纳入到北极航道战略中。中国在哥本哈根

联合国气候大会上宣布，至2020年中国单位GDP二氧化碳排放比2005年下降40%~50%，这就为图们江区域产业结构升级提出了要求，应向节能减排、环保、绿色产业靠近。长吉图开发开放战略的实施将对周边地区产业起到带动作用。建设开通多条海运航线及陆路线路，那么图们江珲春又将起到带动大图们江区域发展的作用，并且辐射到整个北半球。

纵观吉林省境内水系发达，但却因丢失了港口，阻碍了吉林经济的发展。航空运输成本太高，东北的铁路运输因受山海关地理位置的限制，致使吉林省的物资运送能力受到限制。海河运输是最廉价、最方便的形式，倘若吉林省恢复到以前沿海省份，便利的交通即可带动吉林经济飞速发展。

东北三省运河战略实施后，待珲春图们江自贸区创建、珲春将取得新加坡地位，因此，将我国珲春打造成国际航运中心势在必行。

随着全球气候变暖及北极油气的开发，北冰洋全面通航指日可待。随着北极航线的开通，北冰洋经济圈有望形成，北冰洋航线将经过东北亚、北美贸易区、欧盟、地中海贸易区、波斯湾贸易区。北冰洋经济圈集中了世界上最具竞争力的区域，届时将形成新的世界分工。环北冰洋经济圈有望成为世界上最具竞争力的地区。因此，将我国珲春打造成国际航运中心应纳入议事日程。

作者简介：窦博，1985年兰州大学俄语专业毕业，1995年获莫斯科大学政治学博士。现为中国海洋大学法政学院教授、中国俄罗斯东欧中亚学会理事、吉林省图们江国际合作学会常务理事。主要从事俄罗斯海洋问题、极地问题、战略问题研究；2011年起主持教育部人文社科规划基金项目《关于俄罗斯海洋战略的基础性研究》；合著《苏联区域经济》一书，获吉林省社会科学院二等奖；俄文版论文《文明与文化的融合：从文明的角度探讨中俄关系》被俄罗斯科学院收编并由莫斯科出版社出版；《俄罗斯政党政治的演变及其特点》被新华文摘转载。

图们江国际旅游分析与前瞻

谢 颖/沈 悦

图们江是一条流经多国的通海河流，发源于长白山东南部。它北临俄罗斯的远东地区，南接朝鲜半岛，东与日本的"里日本"日本西海岸部分地区隔海相望，西部腹地延伸至中国东北工业区内，又是蒙古最近的出海口。干流全长525千米。其中，中朝界河段510千米，朝俄界河段15千米。

图们江区域就是泛指图们江流域所辐射到的中、朝、俄三国交界地区，处于东北亚六国中心地带，是东北亚的重要枢纽。从地理范围上来讲，广义的图们江区域包括中国的延边朝鲜族自治州首府为延吉市，朝鲜的咸镜北道 道府为清津市和俄罗斯的大海参崴滨海边疆地区 首府为海参崴市；狭义的图们江区域则包括中国的珲春、延吉、图们和龙井地区，朝鲜的罗津—先锋经济贸易区和俄罗斯滨海边疆区的哈桑地区。本文研究的是图们江流域所辐射的中、朝、俄三国旅游合作，所以主要涉及的是中国的吉林省、朝鲜和俄罗斯联邦的滨海边疆地区。

一、图们江区域国际旅游现状及呈现的特点

（一）边境游起步较晚，且发展速度较为缓慢

中朝边境游最初出现于1985年，中朝两个边境城市丹东和新义州经过协商开展了互访活动。而图们江区域的中朝边境游始于1991年。1991年吉林省延边朝鲜族自治州开通了赴朝鲜的边境游项目，中国国际旅行社珲春分社开通了珲春—新星旅游线路。随后，延边的其他县、市旅行社才陆续开通了罗津、先锋、清津、七宝山等旅行线路。图们江区域的中俄边境游1998年正式开始过客。而2000年4月28日才正式开通中俄旅游线路：珲春—海参崴；珲春—

斯拉夫扬卡;珲春—海参崴—莫斯科；珲春—扎鲁比诺或波谢特。相对于中国的中朝、中俄边境游来说，中国图们江地区的边境游起步较晚，且由于各种软、硬环境的制约而发展速度较为缓慢。目前，从中朝、中俄边境游的发展情况来看，由辽宁省丹东市赴朝旅游、黑龙江省黑河等市赴俄旅游的人数占大部分比例。

（二）口岸建设日趋完善，但有效利用程度仍然较低

边境旅游的发展是以边境口岸的建设为基础的。我国图们江区域目前有9个对朝口岸、1个对俄口岸，隶属吉林省延边州。分别是:圈河国际客货公路运输口岸、图们国际客货公路口岸、图们国际货物铁路口岸、沙坨子双边客货公路运输口岸、开山屯双边客货公路运输口岸、三合双边客货公路运输口岸、南坪双边客货公路运输口岸、古城里双边客货公路运输口岸和长白口岸。这些口岸的年过货能力均在500万吨,年过客能力也在100万人次。其中对朝开展边境旅游业务的有圈河口岸、三合口岸和图们口岸。圈河口岸位于吉林省珲春市敬信乡东南图们江畔,距珲春市区42千米。它毗邻朝鲜最大的经济开发区罗津—先锋开发区,距朝鲜罗津市51千米,并与朝鲜元汀里口岸隔图们江相对,有公路大桥相通。圈河口岸目前是吉林省内对朝鲜最大的一类口岸。三合口岸为双边客货公路运输口岸,位于龙井市三合镇南部图们江畔,距龙井市区47千米,距朝鲜清津市87千米,对面是朝鲜会宁口岸,有公路大桥相通。图们口岸包括公路口岸和铁路口岸两个部分,是我国对朝鲜的第二大陆路口岸。它位于图们市区图们江畔,对面是朝鲜南阳国际口岸,分别有铁路、公路大桥相通,距朝鲜清津177千米。珲春铁路口岸位于珲春市长岭子,与俄罗斯滨海边疆区哈桑区卡梅绍娃亚车站相望,有铁路相通,对面是卡梅绍娃亚口岸,该口岸位于珲春市区东南部,距市区14千米。自古以来,长岭子要道口是珲春人去往沿海区各地的通道。赶海的渔工、商贸的车驭,穿过长岭子山口,到达俄罗斯克拉斯基诺,乘船直达上海、日本,每日来往不绝,有"海上丝绸之路"之称。与之相对的是俄罗斯克拉斯基诺口岸,该口岸距克拉斯基诺镇29千米,距波谢特港42千米,距扎鲁比诺港63千米,距符拉迪沃斯托克 海参崴170千米。由于口岸建设时间较早,设施简陋,致使口岸客货通行量较少。据不完全统计,口岸年吞吐能力,货物在5 000万吨以上,人员在1 000万人次左右,而实际年过货量最高年份也仅在200万吨以内,人员则在百万人次以内。

（三）旅游线路与日俱增,但精品线路屈指可数

近年来,图们江区域开通了跨多国旅游线路,如2000年4月28日中国珲春—俄罗斯扎鲁比诺—韩国束草的海路客货联运航线正式开通;2008年9月4日中、

俄、韩、日四国有关方面签署合作协议，开通环日本海"黄金航线"，即自中国吉林省延边的珲春，陆路抵达俄罗斯扎鲁比诺港，海上经停韩国束草港，最后抵达日本新泻，这条航线开辟了中国东北第二条出海大通道。2011年4月26日，在中、俄、朝三国有关部门的共同努力下，开辟了中、俄、朝环形跨国旅行社旅游线路，并责成珲春三疆国际旅行社独家经营环形跨国边境旅游，这条跨国旅游线路行程4天，具体为中国珲春珲春口岸—俄罗斯符拉迪沃斯托克—斯拉夫扬卡—哈桑—朝鲜豆满江—罗先—中国珲春圈河口岸。这条环形跨国旅游线路的开辟对图们江区域的跨国旅游具有里程碑式的意义，为今后推出日、蒙、韩、朝、俄等多国环形游打下了良好的基础。

截至目前，中国图们江区域已开通的旅游线路基本如下：珲春长岭子口岸—克拉斯基诺俄罗斯口岸，延边州珲春市至符拉迪沃斯托克市4日游，路线为延吉—图们—珲春—克拉斯基诺—波塞图—符拉迪沃斯托克；圈河口岸中—元汀口岸朝，珲春市至罗津、先锋3日游；沙坨子口岸中—朝方为塞别尔口岸珲春沙坨子、塞别尔、稳城1日游；图们口岸中—南阳口岸朝，图们市至朝鲜南阳、稳城郡、会宁、清津、七宝山5日游；三合口岸中—会宁朝，龙井市至会宁、清津、七宝山4日游；南坪口岸中-茂山朝，和龙1日游；古城里口岸中—三长里朝，延州和龙县至朝鲜大红丹郡3日游；长白口岸中—惠山朝，长白县至惠山、三池渊、清津5日游。就在上述众多的旅游线路中，也只有珲春长岭子口岸、图们口岸和圈河口岸线路相对比较受欢迎些。

（四）旅游客流增长迅速，但受不稳定因素影响极大

中国赴朝自驾游、中俄朝环形跨国游、俄罗斯赴中国游等旅游线路的开通和逐渐升温使图们江区域旅游客流量增长迅速。以中俄跨境游为例，2012年元旦期间，大批俄罗斯游客来到珲春欢度新年，仅1日~3日就接待俄罗斯游客7 000多人，同比增长114%，旅游收入2 600万元以上，同比增长165%，创历年最高水平。但这种增速往往受到多种外来不稳定因素影响。这种随季节而带来的客流变化的例子屡见不鲜。如中朝自驾游因路面结冰等气候原因或路况差等基础设施原因而经常中断。俄罗斯来华边境游的客流一年之中主要集中在夏季的7、8月份和冬季的12、1月份，其余月份则客流较小。

二、图们江区域国际旅游合作的基础与潜力

（一）地理位置得天独厚，为图们江国际旅游合作提供了先决条件

图们江区域是中、朝、俄三国毗邻区域。三国依江而隔，交通便利，边境贸易繁荣。这为双边的经贸和文化的交流提供了有力的先决条件。该区域

俄罗斯境内的海参崴是一座天然的不冻港，景色优美、海产丰富；中国境内的珲春市也处于中、朝、俄三国交界地带，又具有沿边、通海的独特地理位置，是我国通往俄罗斯、朝鲜的海上通道；朝鲜的罗先，隔着图们江同中国、俄罗斯相望。地理位置得天独厚为图们江国际旅游合作提供了先决条件。

（二）资源禀赋各具特色，为图们江国际旅游合作提供了物质基础

中国图们江地区、俄罗斯、朝鲜的旅游资源既各具特色，又有很强的互补性。在自然旅游资源方面，中国图们江地区拥有中国十大名山国家 5A 级景区的长白山、吉林八景、一眼看三国的防川边境风光等；俄罗斯图们江地区云集了众多依山傍海、环境优美的海滨浴场和疗养胜地；朝鲜图们江地区融合自然风光、名胜古迹、革命胜地于一体。在人文旅游资源方面，俄罗斯风情的建筑、民俗和生活方式与中国、朝鲜的东方风情截然不同，东西方文化在图们江区域得到了淋漓尽致的体现。这种具有多文化的旅游区对各国游客具有很强的吸引力。它不仅让游客欣赏到自然风光、边境风貌和历史文化古迹，同时还能领略到朝鲜族、俄罗斯民族的民风民俗，让游客品尝到一眼望三国的独特视觉盛宴。资源禀赋各具特色为图们江国际旅游合作提供了物质基础。

（三）政府关系态势良好，为图们江国际旅游合作提供了政治保障

图们江国际旅游合作直接受合作双方政府关系的影响。中朝之间的关系从抗美援朝开始就打下良好的基础，近几年来，在朝鲜一直闭关锁国的情况下，中国仍是国际上少有的与其保持良好的合作关系的国家。随着赴朝中国图们江地区开发规划 1996—2010 联合国开发计划署业务开展的深入，中朝两国旅游交流与合作的进程也会进一步加快，合作领域也会逐步扩大。中俄关系目前处于历史最好时期。政治上的相互信任程度不断加强，战略上的协同合作不断深入，经贸领域的合作不断扩大，能源领域的合作大幅度提高，文化交流与合作不断持续深入进行。政府关系态势良好为图们江国际旅游合作提供了政治保障。

三、图们江区域国际旅游的障碍及制约因素

（一）地缘政治矛盾，缺少有效的合作机构

1992 年，在联合国开发计划署的倡导下，中国、俄罗斯、朝鲜、韩国、蒙古共同启动图们江区域合作开发项目。而图们江区域开发一直是中国国家战略。俄罗斯并不积极参与图们江区域开发，他们一方面怕自己的港口将来与中国港口竞争起来不利，另一方面又怕远东的发展受此影响，一种极其矛盾的心理交织在一起。此外，朝鲜为了自己的地缘政治安全，长期处于"封闭"

状态。中国、俄罗斯、朝鲜没有找到一个有利的利益契合点，三国协调起来比较难，致使图们江区域的国际联合开发计划进展缓慢，区域旅游合作进程不可避免地受此影响。而严格意义上的区域旅游合作应具备两个条件：一是具有正式的官方的国际区域旅游组织；二是具备官方签署的正式的区域旅游合作文件。而图们江区域旅游合作，既缺少图们江中、俄、朝三国地方政府共同组成的正式的区域旅游合作组织，又没有三国官方共同签署的正式的区域旅游合作文件。图们江区域内缺乏有效的多种合作机构，去专门讨论、协调处理本区域内的旅游事宜。

（二）过境手续烦琐，缺少合理的通关条例

朝鲜和俄罗斯边境口岸出入境手续烦琐，验放速度慢。如要出入圈河—元汀里朝鲜口岸必须经过 3 次检查和 5 道查验手续。对游客的查验上采取逐人登记，开包检查，甚至出现搜身检查的现象，导致游客在口岸滞留时间过长；斯拉夫扬卡至中国珲春口岸的道路中，经军队、海关、边防等 5 次检查，路上耽误的时间多达 8 个小时，严重影响中国游客的旅游体验。口岸不通畅的问题没有根本解决，口岸通道规模小，查验手续繁杂，缺少合理的通关条例，工作效率不高，这在一定程度上制约了跨境旅游的发展。

（三）旅游要素薄弱，缺少有力的市场竞争

其一，旅游产品单一。

现在在图们江地区尽管旅游线路越来越多，但是旅游产品的种类却过于单一，除了自然风光旅游以外很少发展与当地民俗文化有关的旅游产品，这就不能满足游客的需要，制约了跨境旅游的进一步发展。所以，要想更好地发展跨境旅游就应该进行旅游产品的创新，要尽可能地发掘具有当地民俗特色的旅游产品，这样才可以吸引更多游客。

其二，旅游环境薄弱。

图们江区域各国存在着旅游基础设施不健全、各国差距较大、接待能力差、旅游服务缺乏标准化、旅游从业人员素质低等因素，直接影响着区域的旅游整体形象，降低了旅游吸引力。例如，朝鲜的住宿设施条件差、热水供应不足、与旅游地之间的公路基本上为土路等；在旅游旺季，延边缺少住宿设施、价格昂贵、交通堵塞等；延边各口岸之间基本建成一级公路，而朝鲜口岸至目的地间仍停留于三级公路水平，极大地影响了旅游的舒适程度。

其三，宣传力度不够。

图们江区域各国各自宣传本国的旅游资源及旅游产品，宣传内容极其有限，且力度不够。例如，我国延边地区只重点宣传长白山和朝鲜族民俗旅游，宣传手段仅限于播放长白山的宣传片,长白山的旅游形象基本确立,但吉林省的其他旅游景区尚未打开知名度。目前,图们江区域各国没有进行联合促销,也没有统一的旅游产品去参加国际旅游博览会,除了周边国家之外,在远程市场上几乎没有吸引力。

四、图们江区域国际旅游的建议与前景展望

(一)积极倡导建立有效的图们江国际旅游合作机构

近几年来,图们江区域旅游业升温较快,区域内互为市场、互为目的地的趋势越来越明显,中俄、中朝边境旅游合作进展良好,口岸建设日趋完善,旅游线路与日俱增,旅游客流增长迅速,地域优势越来越突出。但因区域内缺乏有效的合作机构去运行统一的合作体系及合理的合作机制,这便制约了全方位的区域旅游合作进程。鉴于此,首先,中方政府要积极倡导并推进在图们江区域内建立以中、俄、朝三国政府的相关部门来牵头的旅游合作机构和地方政府旅游合作机构,定期举办高层论坛,探讨区域内的旅游相关政策及旅游合作发展规划,从而促进图们江区域边境旅游合作。其次,要以政府机构与学术团体共同联合组成图们江区域国际旅游学会或旅游研究团体,定期举办国际旅游论坛,探讨图们江区域旅游合作事宜,从而推动决策者制订区域旅游发展的行动计划或重大项目的可行性研究。再有,即是要鼓励图们江区域内各国旅游行业协会如旅行社协会、饭店协会等建立有效的合作机构,定期会晤,协商企业间的合作事宜,建立跨国旅游企业,促进企业间有效合作。

(二)积极推进建立合理的图们江国际旅游通关条例

鉴于图们江区域国际旅游通关手续烦琐、通关速度慢等制约其发展的因素,中方政府应积极推进建立合理的图们江旅游通关条例,缩短旅游通关时间。如,俄罗斯克拉斯基诺口岸应适当延长工作时间,避免因不能过关而滞留。朝鲜应在圈河—元汀里口岸实行无午休工作制,取消指令制度,建立有序的旅游通道,方便旅游者的出入境。旅游车辆在相关证件齐全的前提下,可考虑开通区域内的旅游专线车辆,实现客运的公交化,为旅游节约时间,提高在区域内旅游停留和消费的时间。同时,要积极倡导在区域内实行签证互认制度,即游客在区域内的一国签证,同时视为其他国家的有效签证,在整个区域范围内可以畅通无阻。如,中国游客用签证在朝鲜游玩后,从朝鲜可直接赴俄罗斯旅游,实现图们江区域环线跨国旅游。通过建立合理的旅游通关条例,可以激励区域国家内部的旅游客流,也为区域外其他国家的游客到区域旅游提供更为便利的条件。

（三）积极运作建立有力的图们江国际旅游竞争机制

其一，尽早实现旅游产品的多元化。

首先，要对已有的旅游产品进行不断完善，可以对其进行重新定位、组合、包装、形成新的主题。例如，珲春市的敬信镇拥有亿年历史的北国珍贵水生花卉——图们江红莲。每年7月中旬到9月初，湖面上红、白、粉三色荷花相映生辉，明艳照眼，凌波翠盖，美不胜收，宛如人间仙境，成为长白山下图们江畔的一道美丽风光。清末诗人韩文泉有佳句："幽谷如临君子国，深山得睹美人仙"，盛赞此景。如可将珲春市的野生荷花和图们市的荷花节融合在一起，进一步扩大荷花节的规模、延长荷花节的时间，进行重新规划，统一部署，开发独具北国特色的荷花节；其次，图们江区域各国可联合开发商务旅游、冰雪旅游、会展旅游、民俗旅游和保健旅游等多种专项旅游产品；再次，可以对图们江区域的自然与人文景观进行文化底蕴的深层次挖掘。如挖掘长白山的满族民俗文化，将萨满文化的遗风遗俗开发为旅游产品加以有效的保护与传承；通过珲春的旅游资源特点组织爱国主义边境游，通过土字碑和东方前哨等景点，让游客了解到东疆历史，激发游客的爱国守土意识。最后，在开发专项旅游产品的同时也要注意将其与观光、度假等旅游产品进行合理的组合，充分发挥组合效应，增加旅游产品在国内、国际市场上的竞争力。

其二，尽快完善旅游的软、硬环境。

首先，应对旅游基础设施加大资金投入，使其尽快得到完善。需加强边境口岸的建设，公路、铁路和航班也需增加。在短期内，图们江区域内除了对原有的公路、铁路改建外，还应修建高速公路、铁路，方便旅游交通，增加游客数量，如，长图高速公路延伸到俄罗斯符拉迪沃斯托克，修建朝鲜元汀里至罗先市公路，朝鲜罗先市、清津市等旅游城市修建和完善旅游住宿设施，更换豪华旅游大巴，满足游客的需求。加强对外通道建设，新增线路和航班，延长边境旅游产业链，丰富边境旅游路线，如，开发中国延吉至俄罗斯符拉迪沃斯托克的国际航线，增加中国延吉—俄罗斯斯拉夫扬卡—符拉迪沃斯托克的客运次数；其次，要加强对旅游从业人员专业知识的培训，并重点吸收通晓俄语和韩语的导游。

其三，尽力加大宣传范围。

图们江国际旅游市场的开发离不开有效的宣传。在目前竞争激烈的国际旅游市场，宣传的影响力对旅游业的发展很重要。图们江区域旅游合作现处于初级阶段，国内、国际的知名度还没有打开，加大宣传力度则对图们江区域旅游合作的发展很重要。首先，要借助电视、报纸、网络等大众媒体进行广告宣传；其次，要联合图们江区域内各国进行旅游线路、企业和景点的联合促销。如，旅行社借助知名景点与其联合促销，景点借助旅行社的网络与其联合促销。图们江区域一国景点搞促销，实力不够，效果不佳。而如果三国进行联合促销，则可以大大降低成本，达到事半功倍的效果；再有，即是加强对外宣传力度。由于图们江区域旅游合作实际是跨国的旅游合作，除了对国内的宣传外，还要加强对国外的宣传。如吉林省可以与远东地方电视台合作，在远东地区播放介绍吉林风光、名胜和民俗的宣传片；还可以在俄罗斯官方旅游网发布介绍吉林风光的信息，便于双方旅游者获取相关旅游信息；图们江区域各国还可以定期在国外进行旅游线路的整体促销活动。

总之，图们江区域各国应共同合作开发区域旅游产品结构，打造共同的目的地，提高整体吸引力和竞争力，从而树立区域旅游整体形象。

图们江区域内中、朝、俄三国地理位置得天独厚、资源禀赋各具特色，为其开展旅游合作提供了前提基础。未来，通过借鉴区域内边境旅游发展的经验，将区域内各国旅游资源进行重组、整合。将区域内的休闲旅游和文化旅游进行有效的融合，并以此为切入点，从旅游资源整合、旅游设施建设、旅游产品丰富、旅游线路开发和旅游宣传等方面着手，从双边合作逐步发展到多边合作，最终实现区域内的旅游业一体化，从而打造图们江区域国际旅游圈。

国际旅游圈的打造需要进行统一的整体规划；需要长期的、持续的投入，还需要各国政府和旅游企业的全方位参与和积极配合。

总而言之，图们江区域跨国旅游合作势在必行。但是这种跨国性的合作是一个艰难而漫长的过程，它需要区域内各国家、政府与企业三方的协调与统一，任何一方的消极都会阻碍合作的开展。目前，最有实效的途径就是进行双边的旅游合作，将已有的边境游做大、做强，使其具有影响效应。并在此基础上，寻求多边合作的契机，最终实现图们江区域的一体化。

作者简介：沈悦，现任吉林省东北亚研究中心秘书长，研究员，主要从事俄罗斯问题和中俄关系问题研究；参加工作以来，累计主持、参加各级项目20多项，独立编著出版专著1部，作为第一作者出版译著1部，公开发表研究报告、论文等科研成果近50篇，多篇成果被《新华社内参》、《人大复印资料》等刊物转载、采纳。

谢颖，吉林省社会科学院俄罗斯研究所副研究员。

中韩FTA对长吉图地区产业发展的影响

崔　文

一、前言

中韩自1992年建交以后,因国土相邻、文化相近以及具有互补的经济结构,在政治、经济、社会、文化等领域取得了世界两国关系史上罕见的快速发展。特别在国际贸易上,两国贸易额从建交初期1992年的63.8亿美元增长至2012年的2051.1亿美元,扩大至32倍以上规模,且是当年对美国贸易额1018.7亿美元的2倍多;中国名副其实地成为了对韩国经济影响最大的国家;韩国也已成为中国第三大贸易伙伴国,2008年两国建立了"战略伙伴关系"。

中国与韩国的FTA战略的推进,始于21世纪初期,且进展迅速。目前,中国已签订自贸协定12个,涉及20个国家和地区,分别是中国与东盟、新加坡、巴基斯坦、新西兰、智利、秘鲁、哥斯达黎加、冰岛和瑞士的自贸协定,内地与香港、澳门的更紧密经贸关系安排CEPA和与台湾的海峡两岸经济合作框架协议ECFA;而韩国已签订自贸协定共8个地区、47个国家,分别为智利、新加坡、EFTA爱尔兰、列支敦士登、挪威、瑞士、东盟、印度、欧盟、秘鲁、美国、土耳其和哥伦比亚的自贸协定,韩国已成为亚洲首屈一指的FTA核心国家。

中韩FTA,以2004年11月的两国首脑会议为正式切入点,自2005年起以中国国务院发展研究中心和韩国对外经济政策研究院为中心进行了两年的民间共同研究;于2007年3月进一步实施FTA官产学联合研究,并于2010年5月结束联合研究签署了谅解备忘录。2012年5月,两国正式宣布启动FTA政府间谈判,并发表了达成共识的谈判原则,包括在服务、投资领域推进高于世贸组织WTO协定的开放义务的"高水平FTA",韩国农水产品、中国石化等各自的敏感领域采取各种保护措施。同月,在北京举行第一轮谈判,7月在韩国济州道举行第二轮谈判,到目前为止共举行了五轮谈判。

中韩FTA,对中国来说,具有重要的战略意义,它将成为迄今为止中国签订的对中国经济影响力最大的FTA,同时以中国为核心的未来东亚经济共同体乃至亚洲经济共同体的重要组成部分。对韩国来说,中国作为第一贸易伙伴国、世界上成长潜力最大的发展中国家,中韩FTA为韩国提供稳定、可靠、持续扩大的国外市场,并且使韩国借助中国经济的持续增长,获取经济发展的新增长动力。

关于中韩FTA的代表性研究,中国有刘昌黎(2008)、蔡蕊(2008)、许祥云(2009)、魏巍(2010)、车松虎(2010)等的研究,韩国有李章葵(2003)、赵贤俊(2007)、许兴镐(2009)、申泰泳(2005)、郑仁教(2006)、李昌英(2009)等的研究。主要认为中韩两国要共同采取积极姿态,循序渐进,妥善解决谈判中的具体困难;并且农产品贸易问题将会成为中韩FTA谈判过程中的一大障碍;同时指出中韩FTA将对两国GDP、经济福利、贸易条件产生积极的影响。但目前为止,关于中韩FTA对中国的某一地区将产生怎样的影响以及如何应对的研究则很难找到,且针对长吉图地区经济相关的具体研究则没有。

本论文将依据长吉图地区与韩国的贸易统计资料,在考察中韩两国FTA推进现状的基础上,分析中韩FTA实施将对中国长吉图地区产业发展所起的影响,特别是找出将受到较大冲击的产业和将获得较大发展机遇的产业以及竞争加剧的产业,并由此提出政府未来相关产业政策调整方向的政策性启示。

二、中国和韩国的 FTA 实施现状以及中韩 FTA 的协商进程

(一)中国的FTA实施现状

FTA作为区域经济一体化的最基本的形式,是指两个或两个以上地理位置接近的国家和地区通过缔结条约或达成协议,逐步消除相互之间的贸易障碍即废除关税和非关税贸易壁垒,实现区域内商品和服务的自由流动,从而促进成员国的贸易发展。进入20世纪90年代以来,各个国家和地区间的FTA签订数量急剧增加,特别是世界贸易组织成立以来,这一变化更加突出。

中国的FTA协商始于2000年,并于2004年11月签署了第一份FTA 协议——中国—东盟自贸区《货物贸易协议》。2007年10月,胡锦涛总书记在党的十七大报告中,明确提出要"实施自由贸易区战略,加强双边多边经贸合作",中国FTA战略可归纳为:首先,优先发展与东亚及周边国家或地区的FTA,逐步塑造以中国为主导的亚洲自由贸易区的经济合作格局;其次,重视拥有战略性能源资源的国家或地区签订FTA,以确保能源资源的稳定供给;再次,优先考虑对未来发展具有重大战略意义的国家或地区;最后,FTA须促使中国对外贸易的增长、提高中国产业的国际竞争力。

目前,中国已签署自贸协定12个,涉及20个国家和地区,分别是中国与东盟、新加坡、巴基斯坦、新西兰、智利、秘鲁、哥斯达黎加、冰岛和瑞士的自贸协定,内地与香港、澳门的更紧密经贸关系安排(CEPA),以及大陆与台湾的海峡两岸经济合作框架协议(ECFA);正在谈判的自贸协定6个,涉及22个国家,分别是中国与韩国、海湾合作委员会(GCC)、澳大利亚和挪威,以及中日韩自贸区和《区域全面经济合作伙伴关系》(RCEP)协定谈判。此外,中国完成了与印度的区域贸易安排(RTA)联合研究;正与哥伦比亚等开展自贸区联合可行性研究。

表 1 中国的FTA实施现状

已生效的 FTA	协商中的 FTA	共同研究中的 FTA
中国—东盟 FTA、中国—巴基斯坦 FTA、中国—智利 FTA、中国—新西兰 FTA、中国—新加坡 FTA、中国—秘鲁 FTA、中国与哥斯达黎加 FTA、中国—冰岛 FTA、中国—瑞士 FTA、内地与港澳 CEPA、大陆与台湾 ECFA	中国—海湾合作委员会 FTA、中国—澳大利亚 FTA、中国—挪威 FTA、中国—韩国 FTA、中日韩 FTA 自贸区、中国—区域全面经济合作伙伴关系 FTA	中国—印度 FTA、中国—哥伦比亚 FTA

资料来源：中国商务部，自由贸易区服务网, http://fta.mofcom.gov.cn

（二）韩国的FTA实施现状

韩国是以关税和贸易总协定和世界贸易组织为代表的多边贸易体系中受惠最多的国家之一,其经济发展主要依靠对外贸易来实现,近几年韩国的对外贸易依存度超过80%。开放的世界市场和自由贸易与韩国的经济发展紧密相关,因此韩国必须积极实施FTA,构筑FTA国际网络。韩国政府的FTA实施战略,可归结为:

首先,FTA的政府间协商需要花费较长时间,因此为了推行有效的FTA,韩国采取了同时与多个国家分别协商的速成方式。其次,在选定FTA的对象国方面,为了扩大FTA的经济和政治效果,选择经济大国、资源丰富国家以及各大洲占据重要地理位置的国家为中心开展FTA协商。再次,FTA的内容不仅要包括商品贸易领域的关税废除,还要包括服务、知识产权、投资、贸易规范、政府采购等宽泛内容,并加强其深度,从而达成高标准的FTA。

通过积极而有效的FTA战略,自2003年以来,在短时间内,签订了具有重要意义的FTA,成为亚洲首屈一指的FTA核心国家。目前,韩国已签订FTA协议并生效的自贸区共8个地区、45个国家,它们为智利、新加坡、EFTA(爱尔兰、列支敦士登、挪威、瑞士)、东盟、印度、欧盟、秘鲁、美国;已签订协议但未生效的有土耳其和哥伦比亚自贸区;正在协商中的自贸区共8个地区、13个国家,它们为加拿大、海湾合作委员会(GCC:阿拉伯联合酋长国、阿曼、巴林、卡塔尔、科威特、沙特阿拉伯)、墨西哥、澳大利亚、印度尼西亚、中国、越南;正准备协商以及共同研究的国家和地区为7个地区、14个国家,它们为日本、中日韩、南方共同市场(MERCOSUR:阿根廷、巴西、乌拉圭和巴拉圭)、以色列、蒙古、中美5国(巴拿马、哥斯达黎加、厄瓜多尔、洪都拉斯、危地马拉)、马来西亚。

表 2 韩国的FTA实施现状

已生效的 FTA	协商中的 FTA	共同研究中的 FTA
韩国—东盟 FTA、韩国—智利 FTA、韩国—新加坡 FTA、韩国—EFTA FTA、韩国—印度 FTA、韩国—欧盟 FTA、韩国—秘鲁 FTA、韩国—土耳其 FTA、韩国—哥伦比亚 FTA	韩国—加拿大 FTA、韩国—海湾合作委员会 FTA、韩国—澳大利亚 FTA、韩国—墨西哥 FTA、韩国—印度尼西亚 FTA、韩国—中国 FTA、韩国—越南 FTA	韩国—日本 FTA、韩国—中日韩 FTA、韩国—南方共同市场 FTA、韩国—以色列 FTA、韩国—蒙古 FTA、韩国—中美 5 国 FTA、韩国—马来西亚 FTA

资料来源:韩国产业通商部,自由贸易区服务网,http://www.fta.go.kr

(三)中韩FTA的政府间协商进程

中韩两国建立FTA的构想,于2004年11月由亚太经合组织APEC领导人非正式会议上首次被提出。会议期间中国国家主席胡锦涛与韩国总统卢武铉就中韩两国启动双边FTA可行性民间联合研究达成了共识。并且2005年3月开始利用两年的时间由中国国务院下设的发展研究中心和韩国对外经济政策研究院组成的研究课题组进行可行性研究。该课题组对中韩贸易及投资的状况、贸易制度、政策、扩大贸易的障碍等进行了分析;分析了自由贸易区制度性安排可能给双方带来的影响;并就FTA实施的步骤、范围提出了政策建议。

此后,2007年3月,中韩两国进一步实施了官产学联合研究。内容涉及建立中韩FTA的宏观经济影响、自贸协定的涵盖领域、两国贸易投资自由化对产业的影响、敏感产品及敏感领域的处理方式,以及确定两国自由贸易协定的谈判形式和时间问题。2010年5月,两国结束了官产学联合研究,并签署了谅解备忘录。

2012年5月，中国商务部部长陈德铭和韩国通商交涉本部长朴泰镐宣布启动中韩FTA正式谈判，并发表了达成共识的谈判原则，包括在服务、投资领域推进高于世贸组织WTO协定的开放义务的"高水平FTA"，把开城工业园区等境外加工地区也纳入FTA特惠关税赋予对象之内，同时两国决定对韩国的农水产品、中国的石化产品等各自的敏感领域采取保护措施。同月，在北京举行第一轮谈判，7月在韩国济州道举行第二轮谈判，到目前为止已举行了五轮谈判。

三、中韩 FTA 对长吉图地区产业发展的影响分析

（一）长吉图地区与韩国的贸易现状与特征

中韩自1992年建交以来，其贸易额由1992年的63.8亿美元，达到2012年的2 015.1亿美元，超过建交时的32倍。其贸易产品结构也由初期的织物、农产品、人造纤维、矿物原料、石化产品为主的产业间贸易，升级为电子部件、石化产品、产业用电子产品、输送机械为主的产业内贸易。并且中韩贸易的地区分布以中国沿海开放城市为主导进行，而长吉图地区地处中国的东北边疆，且没有港口城市，由此长吉图地区与韩国的贸易进展不及中国的平均水平。

长吉图地区的全称为长吉图开发开放先导区，其主要范围是中国图们江区域的核心地区，即吉林省范围内的长春市、吉林市部分区域和延边州，总面积约3万平方千米，人口约770万人。这一区域面积和人口均占吉林省的三分之一，但经济总量占二分之一以上，是中国参与图们江区域合作开发的核心地区和重要支撑。长吉图开发开放先导区，将以珲春为开放窗口，延吉、龙井、图们为开放前沿，以长春、吉林市为主要依托，实施边境地区与腹地联动开发开放，率先突破、率先发展，带动吉林省的整体发展和振兴。可以说，长吉图地区为吉林省的核心区域和经济重心区域，引领着吉林省的经济增长、产业发展和对外贸易，由此本文的长吉图地区经济也泛指吉林省经济。

按国际贸易中通用的海关编码即HS编码，以HS 2单位品目来考察，长吉图地区与韩国的贸易由1998年的2.48亿美元，2011年增长为5.24亿美元，2012年则为4.21亿美元。伴随贸易的快速增长，其贸易商品结构也出现了很大变化。由初期的谷物、化学长纤丝、虫胶与树脂，木、木制品（以上为出口品）、机器与锅炉、制粉产品、钢铁、化学短纤（以上为进口品），转变为2012年的电机与电气设备、子仁及果实、鱼及其软体动物、食用蔬菜（以上为出口品）、钢铁、机器与锅炉、塑料及制品、电机与电气设备（以上为进口品）。从1998年和2012年的贸易产品变化中可以看出，产品的附加值逐步得到了提高，并且值得关注的是以产

业间贸易为主进行,说明长吉图地区与韩国的产业互补性很高,未来发展潜力很大(参见表3和表4)。

表3 长吉图地区对韩国的主要出口产品变化

单位:百万美元

次序	1998年		1999年		2011年		2012年	
	品目与金额		品目与金额		品目与金额		品目与金额	
1	谷物	131	谷物	74	电机、电气设备	73	电机、电气设备	68
2	化学长纤丝	23	化学长纤丝	24	鱼、软动物	56	子仁及果实	55
3	虫胶、树脂等	13	虫胶、树脂等	17	子仁及果实	46	鱼、软体动物	47
4	木、木制品	10	木、木制品	16	食用蔬菜、根	39	食用蔬菜、根	39
5	钢铁	9	电机、电气设备	13	食品残渣、饲料	34	食品残渣、饲料	36
6	电机、电气设备	8	钢铁	8	非针织服装	19	针织服装	19
7	针织服装	8	针织服装	8	针织服装	18	木及木制品	14

注:产品为 HS 2 单位品目
资料来源:韩国贸易统计,http://stat.kita.net

表4 韩国对长吉图地区的主要出口产品变化

单位:百万美元

次序	1998 年		1999 年		2011 年		2012 年	
	品目与金额		品目与金额		品目与金额		品目与金额	
1	锅炉、机器	12	锅炉、机器	18	钢铁	75	钢铁	65
2	制粉产品	11	电机、电气设备	10	塑料及制品	46	锅炉、机器	55
3	钢铁	5	制粉产品	9	电机、电气设备	34	塑料及制品	51
4	化学短纤	5	钢铁	8	塑料及制品	20	电机、电气设备	45
5	有机化学品	5	化学短纤	7	光学、医疗仪器	19	光学、医疗仪器	17
6	棉花	4	有机化学品	7	杂项化学品	6	有机化学品	12
7	电机、电气设备	4	棉花	5	航空、航天器	6	航空、航天器	8

资料来源:韩国贸易统计,http://stat.kita.net

(二)长吉图地区与韩国的产业竞争力分析

FTA的签订,将使进口关税得到废除或大大降低,并且使贸易壁垒得到解除或大大缓和,从而签约国之间的贸易更加顺畅,资源得到更加有效配置,从而创造更多的经济福利。资源的有效配置使得具有比较优势的产业得到更好、更快发展,生产和出口大幅增加,得到规模效应,而处于比较劣势的产业得到冲击和萎缩,生产和销售大幅降低,最终退出市场。所以有必要对长吉图地区与韩国的各个产业与品目间的竞争力进行比较,以此推断其竞争态势以及未来的发展方向。

本文通过贸易竞争指数(Trade Specialization Index : TSI),对长吉图地区与韩国间的国际竞争力进行比较,得出各自具有比较优势的产业和品目。贸易竞争指数用公式表示:

$$贸易竞争指数(TSI) = \frac{X_{ij} - M_{ij}}{X_{ij} + M_{ij}}$$

式中,为产品i国的j产品的出口总额,为i国的j产品的进口总额。贸易竞争指数是以两国间贸易中出口产品的竞争力强与进口产品的竞争力为前提,判断两国产业、产品间进出口强势或水平竞争之形态。贸易竞争指数的数值介于0.3与1之间,表明产业、产品属于出口强势型产业、产品,贸易竞争指数的数值介于-0.3 与 0.3之间,表明产业、产品属于水平竞争型产业、产品,贸易竞争指数的数值介于-0.3与-1之间,表明产业、产品属于进口强势型产业、产品。

以下以HS2单位品目为为基础,对长吉图地区和韩国的2008-2012年的5年间进出口贸易统计资料为基础,计算了其贸易竞争指数,由此判断两者的贸易竞争关系。其结果如表5。

表 5 2008年—2012年 长吉图地区与韩国间的贸易竞争力分析

HS2单位	品名	2008	2009	2010	2011	2012	平均
1 章	活动物	1.00	1.00	1.00	0.59	1.00	0.92
3 章	水产品	0.92	0.86	0.97	0.90	0.91	0.91
4 章	食用动物产品	0.99	1.00	0.99	0.72	1.00	0.94
5 章	其他动物产品	0.83	1.00	1.00	1.00	1.00	0.97
6 章	活树及其他活植物；根及插花等	0.99	1.00	1.00	1.00	0.98	1.00
7 章	食用蔬菜、根及块茎	1.00	1.00	1.00	1.00	1.00	1.00
8 章	食用水果及坚果、甜瓜的果皮等	0.99	1.00	1.00	1.00	1.00	1.00

HS2 单位	品名	2008	2009	2010	2011	2012	平均
9章	咖啡、茶、马黛茶及调味香料	−0.59	0.98	0.00	−1.00	1.00	0.08
10章	谷物	1.00	1.00	1.00	0.98	1.00	1.00
11章	制粉工业产品；麦芽等	1.00	0.98	0.88	1.00	1.00	0.97
12章	子仁及果实；稻草、饲料等	1.00	0.97	0.92	0.97	0.98	0.97
13章	虫胶；树胶、树脂及其他植物液、汁	0.78	0.65	0.57	0.43	0.33	0.55
14章	编结用植物材料；其他植物产品	1.00	0.00	0.00	1.00	1.00	0.60
15章	动、植物油、脂及其分解产品	0.96	0.97	1.00	1.00	1.00	0.99
16章	肉、鱼及其他水生无脊椎动物制品	0.98	0.98	0.99	1.00	0.85	0.96
17章	糖及糖食	0.74	0.56	−0.09	0.02	−0.83	0.08
18章	可可及可可制品	−1.00	−1.00	−1.00	−1.00	−1.00	−1.00
19章	谷物、粮食粉、乳制品、糕饼等	0.33	0.39	0.36	0.86	0.85	0.56
20章	蔬菜、水果、坚果或植物的制品	0.90	0.86	0.92	0.98	0.97	0.93
21章	杂项食品	0.73	0.68	0.82	0.89	0.78	0.78
22章	饮料、酒及醋	0.87	0.89	0.96	0.27	0.31	0.66
23章	食品工业残渣及废料；动物饲料	1.00	1.00	1.00	1.00	1.00	1.00
25章	食品工业残渣及废料；动物饲料	0.46	0.67	0.87	0.81	0.99	0.76
26章	烟草及烟草代用品的制品	−1.00	−1.00	−0.94	−0.99	−0.59
27章	矿物燃料、矿物油；沥青物质 等	0.99	1.00	−0.28	−1.00	−1.00	−0.06
28章	无机化学品；贵金属、稀土金属 等	0.58	0.90	0.97	1.00	0.91	0.87
29章	有机化学品	0.89	0.60	0.82	0.88	−0.24	0.59
30章	药品	0.99	1.00	1.00	0.38	0.66	0.80
31章	肥料	0.81	1.00	0.00	1.00	0.00	0.56

HS2 单位	品名	2008	2009	2010	2011	2012	平均
32章	鞣料浸膏及染料浸膏；墨水、油墨等	−0.03	−0.31	−0.31	−0.03	0.13	−0.11
33章	精油；芳香料制品及化妆盥洗品 等	−1.00	−0.99	−0.94	−1.00	−1.00	−0.99
34章	肥皂、有机表面活性剂、洗涤剂 等	−0.96	−0.88	−1.00	−0.98	−0.89	−0.94
35章	蛋白类物质；改性淀粉；胶；酶	0.89	0.59	0.89	0.85	0.68	0.78
38章	杂项化学产品	−0.41	−0.38	−0.21	−0.29	−0.28	−0.31
39章	塑料及其制品	−0.89	−0.94	−0.95	−0.94	−0.94	−0.93
40章	橡胶及其制品	0.56	−0.40	−0.37	−0.87	−1.00	−0.42
41章	生皮（毛皮除外）及皮革	−1.00	−1.00	−1.00	−1.00	−1.00	−1.00
42章	皮革制品；鞍具；旅行用品 等	0.63	0.86	0.96	−1.00	0.96	0.48
43章	毛皮、人造毛皮及其制品	−0.67	−1.00	−1.00	−1.00	0.86	−0.56
44章	木及木制品；木炭	1.00	1.00	1.00	1.00	0.99	1.00
46章	稻草、秸秆、其他编结材料制品 等	1.00	1.00	1.00	0.96	1.00	0.99
48章	纸及纸板；纸浆、纸或纸板制品	−1.00	−0.02	−0.91	−0.71	−0.60	−0.65
49章	书籍、报纸、手稿、设计图纸 等	0.99	0.70	−0.77	−1.00	0.33	0.05
51章	动物细毛或粗毛；马毛纱线及机织物	0.98	−1.00	−1.00	0.00	−1.00	−0.40
52章	棉花	0.29	0.79	0.33	0.24	0.36	0.40
53章	其他植物纺织纤维；纸纱线及机织物	1.00	1.00	1.00	1.00	0.95	0.99
54章	化学纤维长丝	0.67	0.80	0.88	0.93	0.91	0.84
55章	化学纤维短纤	0.58	0.61	0.51	0.46	0.56	0.55
56章	絮胎、毡呢；线、绳、索、缆及其制品	−0.49	−0.51	−0.39	−0.65	−0.35	−0.48
58章	特种机织物；花边；装饰毯；刺绣品	−0.97	−1.00	−0.65	−1.00	−1.00	−0.92
59章	浸渍、涂布、包覆或层压的织物等	−1.00	−0.99	−1.00	−1.00	−0.98	−0.99

HS2 单位	品名	2008	2009	2010	2011	2012	平均
60 章	针织物及钩编织物	−0.96	−1.00	−0.99	−1.00	−0.94	−0.98
61 章	针织或钩编的服装及衣着附件	0.99	0.95	0.92	0.99	0.97	0.96
62 章	非针织或非钩编的服装及衣着附件	0.92	0.98	0.99	0.99	0.98	0.97
63 章	其他纺织制成品；旧衣着及旧纺织品	0.93	0.87	0.96	0.91	0.75	0.88
64 章	鞋靴、护腿和类似品及其零件	0.94	0.94	0.94	0.93	0.81	0.91
65 章	帽类及其零件	−1.00	0.90	1.00	0.00	0.84	0.35
68 章	石料、石膏、水泥、云母及类似制品	−0.32	0.07	−0.16	−0.18	0.12	−0.10
69 章	陶瓷产品	0.12	−0.69	0.00	−1.00	0.15	−0.28
70 章	玻璃及其制品	0.66	0.91	0.89	0.81	0.74	0.80
71 章	天然或养殖珍珠、宝石、贵金属等	−1.00	0.00	0.20	0.50	0.00	−0.06
72 章	钢铁	0.30	−0.48	−0.54	−0.37	−0.74	−0.37
73 章	钢铁制品	−0.71	−0.44	−0.31	−0.47	−0.28	−0.44
74 章	铜及其制品	−0.97	0.55	−0.88	−1.00	−0.88	−0.64
75 章	镍及其制品	−0.96	−0.70	0.67	1.00	1.00	0.20
76 章	铝及其制品	−1.00	−1.00	−1.00	−0.78	−0.97	−0.95
80 章	锡及其制品	−1.00	−1.00	−1.00	−1.00	−1.00	−1.00
81 章	其他贱金属、金属陶瓷及其制品	1.00	0.94	1.00	1.00	1.00	0.99
82 章	贱金属工具、器具、餐匙、零件	0.11	−0.77	−0.23	0.14	−0.64	−0.28
83 章	贱金属杂项制品	−0.35	0.57	0.46	0.00	−0.93	−0.05
84 章	核反应堆、锅炉、机械器具及其零件	0.03	0.19	0.01	−0.47	−0.83	−0.22
85 章	电机、电气设备及零件；声音录制设备	0.40	0.17	0.17	0.37	0.20	0.26
86 章	铁道及电车道机车、车辆及其零件	0.44	0.81	−0.81	−0.97	−0.88	−0.28
87 章	车辆及其零件、附件	0.63	−0.19	0.58	0.26	−0.03	0.25
90 章	光学、照相、计量、医疗、精密仪器	−0.15	−0.29	−0.18	−0.18	−0.23	−0.21
91 章	钟表及其零件	0.76	−1.00	−1.00	0.00	0.00	−0.25

HS2 单位	品名	2008	2009	2010	2011	2012	平均
92 章	乐器及其零件、附件	1.00	−0.86	−0.91	0.33	1.00	0.11
94 章	玩具、游戏品、运动用品及其零件	0.88	0.52	0.52	0.57	0.75	0.65
95 章	杂项制品	0.92	0.98	0.96	0.98	0.99	0.96
96 章	艺术品、收藏品及古物	−0.56	−0.04	0.33	−0.40	−0.40	−0.21

资料来源：根据韩国贸易统计资料，作者计算所得

　　通过表5的贸易竞争指数的分析，可以得出以下结论：第一，长吉图地区对韩国具有出口强势型的产业和品目，首先是农业、畜产业、水产业、矿业等第一产业；其次为加工业，如食品加工业和木材家具业；再次为劳动密集型的服装业和鞋帽业。第二，长吉图地区的进口强势型即韩国具有出口强势型的产业和品目，首先是资本和技术密集型的钢铁业；其次为塑料及橡胶业和贱金属制品业。第三，长吉图地区和韩国互有优势的产业和品目为化学、皮革制品业、纺织业等，这又可解释为这些产业之间的产业内贸易也相对于其他产业和品目活跃很多。第四，长吉图地区和韩国竞争较激烈的产业即水平竞争型产业、品目为非铁金属制品业、机械、电子、汽车、铁道车辆业、精密仪器业（参见表6）。

表6　长吉图地区与韩国间的产业竞争关系

产业	长吉图地区竞争优势品目	韩国竞争优势品目	水平竞争品目
农业	6、7、8、10、11、12、13、14 章		9 章
畜产业	1、4、5 章		
水产业	3 章		
食品加工业	15、16、17、19、20、21、22、23 章	18 章	
矿业	25 章		
化学	28、29、30、31、35 章	26、33、34、38 章	27、32 章
塑料及橡胶业		39、40 章	
皮革制品业	42 章	41、43 章	
木材家具业	44、46 章		

产业	长吉图地区竞争优势品目	韩国竞争优势品目	水平竞争品目
纸及印刷业	49 章	48 章	
纺织	52、53、54、55 章	51、56、58、59、60 章、	
服装业	61、62、63 章		
鞋帽业	64、65 章、		
非钢金属制品业	70 章		68、69、71 章
钢铁业		72、73 章、	
贱金属制品业	81 章	74、76、80 章	75、82、83 章
机械、电子业			84、85 章
汽车、铁道车辆业			86、87 章
精密仪器业			90、91、92 章、
杂项制品	94 章、95 章		96 章

资料来源：根据表 5，作者整理所得

（三）中韩 FTA 对长吉图地区产业发展的影响

随着中韩 FTA 的建立，绝大部分的产业和品目的两国和地区进口关税壁垒将立即消除，极少部分的敏感产业和品目的两国进口关税将逐步减少并最终消除。由此，中韩 FTA 生效以后，韩国具有出口强势地位的产业和品目，大部分因取消关税而立即获得等同于目前关税水平的价格竞争优势，加上长吉图地区与韩国之间的地缘优势，使得这些产业和品目对长吉图地区的出口将急剧增加。同样的原理，伴随两国关税壁垒的消除，长吉图地区具有出口强势地位的产业和品目的对韩出口也将急剧增加。因此有必要对比和考察长吉图地区和韩国的进口关税。进口关税率的高低，对 FTA 生效以后的产业发展和机遇，以及产业所受到的冲击度具有不同影响，以下为中国和韩国的主要产业的平均进口关税率：

表7 中国和韩国的主要产业的平均关税率

产业	农畜水产品及加工业	矿业	石油化学	纺织、服装	非铁金属	钢铁	机械	电子	汽车	其他制品
中国	14.5	2.9	5.7	11.7	6.3	5.2	7.7	7.7	16.8	10.3
韩国	41.5	2.8	5.9	9.9	6.6	0.9	6.3	6.2	8.07	5.9

根据表6中的长吉图地区与韩国间的产业竞争关系以及表7中的中国和韩国的主要产业的平均关税率，中韩FTA对长吉图地区产业发展的影响，可归纳为以下几点：

第一，目前，长吉图地区与韩国的产业间进口关税整体水平和差异均较大的产业为农、畜、水产业及食品加工业和纺织、服装业，以及汽车业。根据长吉图地区与韩国的贸易竞争力分析（表6）中可看出，农、畜、水产业及食品加工业以及服装业领域，长吉图地区相比于韩国处于绝对竞争优势，由此中韩FTA以后，上述产业以及品目的出口将急剧增加，这些产业将面临飞跃发展的新机遇。2012年长吉图地区对韩国出口中，农、畜、水产业及食品加工业以及服装业占52.5%，占据绝大多数比重，其中主要的品目为子仁及果实、鱼以及软体动物、食用蔬菜及根、食品残渣及饲料、针织服装（参见表3），中韩FTA以后这些品目的出口数额将进一步得到快速增长，其在整个出口中所占据的比重也将继续提高。

第二，汽车产业是长吉图地区的支柱产业，且与韩国汽车产业处于水平竞争型关系，但是值得注意的是长吉图地区与韩国的汽车产业的贸易量仅占2012年总贸易额的2.5%，究其原因在于中国的高进口关税16.8%，而客车与轿车的中国进口关税则高达25%，高关税严重阻碍了长吉图地区与韩国的汽车产业的进出口贸易。由此中韩FTA以后，如果汽车产业的高关税壁垒得到立即或尽快消除，韩国的汽车出口将迅速增加，将给长吉图地区的汽车产业带来巨大冲击。今后，吉林省政府需高度重视这一问题。

第三，钢铁产业是长吉图地区与韩国的产业间进口关税差异较大的产业，中国高于韩国4.3%（表7），且根据上面的贸易竞争力分析（表6）中可看出，钢铁产业领域，韩国相比于长吉图地区处于绝对竞争优势，并且2012年韩国对长吉图地区的出口中金额最高的是钢铁业，高达0.65亿美元（参见表4）。由此中韩FTA以后，韩国的钢铁产业及品目的出口将急剧增加，韩国钢铁产业将面临新的发展机遇。

第四，资本和技术密集度大且创造高附加值的机械、电子产业，长吉图地区与韩国之间虽处于水平竞争关系，但中国的进口关税高于韩国1.4%。也就是说中韩FTA以后，韩国将获得价格优势，韩国面临的机遇将更大。而2012年韩国对长吉图地区的出口（即长吉图地区对韩国的进口）中，机械、电子产业占据主导地位。主要出口品目中，锅炉、机器的出口金额为0.55亿美元，电机、电气设备的出口达到0.45亿美元，光学、医疗仪器的出口达到0.17亿美元（参见表4）。中韩FTA以后，预计机械、电子产业的贸易将进一步快速增长，且竞争也将越激烈，但同时伴随其产业内贸易的扩大，出现产业分工与合作的可能性也将大大提高。此外，石油化学、纺织产业中，长吉图地区与韩国之间互有竞争优势，且关税率也差不多，预计中韩FTA以后竞争也将越激烈，且同时伴随其产业内贸易的扩大，出现产业分工与合作的可能性也较大。

四、长吉图地区未来产业发展的政策性启示

2012年5月开始启动的中韩FTA政府间谈判,已进行了五轮谈判,不久的将来中韩FTA协议将签署并生效。中韩FTA,将为长吉图地区提供稳定、可靠、持续扩大的国外市场,并且可提供借助韩国实现产业结构的调整和升级的新机遇,获取新的增长动力。通过上述中韩FTA对长吉图地区产业发展的影响,我们可得到以下长吉图地区未来产业发展的政策性启示:

第一,目前长吉图地区和韩国主要产业之间存在产业互补关系,如农业、畜牧业、水产业、食品加工业、木材家具业、服装业(长吉图地区具有绝对竞争优势)以及钢铁业、塑料及橡胶业、贱金属制品业(韩国具有绝对竞争优势)等。也就是说,长吉图地区地大物博,且辖有中国朝鲜族聚居区,由此具有韩国相似的农产品消费结构,由此第一产业以及初加工和劳动密集型产业领域,长吉图地区具有独特的发展优势;而资本和技术密集型产业韩国则具有比较竞争优势,特别是长吉图地区是中国主要的汽车产业基地,对优质钢材和钢板的需求量较大,由此将对韩国的钢铁业发展提供重要机遇。随着中韩FTA的签署和生效,这些产业互补关系将积极促进两个地区(国家)之间的贸易。

第二,汽车产业和石油化学产业是长吉图地区经济发展中的两大支柱产业。今后长吉图地区在汽车产业方面,将进一步支持中国第一汽车制造厂进入世界级跨国公司行列,不断增强具有自主知识产权的整车生产能力,提高整车国产化率;石化产业方面将支持中石油吉化公司积极推进石化产业向原料多元化、产品精深化、产业延伸化发展。但是中韩FTA以后,长吉图地区的这两大支柱产业将面临巨大挑战,受到巨大冲击,因此如何加强汽车和石油化学领域与韩国的产业内贸易合作和分工、广泛交流以及加大"学习效果",从而缩小差距,实现产业升级和提高国际竞争力尤其重要。

第三,中韩FTA将对长吉图地区和韩国经济带来可观的利益,将促进长吉图地区和韩国GDP的不同程度的增长;但其对不同产业及行业的影响将有所不同,也将对某些产业和行业带来巨大冲击,也将使某些利益集团受到巨大损失。因此针对中韩FTA的签署和生效,长吉图地区应该加强对受到冲击的产业以及企业的影响分析,尽早进行针对性的中韩FTA应对方案研究,积极制订应对计划和措施,以及对受冲击的产业及企业的保护与支援对策,从而积极缓和中韩

FTA对长吉图地区产业带来的负面作用。

中韩FTA以2004年11月的两国首脑会议为正式切入点，历经7年后于2012年5月，正式启动FTA政府间谈判，且目前为止已举行了五轮谈判，在不久的将来签署并生效。对长吉图地区来说中韩FTA意义重大。

本论文依据长吉图地区与韩国的贸易统计资料，在考察中韩两国FTA现状的基础上，分析了中韩FTA实施，将对长吉图地区产业发展的影响，特别是分析和找出了将受到较大冲击的产业和将获得较大发展机遇的产业以及竞争加剧的产业，并由此得到了未来产业政策调整方向的政策性启示。

首先，长吉图地区的农、畜、水产业及食品加工业和木材及加工业相比于韩国处于绝对竞争优势，并且韩国的进口关税也较高。中韩FTA以后，上述产业以及品目的出口将急剧增加，由此将面临飞跃发展的新机遇。同时，韩国的钢铁产业、塑料及橡胶业、贱金属制品业等，相比于长吉图地区处于绝对竞争优势，中韩FTA以后，上述产业将面临飞跃发展的机遇。

其次，资本和技术密集度大且创造高附加值的汽车产业、机械、电子产业，以及石油化学产业领域，长吉图地区与韩国之间虽处于水平竞争关系，但中国的关税相对高于韩国，由此中韩FTA以后，韩国将获得价格优势，面临的机遇也更大。而作为长吉图地区来说，面对激烈的竞争，如何实现与韩国的产业内分工与合作，积极扩大产业内贸易，加大"学习效果"，缩小差距，实现产业升级和提高国际竞争力尤其重要。

第三，中韩FTA将对长吉图地区和韩国经济带来可观的利益，将促进长吉图地区和韩国GDP的不同程度的增长，但其对不同产业及行业的影响将有所不同，也将对某些产业和企业带来巨大冲击，也将使某些利益集团受到巨大损失。因此针对中韩FTA的签署和生效，长吉图地区应该加强对受到冲击的产业以及企业的影响分析，尽早进行中韩FTA应对方案研究，积极制订针对性的对应计划和措施以及支援对策，从而积极缓和中韩FTA对长吉图地区产业带来的负面作用。

作者简介：崔文，延边大学经济管理学院国际经济与贸易系副教授；2007年3月—2010年8月在韩国忠南国立大学贸易学科，获得管理学博士学位；2012年7月—12月，韩国国际交流财团选聘赴韩研究学者；曾主持《韩中服务业发展比较研究》、《中韩产业间国际竞争力比较分析及其对中韩FTA的政策性启示》等多项课题研究，先后在国内外杂志发表学术论文十余篇。

大事记篇

.5

珲春市对外开放发展大事记

大 事 记

1992 年

3 月 9 日

国务院发《关于进一步对外开放黑河等四个边境城市的通知》（国函〔1992〕21 号），批准珲春市为进一步对外开放的边境城市，并规定"可在本市范围内划出一定区域，兴办边境经济合作区"。

4 月 3 日

吉林省副省长刘希林带领省直 14 个部门负责人到珲春现场办公。

4 月 30 日

国家林业部部长徐有芳到珲春视察。

5 月 7 日

吉林省人民政府发《关于加快珲春市开放开发的通知》（吉政发〔1992〕23 号），给予珲春市多项优惠政策。

5 月 17 日

吉林省人民政府决定给予珲春 20 条优惠政策和 10 项省级经济管理权限。

6 月 16 日

珲春市外来客商投资服务中心成立。

6 月 16 日

联合国开发计划署图们江地区开发项目专家组一行到珲春。

6 月 22 日

首家中外独资企业珲春市裳邦尔保温针织品有限公司大楼破土动工。

7月1日

《珲春报》试刊。

7月31日

国务委员、中国人民银行行长李贵鲜到珲春视察。

8月5日

珲春市与吉林大学共同主办的"珲春开发与东北亚区域经济合作国际研讨会"在珲春召开。

8月14日

全国政协副主席杨成武到珲春视察。

8月16日

国家经贸部副部长吴仪从俄罗斯经珲春口岸入境到珲春视察工作。

8月21日

中宣部部长王忍之到珲春视察，并题词："抓住机遇开发珲春"。

9月1日

全国政协副主席洪学智到珲春视察。

9月3日

珲春市广播电视台成立，并以 DS—8、DS—24 频道正式试播。

9月4日

中国人民建设银行总行行长周道炯到珲春视察。并题词："加快开发开放步伐，振兴珲春"。

9月14日

国务院特区办复函吉林省人民政府（特办字〔1992〕第48号）同意建立珲春边境经济合作区。

9月14日

国务院特区办对珲春边境经济合作区选址给予批复，同意建立珲春边境经济合作区。

10月7日

珲春市委、市人民政府（珲发〔1992〕30号）文件通知，经珲春市委、市人民政府研究，并经州委、州编委同意，成立珲春边境经济合作区管理委员会（以下简称合作区管委会），代表市委、市政府对边境经济合作区进行全面管理，同时批准合作区管委会暂设办公室、规划建设局、经济发展局。

10月9日

珲春市委副书记隋清江出席 UNDP 在北京召开的图们江地区开发项目管

理委员会第二次会议。

10 月 21 日

珲春边境经济合作区举行成立庆祝大会，并开始全面动工建设。

10 月 21 日

珲春边境经济合作区动工建设。

11 月 15 日

吉林省委副书记、州委书记张德江到珲春视察，并题词："把珲春边境经济合作区建设成图们江下游地区的明珠"。

12 月 3 日

国家对外经济贸易部批复，同意成立吉林省珲春市易货贸易公司和对外贸易发展公司。

12 月 20 日

珲春至俄罗斯马哈林诺铁路举行接轨定位仪式。

1993 年

1 月 1 日

《珲春报》、《图们江时报》正式创刊。

1 月 8 日

国家体改委、吉林省人民政府批准珲春市为国家体改委综合改革扶贫试点县（市）。

3 月 20 日

合作区管委会主任隋清江赴芬兰参加联合国开发计划署"图们江下游地区开发环境、工业问题研讨会"。

4 月 4 日

国务院批准珲春口岸过客并允许第三国人经珲春口岸出入境。

4 月 10 日

受联合国开发计划署图们江项目办公室委托，"图们江地区开发项目近期通讯研讨会"在珲春召开。

5 月 11 日

市卫生局与俄罗斯滨海边疆区哈桑区中心医院，在斯拉夫扬卡建立中心医院，双方互派医务人员。

5 月 17 日

国务院特区办常务副主任胡光宝一行 5 人，来珲春视察。

6 月 13 日

联合国开发计划署驻华首席代表赫尔康一行 6 人来珲春进行图们江地区开发项目考察。

6 月 17 日

珲春与日本境港市建立友好城市意向书签订仪式在市宾馆举行。

7 月 30 日至 31 日

吉林省副省长刘希林带领省计经委、开发办、土地局、长春海关等部门到珲春视察，并就设立珲春保税区的有关问题进行专题研究。

8 月 12 日

中共中央军委副主席刘华清到珲春视察，并登上防川观景台为之挥笔题词"望海楼"。

8 月 16 日

图们江区域暨珲春开放开发战略研讨会在珲春召开，历时 3 天。

9 月 28 日

中俄图们至马哈林诺口岸铁路图珲段全线贯通。图马口岸铁路珲春段全长 65 千米，总投资 3.3 亿元。

11 月 31 日

成立中共珲春市口岸工作委员会。

12 月 9 日

中俄东段勘界划定边界 128 千米，树立界标 58 个，清理林间通视道 128 千米，确定越压界设施 54 处，完成总任务量的 40%。

1994 年

3 月 12 日

珲春市副市长胡序安率代表团一行 5 人，应邀赴韩国就开通珲春经俄罗斯扎鲁比诺港至韩国束草港海上航线事宜进行洽谈。

3月16日

以图们江区域顾问、澳大利亚政策发展计划署主任格立克·海斯先生为团长的联合国图们江地区战略考察团一行8人及联合国工业发展组织驻北京首席代表戴维斯一行2人到珲春实地考察。

5月16日

国家外经贸部正式批准珲春市对外经济贸易公司的现汇贸易权。

5月30日

开通珲春口岸与俄罗斯克拉斯基诺口岸通讯线路。

6月2日至5日

国务院特区办在珲春召开东北、华北边境开放城市工作会议，其间，特区办主任胡平视察合作区，并为合作区题词："真诚合作勤开发，争创一流富中华。"

6月3日

珲春市首家股份合作公司——珲春市皮革股份合作公司成立。

6月11日

吉林省第八届人民代表大会常务委员会第十次会议通过《珲春边境经济合作区管理条例》，并颁布实施。

6月19日

中国人民武装警察部队司令员巴忠俠中将一行到珲春视察。

7月1日

珲春市委宣传部、吉林电视台、珲春作家协会等单位联合组织千里图们江考察报道活动,完成14万字的考察文集《千里图们江》并摄制电视专题片《今日图们江》。

7月13日

国务院图们江开发领导小组办公室主任、国家科委体改司副司长黄英达一行到珲春考察。

7月26日

国家最高人民检察院检察长张思卿一行到珲春考察。

8月3日

国家计委副主任陈耀邦、国家科委副主任惠永政视察合作区。

8月9日

中国人民解放军军事科学院院长赵南起、中央统战部副部长李德洙一行到珲春视察。

8 月 31 日

国家广播电影电视部部长孙家正来珲春视察。

10 月 20 日

以市长金敏雄为团长的珲春市代表团一行 5 人，应邀赴韩国、日本，就友好城市建设、海上航线开通等事宜进行洽谈，并参加环日本海中心城市国际会议。

10 月 31 日

中共中央宣传部、中国人民解放军总政治部联合授予珲春市精神文明建设委员会和中国人民解放军 81529 部队为全国军民共建社会主义精神文明先进单位。

11 月 30 日至 12 月 3 日

联合国工业发展组织驻中国代表处主任爱恩·戴维斯、联合国图们江开发总部主任麦克尔·安德顿、副主任贾洛生女士、联合国工业发展组织工业投资处官员舒伯特女士等，在国家、省、州、市领导陪同下，对合作区进行工作访问，并就将于 1995 年 10 月召开的国际投资招商会的具体事宜进行讨论。

11 月 30 日至 12 月 3 日

朝鲜政府考察团对合作区进行参观访问，双方就成立珲春、罗津两市的混合协调委员会、开通圈河—元汀里口岸以及能源、旅游等方面合作事宜达成共识。

12 月 5 日

珲春市被国家批准设立公民出入境"发照点"并开始工作。

1995 年

3 月 5 日

中华人民共和国珲春进出口商品检验局正式开验。

3 月 26 日

国家测绘总局到珲春市进行中俄、中朝边界珲春段复查划定工作，历时 4 天。

5 月 26 日

《珲春市关于中俄边境管理的暂行办法》颁布实施。

6月13日

珲春至朝鲜罗津的大通路光缆敷设工程竣工。光缆全长 50.88 千米，吉林省邮电局投资 246 万元，珲春市邮电局投资 70 万元。

6月18日

珲春边境经济合作区管委会主任隋清江参加由联合国工发组织和联合国开发计划署组织的中国图们江投资促进团，赴日本、韩国、香港、新加坡进行招商活动，招商团共召开了 14 场招商投资说明会，2 场记者招待会。

6月20日

由欧美同学会企业家联谊会和珲春市人民政府联合举办的'95珲春市项目洽谈会在北京中国国际贸易中心举行。全国人大副委员长程思远题词："图们江开发前景广阔，珲春市发展方兴未艾。开发珲春，走向世界。"

6月22日

吉林省外运集团公司珲春分公司开通珲春经俄罗斯符拉迪沃斯托克（海参崴）至韩国釜山的海陆集装箱运输航线和珲春经俄罗斯扎鲁比诺至日本、韩国的海陆散货运输航线。

6月23日

中共中央总书记、国家主席、中央军委主席江泽民视察珲春，并题词："开发珲春，开发图们江，发展与东北亚各国的友好合作关系。"

7月11日

珲春至斯拉夫扬卡旅客班车开始运行。两地实行中俄对开，途径俄罗斯波谢特港和扎鲁比诺港，全段 135 千米。

7月31日至8月3日

国务院特区办副主任赵光华来合作区工作调研。

8月3日

国家土地管理局局长邹玉川视察珲春边境经济合作区。

8月16日

国务院特区办副主任葛洪升视察合作区。

8月16日

由新加坡、印度尼西亚、香港等国际知名华人参加的"中国图们江地区国际合作开发——1995·珲春研讨会"召开，中国外经贸部部长助理龙永图参加并主持会议。

8月23日

全国《土地利用规划条例》研讨会在珲春召开。

9月4日

中国、朝鲜两国在中国圈河至朝鲜元汀国境桥上举行圈河—元汀边境公务通道开通庆典仪式。

9月4日

中国外运吉林集团珲春公司、中韩合资珲春大信木制品有限公司、俄罗斯哈桑商业港口股份公司合作建设俄罗斯扎鲁比诺港的合同签字仪式在珲春举行。

9月28日

珲春边境经济合作区农工委与新加坡合资建设的珲春食品有限公司正式投产，是珲春第一家与国外合资的村办企业。

10月10日

市委书记方敏、市长金敏雄为首的珲春市招商团100多人参加在延吉召开的'95图们江地区国际投资贸易洽谈会。

12月18日

国家外经贸部赋予珲春边境经济合作区出口经营权。

1996年

2月5日

首批35名游客经圈河/元汀公务通道赴朝鲜罗津—先锋市两日游。

5月4日

以芬兰外交部司长汉奴尤西·维德诺亚为团长的芬兰商务代表团一行9人到珲春市友好访问。

5月5日

以驻华使馆经济商务参赞高德雅为首的西班牙驻华使馆代表团一行2人到珲春市友好访问。

5月23日

中共吉林省委书记张德江到珲春边境经济合作区现场办公。

5月27日

联合国开发计划署图们江秘书处投资顾问戴维斯到珲春进行调研工作。

7月2日

中宣部副部长徐惟诚视察珲春边境经济合作区。

7月7日

国务委员兼国务院秘书长罗干及中央有关部门领导来珲春视察。

7月9日

以俄罗斯滨海边疆区行政长官梅里尼钦科为团长的滨海边疆区哈桑区政府代表团到珲春访问。

7月28日

全国政协副主席万国权视察珲春边境经济合作区。

8月2日

珲春—克拉斯基诺口岸旅客通道开通仪式在珲春口岸举行。

8月6日

国务委员陈俊生到珲春视察。

9月3日

由国务院口岸办、省口岸办、市政府、省地铁局、沈阳铁路局等部门参加的专题会议在珲春召开。会议研究落实关于铁路口岸的报批、立项、规划、融资、建设等一系列具体问题。

10月13日

合作区管委会组团参加"1996·朝鲜罗津图们江流域国际投资贸易洽谈会"和"北京中德国际经济技术交流会"，并赴美国、韩国、意大利和香港等地开展招商引资活动。

10月29日

吉林省委副书记、延边州委书记苏荣到珲春边境经济合作区视察。

10月30日

图珲长地方口岸铁路铺轨至中俄边境庆祝仪式在长岭子中俄铁路接轨处进行。

11月11日

省政府批准防川正式对外开放，撤消圈河、防川军队岗哨。

11月14日

联合国开发计划署(UNDP)图们江下游开发金融专家会议在珲春市宾馆召开。

11月14日

国家外经贸部批准珲春市口岸国际贸易公司、珲春市乡镇企业经济贸易公司边境小额贸易经营权。

11月19日

吉林省政府发布《关于进一步加快开发区建设的若干规定》，在《珲春边境经济合作区管理条例》基础上,进一步放宽合作区部分职能部门的管理权限。

12 月 13 日

联合国开发计划署图们江秘书处在珲春召开"珲春·图们江经济开发地区边境运输服务及贸易专门会议",历时 4 天。中、朝、俄三个国家的代表出席了会议。

12 月 14 日

中、朝两国就开通珲春—罗津—束草客货陆海联运的双边会谈在珲春举行。

12 月 23 日

国务院批准圈河公务通道为国家一类口岸。

12 月 23 日

中共吉林省委书记张德江到珲春边境经济合作区现场办公。

1997 年

1 月 31 日

中朝两国在圈河—元汀里桥上举行圈河—元汀里第三国人通行仪式。

3 月 18 日

中共中央政治局委员、书记处书记、国务院副总理姜春云视察珲春。

4 月 27 日

联合国图们江开发计划署秘书处负责人戴维斯到珲春边境经济合作区现场办公。

5 月 5 日

吉林省副省长全哲洙到合作区视察。

5 月 6 日

珲春市代表团在朝鲜罗津就双方开展互市贸易问题进行会谈并签订协议书。

5 月 8 日

吉林省委副书记、延边州委书记苏荣视察合作区。

5 月 9 日

珲春市人民政府公布《珲春市人民政府招商引资优惠政策及管理办法》。

5 月 21 日

吉林省委副书记张岳琦视察合作区。

5 月 27 日

吉林省人大副主任谷长春视察珲春边境经济合作区。

6月15日

中朝工作会晤组就互市贸易开通仪式进行会谈并签订协议书。

6月17日

中朝边民互市贸易开通仪式在圈河—元汀里口岸朝方一侧举行。位于元汀里的"中朝边民互市贸易市场"占地5 000多平方米，设有52个床位。每周一、二、三三个交易日，中朝双方可互派50人到市场进行交易。

6月21日

珲春市与朝鲜罗津—先锋市签订缔结友好城市意向书。

7月31日

国家人事部副部长到珲春边境经济合作区考察。

7月31日

吉林省省长王云坤到珲春边境经济合作区现场办公。

8月8日

外经贸部副部长龙永图与瑞士驻华大使希克到珲春边境经济合作区视察。

8月14日

中共中央统战部副部长李德洙在州长郑龙哲陪同下到珲春市视察。

8月30日

国内贸易部部长陈邦柱一行到边境经济合作区视察。

8月31日

国家海关总署署长钱冠林一行到珲春边境经济合作区视察。

10月9日

联合国图们江开发秘书处负责人戴维斯再次到合作区现场办公。

10月

国家纺织总会和吉林省纺织工业厅确定在合作区兴建纺织工业园区。

11月3日

中俄国界立标暨吉林省勘界野外作业竣工仪式在珲春举行，立417号界标。

12月31日

由珲春市电视台摄制的专题片《边陲明珠》用五种语言配制，用于到四个国家进行招商。

1998 年

1 月 8 日

联合国开发计划署图们江区域项目秘书处代理主任贺大威一行 3 人对图们江地区国际合作进展情况进行考察。其间，专程到珲春口岸等地进行实地考察。

1 月 13 日

中俄工作会晤组出访俄罗斯并就口岸开通问题进行会谈。

3 月 15 日

中俄省区间会晤在珲春召开。

5 月 5 日

中俄珲春—克拉斯基诺口岸客运线路正式开通。

5 月 31 日

比利时驻华使馆商务专员文森特一行 3 人来珲春访问。历时 3 天。

7 月 10 日

以金明浩为团长的韩国束草市畜牧代表团一行 11 人到珲春参观考察。

8 月 11 日

世界气象组织主席、中国政协常委、国家气象局局长邹竞蒙来珲春视察气象工作。

8 月 24 日

第五次环日本海地区国际交流与合作地方政府首脑会议日、韩、俄、蒙代表团共计 38 人抵珲。

9 月 21 日

珲春市设立珲春边境互市贸易批发市场。

9 月 21 日

"1998·图们江地区珲春国际投资贸易洽谈会"在合作区召开。联合国图们江开发计划署的官员，国家外经贸部领导孙广柏、孙永福，吉林省委、省政府领导王云坤、魏敏学、李政文、刘希林、郑龙喆等出席会议；来自 17 个国家和地区与国内沿海省市的 1 000 多名客商参会。在此次国际投资贸易洽谈会上，合作区共签约 13 个项目，投资总额 16.6 亿元。

9 月 23 日

国家民委纪检组组长郝文明等五位同志组成的边境情况调查组到珲春考察，并到朝鲜罗津—先锋市进行访问。

9 月 26 日

吉林省政府副省长刘淑莹等省、州有关领导参加在珲春举行的"飞越海岸线，蓝色国土行"终点仪式。

10 月 27 日

俄罗斯哈桑区行政长官梅里尼钦克率领哈桑区政府代表团一行 6 人来珲春进行考察访问，并就春化镇分水岭段建立中俄互市贸易市场等有关事宜进行磋商。

12 月 25 日

珲春市召开铁路口岸验收工作会议。"珲春铁路验收工作领导小组"对中国珲春至俄罗斯马哈林诺铁路换装站、联检大楼进行了实地验收。

1999 年

2 月 19 日

中央电视台录制的珲春农村文化节目，在中央电视台 7 套节目中播放。

3 月 3 日

国家计委中国国际工程咨询公司能源项目部副主任任清正等 13 人组成的专家组到珲春市，对老龙口水利枢纽工程项目进行评审。历时 8 天。

4 月 22 日

由联合国世界和平公园促进委员会发起，建立图们江地区世界和平公园的签约仪式在珲春市宾馆举行。并于当天在珲春市敬信镇阳关坪举行了联合国世界和平公园纪念碑揭幕仪式。

5 月 12 日

中国珲春市与朝鲜罗津—先锋市缔结友好城市签字仪式在珲春市宾馆举行。

5 月 31 日

国家图们江地区开发项目协商小组成员单位领导到珲春考察，历时 4 天。考察组先后到朝鲜罗津—先锋自由贸易区和俄罗斯扎鲁比诺港口等地进行考察。

7月7日

全国政协常委何竹康、吉林省政协常委丁士晟、省开发办副主任张东辉等一行6人到珲春市就图们江地区开发开放工作情况开展调查。历时2天。

8月18日

延边现通集团公司开通了珲春经俄罗斯波谢特至日本秋田的定期集装箱航线，并举行首航式。

8月27日

联合国开发计划署图们江项目北京秘书处在珲春宾馆召开'99年度旅游工作会议。世界旅游组织、亚太地区旅游组织、东北亚6国的旅游专家60多人出席会议。

8月28日

中国图们江地区珲春国际旅游交易会在珲春召开。'99旅交会由联合国开发计划署图们江项目北京秘书处、中国国际经济技术交流中心、延边州人民政府、珲春市人民政府、延边州人民政府共同主办。15个省、市、自治区旅游界代表和16个国家和地区的代表出席了会议。

8月29日

'99旅交会在珲春市宾馆国际会议厅举行成果新闻发布会。大会期间，延边州内旅行社与国内外16个旅行社共签约26个旅游产品合作协议，并签约23个投资合作项目，总投资额7.83亿元人民币。

8月30日

珲春市与黑龙江省大庆市缔结友好城市签字仪式在珲春市宾馆国际会议厅举行。

9月1日

联合国投资环境考察团到珲春市考察。

9月13日

中国珲春商检局与朝鲜罗津先锋市人民委员会进出口指导局就珲春圈河—朝鲜元汀里口岸进行出口商品检验事宜达成协议。

9月15日

吉林省野生动物保护管理座谈会在珲春召开。

10月8日

以美国华盛顿州上院议员保罗·申范浩为团长的华盛顿州贸易投资考察团到珲春市进行考察。

10 月 10 日

外交部部长唐家璇一行 10 人到珲春市考察。

10 月 20 日

吉林省人民政府办公厅授予珲春市人民政府加工贸易审批权。

珲春市被国家教育部确定为全国学校艺术教育实验市，被吉林省教委评为艺术教育先进市。

11 月 1 日

联合国开发计划署北京图们江秘书处旅游考察团对珲春市的旅游前景规划等情况进行了逐项考察。

11 月 2 日

应珲春市的邀请，美国爱珲协会一行 7 人到珲春市考察，历时 3 天。

11 月 8 日

吉林省第一家口岸免税品商店——珲春口岸免税品商店正式开业。

11 月 23 日

珲春市出台《珲春市旅游业近期发展规划》、《珲春市旅游业发展优惠政策》。

12 月 17 日

联合国世界和平公园建设研讨会在珲春市召开。

12 月 18 日

中俄珲春—马哈林诺铁路正式开通运行。

12 月 19 日

联合国开发计划署图们江项目评估专家拉比诺及北京秘书处项目官员康润钟到珲春市调研。

2000 年

1 月 5 日

经吉林省、延边州有关部门同意，将过境旅游护照发照权继续下放给珲春市。

1 月 8 日

珲春市第一家台商独资企业——珲春星昀酒业有限公司开业。

3月6日

吉林省政府副省长魏敏学与俄罗斯滨海边疆区副行政长官别尔丘克在珲春市签署了《中国吉林省与俄罗斯滨海边疆区混合工作组（2000）第一次会议纪要》。

3月14日

以朝鲜罗津先锋市副委员长金德万为团长的朝鲜农业考察团一行来珲春市考察访问。

4月4日

珲春市第一任赴日本境港市行政研修生回国，第五任国际交流员赴日本境港市就任。

4月22日

珲春市第一任赴韩国浦项市行政研修员——外事办副主任李今春赴韩国就任。

4月27日

国务院正式批准设立珲春出口加工区。出口加工区与经济合作区合署办公，实行"一套人马、两块牌子"。

4月28日

韩国束草—俄罗斯扎鲁比诺—珲春海陆客货联运航线首航班轮"东春号"由韩国束草港启航前往珲春。

4月30日

珲春市首家韩国独资国际贸易商业中心正式开业。

5月12日

珲春市被国家民委"兴边富民"行动办公室批准确定为全国十个试点市之一。

5月25日

中国珲春—俄罗斯克拉斯基诺口岸改善通关环境工作会议在珲春市召开。

7月13日

国家环保总局副局长宁瑞祥来珲春市视察环保工作。

全国15个首批试点出口加工区之一的吉林珲春出口加工区举行了奠基典礼仪式。

7月21日

最高人民检察院检察长韩杼滨在吉林省、延边州检察院领导的陪同下到珲春视察工作。

全国创新教育暨实验基地经验交流研讨会在珲春召开，历时 2 天。

7 月 31 日

经中朝口岸工作会谈，正式确定沙坨子口岸为国家扩大功能的双边客货运输口岸。

珲春市申请了《中国珲春》的国内域名（http：//www.hunchungov.cn）并设立了政府专业网站。

铁路部门投资 300 万元，建成了珲春铁路口岸旅客查验通道、海关监管库、边检中队营房、监管场地、过境哨所、铁路交接所、车库、食堂、通讯及客运专用线等设施。

为迎接珲春—束草航线的开通，投资 40 万元建成了总面积 1 200 平方米的珲春口岸简易旅检通道。

2001 年

2 月 1 日

国务院复函批复在合作区内设立中俄互市贸易区。中俄互市贸易区管委会与合作区管委会实行"一套人马，两块牌子"。

4 月 28 日

珲春中俄互市贸易区开工建设奠基仪式举行。

5 月 31 日

珲春出口加工区通过国家八部委检查验收并封关运行。

7 月 22 日

中国前驻联合国常任代表秦华孙率全国政协一行 6 人到合作区视察。

8 月 13 日

全国人大常委会副委员长布赫一行 7 人到合作区视察。

8 月 19 日

国家副主席胡锦涛到珲春出口加工区视察，并表示下次再来时，希望能看到更多的项目进驻出口加工区。

8 月 29 日

美国、瑞士、蒙古、澳大利亚等 8 个国家经贸专家组成的考察团来合作区进行环境考察。

9月6日至15日

合作区管委会主任高杰、副主任赵得男一行赴日本参加环日本海重要城市领导会议，并在日本6个城市组织召开投资说明会。

9月8日

吉林省省长洪虎一行到出口加工区视察。

12月7日

珲春中俄互市贸易区建成并试运行。

2002 年

2月4日

联合国开发计划署图们江秘书处中朝边境贸易代表团一行14人赴朝鲜罗先市进行双边会谈。代表团就取消邀请函制度，重新进行互市贸易、公路建设等问题进行了会谈。团长：朝鲜国家经贸厅南南合作处赵永利处长，团员：李昆先、陈钟、孙总、宫宝、魏文、张明秋、金洪哲、金铁、池正华。

2月23日

以朝鲜罗先市外事局局长金锡吉为团长的罗先市外事代表团一行3人来访珲春市。代表团就2002年度两市外事交往计划等问题进行了会谈并签订了2002年度珲春—罗先市交往计划协议书。代表团成员有：金锡吉、崔勇一、李哲浩。

3月12日

俄罗斯哈桑区政府代表团一行11人到珲春市进行了2天的工作访问。访问期间与珲春市口岸、海关、检疫、铁路等部门进行了半天会谈。

3月24日

国家民委经济发展司司长赵显人一行来珲春就"兴边富民行动"工作进行了调研。延边朝鲜族自治州副州长具雄风、珲春市市长金昌俊等领导陪同，到珲春出口加工区、中俄互市贸易区、吉林裳邦尔纺织有限公司进行了调研。

3月26日

朝鲜罗先市农业代表团一行到珲春市进行为期5天的工作访问。访问期间该代表团还到延吉、图们、龙井等地进行了参观访问。代表团成员有：林承福、李哲浩、金哲俊。

3月28日

美国驻沈阳总领事馆代表团到珲春市进行工作访问。代表团成员有：司马安国、莫伟棠、安得森（美国国会众议院东亚及太平洋小组委员会成员）、丹尼斯哈尔、韩韧。

4月9日

俄罗斯驻沈阳总领事到珲春市进行工作访问，并就有关韩国束草—俄罗斯扎鲁比诺港—中国珲春航线中国人过境签证问题进行会谈。

4月12日

珲春市公安代表团一行12人到朝鲜罗先市进行为期一天的工作访问。双方就取消邀请函制度、口岸午休等问题进行了会谈。

5月8日

日本境港市代表团一行8人来珲春市进行为期两天的友好访问。其间该代表团参加了在珲春市合作区举行的境港，日新谢恩交流基金会标准厂房竣工仪式。代表团成员有：黑见哲夫市长、下西淳史议长、又贺航一社长、中岛昌司专务、山根胜美部长、早川健一民生部长、山本修通商科长。陪同访问的有吉林省开发办处长蔡旭阳。

5月10日

韩国江原道旅游代表团一行8人来访珲春市。并就束草—珲春航线增加中国旅游人员问题进行了会谈。

6月1日

国家计委、国家外经贸部、国家科技部和吉林省政府人员组成中国代表团参加由联合国开发计划署组织的图们江地区开发项目第六次政府间协商委员会会议。中国代表团团长由外经贸部副部长龙永图担任。市委书记高杰、市长金昌俊、市政协主席李春禄、副市长金虎彬等市领导迎接。

6月10日

全国总工会常务副主席张俊久来珲春市视察工会工作情况。市委副书记纪凯奇、合作区管委会主任朱根甲等领导陪同视察合作区和圈河口岸等。

6月13日

吉林省省委书记王云坤等一行来珲春市视察边境工作。市委书记高杰陪同。

6月12日至13日

全国政协常委何竹康一行在州政协秘书长李中朝同志的陪同下，到珲春视察九年义务教育工作情况。市委书记高杰、市长金昌俊、市政协主席李春禄、合作区管委会主任朱根甲等领导分别陪同视察了合作区、出口加工区、互市贸易区和五中、六中，并召开了专题座谈会。

6月13日

国家民委在吉林省召开了"兴边富民行动"现场经验交流会，珲春是全国"兴边富民活动"现场经验交流会的分会场，国家有关部委领导及各省与会代表200人到珲春进行实地考察。

是日，中共中央统战部副部长、国家民委主任李德洙一行来珲春市视察工作。市委书记高杰等领导陪同。

6月30日

珲春市政府代表团一行赴韩国进行为期10天的工作访问。访韩期间代表团一行拜访了姜云太国会议员、辛正勋罗州市长、丁奎昶中小企业政策局长及大宇、三星、仁川木材协会等部门，促进了珲春市的友好交流与招商引资工作。

7月11日

国家体改办、全国开发区协会副会长谭汉怀率领的全国边境经济合作区考察团一行7人到珲春市合作区考察。市委副书记、合作区管委会主任朱根甲接待了考察团一行。

7月15日

中纪委副书记曹庆泽一行10人，在省、州政协领导的陪同下，考察了珲春长岭子口岸建设情况。

7月23日

国务院副秘书长崔占福一行8人，在副省长杨庆才等领导的陪同下，到珲春市调研。了解朝鲜人非法越境、滞留和"闯馆"情况；中朝、中俄边境管理情况；朝鲜族聚居区情况；了解罗干国务委员主持召开的加强边境管理有关会议精神落实情况。在有关部门提出综合处理上述问题意见的基础上，研究提出进一步加强工作的对策和建议。

7月24日

国家科技部副部长到珲春视察工作。对珲春建立"星火国际化科技合作示范基地"的有利条件给予充分肯定。

7月31日

日本国图们江地区开发考察团一行7人来访珲春市。代表团在珲期间参观了防川、圈河口岸、合作区、互市贸易区、出口加工区、中俄铁路换装站、珲春口岸等地，并就珲春图们江开发现状听取了情况介绍。

8月7日

国家水利部、外交部界河考察组来珲春市考查图们江。市委书记高杰陪同考察团一行察看了图们江高丽城防护工程。

8月9日

珲春市代表团一行 4 人赴韩国浦项市参加第六届韩国科学技术展览会。代表团在韩国访问期间，到束草向董文星再次当选市长表示祝贺，同时就航线及研修生互派等问题进行了会谈。代表团还在仁川商工会议所大会议室举行了《珲春市投资环境说明会》。代表团成员有：金昌俊、金波、李承哲、池延华。

是日，国家信访局副局长卫金木来珲春市调研。

8月10日

全国人大常委、人大财经委员会副主任委员甘子玉来珲春市考察，在市委、市政府领导的陪同下前往长岭子、圈河口岸、开发区企业考察。

8月15日

国家教育部计划发展司穆司长，在省教育厅王青禄副厅长、州教育局金明吉副局长的陪同下，来珲春市进行调研。

8月21日

国家农业部副部长张宝文在省农委副主任李学勤、副州长栾胜宽的陪同下来珲春视察。张宝文一行在市委书记高杰等领导的陪同下先后视察了防川地区及圈河口岸和珲春公路口岸，调查了解珲春市生态环境及农业生产、特色经济等有关情况。

8月22日

国家计委李子彬副主任来珲春市进行考察。市长金昌俊、副市长朴学洙等领导在密江收费站迎接，并前往防川、圈河口岸、合作区（出口加工区、中俄互市贸易区）及珲春电厂二期扩建工程进行考察。

8月29日

国家民政部将珲春市命名为"全国社区建设示范市"。

8月31日

图们江下游地区三国地方政府会议在珲春市举行。会议就如何开展三国跨国旅游问题进行了讨论。日本环日本海经济研究所吉田进参加了会议。中方参会人员有：金昌俊、李忠一、封玉华、郑哲浩、金德焕、金洪哲、朴永福、郑龙万；朝方代表有：金秀悦、金锡吉、崔元哲、李哲浩；俄方代表有：邓世杰等。

9月1日

中国珲春、俄罗斯哈桑区和朝鲜罗先市地方政府首脑在珲春举行了会晤。

达成了开辟环形跨国旅游线路的协议。

是日，国务院副秘书长焦焕成、吉林省政协副主席孙耀庭来珲春考察。市政协主席李春禄、市委副书记、合作区管委会主任朱根甲等领导陪同考察团一行。

9月3日

韩国产业团地公团代表团一行12人来珲春市访问。代表团一行参观了防川、圈河口岸、合作区等。

9月11日

国家水利部副部长陈雷一行10人在省、州领导的陪同下来珲春市考察。考察团一行在市长金昌俊、副市长朴学洙等有关部门负责人的陪同下视察了中俄、中朝界河。

10月5日

日本国上越市代表团一行12人到珲春市访问。代表团访问期间参观了合作区、出口加工区、互市贸易区、珲春口岸、圈河口岸、防川等地。同时就双方今后在经济、文化等领域扩大交流合作进行了会谈。代表团成员有：木浦正、小林章吾、田中弘邦、大岛精次、桥本真考、高桥信雄、染谷浩、东条邦俊、佐野隆、星野幸悟史、加藤久美子、韩哲洙。

10月8日

珲春市代表团一行6人赴韩国束草市参加第八届环日本海据点城市会议。代表团成员有：金昌俊、安书君、何贵华、朴永福、路晋稳、曹喜琳。

10月16日

中共中央政治局委员、军委副主席、国务委员、国防部部长迟浩田上将来珲春市视察边防某团一连和口岸。市委书记高杰汇报了口岸建设和过客情况。

是日，国家边防委代表团一行6人到珲春进行为期3天的边防基础设施建设检查工作。其间，代表团一行对珲春市春化、马滴达、敬信、中俄口岸、中朝口岸等地的边防车行巡逻路、人行巡逻路及铁丝网络工程等基础设施建设进行了检查，并对珲春市边防工程给予了高度评价与肯定。

是日，朝鲜罗先市政府工作代表团一行3人到珲春市访问。代表团就互市贸易，航线开通，公路建设及罗先市城市建设需要援助等内容进行了会谈。会后，珲春市向罗先市提供了1800米6公分直径送水管道。

11月29日

珲春市政府代表团一行4人赴俄罗斯进行为期两天的工作访问。其间对过境、互市贸易等问题进行了会谈。代表团成员有：金昌俊、金洪哲、朴永福。

12 月 9 日

日本国上越市城市规划专家代表团一行 2 人到珲春进行为期 6 天的工作访问。其间他们参观了北山风景区、居民住宅区、文化广场、西广场建设用地、防川风景区、敬信湿地、各口岸等地。代表团就珲春市规划问题交换了意见，并提出了一些建设性建议。代表团成员有：中村直宏、高层利文。

12 月 13 日

韩国政府正式批准珲春国际旅行社可经营赴韩旅游业务。

12 月 17 日

珲春市政府代表团 6 人赴日本东京参加《珲春市日本工业团地签字仪式》。代表团还访问了秋田县、秋田海陆联运株式会社、熊代市、上越市、境港市。成员有：金昌俊、赵得男、韩涛、封玉华、李东浩、朴永福。

12 月 17 日

中俄互市贸易区重新启动。

2003 年

1 月 21 日

应吉林省外事侨务办公室邀请，国务院侨办副主任赵阳一行 3 人，在省州外事侨务办公室有关领导陪同下，来珲春市就侨务工作有关问题进行了调研。

1 月 22 日

应珲春市人民政府的邀请，日本国上越市役所城市计划课中村宏一行二人，来珲春市进行工作访问，历时 3 天。该团于去年 12 月份就珲春城市规划问题，访问考察过珲春。此次来访，主要是为了向珲春市有关部门提出有关城市规划方面的建议，并进行技术交流。

2 月 6 日

以环日本海经济研究所花田先生为团长的日本海航路考察团一行 5 人到珲春市考察访问。

3 月 21 日

朝鲜罗先安全代表边锡宝就口岸过客事宜，与珲春市公安局局长封玉华会晤。

4 月 18 日

应延边州委邀请，以朝鲜劳动党罗先市现任书记金贤柱为团长的罗先市党务工作代表团一行 6 人来珲春友好访问。并与珲春市委领导就双方今后交流与合作进行了会谈。

是日，中共中央政治局常委李长春在吉林省委书记王云坤和州、市主要领导陪同下视察了中俄珲春公路口岸。

6 月 23 日

国家体育总局张发强副局长一行来珲春市调研。

7 月 7 日

国家税务局副局长崔俊惠一行 8 人在省国税局局长赵晓明等陪同下，到珲春调研。市政府领导在密江收费站迎候。在市政府领导的陪同下，前往防川边境、圈河口岸、长岭子口岸视察。下午，在合作区管委会会议室召开进出口边贸有关工作座谈会。

7 月 8 日

吉林省政府矫正中副省长一行 11 人来珲春调研。在西门顺基、邓昆、鞠文革、魏运宾及市政府领导陪同下，视察圈河口岸、互市贸易区、开发区、铁路口岸。下午，听取市政府关于图珲长铁路运行情况汇报。

是日，中纪委副书记刘德瑛一行 3 人在省、州纪委领导的陪同下来珲春视察。

7 月 17 日

原中央政治局常委、中纪委书记尉健行一行 9 人，在省纪委书记吴广才、州纪委书记赵秉哲等领导的陪同下来珲春视察工作。

7 月 19 日

原全国政协副主席宋健一行 8 人，到珲春市考察圈河口岸、防川、望海阁、合作区。并听取珲春市经济发展情况汇报。

7 月 24 日

国家旅游局党组成员、纪检组长王军一行 5 人，在市政府领导陪同下，前往圈河、长岭子口岸、防川边境等地进行考察。

7 月 28 日

国家开发银行法律事务局局长武爱民为领队的国家开发银行考察团一行 12 人前往珲春市考察边境口岸，并听取市政府有关珲春电厂、老龙口水库、开发区等项目建设情况。

7月29日

以中联部副部长刘洪才为首的一行5人来珲春就朝鲜半岛形势进行调研。

7月31日

国家民委副主任杨建强在副省长李锦斌、省民委主任金华、州民委主任金成文等陪同下来珲春市考察经济发展情况及开展"兴边富民行动"情况。市委领导高杰、纪凯奇、林慧英等陪同考察。

8月1日

中央书记处书记、中央纪检委副书记何勇在省委副书记、省纪检委书记吴广才和州委副书记、州纪检委书记赵秉哲等领导的陪同下，来珲春市视察指导纪检监察工作。

8月3日

以韩国束草市地域经济课长金圣贤为团长的束草市代表团一行4人，于7月29日至8月3日来珲春市访问，就招商引资、商务考察团、旅游团业务进行了会谈。

8月7日

以韩国江原道预算担当室预算系长申万熙为团长的江原道代表团4人，于7日~8日来珲春市考察了江原道经贸外事处运营情况，探讨了江原道与珲春市开展实质性经贸交流的方案。

8月12日

十届全国人大常委、河南省人大常委会原主任任克礼为组长，中央纪委副部级巡视专员吴振钧为副组长的中央巡视组一行9人在省州领导的陪同下来珲春市视察。视察组一行视察了敬信镇金塘村药材基地、防川望海阁、土字牌、珲春口岸等地。

8月13日

国家交通部副部长胡希捷一行，在省交通厅厅长刘克志、赵静波、州长金振吉、副州长李晋修、市委副书记李明玖、副市长李炳燮等省、州、市领导的陪同下，视察了珲春市防川边防公路及圈河口岸。

8月17日

全国政协副主席、全国工商联主席黄孟复、全国工商联副主席孙晓华、辜胜阻、段永基等一行12人，在省政协副主席、省工商联主席别胜学、州政协副主席、州工商联会长吴炳权等领导的陪同下，来珲春市视察工作。

9月1日

韩国投资考察团一行12人，来珲春并在市领导的陪同下，前往边境经济合作区、出口加工区、防川等地考察。下午在市政府会议室召开有关投资说明会。

9月23日

朝鲜罗先市经济协力局副局长柳日男先生为团长的农业代表团一行5人，于9月23日至26日经珲春市到延边州各县市进行了考察。

9月26日

国家安全生产监督管理局副局长王德学、总工程师金兆民等领导在省、州有关部门领导的陪同下，到珲春检查矿井安全生产情况。矿务局安监局长巩富汇报了珲春市煤矿安全生产的工作情况。市政府常务副市长尹锡庆、矿务局局长隋世才、局党委书记徐晓春等领导参加了会议。

10月21日

为了推动图们江运输走廊发展，促进东北亚各国间的相互理解，探索开设图们江地区和日本之间的航路的可能性，加强图们江地区走廊各国相关人员的交流，珲春市人民政府、联合国开发计划署、日本贸易振兴会ERINA计划主办，由中国、韩国、俄罗斯、日本、朝鲜、蒙古等6国有关专家参加的"图们江运输走廊珲春会议"于10月21日至22日在珲春召开，并签署了《珲春宣言》。

11月22日

以国家发展和改革委员会社会保障司王威副司长为组长的国家发改委、财政部、文物局联合考察组一行8人，在省州领导及部门领导陪同下到珲春市考察。并前往三家子乡八连城（渤海东京龙原府遗址）考察。

是日，应珲春市人民政府的邀请，以朝鲜罗先市人民委员会委员长金秀悦为团长的工作领导小组一行5人，来珲春市进行工作访问。在珲春期间，代表团就进一步促进双边地区经济、文化、贸易等诸多方面的问题与珲春市领导进行会谈。

11月28日

在珲春铁路口岸换装站举行中俄珲春—马哈林诺铁路运营庆典活动。市五套班子领导和全市各部门领导参加了这次庆典活动。

2004 年

4月19日

国家海关总署、商务部、公安部核准《珲春中俄互市贸易管理办法》，10月10日，吉林省政府第22次常务会议通过该办法，并公布自2004年11月1日起施行。

7月24日

原全国政协副主席赵南起来合作区视察。

11月23日

吉林省委书记王云坤来合作区调研。

11月24日

出席中国珲春市、朝鲜罗先市、俄罗斯哈桑区三市（区）首脑会议的三方首脑参观考察合作区。

2005 年

6月1日

珲春中俄互市贸易区经过3年半试运行转入正式运行。

6月9日

吉林省委副书记、省纪委书记杜学芳视察合作区。

11月10日

吉林省委书记王云坤到合作区就开发开放工作进行专题调研。

2006 年

3月29日

联合国开发计划署图们江区域项目秘书处主任优斯一行到合作区调研考察。

4月26日

中断两年多的珲春对俄旅游倒包贸易恢复开通。

7月21日

珲春市招商局与合作区投资促进局合并，组建珲春市招商局，办公地点设在合作区管委会。

2007 年

1月7日

珲春市被国家科技部批准为全国科技进步考核先进县市，珲春市委书记刘有林同志及原珲春市市长金相镇同志被国家科技部批准为"2005年—2006

年度全国县（市）科技进步工作先进个人"。

1月25日至26日

以日本环日本海经济研究所特别研究员三桥郁雄先生为团长的代表团一行5人，来珲春市就环日本海航线的开通问题进行了为期两天的考察访问。

2月27日至3月3日

朝鲜罗先市人民委员会对外事务局副局长、罗先市出入境管理处处长李俊弼、金成哲一行3人来珲春市商定2007年度珲春市、罗先市之间的交往计划。

2月15日

延边州委书记邓凯到珲春调研。

2月27日至31日

以韩国束草市厅物流通商担当金永植为团长的韩国束草市联检部门代表团一行14人，就进一步活跃长白山旅游航线问题来珲春市进行了为期5天的友好访问。

2月28日

以罗先市人民委员会金秀悦委员长为团长的代表团一行6人来珲春市就旅游问题进行了友好访问并洽谈了工作意向。

4月7日

西藏自治区党委常委、区纪检委书记金书波率西藏自治区党政代表团一行16人由吉林省政协副主席赵家治、省委秘书长赵炳辉、州委纪检委书记金基浩等同志陪同来珲春参观考察。

4月11日

以市委常委、市政府副市长、合作区管委会主任王金玉为团长、副主任许龙为副团长的珲春代表团一行9人参加在俄罗斯首都莫斯科举行的俄罗斯"中国年"活动。

4月18日

联合国工业发展组织中国投资促进大使胡援东到珲春考察。

4月18日至20日

东北亚航线投资公司代表团来珲春洽谈开通珲春—扎鲁比诺—束草—新泻航线有关问题。

4月24日至25日

以俄罗斯驻朝鲜清津总领事馆耶伊芭高比齐总领事为团长的代表团一行3人来珲春市进行友好访问。

4月27日至28日

应珲春市政府邀请，以朝鲜庆源郡人民委员会副委员长南龙洙为团长的

"5.1 国际劳动节"代表团一行 9 人来珲春市进行了友好访问。

5 月 16 日

以日本秋田县寺典城知事先生为团长的代表团一行 13 人来珲春市进行了为期一天的友好访问，双方还就如何进一步加强环日本海地区经济交流与合作进行了深入探讨。

5 月 23 日

抗日老战士、原中顾委委员、原铁道部部长、珲春县首任县委书记刘建章在北京家中向第二故乡人民赠书 3 000 册，刘有林等领导代表中共珲春市委、珲春市人民政府和全市人民接受捐赠。

是日，吉林省副省长牛海军到珲春市调研煤炭生产情况。

5 月 24 日

珲春市开始使用《接待俄罗斯联邦公民旅游团确认函》，同时停用《邀请函》。

6 月 14 日

延边朝鲜族自治州委副书记、代州长李龙熙在珲春开放开发座谈会上强调，要推动珲春开放开发提质升级争创"国家综合配套改革实验区"的工作的要求，表示州委州政府全力支持珲春率先发展。

6 月 17 日

吉林省委副书记、省长韩长赋就对外开放和图们江开发问题到珲春进行专题考察和调研。

6 月 27 日

吉林省委常委、省政法委书记、省公安厅厅长李申学就"三基"工程建设工作到珲春考察。

6 月 28 日至 7 月 2 日

以韩国束草市市长蔡龙生为团长的束草市政府代表团一行 2 人来珲春市进行了友好访问，其间与珲春市签署了《体育合作关系协议书》。

7 月 9 日

中国体制改革研究会副会长兼秘书长石小明一行 3 人到延边州就图们江地区开放开发、珲春市申报国家综合配套改革实验区等情况进行调研。

7 月 12 日

国家司法部副部长张苏军一行 3 人，由吉林省司法厅厅长祝国治等人陪同来珲春考察。

7月16日

全国政协原副主席赵南起在珲春防川视察，市委副书记纪凯奇等汇报了珲春市新农村建设情况。

7月17日

全国人大副秘书长何晔晖一行45人来珲春考察。

7月18日至19日

珲春市举行中国珲春—俄罗斯工业园区奠基典礼暨园区开发论坛和珲春海富水产品有限公司开业庆典暨园区开发论坛。

7月21日

国家卫生部党组书记、副部长高强一行5人到珲春市考察珲春新型农村合作医疗。珲春市市长金相镇汇报了珲春新型农村合作医疗工作情况，高强对珲春市的新型农村合作医疗工作表示满意，就如何进一步做好该项工作提出了希望和要求。

7月26日

吉林省副省长陈伟根到珲春市考察珲春边境经济合作区、出口加工区和互市贸易区，并就珲春对外开放和外经贸工作进行了专题调研。

8月3日

国务院东北老工业基地领导小组中俄地区合作工作调研组到珲春市进行调研工作。

8月5日

全国人大副委员长蒋正华一行来珲春视察。珲春市市人大常委会主任李明久等陪同。

8月9日

以全国供销总社理事会副主任顾国新为组长的全国总社财务部联合检查组一行14人到珲春市检查指导工作。

是日，应朝鲜罗先市人民委员会的邀请，以珲春市政府市长金相镇为团长的珲春市代表团赴朝鲜罗先地区进行了考察访问。

8月11日

国家人口计生宣教中心主任张汉湘在省计生委副主任温治宇、州人口计生委领导的陪同下，视察珲春市人口与计划生育工作。

8月14日

外交部部长助理李辉率代表团一行8人到珲春市进行考察。

8 月 22 日

国家粮食局党组书记、局长聂振邦同志在省粮食局、延边州政府及州粮食局领导陪同下来珲春调研，对珲春市军粮供应工作给予高度评价。

8 月 28 日

吉林省政协主席王国发到珲春视察。

是日，珲春市粮食局被国家粮食局授予"全国粮食依法行政示范工作单位"称号，同时还被确定为"全国县（市）粮食依法行政定点联系单位"。

9 月 9 日

省人大常委会副主任南相福一行 15 人，到珲春市进行重点项目建设绩效情况视察工作。

9 月 13 日

中央平安建设检查组组长、中央 610 办公室副巡视员宋全中一行 5 人来珲春就平安建设工作开展情况进行检查。

9 月 14 日

中华全国供销合作总社监事会主任刘环祥一行 5 人来珲春市调研。

9 月 14 日

中国驻朝鲜特命全权大使刘晓明、中国驻朝鲜清津总领事馆总领事孙显宇等一行 7 人来珲春市进行考察。

10 月 8 日

在珲春召开中日国际环境产业研讨会暨投资洽谈会。

11 月 1 日

为了加强对延边州参与图们江地区国际合作开发的宣传，日本环日本海研究所特邀日本 NHK 放送局采访团一行 6 人到延边州，其间，采访珲春市对外通道、招商引资和经济社会发展情况，拟在黄金时段在日本国内宣传报道。

11 月 2 日

吉林省委常委、延边州委书记邓凯到珲春调研。

11 月 5 日至 8 日

以朝鲜罗先市副委员长为团长的经济代表团一行 5 人来珲春市进行了为期 4 天的考察访问。

11 月 7 日

吉林省人民政府陈伟根副省长、州有关领导抵达珲春，并于 8 日赴俄罗斯滨海边疆区访问。

11 月 9 日

吉林省省长韩长赋率访俄代表团经莫斯科抵达滨海边疆区，与副省长陈伟根一行会合后于 10 日抵达珲春。

11 月 16 日

省开发办批准同意在合作区建立珲春吉林省日本工业园和珲春吉林省韩国工业园。

11 月 26 日

朝鲜国家观光总局副局长姜哲洙到珲春市访问。

11 月 26 日至 27 日

以朝鲜庆源郡朴君锡副委员长为团长的一行 8 人新年友好代表团来珲春市进行了友好访问。

11 月 27 日至 29 日

国家发改委、外交部、科技部、财政部、商务部、东北办等部门组成的调研组，由国家发改委地区司副司长刘苏社带队，开展"长吉图开放带动先导区"调研活动。

2008 年

4 月 1 日

吉林省副省长王守臣一行在延边州州长李龙熙、副州长王福生陪同下到珲春调研。

4 月 11 日

吉林省副省长王祖继，省政府副秘书长、省经委主任姜有为及州政府常务副州长赴珲调研。

4 月 17 日

吉林省委书记王珉到珲春调研。

5 月 15 日

国土资源部副部长王世元一行 10 人莅珲视察。

6 月 17 日

以香港中华总商会会长、有荣有限公司董事总经理霍震寰为团长的香港中华总商会代表团一行 14 人就建立吉港工业园有关事宜到珲春市进行参观考察。

6 月 23 日

国家发改委地区经济司司长范恒山带领图们江区域开发规划调研组一行

到珲春调研。

7 月 8 日

图们江区域发展与空间信息应用论坛在珲春举行。

7 月 17 日

民革中央副主席何丕洁一行 8 人来珲春就港口边贸及城市建设等情况进行调研。

7 月 19 日

国家工商总局局长、党组书记周伯华一行来珲春市考察调研。

8 月 5 日

原全国政协副主席赵南起在延边州州长李龙熙等领导的陪同下，视察了珲春重点项目建设情况。

8 月 26 日

国家商务部副部长易小准一行到珲春市就图们江地区发展情况、探讨跨境合作区建设和援外资金使用问题进行考察。

9 月 1 日

珲春市领导宴请日本新泻代表团一行。

9 月 8 日

以韩国忠清南道知事李完九为团长的忠清南道代表团一行来珲春口岸参观。

9 月 10 日

日本三进电机株式会社董事会会长川田正兴一行到珲春考察。

10 月 7 日

首届中国·珲春孟岭富硒苹果旅游采摘节在珲春市板石镇孟岭村开幕。

11 月 5 日

国家工商总局国际对外合作司司长安青虎一行来珲春考察。

11 月 22 日

中共中央政治局委员、全国政协副主席王刚率全国政协考察团来珲春调研。

11 月 25 日

中国珲春—俄罗斯扎鲁比诺—韩国束草—日本新泻陆海联运航线成功试航。

2009 年

3 月 16 日

以俄罗斯滨海边疆区立法委员会副主席捷基耶夫·季姆布拉特为团长的俄罗斯考察团一行 9 人从珲春口岸入境，到吉林省访问。

3 月 17 日

国家发改委西部开发司副司长欧晓理来珲春市就边境民族地区发展问题进行专题调研。

3 月 18 日

作为俄罗斯经贸代表团莅珲考察访问活动之一的中俄企业经贸项目对接会在珲春市举行，来自中俄双方的企业家代表进行对接洽谈。

4 月 9 日

以日本伊藤忠商事株式会社常务董事、伊藤忠商事（中国）集团有限公司中国总代表桑山信雄先生为团长的日本伊藤忠商事株式会社代表团来珲春考察。

6 月 13 日

吉林省政府省长韩长赋到珲春就项目建设、长吉图规划等工作进行调研。

7 月 8 日

吉林省副省长陈伟根莅临珲春就对俄边贸工作进行调研。

7 月 25 日

国家发改委东北振兴司司长文振富、巡视员王树年在省、州相关领导陪同下，莅临珲春就资源转型城市试点工作进行专题考察。

8 月 8 日

辽、吉、黑、蒙"三省一区"组织部领导来珲春考察。

8 月 10 日

全国政协原副主席赵南起，全国政协常委、中共中统战部原副部长李德洙来到珲春视察。

8 月 16 日

东北亚边境贸易中心项目奠基仪式和"美丽珲春·魅力东北亚"大型文艺晚会在珲春边境经济合作区举行。

9月3日

蒙古国家工商会会长邓贝尔勒来到珲春，就图们江区域合作开发情况进行考察。

10月10日

珲春吉林省韩国工业园驻韩国代表处成立。

11月12日

珲春市举办"东北虎保护与珲春可持续发展论坛"。

2010 年

1月9日

新加坡前国会议员、新加坡华德集团董事会主席白振华一行7人由省、州领导陪同来珲春市考察。

1月15日

吉林省军区司令员邢书成少将率吉林省军区司政后装联合检查组视察珲春市人民武装工作。

2月23日

长春、吉林两市市委、市政府政策研究联合考察组一行14人莅临珲春市就深入实施《长吉图规划纲要》，加快腹地与"窗口"联动，推进长吉图区域一体化进程进行实地考察。

3月10日

国家商务部研究院研究员、东北亚区域经济合作与发展研究中心副主任李光辉一行莅临珲春市调研，为珲春市构建跨境经济合作区，为珲春市先行先试、率先突破出谋划策。

3月12日

以国土资源部政策法规司司长王守智为组长的国土资源部调研组一行来珲春市，就长吉图开发开放先导区建设情况进行调研。

3月15日

珲春市召开创建国家卫生城市动员大会，会议要求力争在三年内迈入国家卫生城市行列。

3月16日

吉林省省委常委、延边朝鲜族州州委书记邓凯莅临珲春就落实"长吉图规划纲要"及项目落实情况进行调研。

3月17日

在珲春市召开延边朝鲜族自治州港澳台侨涉外经济座谈会，自治州政协副主席崔哲云莅临会议并讲话。

3月25日

外交部办公厅主任、候任韩国大使张鑫森一行3人莅临珲春考察。

4月8日

吉林省副省长王祖继一行来珲春市检查指导安全生产工作，并就延龙图一体化规划情况调研。

4月9日

延边朝鲜族自治州人民政府副州长王景友兼任中共珲春市委委员、常委、书记职务。

是日，免去延边朝鲜族自治州政协副主席刘有林之中共珲春市委委员、常委、书记职务。

4月9日

以中纪委驻民政部纪检组组长曲淑辉为组长的中央扩大内需和工程建设领域突出问题专项治理检查组一行30人，到珲春市检查工作。

4月26日

国家民委党组书记、副主任杨传堂一行来珲春市就"兴边富民行动"开展情况及延边黄牛培育等项目进行视察。

5月12日

国家发改委东北振兴司副司长王化江莅临珲春就东北老工业基地进一步扩大对外开放进行调研。

5月14日

以全国政协常委、全国政协人口资源环境委员会副主任，原建设部副部长、党组副书记，中国房地产研究会会长，中国房地产业协会会长刘志峰为组长的全国政协人口资源环境委员会调研组一行到珲春市就"大力推进建筑节能"问题进行专题调研。

5月18日

全国政协副主席张梅颖一行莅临珲春考察。

5月18日

珲春中联海运有限公司暨珲春宇联国际货运代理有限公司在珲春揭牌，它标志着吉林省"借港出海"战略迈出重要一步。

5月18日

吉林省政协副主席徐学海带领省商务厅、省民委、省交通厅等部门，组织部分省政协委员到珲春市开展"关于依托口岸优势、推进边境民族地区经济社会发展情况"专题调研。

6月5日

新加坡华德集团董事会主席白振华一行10人到珲春市考察。

6月9日

以"窗口珲春、畅通珲春、生态珲春、宜居珲春、实力珲春"为主题的"珲春日"活动在上海世博会延边案例馆浓情上演，将图们江区域开放"窗口"优越的地理位置、便利的交通条件、叠加的优惠政策、多样的投资载体、丰富的自然资源在这个世界大融合的舞台上精彩展现在世人面前。

6月11日

为贯彻落实《中国东北地区与俄罗斯远东地区及东西伯利亚地区合作规划纲要》，国家口岸办副主任聂明一行4人在省、州领导陪同下到珲春市，就对俄边境口岸通关效率、基础设施建设等情况进行调研。

6月22日

国家旅游局副局长祝善忠、俄罗斯联邦旅游署副署长拉奇科夫到珲春市进行考察。

7月11日

国家粮食局党组成员、副局长任正晓来珲春就军粮供应管理、粮食质量安全、粮食产业化龙头企业发展、国家储备粮管理等工作进行调研。

7月24日

珲春市委副书记夏友照会见来珲春市考察的联合国开发计划署（UNDP）图们江项目秘书处主任娜塔莉娅。

7月25日

全国人大教科文卫委副主任委员李树文、委员朱文泉率全国人大教科文卫委员会委员和国家广电局领导一行11人珲春市视察防川风景区。

8月1日

十届全国人大副委员长、中国图们江地区开发项目协调小组专家咨询组组长蒋正华到珲春市圈河口岸考察。

8月4日

国家发改委和图们江区域合作开发有关专家组一行5人，在省、州领导陪同下到珲春市调研，深入了解珲春市有关对外开放、口岸建设、产业发展、城市规划与建设、开发区建设等方面情况。

8月5日

全国政协副主席、九三学社中央委员会副主席王志珍一行莅临珲春市考察。

8月8日

吉林省委副书记巴音朝鲁来珲春就珲春市参与图们江开发情况进行调研，并到三家子满族乡检查防汛救灾工作。

9月1日

中国银行总行行长付正辉在中国银行吉林省行行长张平、副行长车钟善、延边州副州长李景浩的陪同下，到中国银行珲春支行检查工作，并到防川风景区视察。

是日，中国银行行长李礼辉一行4人在省、州领导陪同下到珲春市考察。

9月7日

吉林省委书记孙政才到珲春市调研。

9月8日

国家煤矿安全监察局副局长彭建勋到珲春市金山矿业板石一矿检查指导工作。

9月18日

国家安监总局局长骆琳来珲春市调研。

10月21日

延边朝鲜族自治州州委书记邓凯、州长李龙熙来珲春市参加总投资25亿元的百万吨再生能源深加工项目奠基仪式。

10月28日

中共珲春市委书记王景友会见以韩国总统直属地区发展委员会委员、东北亚地区革新研究院院长林正德为团长的韩国总统直属地区发展委员会代表团一行。

11月1日

吉林省政府副省长陈伟根一行16人到珲春市就招商引资、外经贸、对外经济合作、开发区建设和旅游工作进行调研。

11月4日

旨在为加强环东海（日本海）地区间旅游合作，推动"长吉图先导区"开放开发而召开的第一届中国（珲春）、韩国（束草）、俄罗斯（哈桑）市长联席会议在珲春市拉开帷幕。珲春市、束草市、哈桑区的市（区）长参加会议并起草共同宣言，签署备忘录。

12 月 29 日

以吉林省政府副省长王祖继为组长、省安监局局长金华为副组长的考核第一组一行 14 人到珲春市开展安全生产目标责任制考核工作。

是年，发展和改革局组织编制《珲春市国民经济和社会发展第十二个五年规划纲要（草案）》，经市十六届人大五次会议讨论通过。

是年，根据《长吉图规划纲要》进一步发挥珲春开放窗口作用，逐步把珲春打造成为大城市的总体要求，修编《珲春市城市总体规划》（2010—2030），《总规》修编申请报告由省政府和省建设厅于 2010 年 6 月 7 日批复。由珲春市政府委托中国城市规划设计研究院完成《总规》修编工作。

2011 年

1 月 7 日

珲春市长姜虎权率中国珲春市政府代表团访问朝鲜罗先特别市，双方就经济、贸易、旅游、文化、体育、交通等有关事宜达成共识，并就双方合作开发事项进行广泛交流。

3 月 2 日

吉林省爱卫会专家评审组到珲春，评审珲春市创建国家卫生城市工作。

3 月 22 日

《吉林省珲春市国家森林城市建设总体规划》通过专家评审。

3 月 23 日

中共吉林省委常委、纪委书记陈伦到珲春视察指导工作。

3 月 25 日

中国驻朝鲜大使馆大使刘洪才一行，由中国驻清津总领馆总领事董敏杰陪同到珲春市考察。

3 月 26 日

国家民政部党组成员、全国老龄办常务副主任陈传书一行到珲春市考察农村居家养老服务大院建设情况。

4 月 2 日

国家森林防火指挥部副总指挥、国家林业局原副局长李育才到珲春调研森林防火工作。

4月21日

中共吉林省委常委、延边州委书记张安顺到珲春市调研重大项目建设、城市规划与建设、对外开放及通道建设。

4月29日

珲春市政府与在华韩国证券公司协会签署投资合作框架协议。

5月7日

外交部部长助理刘振民率外交部考察团一行6人到珲春市考察。

5月12日

中国残疾人联合会副理事长贾勇率国家创建全国残疾人工作示范城市检查验收组到珲春市检查验收。

5月16日

韩国阿罗马(天津)高尔夫球俱乐部董事长韩三洙一行2人到珲春市考察、洽谈建设高尔夫旅游度假村项目。

5月17日

参加中国延边州与俄罗斯符拉迪沃斯托克（海参崴）市缔结友好系列活动的俄罗斯符拉迪沃斯托克（海参崴）市政府代表团从中国珲春口岸入境。

5月25日

中共中央综治委副主任、中央政法委副秘书长、中央综治办主任陈冀平到珲春视察社会治安综合治理工作。

5月31日

延边州政府州长李龙熙到珲春市调研旅游产业发展和防川风景名胜区建设。

6月2日

吉林省政府上报国务院，珲春拟建设国际合作示范区，国务院办公厅转国家发改委拟定批复意见。

6月10日

韩国浦项建设株式会社主办的"珲春国际物流论坛"在珲春市举行。

6月15日

编制《珲春市边境合作区新一轮产业发展规划》。

7月1日

珲春市被纳入国家级城乡居民社会养老保险试点范围。

7月5日

全国政协副主席、民建中央第一副主席张榕明莅临珲春考察调研。

7月8日

国家粮食局副局长吴子丹一行莅临珲春调研粮食流通、粮食物流园区建设情况。

7月10日

中央统战部副部长、国家民委主任杨晶一行5人到珲春市调研少数民族地区经济社会发展情况。

7月16日

全国政协副主席、科技部部长万钢莅临珲春考察科技创新工作。

7月20日

中央编办政策法规司副司长郭建平率中央编办调研组一行到珲春调研城防体系建设情况。

7月27日

国家农业部副部长张桃林一行到珲春调研农机化、农业科教和发展外向型农业情况。

全国人大法律委员会副主任委员洪虎到珲春调研边境贸易和口岸发展情况。

国家教育部发展规划司副巡视员葛华一行12人到珲春调研。

8月12日

全国政协常委、副秘书长、台盟中央副主席黄志贤到珲春市调研加快“长吉图开发开放先导区”建设情况。

8月12日

中共吉林省委书记孙政才到珲春市调研，省委副书记、省政协主席巴音朝鲁，省委常委、延边州委书记张安顺，省政府副省长王化文，州委副书记、州政府州长李龙熙陪同调研。

8月30日

延边州政协举办的“吴大澂历史功绩暨史料研究座谈会”在珲春市召开。

9月7日

中共珲春市委书记王景友在长春林业宾馆会见朝鲜罗先特别市副委员长黄哲男一行。

9月9日

国家科技部副部长陈小娅一行4人到珲春市调研。

9月9日

全国政协常委、国家图们江地区开发项目协调小组副组长、中央统战部原副部长、国家民委原主任李德洙到珲春调研。

9 月 17 日

俄语世界基金会远东分会教育考察团一行 7 人到珲春市职业高中考察、交流。

9 月 19 日

中国驻俄罗斯哈巴罗夫斯克领馆副领事刘君国一行 4 人到珲春市调研。

9 月 20 日

国家环保部东北督察中心主任文毅率污染减排考察工作组莅临珲春考察。

9 月 23 日

吉林省政协副主席任凤霞一行到珲春市八连城"渤海国"遗迹考察调研。

9 月 27 日

吉林省政协副主席常显玉率省内政协和提案委领导到中俄珲春公路口岸、中朝圈河口岸及防川国家级风景名胜区考察调研。

10 月 3 日

全国人大常委会副委员长、民革中央主席周铁农到珲春视察。全国政协常委兼副秘书长、民革中央主席、民革吉林省委主任修福金,全国人大常委会委员、延边州人大常委会主任金硕仁陪同视察。

10 月 15 日

国家民委政法司副司长陆健一行 3 人,到珲春市调研朝鲜族人口发展情况。

国家商务部"火红青春,艰苦体验"社会实践活动团到珲春市参加社会实践活动。

10 月 27 日

中国红十字基金会秘书长刘选国、项目管理部副部长傅阳一行 2 人到珲春视察红十字工作。

10 月 28 日

日本日中东北开发协会副会长、NPO 法人、东北亚运输回廊网副会长吉田进率日本海重点港口研讨委员会代表团一行 6 人到珲春市访问。

11 月 22 日

韩国束草市政府一行 11 人到珲春市,洽谈恢复珲春—扎鲁比诺—束草陆海联运航线相关事宜。

11 月 24 日

国家林业局党组成员、中纪委驻国家林业局纪检组组长陈述贤率视察组一行 3 人到珲春市视察创建国家级森林城市工作。

12月1日

国家公安部、外交部调研组到珲春市调研延吉机场落地签证有关事宜。

12月2日

吉林省政协副主席林炎志莅临珲春调研珲春边境经济合作区重点企业生产经营情况。

2012 年

5月8日

国家交通运输部中朝界河图们江航政管理船和测量船工作报告审查会一行14人，来珲春市考察调研。

5月31日

金春山市长在马云骥副市长、韩长发副市长以及相关部门的陪同下，赴朝鲜就圈河口岸新桥建设等若干事宜与朝鲜罗先委员会进行会谈。

6月19日

以国家发改委综合司年勇副司长为组长的经济运行考察组一行23人到珲春市考察。

7月12日

王儒林省长带领相关人员到珲春市慰问部队，并视察全市经济社会发展情况。

7月25日

中央统战部副部长、全国工商联党组书记、第一副主席全哲洙到珲春市视察。

8月2日

全国人大常委、全国人大外事委员会主任，原外交部部长李肇星到珲春市考察。

8月15日

国家民委人事司司长杨逢春一行5人，在省民委副主任梁翠芬、副州长洪庆、州民委主任吴学哲的陪同下，到珲春市调研少数民族干部人才队伍建设情况和民族工作部门建设情况，并考察了防川景区和口岸。

8月18日

吉林省委常委、省纪委书记陈伦一行10人，来珲春市参观考察。

8 月 19 日

中央信访工作督导组到珲春督导检查信访工作并听取汇报。

9 月 3 日

全国政协副主席、中国社科院院长陈奎元到珲春市视察。

2013 年

2 月 19 日

吉林省委常委、延边州委书记张安顺来到珲春市就开发开放工作调研时强调，要加快珲春国际合作示范区建设，推动开发开放上新水平，努力建设吉林省经济发展第三增长极。在座谈会上，张安顺听取了珲春市委书记王景友、珲春边境经济合作区管委会主任苏景华就珲春市、珲春边境经济合作区的开发开放、经济社会发展等工作汇报。珲春市暨合作区管委会领导金春山、郭君友、马云骥、韩长发、任璞玉、张国华、李德平等参加活动。

2 月 25 日

珲春国际合作示范区建设工作会议召开。市委副书记、市长金春山主持会议。市委书记王景友做重要讲话。珲春市暨合作区领导李明玖、苏景华、吴成章、李承哲、李虎男、张吉锋、苏子仁出席会议。

3 月 12 日

吉林省政府副省长、省公安厅长黄关春来到珲春市调研公安工作。珲春市委书记王景友，市委常委、政法委书记李承哲等陪同调研。

3 月 19 日

珲春—扎鲁比诺（俄）—束草（韩）"新蓝海"航线正式开通，架起了经珲春通往韩国的海上通道。

3 月 21 日

吉林省政府副省长谷春立莅临珲春，调研示范区工业经济运行情况。

4 月 16 日

吉林省政府副省长隋忠诚一行到珲春市踏查中俄珲春口岸附近边境防火隔离带情况。

4 月 21 日

吉林省委书记王儒林到珲春市，就加强安全生产工作进行调研。省委常委、省委秘书长房俐，延边州州长李景浩，珲春市市长金春山，珲春国际合作示范区管委会主任高玉龙,市委常委、政法委书记李承哲,副市长郑昌权等省、州、市领导陪同调研。

5月16日

吉林省省长巴音朝鲁来到珲春市就国际合作示范区建设、开发开放、重大项目、城市规划等工作进行调研。省委常委、延边州委书记张安顺，州长李景浩，珲春市市长金春山，珲春国际合作示范区管委会主任高玉龙、副市长韩长发等省、州、市领导陪同调研。

5月23日

国家造林绿化工作联合调研组到珲春市调研。

5月23日

吉林省政协副主席王尔智带领省政协提案委员会视察组，到珲春就长吉图开发开放先导区建设情况进行专题视察。

5月23日

吉林省委常委、组织部长齐玉来到珲春，就珲春市经济社会发展和党的建设情况进行调研。

6月5日至7日

国家质检总局副局长刘平均一行8人来延边州调研相关工作情况。

6月22日至23日

国家发改委综合司丛亮副司长一行3人在省发改委王成全副主任、州发改委邵丛仁总工程师等领导陪同下赴珲春市调研。

6月28日

吉林省公安厅出入境管理局驻珲春国际合作示范区办事处挂牌成立，开创全国省级公安出入境管理派出机构设在县级城市的先例。

7月11日

珲春—哈桑—束草陆海跨国旅游线路考察团结束9天的考察，满载俄、韩两国深化东北亚地区旅游跨境合作的愿望而归。

7月14日至15日

以全国政协副主席、国家民委主任王正伟为组长的国家民委调研组一行在吉林省政府副省长隋忠诚、省政协副主席支建华的陪同下到延边调研。省委常委、州委书记张安顺，州长李景浩陪同调研。调研组一行先后到安图县万宝镇红旗村、珲春国际合作示范区规划展示馆、珲春国遥博诚科技有限公司、珲春小岛制衣有限公司、珲春口岸、延吉市中央小学、延吉市北山街道丹山社区、延边歌舞团、延边大学、延吉卷烟厂进行视察。

7月15日

以国家口岸办调研员尹磊为组长的国家口岸调研组一行莅临珲春，就沙坨子口岸相关情况进行调研。珲春市委副书记郭君友、市政府副市长王启章陪同调研。

7月20日

国家人防办副主任柳庆森在省、州人防办领导的陪同下到珲春市调研。

7月24日

国家环境保护部国际合作司副司长宋小智一行6人，来珲春市就东北亚环境保护合作工作进行调研。

7月25日

国家环境保护部东北核与辐射安全监督站李国光站长等一行3人在省、州领导的陪同下，来珲春市就东北边境辐射环境应急监测工作进行调研。

8月2日

吉林省委常委、副省长陈伟根来珲春市就项目建设进行调研。

8月2日

中俄珲春—马哈林诺铁路口岸恢复营运，吉林省委常委、副省长陈伟根，俄罗斯交通运输部副部长齐杰诺夫分别率团出席接、发车仪式。

8月8日

以中科院东北地理与农业研究所田卫副所长为首的吉林珲春东北虎国家级自然保护区范围和功能区调整专家组一行到珲春市与市领导研讨保护区范围和功能区调整方案。

8月9日

首届图们江区域（珲春）国际科技合作论坛暨珲春国际合作示范区投资说明会在珲春边境经济合作区举行，珲春市委书记、珲春国际合作示范区党工委书记、示范区管委会主任高玉龙参加并致辞。

8月18日

十八届中央委员、中国社会科学院院长、党组书记王伟光一行8人，在州委常委、延龙图党委书记王福生，州委副秘书长叶连生，州委办公室副主任费聿春陪同下到珲春市参观考察。

8月21日

吉林省委常委、政法委书记金振吉来到珲春就政法机关服务民营经济和基层平安建设等工作进行调研。

8月26日

由吉林省珲春市人民政府、中国管理科学研究院科技进步研究所、《管理观察》杂志社共同主办的首届特色名校论坛暨高校智库峰会在珲春市举行。会议由济南工程职业技术学院党委书记张慧青主持。珲春市委书记、珲春国际合作示范区党工委书记、示范区管委会主任高玉龙出席会议并致辞。

8月29日

珲春国际现代物流论坛在珲春边境经济合作区红菊国际大厦举行。珲春市委书记、珲春国际合作示范区党工委书记、示范区管委会主任高玉龙出席论坛。

8月31日

外交部纪委书记谢杭生一行6人在省外事办副主任邓伟等领导的陪同下来珲春市考察。

9月2日至3日

全国人大农业与农村工作委员会委员、中国农业国际合作促进会会长翟虎渠一行到珲春市考察调研畜牧业发展情况。延边州人大常委会副主任高杰、珲春市政府副市长李虎陪同调研。

9月5日

国家知识产权局保护协调司武晓明副司长一行4人在省、州科技领导的陪同下，到珲春市考察《吉林省口岸城市知识产权保护工作》落实情况及相关工作。

9月8日

第二届"大图们倡议"东北亚旅游论坛在珲春举行，吉林省委常委、延边州委书记张安顺在珲春市会见了出席第二届"大图们倡议"东北亚旅游论坛的中外嘉宾。

9月8日

以全国人大常委会香港基本法委员会委员、香港执业大律师谭惠珠为团长的香港特别行政区第十二届全国人大代表团来珲春市视察。

9月9日

全国人大常委会环境与资源保护委员会副主任委员王鸿举率领调研组来到珲春，就《野生动物保护法》的修订进行调研。

9月13日

原国家民委主任、国家图们江区域合作开发专家组副组长李德洙来到珲春，对珲春开发开放情况进行调研。延边州委常委、延龙图党委书记王福生，珲春市委书记、珲春国际合作示范区党工委书记、示范区管委会主任高玉龙陪同调研。

10 月 14 日

延边州加快推进中国图们江区域（珲春）国际合作示范区工作会议在珲春市召开。吉林省委常委、延边州委书记张安顺做重要讲话，李景浩州长主持，珲春市委书记、珲春国际合作示范区党工委书记、示范区管委会主任高玉龙做表态发言。

10 月 15 日

中国海洋发展研究会副理事长王天增一行 7 人来珲春市考察。

10 月 17 日

国家商务部驻大连特派员单庆江率《加快东北三省沿海沿边对外开放的研究》课题组一行 8 人来珲春市进行工作调研。

10 月 18 日

国家民政部优抚安置局副局长杨国英一行来到珲春市，开展了以"走边关进哨所，情系基层官兵"为主题的调研活动。

10 月 22 日

参加图们江论坛专家、学者一行 80 人来珲春市调研。

10 月 22 日

珲春市委书记、珲春国际合作示范区党工委书记、示范区管委会主任高玉龙会见了以俄罗斯萨哈林海运公司商务总经理亚历山大为团长的萨哈林海运公司代表团一行。高玉龙表示，珲春将力争用三到五年时间，实现经济总量翻番，在全省率先建成全面小康社会，把示范区打造成全省瞩目的经济强区，把珲春打造成东北亚区域的交通枢纽，打造成生态宜居、旅游休闲城市，最终要把珲春建设成中国北方的深圳。

10 月 24 日

国务院法制办副主任甘藏春一行 12 人到延边州调研户籍制度改革工作情况。

10 月 24 日

首届中国吉林延边·俄罗斯远东边境市长合作会议在珲春市红菊大厦举行。会议围绕"构建中俄毗邻区域城市间合作框架，促进共同发展"主题展开讨论与对话，并通过举办经贸对接会和专家学术研讨会，为中俄双方企业界和学术界人士搭建交流平台，促进两国政府和企业界在经贸、旅游、产业等领域广泛交流与合作，共同构建往来顺畅、互惠共赢的合作机制，共同落实两国元首达成的共识，促进区域发展与繁荣。延边州委副书记、州政府州长李景浩主持会议。蒋正华、张安顺、高玉龙等出席并致辞。

10月24日

国家铁路局规划院副院长王惠臣来到珲春市，就吉图珲客运专线客站综合利用咨询项目进行专题调研。

10月25日

由700人组成的"包轮"旅游团从珲春启程前往韩国束草旅游观光，这是珲春旅游史上首次以"包轮"形式组织的跨国旅游。

10月29日

国家中朝口岸桥调研组在省发改委等相关部门负责人的陪同下莅临珲春，就中朝跨境桥现状进行调研。

10月31日

计划总投资5.2亿元的珲春国际货运枢纽站项目开工建设。珲春市委副书记吴成章、市人大常委会副主任陈振海、市政协副主席朴贞子出席开工仪式。

10月31日

国家旅游局正式批准珲春防川景区为AAAA级景区并将批文下发至吉林省旅游局。防川景区是防川国家级风景名胜区四个景区中的其中一个，以其独特的"一眼望三国"景点和标志性建筑龙虎阁以及中俄界碑"土"字牌而享誉国内外，素有"雁鸣闻三国，虎啸惊三疆"之称，是"吉林八景"之一，也是延边地区重要旅游目的地。

11月12日

珲春市举行国际人才服务联络中心揭牌仪式。

11月14日

为加快珲春自由贸易区启动建设，商务部研究院副院长李光辉一行，赴珲春调研。

12月16日至17日

韩国江原道、束草市、斯捷纳大亚航运相关负责人以及束草市驻珲春办事处一行7人到珲春市就构建促进"新蓝海"航线合作体系进行访问。

12月17日

随着一声嘹亮悠长的汽笛声，一列由俄罗斯卡梅绍娃娅站发车、挂载40节车皮、载有2700吨煤炭的货运列车缓缓驶进珲春铁路口岸，这标志着中俄珲（春）马（哈林诺）铁路恢复常态化运输。

12月19日

《延边日报》、延边电视台、《延边晨报》、延广交通台、《图们江报》、珲春电视台等州市媒体记者联合对珲春市委书记、珲春国际合作示范区党工委书记、示范区管委会主任高玉龙进行采访。采访中,高玉龙从四方面介绍了珲春的优势。高玉龙说,珲春是一个在吉林省 60 个县 (市、区) 乃至东北地区和东北亚地区都具有独特优势的特殊县市。

12 月 23 日至 24 日

根据吉林省口岸办与俄远东地区边境建设局 2011 年签署的会议纪要精神,中俄双方在珲春市举行口岸工作会晤。

后 记

《中国图们江区域（珲春）国际合作示范区蓝皮书》（以下简称《蓝皮书》）终于呈现在读者面前了，作为 2013 年度吉林省社会科学基金重点委托项目，《蓝皮书》真实反映了长吉图国家战略的开放窗口和"门户"——珲春市以及珲春国际合作示范区的发展状况，及时记录了珲春国际合作示范区的发展历程，动态记载了珲春国际合作示范区的成长路径和独特地位。

这是我国第一部国际合作示范区蓝皮书，也是国内唯一的县域蓝皮书。它的成功出版与图们江国际合作学会和珲春市委宣传部的精心策划和积极努力密不可分。

图们江国际合作学会（中国国际贸易学会图们江区域经贸合作研究分会）于2013 年 6 月 7 日正式成立，是经国家和吉林省民政部门批准的国内唯一研究图们江区域合作开发的国际合作促进机构。2013 年 12 月 12 日，由图们江国际合作学会申报承建的"东北亚（图们江）国际合作研究基地"以及学会和吉林大学外国语学院共同申报承建的"东北亚国际语言文化研究基地"，通过了吉林省哲学社会科学重点领域研究基地专家评审组的副评审，正式挂牌成立，成为吉林省首批社会科学重点领域研究基地。

学会现拥有 305 家学术、开发区、企业理事单位（个人），44 家常务理事单位（个人）。原商务部副部长魏建国、原省委副书记林炎志、中国图们江区域合作开发专家组副组长岳惠来、吉林大学党委书记王胜今、延边大学校长朴永浩等人任名誉会长；吉林省人民政府参事、原吉林省经济技术合作局局长李铁任会长（兼任中国国际贸易学会副会长）；俄中友协主席、俄罗斯科学院远东研究所所长季塔连科先生担任顾问，学会同时又与中国社会科学院、中央党校等十几名国内知名学者建立了密切的合作与交流关系。

学会以"创新研究、辅助决策、开拓平台、引领合作"为宗旨，以图们江区域合作有关重大理论和现实问题的学术研究为己任，开展一系列前瞻性和创新型研究，为国家和地方政府制定图们江区域国际合作政策提供决策参考，为吉林省内边境和"长吉图"沿线开发区、国内开展东北亚经贸合作的企事业单位参与图们江区域开发合作提供咨询服务；并积极搭建图们江区域国家间的合作交流平台，促进图们江区域国际合作事业的深入发展。

此次图们江国际合作学会充分发挥其"智库"专家的资源优势，邀请省内外相关领域专家学者参与《蓝皮书》的编撰工作。来自吉林大学、吉林省社科院、中国海洋大学、延边大学等国内知名专家学者和参与本书写作的各方面专家，以认真求实、科学客观的态度，为本书的问世做出了巨大的贡献。编委会在此向这些专家学者表示衷心的谢忱。

编撰本《蓝皮书》，我们考虑重点突出以下四点：一是写实性。务求数据采纳真实可靠，基本事实经得起历史的检验和推敲。二是前瞻性。创新研究应用于实践，让学术成果服务于珲春国际合作示范区的实际工作之中，这是我们出版本书的最大成果体现。三是资料性。第一部示范区蓝皮书，让关心珲春国际合作示范区发展和热衷于图们江区域合作研究的人们掌握第一手材料。四是持续性。今后每年都出版《蓝皮书》，使之真正发挥对珲春国际合作示范区发展的"智库"指导作用。

此外，本书编撰过程中，得到了延边州、珲春市委、市政府领导的积极支持，尤其是珲春市委宣传部承担了"主报告"部分所有文章的综合调度、统稿加工等工作，保证了本书的编撰完成。

本书的出版得到了吉林省新闻出版局领导以及吉林人民出版社的大力支持和帮助，文字编辑尹建华、王月、刘可心、丁智勇，封面设计吴金良，责任编辑赵洪涛等都付出了很大心血，在此一并表示感谢。由于受视野的局限，加之编撰时间较短，难免有不当之处，希望得到同行和读者的批评指正。

《中国图们江区域（珲春）
国际合作示范区蓝皮书》编委会
2014 年 2 月